Kay Bourcarde

Die Rentenkrise: Sündenbock Demographie

Kay Bourcarde

Die Rentenkrise: Sündenbock Demographie

Kompromissbildung
und Wachstumsabkopplung
als Ursachen
von Finanzierungsengpässen

VS VERLAG

Bibliografische Information der Deutschen Nationalbibliothek
Die Deutsche Nationalbibliothek verzeichnet diese Publikation in der
Deutschen Nationalbibliografie; detaillierte bibliografische Daten sind im Internet über
<http://dnb.d-nb.de> abrufbar.

Gießener Dissertation im Fachbereich Sozial- und Kulturwissenschaften

1. Auflage 2011

Alle Rechte vorbehalten
© VS Verlag für Sozialwissenschaften | Springer Fachmedien Wiesbaden GmbH 2011

Lektorat: Frank Schindler

VS Verlag für Sozialwissenschaften ist eine Marke von Springer Fachmedien.
Springer Fachmedien ist Teil der Fachverlagsgruppe Springer Science+Business Media.
www.vs-verlag.de

Umschlaggestaltung: KünkelLopka Medienentwicklung, Heidelberg
Gedruckt auf säurefreiem und chlorfrei gebleichtem Papier
Printed in Germany

ISBN 978-3-531-17828-8

Für Ingrid und Peter,
meine Eltern

Inhalt

2.4.2   Die Bismarck'sche Rentenversicherung als Kompromiss............. 45
  2.4.2.1   Die Diskussion um die Bismarck'sche Arbeiterversicherung......... 45
  2.4.2.2   Der Kompromiss: Die öffentlich-rechtliche Zwangsversicherung
             mit Selbstverwaltung... 50
2.4.3   Die Rentenreform 1957 als erneuter Kompromiss...................... 54
  2.4.3.1   Reformvorschläge 54
  2.4.3.2   Die Diskussion um die Rentenreform 1957.............................. 60
2.4.4   Der „Drei-Ebenen-Kompromiss"... 68
2.5   ZWISCHENFAZIT 70

3   DIE RAHMENBEDINGUNGEN DER RENTENREFORM 1957..... 73

3.1   DIE DEMOGRAPHISCHE ENTWICKLUNG.. 73
  3.1.1   Die Anfänge der Diskussion um den Demographischen Wandel.. 74
  3.1.2   Die Diskussion über die demographische Entwicklung in den
          1950er Jahre.. 77
    3.1.2.1   Die Diskussion im Vorfeld der Rentenreform.............................. 77
    3.1.2.2   Die Versicherungstechnischen Bilanzen von 1954...................... 80
    3.1.2.3   Die Diskussion des Regierungsentwurfs und der Reform 81
  3.1.3   Vergleich der angenommenen mit der tatsächlichen
          Entwicklung.. 85
    3.1.3.1   Die demographische Entwicklung... 85
    3.1.3.2   Die Entwicklung des Rentnerbestandes.................................... 89
  3.1.4   Zusammenfassung... 92
3.2   DIE ENTWICKLUNG DER WIRTSCHAFTSKRAFT UND DER LÖHNE.......... 93
  3.2.1   Die Diskussion über die wirtschaftliche Entwicklung in den
          1950er Jahren... 94
    3.2.1.1   Wirtschaftswachstum als ‚Joker'... 94
    3.2.1.2   Die Diskussion des Regierungsentwurfs und der Reform 98
  3.2.2   Vergleich der angenommenen mit der tatsächlichen
          Entwicklung.. 100
  3.2.3   Zusammenfassung... 103
3.3   DIE ENTWICKLUNG WEITERER RAHMENBEDINGUNGEN.................... 104
  3.3.1   Die Arbeitslosigkeit... 104
  3.3.2   Die Beitragsdichte 106
3.4   DIE ENTWICKLUNG DER RENTENFINANZEN.................................... 107
  3.4.1   Die Entwicklung der Rentenfinanzen im Anschluss an die
          Reform 1957.. 107
    3.4.1.1   Sozialberichte 1958-1961 109
    3.4.1.2   Die Versicherungstechnischen Bilanzen 1959.......................... 115
    3.4.1.3   Sozialberichte 1962-1965 118

Vorwort

Die vorliegende Studie wurde im Frühjahr 2010 vom Fachbereich Sozial- und Kulturwissenschaften der Justus-Liebig-Universität in Gießen als Dissertation angenommen. Literatur und politische Entwicklung konnten bis Dezember 2009 berücksichtigt werden.

An dieser Stelle möchte ich zunächst herzlich *Prof. Dr. Ernst-Ulrich Huster* für eine Unterstützung danken, die man nur als außergewöhnlich bezeichnen kann. Er war nicht nur der Betreuer meines Dissertationsvorhabens, sondern mir im tatsächlichen Wortsinn ein „Doktorvater". In vielen Diskussionen hat er mir immer wieder neue Perspektiven aufgezeigt und zugleich dabei geholfen, niemals den ‚roten Faden' zu verlieren.

Mein Dank gilt zudem meinem Zweitgutachter, *Prof. Dr. Adalbert Evers*, der für meine Anliegen stets ein offenes Ohr hatte und der mir bereits vor dieser Dissertation mit Rat und Tatkraft zur Seite stand.

Dank schulde ich darüber hinaus *Prof. Dr. Astrid Wallrabenstein*, die mir mit ihren Analysen zum Kompromisscharakter des deutschen Rentensystems wertvolle Gedankenanstöße gegeben hat.

Meinen Freunden danke ich für die Art und Weise, wie sie mir in dieser nicht immer einfachen Zeit beigestanden haben und gelegentlich mitfieberten. Ein besonderer Dank geht dabei zunächst an *Dr. Karsten Herzmann*, mit dem mich nicht nur die langjährige Freundschaft verbindet, sondern auch unsere inspirierende wissenschaftliche Zusammenarbeit. Beides hat mich und mein Denken nachhaltig geprägt. *Torben Anschau* verdanke ich ebenfalls viel, denn die meisten meiner Schlussfolgerungen müssen zunächst die Diskussionen mit ihm überstehen. Er versteht es, unbequeme Fragen zur richtigen Zeit zu stellen, was mich schon häufig den entscheidenden Schritt weiter gebracht hat. Mein Dank gilt auch *Viola Hübner* sowie meiner Schwester *Anke Bourcarde*, die sich beide mühselige Korrekturarbeiten zumuten ließen.

Ganz besonders bedanken möchte ich mich schließlich bei meiner Lebensgefährtin *Frederike Laucht*, die am meisten unter dieser Dissertation zu ‚leiden' hatte und die immer fest davon überzeugt ist, dass ich schaffen werde, was ich mir vorgenommen habe.

Meine Eltern haben mir durch ihr Vertrauen und ihren Rückhalt in vielerlei Hinsicht die wohl besten Voraussetzungen mit auf den Weg gegeben, die man sich nur erhoffen kann. Ihnen ist dieses Buch gewidmet.

Wettenberg, im August 2010

1 Einleitung

1.1 Gegenstand und Zielsetzung

Die Gesetzliche Rentenversicherung (GRV) steht wie wohl kaum ein anderes System der sozialen Sicherung dauerhaft im Mittelpunkt der öffentlichen Aufmerksamkeit. Dies kann in mehrerlei Hinsicht nicht verwundern.

Bereits was ihre ökonomische Dimension betrifft, ragt diese Pflichtversicherung heraus: Im Jahr 2008 verzeichnete die GRV Ausgaben in Höhe von rund 240 Mrd. Euro.[1] Rund 89% aller über 64jährigen erhalten in Deutschland eine eigene GRV-Rente,[2] im Juli 2008 waren dies 20,3 Mio. Menschen.[3] Für einen Großteil von ihnen stellt die Gesetzliche Rente die Haupteinnahmequelle dar,[4] zugleich wäre es ihnen altersbedingt oder aufgrund vorzeitiger Erwerbsunfähigkeit in der Regel nicht mehr möglich, Alternativen zur Sicherung ihres Lebensunterhalts zu entwickeln. Dementsprechend ist in der gesellschaftlichen Debatte die Frage der Verlässlichkeit des Rentensystems das wohl wichtigste Thema. Welche gravierenden Folgen es für Menschen hat, wenn ihre als sicher eingeschätzten Alterseinkünfte plötzlich ausfallen, zeigt das Beispiel der USA, deren Rentenfonds im Jahre 2008 infolge der internationalen Finanzkrise reale Verluste von 26% erlitten. Insgesamt verloren die privaten Rentenfonds der OECD-Staaten rund 5,4 Billionen Dollar.[5] In Deutschland haben nicht zuletzt die leidvollen Erfahrungen mit der Unsicherheit der Renten nach dem Ersten Weltkrieg ein ‚Alter ohne Not'[6] zum zentralen Ziel sozialer Sicherungspolitik gemacht. Denn auch die deutsche Rentenversicherung wurde zunächst durch Kriegsfolgen, Hyperinflation, Weltwirtschaftskrise und schließlich der Ausplünderung der Rentenkasse im Dienste der nationalsozialistischen Kriegspolitik mehrfach ihrer Finanzgrundlagen beraubt. Die Rentenreform von 1957 sollte daher eine transparente und langfristige Sicherung der Rentenfinanzen erreichen.

Die Notwendigkeit, langfristige Sicherheitsperspektiven zu vermitteln, steht darüber hinaus im engen Zusammenhang mit dem Finanzierungsprinzip der GRV: Zum Jahresende 2007 waren knapp 35 Mio. Menschen aktiv versichert

---

[1] Bundesministerium für Arbeit und Soziales, 2009, S. 26.
[2] Bundesministerium für Arbeit und Soziales, 2008, S. 14.
[3] Bundesministerium für Arbeit und Soziales, 2009, S. 16.
[4] Bundesministerium für Arbeit und Soziales, 2008, S. 98, 185.
[5] OECD, 2009c; Vgl. etwa auch Epoch Times Europe.
[6] ähnlich etwa Auerbach 1957, S. 84.

und finanzierten mit ihren Beiträgen die derzeitigen Renten.[7] Im Rahmen dieses auch als „Generationenvertrag" bezeichneten Verfahrens erhalten die heutigen Beitragszahler für ihre Leistungen lediglich die verfassungsrechtlich abgesicherte Zusage, dafür ihrerseits im Alter von der dann jungen Generation versorgt zu werden. Die Legitimität des Rentensystems als solchem und damit auch die Bereitschaft der erwerbstätigen Generation zur Finanzierung der Rentner sind daher unmittelbar von der Glaubwürdigkeit dieser Zusage abhängig.

Tatsächlich zeigen jedoch Umfragen, dass es kein großes Vertrauen in die Sicherheit der Renten gibt und ein erheblicher Teil der erwerbstätigen Bevölkerung bezweifelt, später einmal in ähnlicher Weise wie die heutigen Rentner in den Genuss eines ausreichenden Ruhegehalts zu kommen.[8] Ein wesentlicher Grund für diese Einschätzung dürften die wiederkehrenden und zunehmend häufigeren Finanzierungskrisen sein, denen sich die Rentenversicherung ausgesetzt sieht. Diese führen zu einer steigende Reformgeschwindigkeit, begleitet von Debatten zur Zukunft des Systems und zur Sicherheit der künftigen Renten.

Der interdisziplinäre, wissenschaftliche Diskurs zur deutschen Alterssicherung ist schon seit vielen Jahren ausgesprochen breit und beleuchtet dabei die unterschiedlichsten Aspekte: Analysen beschäftigen sich deskriptiv mit der Entstehungsgeschichte der GRV[9] oder dem Äquivalenzprinzip der Alterssicherung[10], normativ mit der grundsätzlichen Frage von Generationengerechtigkeit[11] oder rein rechtlich mit der Vereinbarkeit mit europäischem Recht.[12] Vergleichende Studien stellen das bundesrepublikanische Rentensystem in einen internationalen Kontext und analysieren dessen Strukturen und Leistungsfähigkeit.[13] Aus wirtschaftswissenschaftlicher Perspektive wird der Einfluss der Gesetzlichen Rentenversicherung auf die Volkswirtschaft analysiert, also etwa welche Wirkung die Höhe des Beitragssatzes auf Wirtschaftswachstum und Arbeitslosigkeit hat[14] oder inwieweit die gesamtwirtschaftliche Kapitalbildung durch das Finanzierungsverfahren beeinflusst wird.[15] Auch welchen Einfluss Alterssicherungssysteme auf das Konsumverhalten haben wird untersucht.[16]

[7] Bundesministerium für Arbeit und Soziales, 2009, S. 14.
[8] Vgl. Postbank, 2009; Europäische Kommission, 2005, S. 52.
[9] Vgl. Penkert 1998.
[10] Vgl. Jagob 2004.
[11] Vgl. Burkhardt 1985; Sudhoff 1995; Mit Generationengerechtigkeit als verfassungsrechtlichem Gebot beschäftigt sich Hebeler 2001, mit Transfergerechtigkeit Becker 2001.
[12] Kühlmann 2004.
[13] Vgl. Kaempfe 2005; Casmir 1990; Dürkop 1993; Deutsches Institut für Altersvorsorge 1999.
[14] Vgl. Marquardt 1999; vgl. auch allgemein zur „Wachstumswirkung von Alterssicherungssystemen" Brackert 2000.
[15] Vgl. Nguyen 2000.
[16] Vgl. Schniewind 1989; weitere wirtschaftswissenschaftliche Untersuchungen haben etwa Berger 1999 oder Habermann 2008 geleistet.

Doch trotz dieser großen Bandbreite lässt sich unschwer das Hauptthema identifizieren, das nicht nur immer wieder Politik und Medien, sondern auch die Wissenschaft beschäftigt: Der Zusammenhang zwischen den wiederkehrenden Finanzierungsengpässen der Gesetzlichen Rentenversicherung einerseits und der sich verändernden Bevölkerungszusammensetzung, zumeist bezeichnet als „Demographischer Wandel", andererseits. Eine zentrale Rolle spielt dabei die sinkende Geburtenrate bei gleichzeitig steigender Lebenserwartung, wodurch die Zahl der Erwerbstätigen ab- und die der Rentner zunimmt. In einem lohngekoppelten, umlagefinanzierten Rentensystem, in dem die Arbeitnehmerbeiträge unmittelbar zur Finanzierung der laufenden Renten verwendet werden, führt dies zu einem sich verschlechternden Verhältnis von Beitragszahlern und Rentenempfängern. Der Demographische Wandel gilt daher als die Ursache schlechthin für immer größer werdende Finanzierungsengpässe und ist dementsprechend schon seit vielen Jahren Ausgangspunkt für die weit überwiegende Zahl der wissenschaftlichen Abhandlungen.[17] Viele Analysen kommen dabei zu dem Ergebnis, das Umlageverfahren der Gesetzlichen Rentenversicherung sei nicht mehr haltbar und ein Übergang zum Kapitaldeckungsverfahren und zumindest stärkerer privater Altersvorsorge daher unausweichlich.[18] Teils wird auch empfohlen, dass sich der Staat auf eine reine Grundsicherung beschränken solle.[19]

Tatsächlich sind die vonstatten gehenden Veränderungen in der Altersstruktur unbestreitbar: 1960 betrug der Anteil der unter 20jährigen an der deutschen Bevölkerung 28% und der Anteil der ab 65jährigen 12%. Bis zum Jahr 2006 glichen sich diese Anteile an, so dass nun beide Altersgruppen 20% der Bevölkerung stellten. Das Statistische Bundesamt prognostiziert bis 2030 einen weiteren Rückgang des jungen Bevölkerungsanteils auf 16% und spiegelbildlich dazu einen Anstieg des Anteils der Älteren auf 29%.[20] Die negativen Auswirkungen auf das Rentensystem sind evident. Bemerkenswert ist allerdings, dass in der Literatur kaum unterschieden wird, welche der Finanzierungsengpässe, die bislang zu beobachten waren, nun tatsächlich diesen demographischen Veränderungen zugerechnet werden können. Vielmehr werden, in oftmals pauschaler Form beziehungsweise monokausal, bisherige Krisen der Rentenfinanzierung als Beleg für die Auswirkungen des Demographischen Wandels angeführt und damit

---

[17] So beispielsweise bei Ehrentraut 2006; Poelchau 2007; Bürfent 2000; Velladics 2004; Nguyen 2000; Marquardt 1999; Frankfurter Institut - Stiftung Marktwirtschaft und Politik 1997; Sudhoff 1995.

[18] So etwa Krieger 2007; Börsch-Supan/Heiß/Winter 2004; Ehrentraut 2006; vgl. auch Jess 1999; Jäger 1991; vgl. zur Leistungsfähigkeit speziell der „Riester-Rente" Schaier 2006. Unabhängig von Krisen des Alterssicherungssystems beschäftigt sich beispielsweise Berger 1999 mit der Frage nach dem effizientesten Finanzierungsverfahren.

[19] Vgl. Riedmüller/Willert, 2009; Heibutzki 2005.

[20] Statistisches Bundesamt, 2008a, S. 28.

zugleich die Dringlichkeit von Reformen oder zusätzlicher privater Altersvorsorge unterstrichen.

Die vorliegende Studie möchte sich daher gezielt der Frage zuwenden, was in der Geschichte der bundesdeutschen Gesetzlichen Rentenversicherung die Hauptursachen für Finanzierungsengpässe gewesen sind. War es also tatsächlich die Demographie, die sich in einer so ungünstigen Weise entwickelt hat, dass Reformen zwingend nötig waren und mittlerweile in immer kürzeren Abständen erforderlich sind? Ohne dass damit die Dimension der demographischen Veränderungen bestritten werden soll, geht die These dieser Untersuchung davon aus, dass es für weite Teile der bisherigen Finanzierungskrisen andere Ursachen gab. Von zentraler Bedeutung für die These ist dabei eine Besonderheit des dynamischen Rentensystems, durch das es sich von allen anderen Umverteilungssystemen unterscheidet: Soweit beispielsweise die Absicherung von Arbeitslosigkeit, Krankheit oder Sozialeinkommen der Gegenstand des politischen Willensbildungsprozesses ist, muss eine nur ‚horizontale' Umverteilung zwischen den jeweils gegenwärtigen sozialen Gruppen ausgehandelt werden. Das System der Gesetzlichen Rentenversicherung hingegen hat darüber hinaus eine weitere ‚vertikale', nämlich zeitliche Dimension, die sich manifestiert in den so genannten *Rentenformeln*. Mit den in dieser Weise erstmals 1957 implementierten Formeln erhebt die Politik den Anspruch, nicht nur die gegenwärtige Umverteilung des jeweils aktuellen Volkseinkommens zu regeln, sondern auch die von – prinzipiell unbegrenzt vielen – zukünftigen Perioden. Mit den intergenerationellen Umverteilungsmechanismen ist jedoch unauflösbar die Notwendigkeit verknüpft, sowohl Aussagen zur erwarteten weiteren gesamtwirtschaftlichen Entwicklung wie auch zur unterstellten künftigen Sozialstruktur zu treffen. Teils ist die Entwicklung der Rahmenbedingungen mehrere Jahrzehnte im Voraus in etwa prognostizierbar, teils muss, wo dies nicht möglich ist, eine bestimmte Entwicklung schlicht unterstellt werden. Treffen die Vorausberechnungen nicht ein und entwickeln sich die Rahmenbedingungen ungünstiger als erwartet, kann es zu Engpässen in der Finanzierung kommen.

Die Untersuchung setzt auf zwei verschiedenen Ebenen an, die einmal die kurzfristige und einmal die langfristige Perspektive berücksichtigen. Für jede dieser Ebenen wurde eine eigene Unterthese entwickelt.

1.2 Thesen

Im Rahmen der ersten Unterthese wird das Augenmerk nicht nur auf die Entwicklung der die Rentenversicherung beeinflussenden ökonomischen und sozialen Faktoren gerichtet, sondern vor allem auch darauf, welche Rolle die Voraus-

berechnungen bei der Kompromissfindung gespielt haben. Während sich in aller
Regel die politische Debatte wie auch die Aufmerksamkeit von Medien und
Wissenschaft auf den materiellen Teil der Rentenreformen – also auf deren
sozialpolitischen Zielsetzungen – konzentriert, wird übersehen, dass auch die
unverzichtbaren Vorausberechnungen hinsichtlich der Entwicklung der Rah-
menbedingungen ein Teil der Aushandlungsprozesse sind und ihnen als solche
keineswegs ‚aktuarisch' objektive Berechnungen zugrunde liegen. Grund hierfür
ist, so die These, dass über den Umweg von positiv eingeschätzten zukünftigen
Rahmenbedingungen in erheblichem Ausmaß gegenwärtige Interessens- und
Zielkonflikte abgemildert werden können. Zugleich eröffnet die ‚vertikale'
Dimension des Rentensystems zusätzliche Möglichkeiten, kurzfristig weitere
Finanzierungsquellen zu erschließen: Die Struktur einer umlagefinanzierten
Rentenversicherung bringt es mit sich, dass Nutzen und Kosten von Reformen
zeitlich weit auseinander fallen können. Denn während der aus den Einnahmen
der Beitragszahler gezogene Nutzen durch die Umlage sofort zur Verfügung
steht, werden mit der Beitragszahlung verbundene Ansprüche und damit die
Kosten teils erst Jahrzehnte später realisiert. Auch diese zu erwartenden Kosten
können bei entsprechend optimistischen Vorausberechnungen geringer ausfallen.

    Überprüft werden soll daher die Annahme, wonach Prognosen und Projek-
tionen in der rund fünfzigjährigen Geschichte der GRV nicht ausnahmsweise
sondern typischerweise Teil der politischen Kompromissfindung waren. Zunächst ist dabei zu untersuchen, ob diese die Funktion von ‚Puffern' zwischen
den für Rentenreformen ebenfalls typischen hohen Interessensgegensätzen
erfüllten. Sollte das der Fall sein, wäre zu erwarten, dass Kompromissfindungen
dieser Art tatsächlich zu tendenziell überoptimistischen Annahmen führen.
Damit aber wären mehr oder minder *kurzfristig* wiederkehrende Finanzierungsengpässe unabhängig von sich tatsächlich unerwartet ändernden Rahmenbedingungen bereits in den jeweiligen Reformen angelegt und würden schon für sich
genommen einen ständigen, sich selbst bedingenden Reformbedarf auslösen. Mit
den Rentenformeln bestünden dann zwar exakte und prinzipiell auf Dauer
angelegte Verteilungsmodalitäten, doch diese würden in der Realität so flexibel
gehandhabt, dass dies faktisch einem ständigen Neuaushandeln der Verteilungsfrage nahe käme.

    Im Zusammenhang mit dem Streit um die Finanzierungsmethode der Sozi-
alversicherung hatte *Gerhard Mackenroth* bereits vor der Rentenreform 1957 die
These aufgestellt, dass jeder Sozialaufwand stets nur aus der jeweils aktuellen
Periode bestritten werden kann. Sollte sich die dargestellte Annahme als zutreffend erweisen, wäre in zugespitzter Form und gewissermaßen in Fortschreibung
der „Mackenroth-These" zu fragen, ob nicht nur der jeder Verteilungspolitik
zugrunde liegende Sozialaufwand lediglich aus dem jeweils aktuellen Volksein-

kommen bestritten werden kann, sondern ob darüber hinaus auch die Verteilungspolitik selbst nur für eine bestimmte Periode möglich ist.

Desweiteren soll im Rahmen der zweiten Unterthese betrachtet werden, inwieweit der Rentenreform 1957 und dem daraus resultierenden Rentensystem tatsächlich bestimmte grundsätzliche Annahmen zu sozialen und ökonomischen Rahmenbedingungen in Deutschland zugrunde liegen, die sich später als unzutreffend erwiesen haben. Wie erwähnt, lässt die öffentliche Debatte und der wissenschaftliche Diskurs vermuten, dass hier vor allen Dingen das sich für die GRV ungünstig entwickelnde Verhältnis von Beitragszahlern auf der einen und Rentenempfängern auf der anderen Seite ursächlich ist. Daher soll einerseits analysiert werden, inwieweit der Demographische Wandel eine vor fünfzig Jahren nicht vorhersehbare Entwicklung dargestellt hat. Der Ausspruch des damaligen Bundeskanzlers *Konrad Adenauer* – „Kinder bekommen die Leute immer"[21] – lässt jedenfalls vermuten, dass die sinkende Geburtenrate ein weitgehend unerwarteter Vorgang gewesen ist, der dem 1957 geschaffenen dynamischen Rentensystem die Grundlage entzogen hat. Andererseits ist zu untersuchen, ob eine sich *langfristig* verschlechternde Finanzlage der Gesetzlichen Rentenversicherung tatsächlich im Wesentlichen auf die sich verändernde Bevölkerungszusammensetzung zurückzuführen ist.

Die zweite Unterthese lautet demgegenüber, dass in den 1950er Jahren bei der Konzipierung der GRV weitere, teils unausgesprochene Prämissen einflossen, die auf lange Sicht ebenfalls immer weniger von den Rahmenbedingungen gedeckt sind: Implizit wurde davon ausgegangen, dass das Rentensystem auf der Einnahmeseite dauerhaft an einem stetig wachsenden Volkseinkommen partizipieren kann. Dies beinhaltet zwei Annahmen, nämlich zum einen ein stetiges Wirtschaftswachstum, zum anderen eine in etwa gleich bleibende Partizipation daran. Beide Bedingungen, so die These, sind heute nicht mehr ausreichend erfüllt. Sollte sich diese Mutmaßung als zutreffend erweisen, hätte sich die Finanzierungsgrundlage des ‚Umverteilungssystems Gesetzliche Rentenversicherung' zwar auch aufgrund des Demographischen Wandels, dem die Hauptaufmerksamkeit von Politik, Medien und Wissenschaft gilt, verschlechtert. Daneben jedoch gäbe es eine weitere, nicht weniger bedeutsame Entwicklungslinie, die ebenfalls die Finanzierungsgrundlage verschmälert, dabei allerdings weitgehend unbeachtet bleibt, weil sie – gewissermaßen in deren Schatten – parallel zur sich verändernden Bevölkerungszusammensetzung verläuft.

Wie eingangs belegt, existiert entsprechend der großen Bedeutung des Themas bereits eine Vielzahl von Analysen. Von diesen beschäftigen sich auch etliche partiell mit den Untersuchungsgegenständen der vorgestellten Thesen.

---

[21] zitiert nach Rothgang/Preuss 2008, S. 39.

Die Überschneidungen sind allerdings insoweit meist gering, als das sie in inhaltlicher oder zeitlicher Hinsicht einen begrenzten Teil jeweils einer Unterthese umfassen. Nur beispielhaft soll daher an einzelnen Autoren gezeigt werden, wie sich die vorliegende Studie von diesen absetzt: Etzemüller 2007 etwa argumentiert, dass die Folgen des Demographischen Wandels im wissenschaftlichen Diskurs stark überzogen beziehungsweise einseitig dargestellt würden, verfolgt jedoch einen historischen Ansatz und beschäftigt sich nicht im Speziellen mit der Rentenversicherung. Kerschbaumer/Schroeder 2005 beziehungsweise Fasshauer 2005 tun dies zwar, stellen – im Sinne der zweiten Unterthese – die Folgen von veränderten ökonomischen Bedingungen jedoch nicht in den Mittelpunkt und beziehen sich zudem hauptsächlich auf veränderte Arbeitsverhältnisse und Erwerbsbiographien. Butz 1985 hat bereits früh – im Sinne wiederum der ersten Unterthese – die Bedeutung der Vorausberechnungen für die Solidität der Rentenfinanzen betont und deren mindere Qualität bemängelt, beschäftigt sich jedoch nicht mit den möglichen politischen Ursachen. Das Anliegen dieser Studie ist es hingegen einerseits Mechanismen zu identifizieren, die unabhängig von der konkreten Gestalt der jeweiligen Rahmenbedingungen zu einem kurzfristig wiederkehrenden Reformbedarf führen und andererseits implizite Vorannahmen hinsichtlich bestimmter ökonomischer Gegebenheiten zu benennen, die sich im langfristigen Verlauf als unzutreffend erweisen. Die Abgrenzung zu anderen Untersuchungen ergibt sich somit daraus, dass mittels Kombination zweier Ansätze gezielt jenseits von demographischen Veränderungen nach Ursachen für Finanzierungsengpässe gesucht werden soll.

Diese Engpässe haben nicht nur eine ökonomische Bedeutung: Aus eingangs genannten Gründen ist die Vermittlung langfristiger Sicherheitsperspektiven von derart grundlegender Bedeutung, dass dies als schlechthin *konstituierend* für die Gesetzliche Rentenversicherung bezeichnet werden kann. Beide hier genannten Unterthesen benennen Mechanismen beziehungsweise Entwicklungen, die diese Sicherheitsperspektive gefährden können. Wenn Rentenpolitik erstens – genauso wie jede andere Verteilungspolitik – aufgrund von für mehrdimensionale Verteilungsfragen offenbar ungeeigneten Aushandlungsprozessen schon von vornherein immer nur für einen begrenzten Zeitabschnitt möglich ist, stünde dies in einem diametralen Gegensatz zu dem die Rentenversicherung erst legitimierenden Hauptziel. Auf andere Weise, doch mit ähnlich gravierenden Auswirkungen gilt dies auch für die zweite Unterthese: Kommt es zu makroökonomischen Verschiebungen durch die die Finanzierungsgrundlage der Rentenversicherung zunehmend in Frage gestellt wird, kann eine langfristige Funktionstüchtigkeit der GRV nicht mehr angenommen werden und Zweifel an der Sicherheit der künftigen Renten bestünden zu Recht.

1.3 Methodik und Aufbau

Auch, wenn die vorliegende Studie einen hauptsächlich qualitativen Ansatz verfolgt, können beide vorgestellten Unterthesen nur unter Hinzuziehung von statistischem Material überprüft werden. Dies gilt in besonderem Maße für die zweite These.

Bei der Textanalyse wird, insbesondere hinsichtlich der Rentenreform 1957, nicht nur auf Sekundärliteratur zurückgegriffen, sondern es werden auch entsprechende Primärquellen ausgewertet. Neben den Beiträgen zeitgenössischer Wissenschaftler sind dies etwa die Stellungnahmen und Gutachten des Sozialbeirats, die Versicherungstechnischen Bilanzen oder von der Regierung in Auftrag gegebene Konzepte und Gutachten. Darüber hinaus werden Bundestagsdrucksachen und -protokolle sowie, insbesondere um die jüngeren Gesetzesänderungen nachzeichnen zu können, das Bundesgesetzblatt als Verkündungsblatt der Bundesgesetze herangezogen. Soweit erklärungsbedürftige Begriffe verwendet werden, findet deren Definition an den entsprechenden Stellen im Haupttext selbst statt. Dies gilt insbesondere soweit eigene Begriffe eingeführt werden. Im Wesentlichen ist dies der Fall bei der Darstellung der unterschiedlichen Ebenen, auf denen im Zusammenhang mit Rentenreformen jeweils Kompromisse denkbar sind.

Die hermeneutische Herangehensweise wird ergänzt durch statistische Auswertungen. Dies geschieht etwa beim Vergleich der Vorausberechnungen von Bundesregierung und Gesetzgeber mit der jeweiligen tatsächlichen Entwicklung oder bei der Interpretation makroökonomischer Kenngrößen wie dem Bruttoinlandsprodukt, der Lohnquote oder dem Zinsniveau. Teils können die aggregierten Daten direkt verwendet werden, teils bedarf es der eigenen Aufbereitung. Als zentrale Kenngröße bei der Analyse, wie stark die Finanzen der Rentenversicherung am gesamtgesellschaftlichen Wohlstand partizipieren, wird grundsätzlich das *Volkseinkommen* als Summe aller Erwerbs- und Gewinneinkommen verwendet. Soweit es hingegen darum geht, die Wirtschaftskraft darzustellen oder Relationen zu dieser herzustellen, wird das *Bruttoinlandsprodukt* als das wichtigste Maß für die wirtschaftliche Leistung einer Volkswirtschaft herangezogen. Dies geschieht beispielsweise bei der Darstellung des Wirtschaftswachstums oder bei der Frage, wie ‚teuer' das Rentensystem relativ zur Leistungskraft der Volkswirtschaft ist.

Da es sich bei der allgemeinen Feststellung, dass Rentenreformen von außergewöhnlich starken Interessensgegensätze geprägt sind, lediglich um einen Ausgangspunkt für weitere Analysen handelt und es dafür nicht im Detail beispielsweise auf die Durchsetzungskraft der verschiedenen Parteien ankommt, wird nicht in Form einer Politikfeldanalyse untersucht, unter welchen Umständen es grundsätzlich zu Mehrheiten für eine bestimmte Rentenpolitik kommt[22] oder welche Rolle hierbei Interessengruppen spielen.[23] Ebenso wenig kommen versicherungsmathematische Berechnungen oder Generationenbilanzierungen zur Anwendung, da es die Zielsetzung dieser Arbeit ist, weitere mögliche Ursachen für Finanzierungsengpässe zu benennen und zu begründen, nicht hingegen, das konkrete Ausmaß der Auswirkungen zu berechnen.

Beide Unterthesen stützen sich auf das weitgehend selbe Informationsmaterial. Da andernfalls somit Redundanzen unvermeidbar gewesen wären, wurde das zusammengetragene Material größtenteils nicht für jede der beiden Unterthesen einzeln, sondern zusammenhängend unter zwei verschiedenen Blickwinkeln untersucht. Gleichwohl wird in Zwischenresümees immer wieder getrennt analysiert, welche Bedeutung dies jeweils für jede Unterthese hat. Ohne dass damit ein inhaltlicher Schwerpunkt zum Ausdruck kommen soll, nimmt die stärker qualitative Untersuchung der ersten These eines sich selbst bedingenden Reformbedarfs in den Kapiteln 2 bis 4 zwangsläufig deutlich mehr Raum ein. In Kapitel 5 erfolgt zunächst eine getrennte Gesamtauswertung beider Thesen, um die Ergebnisse anschließend in einer gemeinsamen Schlussfolgerung zusammenzuführen.

Zum Aufbau der Arbeit im Einzelnen:

In Kapitel 2 werden zunächst einführend die Charakteristika aufgezeigt, welche die 1957 implementierte Gesetzliche Rentenversicherung zu einem „dynamischen" System machen. Es wird gezeigt, weshalb nach dem Zweiten Weltkrieg die bis dahin „statische" Rentenversicherung ihre Funktion in einem mittlerweile dynamischen Wirtschaftssystem nicht mehr erfüllen konnte und eine tief greifende Reform daher unausweichlich war. Daran anschließend wird illustriert, welche Abhängigkeiten von exogenen sozialen und ökonomischen Faktoren aus der Rentendynamik resultieren.

Das Bismarck'sche Rentensystem war das Ergebnis eines Kompromisses, in ähnlicher Weise gilt dies auch für die Rentenreform 1957. Dieser Kompromisscharakter ist für beide Unterthesen von Bedeutung: Einerseits werden daher die starken Interessengegensätze gezeigt, welche sich teilweise durch überoptimistische Vorausberechnungen entschärfen lassen und so zu einem sich selbst bedingenden Reformbedarf führen können. Andererseits wird veranschaulicht, dass die Interessensgegensätze in der Einführung des Versicherungsprinzips mündeten, welches wiederum nicht nur an bestimmte demographische Verhältnisse

---

[22] So etwa Poelchau 2007.
[23] Vgl. dazu Wehlau 2009.

anknüpft, sondern Anforderungen an das Vorhandensein weiterer makroökonomischer Rahmenbedingungen stellt.

Die weiteren Darstellungen der Kapitel 3 und 4 sind für die beiden Unterthesen aus jeweils unterschiedlichen Gründen relevant.

Um die These eines sich selbst bedingenden Reformbedarfs zu überprüfen, wird in Kapitel 3 untersucht, welche Rolle die Rahmenbedingungen und insbesondere deren Vorausberechnungen bei der Rentenreform 1957 gespielt haben. Gefragt wird, ob die Prognosen und Projektionen tatsächlich als typischerweise überoptimistisch bezeichnet werden müssen. Anders als bei späteren Gesetzesänderungen, die in zunehmend kürzeren Abständen selbst Gegenstand erneuter Eingriffe waren, war bei dieser für das deutsche Rentensystem grundlegenden Reform ein langfristiger Vergleich zwischen erwarteter und tatsächlich eingetretener Entwicklung möglich. Es wird jedoch auch analysiert, wie sich nach der Reform die Rentenfinanzen kurzfristig entwickelten zu einer Zeit, als insbesondere die demographischen Rahmenbedingungen noch günstig waren und während der – aus heutiger Perspektive – das Rentensystem als noch voll funktionstüchtig erinnert wird. In Kapitel 4 wird dann die Rolle der Vorausberechnungen bei der Kompromissfindung für den weiteren Zeitraum bis heute untersucht. Von besonderer Bedeutung sind hier die Rentenreformen von 1972 und 1989, die Phase der deutschen Wiedervereinigung sowie die jüngeren Reformen seit dem Jahr 2000. Auch hier wird jeweils die kurzfristige Entwicklung der Rentenfinanzen betrachtet.

In beiden Kapiteln wird zugleich der These nachgegangen, wonach dem Rentensystem neben einer bestimmten Bevölkerungszusammensetzung weitere Prämissen zugrunde liegen, die so heute nicht mehr erfüllt werden. Im Mittelpunkt aktueller Debatten um die Rentenfinanzen steht ein 1957 in dieser Form nicht vorhersehbarer Demographischer Wandel, welcher der Rentenfinanzierung ihre Grundlage entzieht. Konträr dazu wird in Kapitel 3 zum einen veranschaulicht, weshalb die sich verändernde Demographie vor rund fünfzig Jahre eine durchaus absehbare Entwicklung gewesen ist. Zum anderen wird gezeigt, dass parallel zu den damals günstigeren demographischen Bedingungen auch die weiteren Finanzierungsvoraussetzungen gegeben waren, namentlich also, dass das Rentensystem auf der Einnahmenseite an einem stetig wachsenden Volkseinkommen partizipieren konnte. In Kapitel 4 wird punktuell gezeigt, welche Wirkung die verschiedenen Reformen auf diese Partizipation hatten.

Um eine umfassende Betrachtung zu ermöglichen, wird im letzten Kapitel 5 analysiert, ob erstens bei Berücksichtigung des gesamten Zeitraums seit Einführung der dynamischen Rente und damit unabhängig von unterschiedlich günstigen Rahmenbedingungen von einem sich selbst bedingenden Reformbedarf aufgrund typischerweise überoptimistischer Vorausberechnungen gesprochen werden kann. Zweitens wird ebenfalls für den gesamten Zeitraum untersucht, inwieweit sich die Finanzierungsbasis des Rentensystems verschmälert hat, weil weitere 1957 getroffene Vorannahmen heute nicht mehr zutreffend sind.

Nachdem die beiden Unterthesen auf diese Weise jeweils abschließend überprüft worden sind, werden die Ergebnisse in der Schlussfolgerung zusammengeführt. Dabei wird unter anderem gefragt, ob die Auswirkungen des Demographischen Wandels in der heutigen Debatte zutreffend berücksichtigt und wie aktuelle Reformen oder Reformvorhaben davon beeinflusst werden. Davon ausgehend wird beleuchtet, was diese Erkenntnisse für die unentbehrliche Sicherheitsperspektive der GRV bedeuten. In einem Ausblick schließlich wird überlegt, an welchen Punkten angesetzt werden könnte, um den aufgezeigten Ursachen der Finanzierungsengpässe zu begegnen.

2 Das dynamische Rentensystem

In diesem Kapitel sollen zunächst die Grundzüge des dynamischen Rentensystems erläutert werden und welche Abhängigkeiten von bestimmten exogenen Faktoren bestehen. Zudem soll gezeigt werden, dass die Alterssicherung schon traditionell Gegenstand hoher Interessengegensätze ist. Mit der Entstehung der Rentenversicherung als ‚Kompromissmodell' erklären sich zugleich gewisse Eigenarten und insbesondere die Ausgestaltung als eine an die Löhne anknüpfende Versicherung.

2.1 Notwendigkeit einer tief greifenden Reform nach dem 2. Weltkrieg

In den ersten Jahren nach Gründung der Bundesrepublik bestand ein weitgehender Konsens darüber, dass die Rentenversicherung einer grundlegenden Neuordnung bedürfe. Dies galt zwar in ähnlicher Weise für die übrigen Sozialsysteme, doch eine Rentenreform erschien als besonders dringlich. Die Gründe dafür waren vielfältig.

2.1.1 Bismarcks Rentenversicherung als „statisches System" in einer „dynamischen Wirtschaft"

Die mit der Bismarck'schen Rentenversicherung eingeführte Beitrags-Leistungs-Äquivalenz bezog sich auf Nominalbeträge. Dies bedeutete, dass sich aus der nominalen Höhe der eingezahlten Beiträge später auch die nominale Höhe des Rentenanspruchs ergab. Dementsprechend wurde bei den Versicherungsträgern lediglich festgehalten, „wieviele Beiträge und in welcher Höhe diese gezahlt worden waren, nicht aber zu jeweils welchem Zeitpunkt."[24]

Das statisch ausgerichtete Rentensystem war jedoch Teil einer sich zunehmend dynamisch entwickelnden Volkswirtschaft. Dabei handelte es sich um ein neues Phänomen, denn bis zur Industrialisierung war der Lebensstandard der Bevölkerung (insbesondere aufgrund von Bevölkerungswachstum) zwar Schwankungen unterworfen gewesen, im Mittel aber weitgehend gleich geblieben. Dies änderte sich ab der Mitte des 19. Jahrhunderts grundlegend: Unabhängig davon, dass die Industrialisierung gravierende und zunächst nicht zu bewältigende soziale Probleme mit sich brachte, hat sie einen bis dahin nie gekannten

---

[24] Orda 1977, S. 103.

Wachstumsschub ausgelöst. Obwohl die Bevölkerungszahl in Deutschland zwischen 1820 und 1914 um über das 2,5fache anstieg,[25] hat sich das reale Pro-Kopf-Bruttoinlandsprodukt im selben Zeitraum mehr als verdreifacht.[26] Mit einer in dieser Weise wachsenden Wirtschaft hatte man noch keine Erfahrungen sammeln können, zu Recht wird daher auch davon gesprochen, die Industrielle Revolution habe das Wachstum „institutionalisiert".[27]

Für das Rentensystem wurde diese Entwicklung allerdings zu einem Problem. Nicht nur die Nominal-, sondern auch die preisbereinigten Reallöhne stiegen allein zwischen 1870 und 1913 um etwa 90% an.[28] Der Gegenwert für jede gearbeitete Stunde hatte also eine steigende Tendenz, so dass sich für ein Stundenentgelt immer mehr kaufen ließ. Die Kaufkraft der an frühere Nominalbeiträge anknüpfenden aktuellen Rentenansprüche hingegen war im Vergleich zur Kaufkraft der aktuellen Arbeitseinkommen umso niedriger, je früher die Beiträge vor der Rentenfestsetzung gezahlt worden waren. „Damit erwuchs aus dem Konsumverzicht des Beitragszahlers im nachhinein nur ein immer geringerer Konsumanspruch als Rentner."[29] Im Ergebnis blieben die Renten, wie die SPD Mitte der 1950er Jahre kritisierte,

> „(...) selbst bei einem vollständig beitragsgedeckten Arbeitsleben allein wegen dieser Art Beitragsbewertung im Verhältnis zu den letzten Arbeitsverdiensten außerordentlich niedrig. Die Jahre zwischen den beiden Weltkriegen brachten eine stürmische Entwicklung des Lohn- und Preisgefüges. Die dynamische Entwicklung der Wirtschaft und der schwer erkämpfte steigende Anteil der Arbeiter und Angestellten am Sozialprodukt ließen die Rentner, deren Beiträge bei der Rentenfestsetzung weiter statisch, nach ihrem Geldnennwert im Beitragszahljahr, bewertet wurden, beim Ausscheiden aus dem Arbeitsleben immer stärker absinken."[30]

Diese, gemessen am jeweiligen Lebensstandard, relative Schlechterstellung kam in zweierlei Hinsicht zum Tragen: Erstens schlug sie sich bereits bei der Erstfestsetzung der Renten nieder, weil dem geleisteten vergangenen Konsumverzicht ein deutlich geringerer aktueller Konsumanspruch gegenüberstand. „Traditionell stellte die deutsche Rentenversicherung auf die Gegebenheiten einer stationären Wirtschaft ab; Grundlage der Rentenberechnung bildete der Nominalbetrag der in der Vergangenheit geleisteten Beiträge, gleichgültig, wie sich der innere Wert

---

[25] Maddison 2003, S. 34, 36.
[26] Maddison 2003, S. 58, 62.
[27] Vgl. Buchheim 1997, S. 21.
[28] Vgl. Haerendel 2001, S. 13.
[29] Orda 1977, S. 96.
[30] Auerbach 1957, S. 98.

der Beitragseinheit verändert hatte."[31] Zweitens setzte sich diese Entwicklung während der gesamten Bezugsdauer der Rente weiter fort, weil infolge von realem Wirtschaftswachstum und Kaufkraftverlust das relative Rentenniveau kontinuierlich absank. „Die (...) Diskrepanz der Rente zum jeweiligen Erwerbseinkommen zum Zeitpunkt der Rentenfestsetzung wurde noch dadurch verschärft, daß der Rentner mit Beginn des Rentenbezuges nicht mehr an der Steigerung des Lebensstandards in Form wachsender Nominaleinkommen teilnahm."[32] Besonders gravierend wirkte sich die starre Bindung an die eigene Beitragsleistung bei Renten von Frühinvaliden aus: „Je weiter der Eintritt der Frühinvalidität zurücklag, um so mehr wurde die unzureichende Leistung aus der viel zu geringen Anzahl entrichteter Beiträge noch durch ‚Unterentlohnung', ‚Unterversicherung' und ‚Kaufkraftschwund' (...) weiter im Niveau gedrückt."[33]

Die Rentenversicherung ging somit bisher von Prämissen aus, die sich immer weniger als zutreffend erwiesen, nämlich Konstanz des Lohnes und Konstanz der Kaufkraft; man könnte sie daher als ‚dynamikblind' charakterisieren.

2.1.2 Vernichtung der Finanzgrundlagen durch Wirtschaftskrise und Weltkriege

Für ein kapitalgedecktes Rentensystem wie das Bismarck'sche müssen gravierende wirtschaftliche Einschnitte, die mit der weitgehenden oder vollständigen Vernichtung des Kapitalstocks einhergehen, fatale Auswirkungen haben. Dementsprechend musste die Rentenversicherung nach dem verlorenen Ersten Weltkrieg und der Hyperinflation von 1923 praktisch neu beginnen. Bis zum 31. März 1925 gewährte sie monatliche Renten von einheitlich 13 Reichsmark. In der ersten Zeit wurden für vor 1924 gezahlte Beiträge überhaupt keine Steigerungsbeträge mehr geleistet und auch später, nachdem diese wieder berücksichtigt wurden, lagen diese je nach Beitrag sogar noch unter dem nominellen Niveau von 1891. Erst schrittweise folgte dann ab 1927 eine höhere Bewertung.[34] Insgesamt blieb die Altersarmut die gesamte Weimarer Zeit hindurch ein zentrales Problem.[35]

Die nächsten Rückschläge ließen nicht lange auf sich warten: Infolge der Ende 1929 einsetzenden Weltwirtschaftskrise brachen weite Teile der deutschen

---

[31] Frerich/Frey 1993, S. 43.
[32] Frerich/Frey 1993, S. 43.
[33] Orda 1977.
[34] Vgl. Orda 1977, S. 98-99.
[35] Vgl. Penkert 1998.

Wirtschaft zusammen.[36] Nach dem Ende der Weimarer Republik schließlich wurde die völkische Sozialpolitik gänzlich in den Dienst der nationalsozialistischen Ziele gestellt und nach ‚Freund' und ‚Feind' unterschieden. Dementsprechend erfolgte die Finanzierung zunächst durch den Ausschluss und die brutale Enteignung ‚innerer' Feinde wie Juden oder Kommunisten im eigenen Land und sollte später durch die Ausplünderung der eroberten Nachbarstaaten fortgesetzt werden.[37] Das soziale Versorgungssystem konnte daher überhaupt nur deshalb bis Kriegsende aufrechterhalten werden, weil der Produktion eine große Anzahl von Zwangsarbeitern zugeführt wurde, die teils innerstaatlich als nicht zum deutschen Volk zugehörig ‚aussortiert', teils von außen als Kriegsgefangene und Verschleppte ins Land gebracht worden waren.[38] Bis „1945 wurden insgesamt die finanziellen Grundlagen der Sozialversicherung zerstört; es trat genau das ein, was die Gegner einer ausschließlich vom Staat finanzierten und beim Staat angesiedelten Sozialversicherung befürchtet hatten, dass nämlich der Staat diese Mittel zweckentfremden könne."[39]

Nach dem Krieg und der Währungsreform 1948 war somit die theoretisch weiterhin auf Kapitaldeckung aufbauende Rentenversicherung sämtlicher finanzieller Grundlagen beraubt. De facto war allerdings bereits lange zuvor, nämlich schon seit 1924, das Prinzip der Anwartschaftsdeckung nicht mehr eingehalten worden.[40]

2.1.3 Vom Zuschuss zur Lebensstandardsicherung: Der Wandel im Verständnis vom Zweck der Rente

Einer der bemerkenswertesten Unterschiede zwischen den Arbeiterversicherungen im Deutschen Reich und den Sozialversicherungen in der heutigen Bundesrepublik liegt in dem Verständnis davon, welchem Zweck sie dienen.

In einem Staat, der in Grundrechten nicht nur subjektive Abwehrrechte erblickt, sondern sie als „objektive Wertentscheidungen"[41] versteht und dessen Verfassung den Schutz der Menschenwürde zum obersten Wert erhebt, hat die Wiederherstellung der Gesundheit oder die finanzielle Absicherung im Alter immer auch einen Selbstzweck: Die Sozialversicherungen sollen unter anderem dazu beitragen – wie es in § 1 SGB I formuliert ist – „ein menschenwürdiges

---

[36] Vgl. Boeckh/Huster/Benz 2006, S. 80.
[37] Vgl. Huster 2008b, S. 258; Boeckh/Huster/Benz 2006, S. 84.
[38] Vgl. Boeckh/Huster/Benz 2006, S. 87.
[39] Boeckh/Huster/Benz 2006, S. 87.
[40] Vgl. Gassert 1957.
[41] Vgl. Pieroth/Schlink 2004, S. 20-23.

Dasein zu sichern". Auch wenn sie weitere Aufgaben erfüllen, existieren die Sozialversicherungen ,um der Menschen willen' und bedürfen somit – zumindest was ihre grundsätzliche Existenz anbelangt – keiner weiteren Rechtfertigung.

Zu Zeiten Bismarcks waren die Beweggründe noch weitaus pragmatischerer Natur gewesen. So stand bei der Errichtung einer Krankenversicherung nicht das durch Krankheiten hervorgerufene Leiden im Vordergrund, das es zu mildern galt „– das erduldete man oder kurierte es, so gut es ging –, sondern der Lohnausfall, der die Familie bedrohte."[42] Ähnlich verhielt es sich mit der Altersabsicherung: Armut und Elend im Alter waren zwar weit verbreitet, doch dies wurde weniger als ein Problem des Alters begriffen, als vielmehr der Invalidität, der Witwenschaft und der Erwerbslosigkeit.[43] Das Alter galt noch nicht als eigene Lebensphase, sondern war, wie Krankheit, lediglich eine weitere Ursache für Erwerbsunfähigkeit. Während es heute als selbstverständlich gilt, dass sich an die Phase der Erwerbsarbeit eine Phase des Ruhestandes anschließt,[44] war im Kaiserreich „ein Rückzug in den ‚Ruhestand', in einen beschaulichen Lebensabend" zumindest für den gesunden Arbeiter undenkbar.[45] Wer dazu in der Lage war, arbeitete lebenslang, andernfalls drohte ein unwürdiges Altern als Almosenempfänger am Rande des Existenzminimums. Aus dieser Logik heraus gedacht ist es nur konsequent, wenn die Altersrente niedriger ausfiel als die Invalidenrente und lediglich einen Zuschuss zum Lebensunterhalt darstellte, da – wie es in der Begründung zum Gesetzesentwurf heißt – „erfahrungsgemäß (...) die Erreichung eines hohen Lebensalters in den meisten Fällen eine größere oder geringere Beschränkung der Erwerbsfähigkeit bedingt." Dem lag also nicht etwa das Werturteil zugrunde, ein 70jähriger habe es nach einem langen Erwerbsleben verdient, nicht mehr arbeiten zu müssen, sondern vielmehr die Kosten-Nutzen-Abwägung, der Zuschuss werde es „dem alt gewordenen Arbeiter erleichtern, eine Überanstrengung der ihm verbliebenen Arbeitskraft zu vermeiden und sich den Rest seiner Arbeitsfähigkeit länger zu erhalten, den Eintritt völliger Erwerbsunfähigkeit also hinauszuschieben."[46] Zweck der (niedrigeren) Altersrente war es, die Bezugsdauer der (höheren) Invalidenrente zu verkürzen. Dies wurde auch in den Reichstagsdebatten hervorgehoben: „Freilich darf die in diesem Falle zu gewährende Leistung den Höchstbetrag der an Invaliden zu gewährenden Renten nicht erreichen, weil sonst der Anlaß, die verbliebene Arbeitsfähig-

---

[42] Stolleis 2001, S. 248.
[43] Vgl. Haerendel 2001, S. 1-2.
[44] Bäcker u.a. bezeichnen die Freiheit, „im hohen Alter nicht mehr arbeiten zu *müssen* und die Phase des Ruhestandes genießen zu können" als „eine der herausragenden Leistungen des Sozialstaats überhaupt" (vgl. Bäcker 2000, S. 229).
[45] Haerendel 2001, S. 18.
[46] Deutscher Reichstag 1888, 7. Legislaturperiode, IV. Session 1888/89, Aktenstück 10, S. 49.

keit weiter auszunutzen, fortfallen würde."[47] Die Bismarck'sche Rentenversicherung trug daher nicht ohne Grund den Namen „Invaliditäts- und Altersversicherung".[48] Während mit der bundesdeutschen Rentenversicherung vor allem die Altersrenten assoziiert werden, verhielt es sich bei ihrer Entstehung gerade umgekehrt. Im Vordergrund stand hier die Invalidität, ob diese nun durch Unfall oder Krankheit verursacht worden oder einem hohen Alter geschuldet war, blieb zweirangig. Der Entscheidung, überhaupt eine Altersrente zu zahlen, lag eine rein pragmatische Überlegung zugrunde: Mit 70 Jahren, so das Argument, könne ein Verfall der Erwerbstätigkeit vorausgesetzt werden. „Lediglich um den Beweis der verminderten Erwerbsfähigkeit zu sparen, schlägt die Gesetzgebung vor, vom 70. Jahre ab eine Minimalrente zu gewähren."[49]

Das Verständnis von der Funktion der Rente hat sich somit gewandelt. Nach dem Zweiten Weltkrieg „bestand ein breiter gesellschaftlicher Konsens darüber, daß die Alters-, Invaliditäts- und Hinterbliebenenrenten stärker als bisher Lohnersatzeinkommen sein sollten."[50] Dementsprechend stellte der Staatssekretär im Bundesarbeitsministerium anlässlich einer Tagung des Verbandes Deutscher Rentenversicherungsträger (VDR) im Jahre 1952 fest, dass die Rente nun, anders als noch bei Bismarck, nicht mehr als Zuschuss zu den eigenen Ersparnissen verstanden werde. „Durch die gesellschaftlichen Veränderungen der letzten Jahrzehnte ist die Rente aber Inhalt und Substanz der Sicherung gegen Alter und Erwerbsunfähigkeit geworden. Die Folge ist, daß die Höhe der Rente heute allgemein als unzureichend empfunden wird."[51] Im April 1955 legte der Bundesarbeitsminister eine Kabinettsvorlage über Grundgedanken zur Gesamtreform der sozialen Leistungen vor und führte dabei an, dass die Altersrente im Laufe der Zeit einen wesentlichen Funktionswandel durchlaufen habe. Nun solle sie für den Lebensunterhalt alter Menschen unter besonderer Berücksichtigung des einmal erarbeiteten Lebensstandards sorgen.[52]

Der Verständniswandel vom Zweck der Rente ist daher vor allem in der Nachkriegszeit zu verorten. Die Grundlagen hierfür wurden allerdings – wenn auch nicht als Folge einer bewussten politischen Entscheidung – bereits in der Weimarer Republik gelegt: Die Wirtschaftskrisen der 1920er Jahre setzte das traditionelle Lebenslaufmodell endgültig außer Kraft. Zuvor waren viele Men-

---

[47] Deutscher Reichstag 1888, 7. Legislaturperiode, IV. Session 1888/89, Aktenstück 10, S. 49.

[48] Bismarcks ursprüngliche Idee einer Staatsbürgerversorgung zielte zwar etwas stärker auf eine Versorgung auch gerade im Alter ab, doch da sich die von ihm angedachte Einheitsrente nicht durchsetzen konnte, trat dies wieder in den Hintergrund (vgl. Wallrabenstein 2007, S. 64).

[49] so der Reichspartei-Abgeordnete und Mitarbeiter im preußischen Handelsministerium Karl Gamp, zitiert nach Haerendel 2001, S. 104.

[50] Frerich/Frey 1993, S. 46.

[51] zitiert nach Lepinski 1952, S. 339.

[52] Hensen 1977, S. 138.

schen im Rentenalter nach wie vor voll erwerbstätig gewesen. Diese wurden nun aus dem Erwerbsleben gedrängt, die Trennung von Erwerbstätigkeit und Rentenbezug damit zur Regel. „In der Konsequenz haben diese arbeitsmarkt- und rentenpolitischen Entwicklungen der Weimarer Republik die Entstehung des modernen Ruhestandes befördert. Die fehlende materielle Absicherung verhinderte indes, daß die neugewonnenen arbeitsfreien Jahre im letzten Lebensabschnitt von den Rentnern und Rentnerinnen auch unbeschwert und mit Genuß erlebt werden konnten."[53]

2.1.4 Weitere Gründe

Die Nichtberücksichtigung der wirtschaftlichen Dynamik, der Wandel im Verständnis vom Zweck der Rentenversicherung und die Brüche in ihrer Geschichte sollten nicht zu der Annahme verleiten, dass das System andernfalls bis in die 1950er Jahre funktionstüchtig geblieben wäre. Die Beitragseinnahmen waren nämlich von vorn herein zu niedrig angesetzt, um daraus die späteren Rentenausgaben bestreiten zu können. Defizite im Kapitaldeckungsverfahren waren vorprogrammiert: Bereits vor dem ersten Weltkrieg „wurden jährlich im Höchstfall 18,- Mark als Beitrag für die Rentenversicherung aufgewendet. Selbst wenn dieser Betrag auf 90,- DM aufgewertet, d. h. in jeder Hinsicht überbewertet würde, kämen bei 40jähriger Beitragszahlung nur 3.600 DM an Gesamtbeiträgen zusammen. Ihnen stünde bei nur 1.200 DM Jahresrente im Verlauf von 15 Jahren ein Rentenbetrag von 18.000 DM gegenüber. Nicht viel besser war es mit den Beiträgen bis 1949, die seit 1942 nur 5,6% des Arbeitseinkommens ausmachten."[54]

Die Ursachen für die unzureichende finanzielle Grundlage sind vielfältig und teilweise bereits bei der Entstehung der Rentenversicherung zu suchen. Ein Grund war die „viel zu niedrige Beitragsbemessungsgrenze". Der Rentenanspruch des über diese Grenze hinaus verdienenden Pflichtversicherten war gemessen an seinem früheren Einkommen besonders niedrig, da von vornherein nur ein Teil seines vergangenen Lebensstandards berücksichtigt worden war.[55] Darüber hinaus war das Verständnis von einer Rente als Zuschuss zum Lebensunterhalt gerade bei der Invalidenrente problematisch. Diese sollte zwar zu Zeiten Bismarcks höher sein als die Armenpflege, welche damals nur notdürftig vor dem Verhungern schützte, zugleich aber von vornherein nur die Möglichkeit zu einer bescheidenen Lebenshaltung geben. Dabei wurde von zwei Lebensum-

---

[53] Vgl. Penkert 1998, S. 280-281.
[54] Gassert 1956c, S. 69.
[55] Orda 1977.

ständen im Alter ausgegangen, die in der Realität nur begrenzt zutrafen. Erstens setzte man voraus, dass ein Rentner typischer Weise mit Angehörigen zusammenlebte, die selbst ein Einkommen bezogen und seine Rente tatsächlich nur ein Zuschuss zum Familieneinkommen darstellte. Zweitens ging man davon aus, dass er in der Regel noch über eine Restarbeitsfähigkeit verfügte und „wenigstens Heimarbeit finden konnte." Beides aber traf gerade in Zeiten großer Arbeitslosigkeit nicht zu – weder gab es dann ausreichend entlohnte Heimarbeit, noch waren die Angehörigen in der Lage, „den Lebensbedarf der Alten wenigstens teilweise zu sichern."[56]

Schließlich kam noch hinzu, dass es vor 1914 im Deutschen Reich keine zusammenfassende amtliche Lohnstatistik gab. Zur Zeit ihrer Entstehung konnten die Sozialversicherungen somit auch nicht darauf zurückgreifen, obwohl sie diese als Kalkulationsbasis durchaus benötigt hätten. Während des Gesetzgebungsprozesses wurde dies auch beklagt, musste man doch auf „mehr oder weniger begründete" Schätzungen zurückgreifen.[57]

2.2 Grundlagen des dynamischen Rentensystems

2.2.1 Vor der Reform 1957

Nach der Währungsreform 1948 hatte das Geld zwar wieder Wert, die Renten aber verloren mehr und mehr den Anschluss zum wachsenden Lebensstandard. „Die Orientierung der sozialen Rentenversicherung am Prinzip der ‚Beitrags-Leistungs-Äquivalenz' ohne Berücksichtung des Kaufkraftschwunds und des Einkommensanstiegs führte insbesondere nach der Währungsreform dazu, dass die Renteneinkommen zunehmend hinter den Arbeitnehmereinkommen zurückblieben".[58] Auch wenn frühzeitig offenkundig war, dass es eine grundlegende Rentenreform geben müsse,[59] benötigten die Vorbereitung dafür Zeit. Aus diesem Grund wurden zunächst mehrfach Gesetze verabschiedet, um das allgemeine Rentenniveau zu heben. Ab 1949 kam es unter weitgehender Nichtbeachtung des Äquivalenzprinzips zu globalen Erhöhungen ohne Bezug zum individuellen Versicherungsleben wovon gerade die Bezieher kleiner Renten profitierten.[60] Bei den schematischen Erhöhungen spielten vor allem auch verwaltungs-

---

[56] Auerbach 1957, S. 84.
[57] Vgl. Haerendel 2001, S. 11-12.
[58] Frerich/Frey 1993, S. 43.
[59] Vgl. Hockerts 1977, S. 347-353.
[60] „Und zwar wurden [durch das „Gesetz über die Anpassung von Leistungen der Sozialversicherung an das veränderte Lohn- und Preisgefüge und über ihre finanzielle Sicherstellung" (SVAG) und das „Knappschaftsrentenversicherungs-Anpassungsgesetz" (KnVAG) mit Wirkung vom 1.6.1949] alle

technische Überlegung eine Rolle: Es galt als unwahrscheinlich, dass die Rentenversicherungsträger die individuelle Umrechnung des laufenden Rentenbestandes in der notwendigen kurzen Zeit hätten durchführen können.[61]
Das Rentenmehrbetragsgesetz (RMG) von 1954 nahm hier insoweit eine Sonderstellung ein, als das mit diesem Gesetz erstmals keine pauschale Anhebung durchgeführt wurde, sondern die Renten entsprechend des jeweiligen Kaufkraftverlustes angehoben werden sollten, die die Beiträge in den verschiedenen Zeiträumen erfahren hatten. Insoweit wurden „mit dem RMG erste methodische Voraussetzungen der modernen Rentendynamik entwickelt."[62] Ursprünglich war der Gesetzgeber bei den Beratungen davon ausgegangen, dass dies das letzte derartige Gesetz vor der großen Rentenreform sein würde. In der Mitte der 1950er Jahre zeigte sich jedoch, dass weitere Zwischenlösungen nötig sein würden. Zwischen Ende 1955 und Ende 1956 wurden daher erneut Gesetze zur Anhebung der Renten verabschiedet.[63]

Alle diese Sofortmaßnahmen konnten allerdings nicht verhindern, dass das Rentenniveau in vielen Fällen unter das Existenzminimum absank.[64] Alter und Invalidität waren ein möglicher Auslösefaktor von Armut.[65] Um dies dauerhaft zu vermeiden, so der vieldiskutierte Gedanke, reiche es nicht aus, die Renten von

---

Versichertenrenten um 15 DM, alle Witwenrenten um 12 DM und alle Waisenrenten um 6 DM erhöht mit der Maßgabe, daß alle Versichertenrenten mindestens 50 DM, alle Witwenrenten mindestens 40 DM und alle Waisenrenten mindestens 30 DM betragen sollten. Soweit dies durch die festen Zuschläge nicht erreichbar war, wurden zur Auffüllung auf die Mindestbeträge noch weitere Beträge (sogenannte Auffüllungsbeträge) hinzugefügt. Durch diese Sofortmaßnahme fand das Äquivalenzprinzip keine Berücksichtigung, im Gegenteil: der relative Nutzen aus dieser Maßnahme war für Versicherte um so größer, je geringer ihre eigenen Vorleistungen durch gezahlte Beiträge nach Anzahl und Höhe waren. Das Rentenzulagen-Gesetz (RZG) erhöhte mit Wirkung vom 1.7.1951 an, ausgehend vom Rentenzahlbetrag, die Renten um durchschnittlich 25 %. Damit wurden nicht nur die beitragsunabhängigen, festen Bestandteile einschließlich der festen Zuschläge nach dem Anpassungsgesetz – wiederum entgegen dem Äquivalenzprinzip – weiter angehoben, sondern auch die von der Höhe und der Anzahl der geleisteten Beiträge abhängigen Steigerungsbeträge. Andererseits wurden die Auffüllungsbeträge auf die Rentenmindestbeträge – soweit dies ohne Leistungsverschlechterung für den Rentenempfänger blieb – gegen diese Rentenzulagen aufgerechnet und damit wieder mehr dem Äquivalenzprinzip gefolgt. Mit dem Grundbetragerhöhungsgesetz (GrEG) wählte der Gesetzgeber für eine weitere Rentenaufbesserung mit Wirkung vom 1.12.1952 an wiederum nur den Weg einer Anhebung der beitragsunabhängigen Rentenbestandteile wie in den Anpassungsgesetzen: einheitlich wurden Versichertenrenten um 5 DM, Witwenrenten um 4 DM und Waisenrenten um 2 DM erhöht" (Orda 1977, S. 100).
[61] Vgl. Orda 1977, S. 100-101.
[62] Frerich/Frey 1993, S. 45.
[63] Mit dem Sonderzulagen-Gesetz (SZG) vom 2. Dezember 1955 und dem 2. SZG vom 16. November 1956 wurden von bestimmten Stichtagen ab die Mehrbeträge aufgestockt, das Rentenvorschußzahlungsgesetz (RVZG) vom 23. Dezember 1956 hingegen gewährte bereits Vorschüsse auf die zu erwartenden Rentenerhöhungen (Frerich/Frey 1993, S. 45).
[64] Frerich/Frey 1993, S. 43.
[65] Vgl. Hockerts 1980, S. 208.

Zeit zu Zeit dem Lebensstandard anzupassen, sondern es müssten bereits bei der Rentenfestsetzung die in früheren Jahren geleisteten Beiträge entsprechend des damaligen Lohnwerts bewertet werden. Das Rentenbeitragssystem sollte also um eine neue Dimension – eine zeitliche Dimension – erweitert werden.

Die Idee, Renten in Beziehung zu Aktiveinkommen zu setzen, war in publikumswirksamer Form das wohl erste Mal 1944 auf der Internationalen Arbeitskonferenz in Philadelphia erhoben worden: „Renten sollen laufend an wesentliche Veränderungen der Lohnhöhe im früheren Beruf des Versicherten angepaßt werden."[66] In verschiedenen europäischen Ländern wie den Niederlanden oder Schweden wurde in der ersten Hälfte der 1950er Jahre geprüft, wie eine solche Bewertung durchgeführt werden könnte, die neben der Beitragshöhe auch den Beitragszeitpunkt würdigt. So wurde in den Niederlanden die Einführung eines Punktesystems vorgeschlagen, das zunächst bei der Beitragszahlung deren Wert im Verhältnis zum jeweiligen Durchschnittslohn berücksichtigt und das später bei der Rentenerstfestsetzung die zusammengerechneten Punkte wiederum in Relation zum aktuellen Lohnniveau setzt. Das schwedische Konzept war ähnlich: Es sah vor, in jedem Beitragsjahr das Einkommen des Beitragszahlers als Prozentsatz des Durchschnittseinkommens festzuhalten und daraus bei der Rentenfestsetzung einen für das ganze Arbeitsleben geltenden Prozentsatz auszurechnen. Die Rentenhöhe sollte sich ergeben, indem der Lebensdurchschnitts-Prozentsatz in Relation zum aktuellen durchschnittlichen Einkommen gesetzt wird.[67]

In Deutschland näherte sich die Diskussion um die Neuordnung der gesetzlichen Rentenversicherung in der Mitte der 1950er Jahre ihrem Höhepunkt:

„Es herrschte weitgehende Einmütigkeit darüber, daß hinsichtlich der Rentenhöhe etwas Grundlegendes zu geschehen habe, weil das Verhältnis von Rente und vergleichbarem Arbeitsverdienst als völlig unbefriedigend empfunden wurde. Seinerzeit machten die Durchschnittsrenten in den Rentenversicherungen der Arbeiter und der Angestellten zwischen 28 und 32 % der vergleichbaren Löhne und Gehälter aus – und das auf einem Niveau, das kaum mehr als das Existenzminimum darstellen konnte. Die Diskussion konzentrierte sich zunehmend auf die Frage, ob eine Dauerlösung des Problems, angesichts rasch und nachhaltig steigender Nominalverdienste der Erwerbstätigen ständig ‚zu niedrige' Renten zu gewähren, nicht durch eine Bindung der Renten an die Höhe und Entwicklung der Arbeitsverdienste der Versicherten gefunden werden könnte."[68]

---

[66] Hensen 1977, S. 138.
[67] Vgl. Auerbach 1957, S. 98-99.
[68] Hensen 1977, S. 138.

Die Diskussion dazu wurde, wie später noch zu zeigen sein wird, sehr breit und kontrovers geführt. Den meisten Reformvorschlägen war jedoch ein zentraler Gedanke gemein: In einer sich dynamisch entwickelnden Wirtschaft muss es auch ein dynamisches Sozialsystem geben, da nur so innerhalb des sich verändernden Gesamtwirtschaftsystems die Relationen konstant bleiben und eine Verstetigung der Zustände sichergestellt werden kann. *Kurt Jantz*, Generalsekretär eines speziell für die Sozialreform im Bundesministerium für Arbeit geschaffenen Generalsekretariats, brachte das Ziel der Rentenreform auf den Punkt indem er erklärte, der Rentner sei zuvor „gar nicht in der Nachbarschaft des jetzigen Lohnempfängers, sondern in der Nachbarschaft der früheren Lohnempfänger [gewesen]. Er blieb in einem Maße hinter der Entwicklung zurück, daß dieses Zurückbleiben zu (...) Deklassierung und Isolierung führte."[69]

2.2.2 Dynamisierung der Lebensarbeitsleistung – Erstfestsetzung der Renten

Tatsächlich war für die Rentner das Ausscheiden aus dem Erwerbsprozess in der Regel mit einem steilen sozialen und wirtschaftlichen Abstieg verbunden gewesen.[70] Mit dem überkommenen Verständnis von der Funktion der Rente hatte dies durchaus in Einklang gestanden. Das Prinzip von Leistung (Arbeit) und Gegenleistung (Lohn) hatte nur für die Erwerbsphase gegolten und mit dem Renteneintritt geendet. Ab diesem Zeitpunkt entsprach es lediglich der sozialpolitischen Zielsetzung, den einzelnen Alten vor Not zu schützen. Dementsprechend waren die Leistungen wesentlich niedriger als die Bezüge vergleichbarer aktiver Erwerbstätiger, so dass der nicht mehr Erwerbstätige damit schlagartig aus seiner sozialen Schicht heraus fiel.[71] Leitgedanke der Rentenreform war demgegenüber, dass die Rentner den gleichen Sozialrang wie die Erwerbstätigen haben sollten:

> „Der Aktive hat keinen gesellschaftlich höheren Rang als der berechtigterweise Inaktive. Die Rente soll dazu beitragen, insbesondere den Arbeitnehmer beim Ausscheiden aus dem Arbeitsleben vor dem sozialen Abstieg, vor der Deklassierung zu bewahren. Die individuelle ökonomische Situation des Menschen im Durchschnitt seines Arbeitslebens soll sich fortsetzen in einer entsprechenden individuellen Situation nach dem Arbeitsleben. Der Rentner soll auch wirtschaftlich so gestellt sein, daß er in seinem Lebenskreis verbleiben kann."[72]

---

[69] Jantz 1959, S. 411-412.
[70] Frerich/Frey 1993, S. 43.
[71] Vgl. Jantz 1959, S. 408-411.
[72] Jantz 1977, S. 114.

Diese Vorgaben schlugen sich in der Rentenformel nieder, die die Höhe der Zugangsrenten regelte:

$$R = \frac{(ABxPG)x(JxSt)}{12}$$

Hierbei ist „AB" die *allgemeine Bemessungsgrundlage* als Mittel des durchschnittlichen Bruttoentgelts aller Versicherten der drei Jahre vor dem Jahr des Versicherungsfalles. Durch die allgemeine Bemessungsgrundlage knüpft die Rente an das aktuelle Lohnniveau an. „PG" ist die *persönlichen Bemessungsgrundlage*, also das Verhältnis zwischen dem Lebenserwerbseinkommen des Versicherten und dem durchschnittlichen Einkommen aller Sozialversicherten während dieses Zeitraums. Die persönliche Bemessungsgrundlage überträgt damit die relative Einkommensposition, die der Versicherte während seines Erwerbslebens hatte, auf seine Rentenhöhe. „J" ist die Zahl der *anrechnungsfähigen Versicherungsjahre*, durch diesen Faktor fließt die Zahl der Jahre in die Berechnung ein, die ein Versicherter Mitglied gewesen ist. Die Formelelemente PG und J sind damit zugleich Ausdruck des Äquivalenzprinzips, denn durch sie wird die Höhe und die Dauer der eingezahlten Versichertenbeiträge berücksichtigt. „St" schließlich ist der *Steigerungssatz*, der für jedes Versicherungsjahr angerechnet wird und der entsprechend der Vorgabe des Gesetzgebers die erreichbare Rentenhöhe beeinflusst.[73]

Durch diese Rentenformel wurde die direkte Bezogenheit zwischen nomineller Beitragshöhe und nominellem Rentenzahlbetrag aufgelöst. Die Rente war nicht mehr Gegenwert für vorher erbrachte Geldleistung, sondern Gegenleistung für vorher erbrachten Konsumverzicht. Mit der vorgesehenen Partizipation am Wirtschaftswachstum ging sie sogar noch darüber hinaus: Honoriert werden konnte so auch die Lebensarbeitsleistung der Rentner, welche den gesamtgesellschaftlichen Kapitalstock vergrößert hatten, auf dem dann spätere Generationen aufbauen konnten.

Die grundlegende Umstellung der Rentenberechnung brachte eine Vielzahl praktischer Probleme mit sich. So machte es die Erweiterung des bisherigen, auf nominale Beiträge fixierten Systems um eine zusätzliche zeitliche Dimension nötig, neben der Höhe auch das Datum der jeweils geleisteten Beiträge nachzuvollziehen. Doch natürlich hatte zum Zeitpunkt der Beitragserhebung noch niemand wissen können, dass diese Information später einmal relevant werden könnte. Daher hatte man bisher stets, nachdem die festgestellte Rente rechtskräftig geworden war, „die Beitragsunterlagen (Quittungs- / Versicherungskarten),

---

[73] Vgl. dazu auch Hockerts 1980, S. 325.

die darüber aus dem Geltungszeitraum der Karten und dem Datum der Marken-
entwertung hätten Auskunft geben können, zur Entlastung der Magazine vernichtet. (...) Damit fehlte aber gerade der Nachweis nach ihrer zeitlichen Entrich-
tung, der für eine geforderte individuelle Anhebung des Rentenanspruchs
zugrunde zu legen wäre mit der Maßgabe, daß der Konsumanspruch des Rentners seinem damaligen Konsumverzicht als Beitragszahler angepaßt wird."[74] Um
die fehlenden Informationen näherungsweise zu ersetzen, musste man in erheblichem Umfang auf Schätzungen, Hochrechnungen und Versuchsberechnungen
zurückgreifen.[75]

2.2.3 *Dynamisierung der laufenden Renten – Anpassung der Renten*

Jantz verwies darauf, die Rente sei nicht nur deswegen lohnbezogen, weil sie an
das Erwerbseinkommen anschließe, sondern auch, weil sie die Steigerung der
Reallöhne mitberücksichtige.[76] Der Kopplung an die Bruttolohnentwicklung war
– wie noch gezeigt werden wird – eine lange Diskussion darüber vorausgegan-
gen, an welche volkswirtschaftliche Kenngröße die Dynamik (wenn überhaupt)
gekoppelt werden sollte. Im Gespräch war neben einer Kopplung an die Löhne
auch eine Anpassung entsprechend der Entwicklung der Preise, der Produktivität
oder aber des Sozialprodukts.[77] Besonders zurückhaltend war der Vorschlag des
Bundesfinanzministeriums gewesen, der als dynamische Bezugsgröße das
preisbereinigte Pro-Kopf-Nettosozialprodukt vorsah. Damit wäre weder eine
Inflationsabsicherung garantiert gewesen noch eine Teilhabe mindestens in Höhe
des Produktivitätsfortschritts, da der Rentnerquotient voraussichtlich ansteigen
und damit die Pro-Kopf-Rate der Gesamtbevölkerung niedriger ausfallen würde
als die Pro-Kopf-Rate der Erwerbstätigen.[78] Im Ergebnis kam es dahingehend zu
einem Kompromiss, als dass die Anpassung zwar entsprechend der Bruttolohnentwicklung erfolgen sollte, dies jedoch keine Automatik war. Vielmehr bedurfte
es für die Anpassung der laufenden Renten stets eines Gesetzes.[79]

---

[74] Orda 1977, S. 102-103.
[75] Vgl. Orda 1977, S. 101-106.
[76] Vgl. Jantz 1959, S. 411-412.
[77] Vgl. Kaiser 1956, S. 245-247.
[78] Vgl. Hockerts 1980, S. 341.
[79] Vgl. Jantz 1977, S. 111-112.

2.2.4 Zusammenfassung: Die ‚dreifache Berücksichtigung der Dynamik' und ihre Auswirkung

Die Auseinandersetzung um die Rentendynamik führte zu der so genannten „halbautomatischen jährlichen Anpassung": Die für die Erstfestsetzung erforderliche allgemeine Bemessungsgrundlage bestimmte die Bundesregierung jeweils „nach Anhören des Statistischen Bundesamtes durch Rechtsverordnung mit Zustimmung des Bundesrates bis zum 31. Dezember jeden Jahres. Die Steigerung der Bruttoarbeitsverdienste wirkt sich also über das Instrument der allgemeinen Bemessungsgrundlage jährlich auf die erste Festsetzung der Rente aus, ohne daß es eines besonderen Gesetzes bedarf (§ 1256 RVO)." Für die Anpassung hingegen der laufenden Renten „bei Veränderung der allgemeinen Bemessungsgrundlage bedarf es (...) eines besonderen Gesetzes (§ 1272 Abs. 1 RVO)."[80] Doch obwohl zur Anpassung der laufenden Renten jeweils ein Gesetz nötig war, würde die Erfahrung jenen Stimmen Recht geben, nach deren Einschätzung dies zu einer gewissen „Zwangsläufigkeit" führen werde.[81] Im Ergebnis kann man daher von einer doppelten, wenn nicht sogar – bei genauer Betrachtung – dreifachen Berücksichtigung der wirtschaftlichen Dynamik sprechen.

Erstens auf der Einzahlungsseite, was den Wert der gezahlten Beiträge angeht: Der Beitragswert ergibt sich nicht aus der nominalen, absoluten Höhe der Beiträge, sondern im Zusammenhang mit dem Zeitpunkt der gezahlten Beiträge, indem diese in Relation zum damit verbundenen *jeweiligen* Konsumverzicht gesetzt werden. Dadurch sinkt der Wert gezahlter Beiträge aufgrund einer dynamischen Wirtschaftsentwicklung nicht umso mehr ab, je länger die Einzahlung zurückliegt. Eine Einzahlung durch Person A von 50 Mark im Jahre 1895 ist nicht gleich zu setzen mit einer Einzahlung in gleicher Höhe durch Person B im Jahre 1910. Person A hat einen größeren Konsumverzicht geleistet als Person B, ihre Einzahlung ist daher ‚mehr' wert.

Zweitens auf der Auszahlungsseite bei der Erstfestsetzung der Rentenansprüche: Der Beitragswert wird bei der Erstfestsetzung in Relation gesetzt zum aktuellen Lebensstandard und so der in der Vergangenheit geleistete *Konsumverzicht* (zu Zeiten eines niedrigeren Niveaus) übertragen auf den gegenwärtigen *Konsumanspruch* (zu Zeiten eines höheren Niveaus).

Drittens ebenfalls auf der Auszahlungsseite bei der kontinuierlichen Anpassung der laufenden Rente: Damit die Rentner nicht mehr nur während der Zeit ihrer Arbeitsleistung (über den Lohn), sondern auch für die Zeit ihres Ruhestandes (über die Renten) am Wirtschaftswachstum teilhaben sollten, wurde die Rentenhöhe an das aktuelle Lohnniveau gekoppelt.

---

[80] Jantz 1977, S. 111-112.
[81] Jantz 1977, S. 112.

Die Rentenreform 1957 wurde daher von vielen Seiten als bedeutendes oder zumindest in ihrer Auswirkung weitreichendstes Sozialgesetzeswerk seit Einführung der Sozialversicherungen bezeichnet. Dies betrifft ebenfalls insbesondere drei Aspekte:

Erstens erhöhte die Reform die damals laufenden Renten um 65,3% (Arbeiterversicherung) bzw. 71,9% (Angestelltenversicherung). „Für die Sozialrentner, die bis dahin im Schatten des ökonomischen Aufschwungs gestanden hatten, war das ein Stück nachholender Gerechtigkeit: eine nachträgliche, von der Hochkonjunktur erleichterte Kompensation für den erzwungenen Konsumverzicht, mit dem die große Schicht der Rentner die volkswirtschaftliche Kapitalbildung nach 1948/49 ermöglicht hatte."[82]

Zweitens – und auf lange Sicht wichtiger – war, dass so das traditionelle Problem einer Leistungsdiskrepanz zwischen dem dynamischen Wirtschafts- und einem statischen Sozialversicherungssystem beseitigt wurde. Dahinter stand der neue Leitgedanke, dass die Arbeitnehmer am Wirtschaftswachstum nicht mehr nur während der Zeit ihrer Arbeitsleistung, sondern auch für die Zeit ihres Ruhestandes teilhaben sollten.

Drittens und damit verbunden sollte das Ausscheiden aus dem Erwerbsleben nicht mehr einhergehen mit einem Absinken des erarbeiteten Lebensstandards. „Die Rente soll nicht mehr nur 'ein Zuschuß zum Lebensunterhalt' sein, sondern 'Lohnersatzfunktion' erhalten und auf diese Weise sichern, 'daß die Stellung des einzelnen im Sozialgefüge so bleibt, wie es dem vorausgegangenen Arbeitsleben entspricht'". Der traditionelle Zirkel von Alter und Armut sollte unterbrochen werden.[83]

---

[82] Hockerts 1980, S. 421-422.
[83] Vgl. Hockerts 1980, S. 422-423.

2.3 Abhängigkeiten eines dynamischen Rentensystems von exogenen Faktoren und Prognosen

2.3.1 Der Einfluss exogener Faktoren

Ein dynamisches Rentensystem wie es 1957 implementiert wurde, ist kein in sich geschlossenes System, sondern in vielerlei Hinsicht dem Einfluss von exogenen Faktoren unterworfen. Dies sind vor allen Dingen die *Demographie* und hier insbesondere die Zusammensetzung der Bevölkerung nach Personen im erwerbsfähigen und solchen im nicht-erwerbsfähigen Alter, die *Wirtschaftskraft* in Gestalt beispielsweise des Bruttoinlandsproduktes oder des Volkseinkommens, der *Beschäftigungsstand* und damit auch die Zusammensetzung innerhalb des erwerbsfähigen Bevölkerungsteils nach Erwerbstätigen und Erwerbslosen und schließlich die *Einkommensverteilung* und damit die Aufteilung der für die Finanzierung der Rentenversicherung relevanten Mittel.

2.3.1.1 Demographie

Wohl kaum ein Begriff taucht im Zusammenhang mit Finanzierungsproblemen des Rentensystems so häufig auf wie die „Demographie" oder der „Demographische Wandel". Mit dem Demographischen Wandel sind vor allem zwei Dinge gemeint.

Zum einen bezieht sich der Begriff auf einen möglichen Rückgang der Bevölkerungszahl. Schreiber sprach hier in Anlehnung an die Privatversicherungen vom „Geschäftsvolumen" der Rentenversicherung. Mit dem Verweis auf eine wachsende oder zumindest konstante Bevölkerungszahl begründete er, weshalb die umlagefinanzierte Rentenversicherung darauf verzichten könne, Kapitalreserven zu bilden:

> „Die Prozesse der Ansammlung und Wiederauflösung überdecken sich in der privaten Rentenversicherung derart, dass der Kapitalstock bei wachsendem Geschäftsvolumen ständig zunimmt. Bei schrumpfendem Geschäftsvolumen (das bisher zwar nur höchst selten oder nie beobachtet worden ist) überschreiten die Rentenzahlungsverpflichtungen die gleichzeitigen Prämieneingänge, das heißt dann muss das Deckungskapital angegriffen werden. (...) Derselbe Gedankengang macht klar, dass bei einer gesetzlich vorgeschriebenen Rentenversicherung, der 4/5 des Volkes angehören, und die daher (unter Normalverhältnissen) niemals mit einer Schrumpfung ihres Geschäftsvolumens zu rechnen hat, die Bildung von Deckungsreserven gänzlich überflüssig ist. (...)

> Die öffentlich-rechtliche Volksversicherung, die sich auf die Gewißheit ihres e-
> wigen Bestandes stützen darf, hat diese Sicherung nicht nötig. Ihre – viel stärkere –
> Sicherung beruht auf der Gewißheit der Kontinuität des Volksdaseins."[84]

Damit wird deutlich, weshalb eine zumindest nicht schrumpfende Bevölkerung
wichtig ist für die Funktionstüchtigkeit eines im schreiber'schen Sinne ausgestal-
teten Umlagesystems, das weitgehend auf die Bildung von Rücklagen verzichtet.
Bei genauer Betrachtung kommt es beim Geschäftsvolumen allerdings nicht auf
die Versichertenzahl an, sondern auf die Einnahmen, die aus diesen Versicherten
erwachsen. Auf eine Volksversicherung bezogen ist dementsprechend auch nicht
die Größe der Bevölkerung ausschlaggebend, sondern der Umfang, in dem die
Volksversicherung über die Versicherten am Volkseinkommen partizipiert.
Schreiber setzt hier eine Konstanz der versicherten Bevölkerung gleich mit
einem konstanten Anteil der Rentenversicherung am Volkseinkommen. Wie
noch zu zeigen sein wird, ist eine solche Gleichsetzung jedoch – auch, wenn sie
zu Zeiten Schreibers einleuchtend gewesen sein mag – nicht zwangsläufig
zutreffend.

   Zum anderen ist mit „Demographischem Wandel" unabhängig von einem
möglichen Rückgang der Bevölkerung insgesamt vor allem auch ihre innere
Zusammensetzung beim Altersaufbau gemeint. Eine steigende Lebenserwartung
einerseits und sinkende Geburtenraten andererseits verschieben die Alterspyra-
mide nach oben, so dass der Bevölkerungsanteil der Rentner im Vergleich zu
dem der Erwerbsfähigen größer wird. Dies aber muss bei einem lohngekoppelten
Umlagesystem sowohl auf der Einnahmen- wie auch auf Ausgabenseite negativ
zu Buche schlagen: Während auf der Einnahmenseite die Zahl der Beitragszahler
sinkt, steigt gleichzeitig auf der Ausgabenseite die Zahl der Rentenempfänger.

   Die demographische Entwicklung ist somit ein exogener Faktor, der einen
besonders nachhaltigen Einfluss auf die Finanzierung eines umlagefinanzierten
Rentensystems hat. Dementsprechend ist man bei der Finanzplanung auch hier
auf mehrere Jahrzehnte in die Zukunft reichende Prognosen angewiesen.

2.3.1.2   Wirtschaftskraft

Die Wirtschaftskraft einer Volkswirtschaft als Summe der in einer bestimmten
Zeitperiode geschaffenen Werte wird zumeist dargestellt in Form des *Bruttoin-
landsprodukts* (früher oftmals durch das Bruttosozialprodukt). Da auch die
Mittel für ein staatliches, umlagefinanziertes Rentensystem ausschließlich der
volkswirtschaftlichen Wertschöpfung entnommen werden können, beeinflusst

---

[84] Schreiber 1955, S. 17-18.

diese nicht nur die Finanzierung des Rentensystems, sondern ist letztlich die jede weitere Verteilung begrenzende Ausgangsgröße. „Eine weitere Erhöhung des Sozialprodukts wurde nicht nur als Voraussetzung einer umfassenden Sozialreform gesehen, sondern bildete zugleich den Maßstab: 'Jedes weitere Ansteigen des Sozialproduktes gestattet auch eine entsprechend höhere Berücksichtigung der Sozialleistungsempfänger.'"[85] Diese Tatsache mag zunächst einmal banal sein zumal sie für jede andere (Sozial-)leistung ebenso gilt. Im Falle einer umlagefinanzierten, dynamischen Rentenversicherung aber tritt ein entscheidender Gesichtspunkt hinzu. Anders als die Regelwerke anderer Sozialleistungen hat das Umverteilungssystem der Rentenversicherung mit seinen Formeln zur Erstfestsetzung und Anpassung der Renten die Aufgabe, bereits vorab die relative Verteilung eines Teils des *künftigen* Volkseinkommens zu regeln. Durch diese zusätzliche ,vertikale', zeitliche Dimension ist die Abhängigkeit von der Wirtschaftskraft von einer anderen Qualität als bei den übrigen Umverteilungssystemen. Nicht nur die aktuelle Wirtschaftskraft ist begrenzender Faktor und Maßstab für Reformen, sondern gerade auch die künftige. Da von bestimmten Rechengrundlagen ausgegangen werden muss, es aber nicht möglich ist, sehr weit in die Zukunft reichende Aussagen darüber zu treffen, wie hoch die Wertschöpfung ausfallen wird, muss ab einem gewissen Punkt eine Entwicklung schlicht unterstellt werden.

2.3.1.3 Beschäftigungsstand

Beim Demographischen Wandel steht das Verhältnis von Erwerbsfähigen einerseits und Ruheständlern andererseits im Mittelpunkt. Bei der Frage der Arbeitslosigkeit geht es hingegen darum, wie sich innerhalb der Gruppe der Erwerbsfähigen der relative Anteil von auch tatsächlich Erwerbs*tätigen* und Erwerbs*losen* verschiebt. Eine hohe Arbeitslosigkeit hat bei einem lohngekoppelten System eine ähnliche Wirkung wie ein sich für die Rentenversicherung ungünstig entwickelnder Altersaufbau: Auf der einen Seite fallen Beitragszahler weg, während gleichzeitig die Zahl der Leistungsempfänger (etwa in der Arbeitslosenversicherung) ansteigt. „In mehrfacher Hinsicht ist Vollbeschäftigung, im Sinne optimaler Beschäftigung, eine der Voraussetzungen eines wirksamen Systems sozialer Sicherung."[86] Relevant ist dabei nicht nur die Zahl der Erwerbstätigen, sondern auch die Beschäftigungsstruktur. So kann sich etwa ein Anstieg sozialversicherungsfreier Beschäftigung zwar positiv auf die Arbeitslosenraten

---

[85] Jantz 1977, S. 109.
[86] Auerbach 1957, S. 24.

auswirken, doch für die Rentenversicherung entstehen dabei keine Beitragseinnahmen.

Ein umlagefinanziertes, lohngekoppeltes Rentensystem setzt somit auch
Annahmen hinsichtlich der künftigen Entwicklung der Erwerbstätigkeit beziehungsweise der Erwerbstätigenstruktur voraus.

2.3.1.4 Einkommensverteilung

Auch Verschiebungen bei der Einkommensverteilung wirken sich auf die Rentenfinanzen aus. Durch die Lohnkopplung ist für das Beitragsaufkommen nur der
Umfang der Arbeitseinkommen relevant. Deren Umfang ist erstens von ihrer
Partizipation am gesamten Volkseinkommen abhängig. Eine Verschiebung des
relativen Verhältnisses von Arbeitseinkommen und Kapitaleinkommen zu Lasten
der Arbeitseinkommen würde die Rentenfinanzen daher schwächen. Schreiber
merkte dazu an, dass sich Marx geirrt habe, denn die Kapitaleinkommen wüchsen nicht so schnell wie die Arbeitseinkommen welche er daher auch als das
„neue Königseinkommen" bezeichnete.[87]

Zweitens können auch Verteilungsverschiebungen innerhalb der Arbeitseinkommen das Beitragsaufkommen senken. Dies ist beispielsweise bei
einer sich öffnenden Einkommensschere der Fall, wenn einerseits die Löhne und
damit die Beiträge des unteren Einkommenssegments sinken und andererseits ein
zunehmender Teil der höheren Löhne aus der Beitragsbemessungsgrenze he-
rauswachsen, für den dann keine Beiträge abgeführt werden.

Schreiber formulierte daher die Notwendigkeit, dass bei insgesamt steigenden Einkommen die Verteilungskurve konstant bleibt, „das heißt die relative
Struktur der Arbeitseinkommen bleibt unverändert."[88]

2.3.2 *Die systemimmanente Notwendigkeit von Prognosen und Schätzungen*

Die vier genannten exogenen Faktoren haben einen sehr weitreichenden Einfluss
darauf, welche Mittel der Rentenversicherung zur Verfügung stehen. Dabei
können diese Faktoren zwar unabhängig voneinander wirken, beeinflussen sich
jedoch auch gegenseitig. Zudem kann eine für die Rentenfinanzierung negative
Entwicklung eines Faktors durch eine positive Entwicklung eines anderen
Faktors ganz oder teilweise kompensiert werden. So könnte beispielsweise ein
stärkeres wirtschaftliches Wachstum die Effekte einer negativ verlaufenden

---

[87] Vgl. Schreiber 1955, S. 23.
[88] Schreiber 1955, S. 25.

demographischen Entwicklung ausgleichen oder aber eine niedrigere Arbeitslosigkeit eine sich öffnende Einkommensschere kompensieren. In jedem Fall ist die Notwendigkeit deutlich geworden, die Entwicklung dieser Faktoren entweder aufgrund einer Prognose mehr oder weniger genau vorherzusagen oder aber, soweit eine solche nicht möglich ist, als bloße Annahme zugrunde zu legen. Andernfalls würde den Vorausberechnungen zur Finanzierung jede reale Grundlage fehlen.

Bei der Notwendigkeit, auf Annahmen zur zukünftigen Entwicklung zurückzugreifen, spielt zudem ein wichtiger Umstand eine Rolle: Bei wohl keinem anderen staatlichen Umverteilungssystem fallen Nutzen einerseits und Kosten andererseits zeitlich so weit auseinander. Der aus den Einnahmen der Beitragszahler gezogene Nutzen steht durch die Umlage sofort zur Verfügung, wohingegen die mit der Beitragszahlung verbundenen Ansprüche und damit die Kosten erst Jahrzehnte später realisiert werden. Es wird noch darauf zurückzukommen sein, weshalb sich damit für die Politik zusätzliche Spielräume eröffnen können, um trotz gegensätzlicher Interessen zu einem Kompromiss zu gelangen. Nachfolgend wird zunächst gezeigt, wie stark diese gegenläufigen Interessen in der Rentenpolitik sind und damit auch, wie stark das wiederum gemeinsame Interesse sein kann, den Kompromissfindungsprozess zu vereinfachen.

2.4 Der Kompromisscharakter des Rentensystems

2.4.1 Die Renten als ‚neuralgischer Punkt' der Gesellschaft

Bei Rentenreformen steht die sensible Frage zur Debatte, welchen Lebensstandard sich auf der einen Seite die Generation der Rentner aufgrund ihrer jahrzehntelangen Arbeit ‚verdient' und welchen Beitrag dafür auf der anderen Seite die Generation der Erwerbstätigen zu leisten hat. Dementsprechend groß ist das Interesse der Öffentlichkeit, wenn die Umverteilungsmechanismen der Rentenversicherung geändert werden sollen. Dies war auch bei der Diskussion um die Rentenreform von 1957 der Fall. „Diese Reform wirkte sich nicht nur materiell und psychologisch auf die Rentenempfänger aus, sondern traf auch eine Erwartungshaltung der noch im Arbeitsleben Stehenden, indem sie den wirtschaftlichen Aufstieg in die Phase des individuellen Lebensabends hinein zu verlängern und eine gerechtere Norm für die Verteilung des Sozialprodukts zwischen den Generationen zu verwirklichen versprach."[89]

---

[89] Hockerts 1980, S. 425.

Andere wichtige Fragen dieser Zeit mussten sich der Rentendiskussion un-
terordnen. Wie groß dabei der auf der Politik lastende Erfolgsdruck war, wird
etwa an einer Mitteilung der Katholischen Arbeiterbewegung an Bundeskanzler
Konrad Adenauer deutlich. Ende 1956, als sich die Reformdebatte ihrem Höhepunkt näherte, teilte diese mit: „Mit den Auseinandersetzungen über die Wehr-
frage werden wir fertig, mit der Enttäuschung und Verbitterung der Millionen
Rentner nicht."[90] Welche Bedeutung die Bevölkerung der – größtenteils aus ihrer
Sicht höchst erfolgreichen – Reform beimaß, zeigten Umfragen nach ihrer
Verabschiedung:

> „Der zeitgenössischen Demoskopie zufolge war die Resonanz der Rentenreform in
> der Bevölkerung außerordentlich stark. ‚Bisher ist kein Beispiel dafür bekannt, daß
> irgendein Gesetz, eine Institution oder sogar Verfassung und Symbole des Staates
> auch nur annähernd so positive Resonanz gehabt haben wie die Rentenreform', re-
> sümierte das Allensbacher Institut für Demoskopie."[91]

Das ohnehin große Interesse wurde durch die besondere Situation der Nach-
kriegsjahre zusätzlich verstärkt, denn die Bevölkerung begriff die Neuordnung
der Rentenversicherung als Teil der „inneren Konsolidierung" des neuen Staates.
Nach den Krisen in der Weimarer Republik und der anschließenden Katastrophe
des Dritten Reiches stand sie für das stabile und verlässliche politische System
der Ära Adenauer.[92]

Für die Annahme eines sich selbst bedingenden Reformbedarfs ist von entscheidender Bedeutung, inwiefern aufgrund der hohen Aufmerksamkeit, die dem
Rentensystem zuteil wird sowie den äußerst hohen Interessengegensätzen ein
über das übliche Maß hinaus gehender hoher Kompromissdruck entsteht. Dabei
stellt sich die Frage, ob dies zeitunabhängig der Fall ist, die Diskussion um die
Rentenversicherung also aufgrund der besonderen Bedingungen und dem in den
1950er Jahren bestehenden Klima der Unsicherheit außergewöhnlich scharf
geführt worden ist oder ob der Kompromissdruck von Anfang an sehr hoch
gewesen ist. Dazu ist zunächst festzustellen, dass zumindest das Interesse der
Öffentlichkeit an dem Thema „Rente" keineswegs immer derart groß gewesen
ist. Als die Politik im 19. Jahrhundert begann, „sich mit einer Versorgung des
Alters zu beschäftigen (...) kam dazu kaum ein Anstoß aus der Öffentlichkeit".[93]
Nichts desto trotz war bereits das „Invaliditäts- und Altersversicherungsgesetz"

---

[90] zitiert nach Hockerts 1980, S. 395.
[91] Hockerts 1980, S. 424-425.
[92] Vgl. Hockerts 1980, S. 425.
[93] Haerendel 2001, S. 1.

vom 22. Juni 1889 das Ergebnis eines ausgesprochen zähen Ringens um einen Kompromiss[94]

2.4.2 Die Bismarck'sche Rentenversicherung als Kompromiss

Die gängige Bezeichnung als die „Bismarck'schen Arbeiterversicherungen" kann hingegen leicht dahingehend missverstanden werden, ihrer Entstehung hätte ein geschlossenes Konzept des Reichskanzlers zugrunde gelegen. Die Rolle des Reichskanzlers *Otto von Bismarck* bei dem Entstehungsprozess scheint jedoch gelegentlich überschätzt worden zu sein.[95] Tatsächlich sind die Arbeiterversicherungen aus einem Konglomerat unterschiedlicher, zumeist höchst gegensätzlicher Interessen hervorgegangen.[96] Einige Diskussionslinien verliefen siebzig Jahre später, im Rahmen der Rentenreform von 1957, trotz völlig veränderter Rahmenbedingungen durchaus ähnlich.

2.4.2.1 Die Diskussion um die Bismarck'sche Arbeiterversicherung

Die politischen Strömungen

Bismarcks Ziel war es, die „Mehrzahl der Arbeiter mit der bestehenden Staatsordnung auszusöhnen"[97] und den sozialrevolutionären Bestrebungen die „Spitze abzubrechen".[98] Seine Politik kann als zweigleisig bezeichnet werden: Einerseits wollte er, insbesondere nach den beiden Attentaten auf Kaiser Wilhelm I. im Jahr 1878, demonstrieren, dass er den repressiven Staat „keinen Fußbreit zurückweichen lassen" würde. Andererseits plädierte er für einen „mäßigen, vernünftigen Staats-Sozialismus", der die Repression positiv ergänzen sollte. Ihm gefiel die Idee des Arbeiters als materiell sichergestellten „kleinen Staatsrentner", der sich an den Staat gebunden fühlt und – bestrebt, seine Rente weiterhin zu erhalten – im Zweifel konservativ wählt.[99]

Soweit man vereinfachend in die drei großen politischen Gruppen des konservativen, liberalen und sozialistischen Lagers unterteilt und dabei die jeweiligen Interessen beleuchtet, zeigt sich, warum jede der Gruppen (und auch Bis-

---

[94] Stolleis 2001, S. 234.
[95] Vgl. Wallrabenstein 2007, S. 47-48.
[96] Vgl. Tennstedt, Stolleis 2001, S. 233.
[97] Bismarck, zitiert nach Stolleis 2001, S. 231.
[98] Stolleis 2001, S. 234.
[99] Vgl. Stolleis 2001, S. 237, 231, 234, 246.

marck selbst) den Sozialversicherungen in ihrer schlussendlichen Ausformung mit sehr zwiespältigen Gefühlen gegenüber standen.

Das Interesse der Konservativen und damit Bismarcks war vor allem die Stabilisierung des Reichs. Das bürgerliche Lager war daher für Reformen offen, „die das kapitalistische Wirtschaftssystem zwar prinzipiell bejahten, aber seine negativen sozialen Folgen durch staatlichen Interventionismus abfangen wollten."[100] Die Intention war hier eine ähnliche wie bei der Entstehung der „Hülfs- vereine", nämlich die Vermeidung von systembedrohendem revolutionärem Druck von unten, ausgelöst durch einen entfesselnden Wirtschaftsliberalismus. Dabei sollte jedoch weder sozialistischen Bestrebungen zu sehr nachgegeben, noch die bürgerliche Klassengesellschaft gestärkt werden. Umso mehr die Arbeiterversicherungen dabei dem Bild traditioneller Ordnungen entsprachen, desto besser.[101]

Die sozialistische beziehungsweise sozialdemokratische Haltung hingegen wollte die Klassengesellschaft überwinden. Bismarck hatte kein Hehl daraus gemacht, dass die Arbeiterversicherungen aus seiner Sicht eine gesellschaftsbe- friedende bzw. -stabilisierende Funktion haben könnten. Seine „Absichten zur Spaltung von Sozialdemokratie und Arbeiterschaft lagen offen zutage."[102] Damit erklärt sich, weshalb das sozialistische Lager einer (wenn auch begrenzten) staatlichen Umverteilung zugunsten der Arbeiterklasse misstrauisch und insbe- sondere sein radikaler Flügel ablehnend gegenüberstand: Einerseits war aus sozialistischer Sicht eine die Arbeiterklasse begünstigende Umverteilung zu begrüßen und mochte als Schritt in die richtige Richtung verstanden werden, andererseits aber konnte dies auch, soweit damit tatsächlich eine Stabilisierung des monarchistischen Staates und der Bourgeoisie einherging, als Danaergeschenk begriffen werden.

Die Liberalen schließlich waren daran interessiert, sozialistische Ideen so weit wie möglich zurückzudrängen. Der Hinweis Bismarcks, seine Sozialpolitik diene der Festigung der gegenwärtigen Gesellschaftsordnung und verhindere damit eine sozialistische Revolution, war insoweit gerade auch an die Adresse der Liberalen gerichtet und sein vielleicht stärkstes Argument.[103] Gleichwohl entsprach das Deutsche Reich in der damaligen Form keineswegs dem Idealbild des (Laissez-faire-) Liberalismus. Dazu war die politische Ausrichtung Bis- marcks, wie sie in der ‚konservativen Wende' deutlich zu tage getreten war, hiervon zu verschieden.[104] „Eine Stärkung *dieses* Staates widersprach liberalen

---

[100] Stolleis 2001, S. 235.
[101] Vgl. Wallrabenstein 2007, S. 53.
[102] Stolleis 2001, S. 235.
[103] Vgl. Tennstedt 1997, S. 88, 91.
[104] Vgl. Winkler 1998, S. 55-70.

Interessen, so dass für die Sozialpolitik auch aus diesem Grund Staatsferne gefordert wurde (...)."[105] Die Liberalen waren somit ebenfalls hin und her gerissen: Während auf der einen Seite alle Anstrengungen zu begrüßen waren, die auf eine Stabilisierung der liberalen Wirtschaftsordnung zielten und Revolutionsbestrebungen im Keim erstickten, wollten sie andererseits verhindern, dass sich der Staat in Gestalt des konservativen Deutschen Reiches mehr und mehr in den Vordergrund spielte.

Der Versuch, die gegensätzlichen Interessen zu berücksichtigen und einen mehrheitsfähigen Kompromiss zu erzielen, erwies sich als ausgesprochener Balanceakt. Dabei kam der Ministerialbürokratie eine Schlüsselrolle zu: „Eine der klassischen Analysen zum Entstehungsprozess der Sozialversicherung kommt zu dem Ergebnis, die Ministerialbürokratie, vielfach beeinflusst von der Wissenschaft, könne ‚im ganzen genommen (...) als eigentliche Trägerin der sozialen Gesetzgebung angesehen werden.'"[106] Sie koordinierte nicht nur die Impulse von Bismarck sowie von den Verbänden und Parteien, sondern hatte selbst erheblichen Anteil am Gestaltungsprozess. In ihrem Selbstverständnis war sie ein Instrument der Monarchie und hatte damit ebenso wie diese den Anspruch, über den Parteien zu stehen. Gleichwohl waren der Bürokratie in ihrer Gestaltungsfreiheit insoweit Grenzen gesetzt, als dass sie zum einen von Bismarck „recht gewaltsam in eine neue Richtung" dirigiert wurde und zum anderen bereits bei den Gesetzentwürfen die Positionen der Parteien antizipierte. Letzteres war Voraussetzung für ihre spätere Durchsetzbarkeit, denn die Parteien wurden zwar an der konkreten Ausgestaltung nicht direkt beteiligt, sie waren aber „das verfassungsrechtliche Nadelöhr der Sozialgesetzgebung".[107]

Das zutiefst ambivalente Verhältnis, das alle drei politischen Lager zu den Arbeiterversicherungen im Allgemeinen und der Rentenversicherung im Speziellen hatten, zeigt sich insbesondere bei den Diskussionen um deren einzelnen Strukturprinzipien, die allesamt entlang der Grundsatzauseinandersetzung um „Fürsorge versus Selbsthilfe"[108] verliefen.

Zwang versus Freiwilligkeit

Während das konservative Lager der Idee einer Zwangsversicherung durchaus positiv gegenüberstand, traf dies auf den erbitternden Widerstand der (National-

---

[105] Wallrabenstein 2007, S. 52-53.
[106] Stolleis 2001, S. 242.
[107] Vgl. Stolleis 2001, S. 242-244.
[108] Vgl. zu den gegensätzlichen Konzepten von Fürsorge und Selbsthilfe Wallrabenstein 2007, S. 48-49.

)Liberalen, die dies – um den politischen Gegner in ideologische Nähe zur „verrufenen" Sozialdemokratie zu rücken – polemisch als „Staatsozialismus" bezeichneten.[109] Aus ihrer Sicht steckten Bismarck und seine Bürokratie „bereits bis an die Schultern im Sozialismus",[110] in den Zwangskassen wurde der direkte Weg zum Kommunismus gesehen.[111] Bismarck wiederum griff das Wort des ‚Staatssozialismus' auf[112] und konterte mit dem Hinweis, dass staatlicher Zwang keineswegs eine neue Erfindung sei. Tatsächlich konnte die Freiwilligkeit kaum als unverrückbarer Glaubenssatz bezeichnet werden: Auch wenn der Liberalismus in jener Zeit eine wichtige Rolle einnahm, war die liberale Epoche in Deutschland doch vergleichsweise kurz gewesen. Umgekehrt aber hatte der Einsatz von staatlichem Zwang in Deutschland durchaus Tradition, so beispielsweise bei der Armenpflege oder dem Schulzwang. Der Liberale *Ludwig Bamberger* stellte daher im Reichstag auch resignierend fest, dass „wenn irgendwo in der Welt dieser Gedanke durchführbar wäre, so wäre es Deutschland."[113] Dementsprechend befürwortete sogar so mancher tendenziell liberale Politiker den Zwang.[114] Die bisherigen schlechten Erfahrungen mit der Freiwilligkeit insbesondere bei der Krankenversicherung taten ihr übriges, um auch bei der Rentenversicherung dem Zwangsprinzip zu einer (wenngleich schwachen) Mehrheit im Reichstag zu verhelfen.[115]

Selbstverwaltung versus (unmittelbare) Staatsverwaltung

Das Selbstverwaltungsprinzip bildete das wohl stärkste Gegengewicht zum Versicherungszwang und kam damit den Liberalen entgegen. Gerade auch die Selbstverwaltung konnte in Deutschland auf eine lange Tradition zurückblicken: Bereits Zünfte, Gilden und andere genossenschaftliche Einrichtungen waren als autonome Einheiten erfolgreich gewesen. „Es lag daher nahe, dieses zentrale, zwischen Staat und Gesellschaft vermittelnde Institut auch in der Sozialversicherung einzusetzen, um die neue Sicherungsform bei den Adressaten zu verankern und ihnen bewusst zu machen, dass sie hiermit ihr eigenes ‚patrimonium' ver-

---

[109] Witte 1980, S. 39. Die Sozialdemokraten selbst forderten eine Ausdehnung der Versicherungspflicht auf alle Personen bis zu der Jahresverdienstgrenze von 2000 Mark, also auch auf Handwerker, Heimarbeiter und Kleinbauern (vgl. Witte 1980, S. 128).
[110] Ludwig Bamberger, zitiert nach Stolleis 2001, S. 237, 240.
[111] Max Hirsch, zitiert nach Stolleis 2001, S. 241.
[112] Vgl. Stolleis 2001, S. 234.
[113] Ludwig Bamberger, zitiert nach Stolleis 2001, S. 242.
[114] Vgl. Wallrabenstein 2007, S. 82-83.
[115] Vgl. Stolleis 2001, S. 241.

walteten."[116] Dennoch wurde die Bedeutung dieses Prinzip weder von Bismarck noch von den Arbeitern allzu sehr hervorgehoben: Bismarck wollte nicht den Eindruck vermitteln, dass der Staat nichts mehr mit der Selbstverwaltung zu tun habe, während die Arbeiter keinen Wert darauf legten, die vom Staat gewährte Selbstverwaltung freudig anzunehmen.[117]

Die Selbstverwaltung entsprach allerdings nicht nur liberalen Vorstellungen von eigenständiger wirtschaftlicher Aktivität der Gesellschaft, sondern auch konservativen beziehungsweise bürgerlichen Positionen, wonach nicht durch zu viele fürsorgerische Leistungen der ‚Faulheit und Müßiggang' Vorschub geleistet werden sollte.[118]

Steuerfinanzierung versus Beitragsfinanzierung

Bismarck schwebte die Alters- und Invaliditätsrente als eine fürsorgerische Leistung vor, nicht als beitragsfinanzierte Sozialversicherung. Er legte Wert darauf, dass dies eine Leistung mit – und dies war neu – Rechtsanspruch sein sollte und kein Almosen.[119] Gerade die staatliche Finanzierung einer Einheitsrente war Kernpunkt seiner Idee vom ‚kleinen Staatsrentner' gewesen. Der Arbeiter sollte auf diese Weise „für die Reichsidee gewonnen und an diese gekettet werden."[120] Es wurde jedoch rasch deutlich, dass es für eine steuerfinanzierte Rente keine Mehrheit geben würde. Umso vehementer drang Bismarck wenigstens auf eine Beteiligung des Staates. Das vielleicht beste Argument der regierungsnahen Parteien für den Staatszuschuss lautete, dass eine Zwangsversicherung unweigerlich Härten hervorbringen würde, die durch einen steuerfinanzierten Zuschuss ausgeglichen werden könnten. Dabei dachten die Befürworter insbesondere an Übergangsbestimmungen für all jene Personen, die bei dem Inkrafttreten des Gesetzes bereits Leistungen empfangen müssten, die dafür notwendigen Wartezeiten aber natürlich noch nicht erfüllen konnten.[121]

Auch einen Staatszuschuss geißelten die Liberalen und Teile des Zentrums[122] als Kernstück des Bismarck'schen Staatssozialismus, als ein „gefährliches Stück Kommunismus". Dabei ging es ihnen vor allem ums Prinzip, denn zunächst einmal würde der Staatszuschuss auch der Industrie zugute kommen und ihre Soziallasten senken. Doch ähnlich wie die Sozialisten in der ihre Klien-

---

[116] Stolleis 2001, S. 244.
[117] Stolleis 2001, S. 245.
[118] Vgl. Wallrabenstein 2007, S. 78-79.
[119] Vgl. Orda 1977, S. 95.
[120] Hermann Wagner, zitiert nach Stolleis 2001, S. 246.
[121] Haerendel 2001, S. 111-113.
[122] Das Zentrum galt als Vertretung des politischen Katholizismus.

tel begünstigenden Sozialgesetzgebung lediglich den geschickten Versuch erblickten, sich ihren viel weitergehenden Forderungen zu verweigern, sahen die Liberalen den wiederum die Industrie entlastenden Staatszuschuss als vergiftetes Bonbon und den mit immer stärkeren Finanzmitteln ausgestatteten Interventionsstaat heraufziehen.[123] Doch weder konnten die Liberalen eine staatliche Finanzierung ganz verhindern, noch Bismarck seine Idee des Staatsrentners durchsetzen. Im Rückblick stellte er daher auch resignierend fest:

> „Ich habe es so nicht gemacht wie es ist, ich habe erstrebt, daß die Arbeiter überhaupt nicht beitragen sollen (...) das fand keinen Anklang; nachher wurde die Sache neu eingebracht, sie fiel in die Geheimratsmaschine und kam ziemlich anders wieder zum Vorschein, und als schließlich (...) der parlamentarische und geheimrätliche Wechselbalg wieder aus der Maschine herauskam, da wurde ich gefragt: Willst du das, oder willst du das nicht? und da habe ich gesagt: Ich will lieber dieses wie gar nichts."[124]

2.4.2.2 Der Kompromiss: Die öffentlich-rechtliche Zwangsversicherung mit Selbstverwaltung

Aus der von Bismarck beklagten „Geheimratsmaschine" und dem Parlament kam am Ende die öffentlich-rechtliche Zwangsversicherung mit Selbstverwaltung heraus. Sie bündelte „sehr heterogene Motive und Antriebskräfte, was den Gesetzen auch durchaus abzulesen war."[125]

Die Verabschiedung der Rentenversicherung

Vor der Invaliditäts- und Altersversicherung traten die Unfallversicherung und die Krankenversicherung in Kraft. In gewisser Hinsicht ebneten diese Gesetze den Weg für die äußert umstrittene Rentenversicherung, da etliche Hauptstreitpunkte bereits hier ausgefochten wurden. Dies galt insbesondere für die Unfallversicherung, die – obgleich vor der Gesetzgebung zur Krankenversicherung eingebracht – aufgrund starker parlamentarischer Widerstände erst als zweites verabschiedet wurde.[126]

---

[123] Vgl. Stolleis 2001, S. 246.
[124] Bismarck, zitiert nach Orda 1977, S. 95.
[125] Stolleis 2001, S. 233.
[126] Vgl. Stolleis 2001, S. 247.

Erst zuletzt wurde als Ergebnis eines „ganz ungewöhnlich intensiven Ent-
stehungsprozesses"[127] am 22. Juni 1889 die Invaliditäts- und Altersversicherung
verabschiedet – gegen die Stimmen von Sozialdemokraten, Linksliberalen und
der Mehrheit des Zentrums. Grundsätzlicher Konsens hatte erneut darüber
bestanden, dass es angesichts der veränderten Rahmenbedingungen notwendig
war zu handeln. Auch wenn das Problem der Altersarmut durchaus schon vor der
Industrialisierung bestanden hatte, so war doch „auf dem Land (...) für arbeitsun-
fähige Mägde und Knechte oder für greise Gutsarbeiter oftmals besser gesorgt
worden, als die ‚Veteranen' der Fabriken es in den Städten zu erwarten hatten."[128] Bei der konkreten Umsetzung des Vorhabens allerdings mussten alle
Seiten zurückstecken. Die von Bismarck angestrebte zentrale Reichsanstalt hatte
sich nicht durchsetzen können, stattdessen entstanden Landesversicherungsanstalten. Auch auf den von ihm gewünschten „deutlich sichtbaren Staatsanteil bei
der Finanzierung" in Form von einem Drittel der Gesamtausgaben musste er
verzichten und sich mit einem Festbetrag von 50 Reichsmark je Rente begnü-
gen.[129] Die Rolle des Staates wurde damit zurückgedrängt, „denn in der Perspektive der Versicherten und der Öffentlichkeit überwogen die von Arbeitnehmern
und Arbeitgebern gleichermaßen erbrachten Beiträge."[130]

Zwangsversichert waren Arbeiter und Angestellte.[131] Sie konnten eine (höhere) Invaliden- oder mit 70 Jahren eine (niedrigere) Altersrente beanspruchen;
der Invalide musste dazu mindestens 5 Jahre, der Siebzigjährige mindestens 30
Jahre Beiträge gezahlt haben.[132] Was die Höhe anbelangte, so sollte – wie oben
bereits angesprochen – insbesondere die niedrigere Altersrente keine Lebensstandardsicherung sein, sondern lediglich ein Zuschuss zum Lebensunterhalt.[133]
Ebenfalls im Widerspruch zu Bismarcks ursprünglicher Idee einer Einheitsrente
galt dabei eine Form des Äquivalenzprinzips, niedrigere Einkommensklassen
hatten allerdings (auch aufgrund eines Sockelbetrags bei Invaliditätsrenten) ein
günstigeres Lohn-Renten-Verhältnis als höhere.[134]

Weitergehenden Forderungen insbesondere der Sozialdemokratie hatte die
Mehrheit im Reichstag mit Hinweis auf die Finanzierung eine Absage erteilt. So
war die Altersgrenze von 70 Jahren bei der ersten Lesung der Reichstagskom-
mission zunächst auf 65 Jahre gesenkt worden. Dann aber mussten sich die
Befürworter der Absenkung den „Appellen zu mehr Vorsicht geschlagen geben.

---

[127] Stolleis 2001, S. 252.
[128] Haerendel 2001, S. 19.
[129] Vgl. Stolleis 2001, S. 252.
[130] Stolleis 2001, S. 252.
[131] Ebenfalls bis zu einer Versicherungspflichtgrenze von 2.000 Reichsmark im Jahr.
[132] Vgl. Stolleis 2001, S. 252.
[133] Vgl. Auerbach 1957, S. 83.
[134] Haerendel 2001, S. 119-122.

Die Aussicht, daß der Reichszuschuß sich um etwa zehn Millionen Mark im Jahr bei Annahme der 65 Jahre erhöhen würde, brachte eine Mehrheit der Kommissionsmitglieder dazu, für die Wiedereinsetzung der 70-Jahresgrenze zu stimmen." Dabei blieb es auch später im Plenum.[135] Die Sozialdemokratie kämpfte zudem vergebens für deutlich höhere Renten: Je nach Einkommensklasse lagen die Altersrenten nur zwischen knapp 20% bis 38% des Verdienstes, die Invaliditätsrenten nach 30 Beitragsjahren zwischen 29% und 58%.[136]

Die Finanzierung erfolgte grundsätzlich im Rahmen des Kapitaldeckungsverfahrens. Die Beiträge waren also so zu bemessen, „dass der Kapitalwert der voraussichtlich anfallenden Renten angespart wurde."[137] Dies allerdings betraf nur die Beiträge, beim Staatszuschuss hingegen entschied man sich für ein Umlageverfahren. Das Reich wurde gesetzlich verpflichtet, „seine Zuschüsse zu den in jedem Jahr tatsächlich zu zahlenden Renten" zu leisten.[138] Was die Beitragsverwendung anging, so handelte es sich auch hier nicht um eine *Anwartschaftsdeckung*, die ‚strenge Form' eines Kapitaldeckungsverfahrens. Nach dieser hätte nämlich für alle künftigen Rentenansprüche, die aus den jeweils aktuellen Beiträgen resultieren würden, ein entsprechender Kapitalstock aufgebaut werden müssen. Stattdessen wurde das Kapitaldeckungsverfahren auf eine Zehnjahresperiode begrenzt. Dies hatte den Vorteil, dass, „über die Beiträge nur die in dem definierten Zeitabschnitt bewilligten Renten finanziert werden [mussten]. Anwartschaften, die über diesen Zeitraum hinausragten, wurden nicht über eine Kapitalsammlung ‚vorfinanziert'".[139]

Der Kompromisscharakter der Rentenversicherung

Bismarck hatte im Ringen mit den verschiedenen politischen Strömungen bei seiner ursprünglichen Idee einer vollständig steuerfinanzierten Einheitsrente, deren Verwaltung unmittelbar dem Reich oblag, viele Abstriche machen müssen: Aus der Staatsbürgerversorgung wurde eine Sozialversicherung, aus der vollständigen Steuerfinanzierung ein Staatszuschuss. Die Beitragsfinanzierung in Verbindung mit dem Kapitaldeckungsverfahren kann als ‚kollektives Sparen' gesehen werden und entsprach damit wegen seiner Staatsferne dem Selbsthilfegedanken und zugleich liberalen beziehungsweise konservativen Vorstellungen, weil befürchtete Negativanreize einer Staatsversorgung (‚Faulheit und Müßig-

---

[135] Haerendel 2001, S. 103.
[136] Haerendel 2001, S. 119-122.
[137] Wallrabenstein 2007, S. 72.
[138] § 19 Abs. 2 des Reichsgesetzes, betreffend die Invaliditäts- und Altersversicherung.
[139] Vgl. Haerendel 2001, S. 114-115, insb. FN 169.

gang') reduziert wurden.[140] Von der Einheitsrente blieb nur ein Sockelbetrag bei der sich ansonsten nach Lohngruppen richtenden (und damit grob dem Äquivalenzprinzip folgenden) Invalidenrente übrig.[141] Anstelle der zentralen Reichsanstalt entstanden Landesversicherungsanstalten. Insgesamt wurde damit Bismarcks stark fürsorgerisch gedachter Ansatz zugunsten eines selbsthilfezentrierten Modells erheblich reduziert. Doch nicht nur der Reichskanzler, sondern auch dessen politischen Gegner mussten zurückstecken. So hatte den Liberalen der Zwang ebenso wenig behagt wie der Staatszuschuss, die Sozialdemokraten hingegen hatten sich höhere Renten, ein niedrigeres Renteneintrittsalter sowie eine Ausdehnung des Versichertenkreises gewünscht.

Man kann argumentieren, dass bei der Entstehung der Arbeiterversicherungen im Allgemeinen und der Rentenversicherung im Speziellen ein Kompromiss auf zwei Ebenen zustande kam, nämlich einmal auf einer ‚Ergebnisebene' und einmal auf einer ‚Deutungsebene'. Mit dem Kompromiss auf der Ergebnisebene ist gemeint, dass bestimmte Strukturen der Arbeiterversicherungen tatsächlich von allen Seiten als das Ergebnis eines Kompromisses begriffen wurden, also als das Aufgeben eigener Positionen zugunsten einer für alle Seiten (noch) akzeptablen Lösung. Ein Beispiel dafür ist der Staatszuschuss als Kompromiss zwischen einer rein steuerfinanzierten Leistung einerseits oder einer rein beitragsfinanzierten Leistung andererseits. Außerdem aber existierte auf einer Deutungsebene die Möglichkeit, den Streit zusätzlich ‚abzumildern': Wie Wallrabenstein 2007 zeigt, sind viele der die Arbeiterversicherung tragenden Prinzipien, auch je nach dem, welche ihrer Eigenschaften stärker betont werden, unterschiedlichen Interpretationen zugänglich. So kann beispielsweise bei der *öffentlich-rechtlichen Selbstverwaltung* das Augenmerk eher auf ihrem *öffentlich-rechtlichen* Charakter liegen und damit die Staatsnähe betonen oder aber auf der *Selbstverwaltung* als solcher, so dass hier das genossenschaftliche Prinzip und damit die Selbsthilfe im Vordergrund steht. Ähnlich verhält es sich mit der *Zwangsversicherung*: Je nach politischer Ausrichtung kann die Betonung eher auf dem *Zwang* liegen und damit den Anhängern eines paternalistischen Fürsorgestaats entgegenkommen oder aber auf der *Versicherung*, das wiederum eher dem liberalen Verständnis entspricht. Es spricht somit einiges dafür, dass die Sozialversicherungen in ihrer schlussendlichen Ausformung auch wegen ihrer Deutungsoffenheit mehrheitsfähig wurden.[142]

---

[140] Vgl. Wallrabenstein 2007, S. 71-73, 79.

[141] Vgl. Wallrabenstein 2007, S. 65.

[142] Wallrabenstein legt sehr ausführlich dar, welche wichtige Rolle unterschiedliche Interpretationen für die Mehrheitsfähigkeit spielten: „Erst deshalb, weil die konkret verwirklichte Sozialversicherung verschiedene Lesarten unter Interpretationen zulässt, wurde sie mehrheitsfähig und dadurch verwirklicht" (Wallrabenstein 2007, S. 54).

Der Kompromisscharakter der Bismarck'schen Rentenversicherung blieb nicht ohne Folgen für die ‚Belastbarkeit' der Rentengesetze. So war man „im Bemühen um politische Kompromisse letztlich zu einer schwer handhabbaren und für die Praxis daher wenig geeigneten Formel gelangt (...) Schon bald nachdem das Gesetz 1891 in Kraft getreten war, wurde der Revisionsbedarf bei dieser und einigen anderen Fragen daher immer deutlicher."[143]

2.4.3 Die Rentenreform 1957 als erneuter Kompromiss

2.4.3.1 Reformvorschläge

Die Gesetzgebung zur dynamischen Rente ist in erheblichem Maße durch Aufsätze und Konzepte beeinflusst worden, die ihrerseits aufeinander aufbauten. Oben wurden bereits kurz die These von *Gerhard Mackenroth* angesprochen, die maßgeblich den nach *Wilfrid Schreiber* benannten „Schreiber-Plan" beeinflusste und welcher wiederum in der „Rothenfelser Denkschrift" von den vier CDU-nahen Professoren *Hans Achinger, Josef Höffner, Hans Muthesius* und *Ludwig Neundörfer* berücksichtigt wurde, die ihrerseits in Kontakt zu Schreiber standen.

Die „Mackenroth-These"

Mackenroth verwies 1952 auf die unstrittige Tatsache, dass sich die Lebensumstände in den vergangenen Jahrzehnten radikal verändert hatten.[144] Seiner Ansicht nach sei früher die Sozialpolitik auf die Wirtschaft angewiesen gewesen, um zu funktionieren, nun treffe dies auch umgekehrt zu.[145] Im Mittelpunkt seiner viel beachteten (wenngleich nicht völlig neuen[146]) These von der „Einheit des Sozialbudgets" steht die Annahme, dass der gesamte Sozialaufwand immer nur aus dem Volkseinkommen der jeweiligen Periode entnommen werden könne[147] weshalb die Unterschiede zwischen Kapitaldeckungs- und Umlageverfahren

---

[143] Haerendel 2001, S. 126.
[144] Thalheim/Mackenroth/Albrecht 1952, S. 39.
[145] Vgl. Thalheim/Mackenroth/Albrecht 1952, S. 40-41.
[146] Bereits Robert Ley, der Erfinder der nationalsozialistischen ‚Altersvorsorge des deutschen Volkes' hatte ein Umlagesystem wie später Schreiber vorgestellt „und zwar mit der Begründung, Altersrenten könnten nie aus angesammeltem Vermögen, sondern stets nur aus dem jeweiligen Sozialprodukt finanziert werden. Er hat also sinngemäß das Argument vorweggenommen, das heute unter Berufung auf Prof. Mackenroth als eine Erkenntnis völlig neuer Art die Runde macht" (Gassert 1956b, S. 103).
[147] Vgl. Thalheim/Mackenroth/Albrecht 1952, S. 41.

gering seien. Beim Kapitaldeckungsverfahren werden die Beiträge der Versicherten jeweils angespart und am Kapitalmarkt zwecks Verzinsung angelegt, so dass sich ein Deckungskapital bildet aus dem dann die späteren Rentenleistungen finanziert werden können. Beim Umlageverfahren hingegen werden die eingezahlten Beiträge unmittelbar zur Finanzierung der laufenden Renten wieder ausgezahlt. Gesamtvolkswirtschaftlich betrachtet aber, so Mackenroth, könne es gar kein Kapitaldeckungsverfahren geben: „Kapitalansammlungsverfahren und Umlageverfahren sind also der Sache nach gar nicht wesentlich verschieden. Volkswirtschaftlich gibt es immer nur ein Umlageverfahren, d.h. eben: aller Sozialaufwand wird auf das Volkseinkommen des Jahres umgelegt, in dem er verzehrt wird. (...) Diese Tatsache bezeichne ich hier und anderswo als das Prinzip der Einheit des Sozialbudgets: Es gibt nur eine Quelle allen Sozialaufwandes, das laufende Volkseinkommen."[148] Mackenroth verdeutlicht weiter, weshalb volkswirtschaftlich betrachtet daher auch eine Kapitaldeckung keine Absicherung gegen soziale Risiken bieten könne:

„Es gibt volkswirtschaftlich gesehen keine Möglichkeit einer Versicherung gegen irgendwelche sozialen Risiken, (...) Die volkswirtschaftliche Problematik läßt sich nicht dadurch lösen oder beseiteschieben, daß man nach den Grundsätzen eines ordentlichen Kaufmanns private Risiken versichert. Volkswirtschaftlich gibt es nämlich keine Ansammlung eines Konsumfonds, der bei Bedarf konsumiert werden kann und dann gewissermaßen zum Volkseinkommen einer späteren Periode eine willkommene Zugabe wäre. (...) Der im privatwirtschaftlichen Denken befangene Fachmann der Sozialversicherung irrt, wenn er glaubt: soweit ich mein Deckungskapital angreife, nehme ich niemandem etwas weg. Er irrt, weil er die volkswirtschaftlichen Weiterwirkungen übersieht. Das Versicherungsprinzip ist geeignet, den einzelnen zu sichern gegen die Abweichung seines Falles von der sozialen Norm, es kann aber nicht die Volkswirtschaft sichern gegen eine Änderung der sozialen Norm, gegen eine soziale Katastrophe."[149]

Diesen Gedanken griff später auch Schreiber auf und er wurde sein wohl stärkstes Argument für ein Umlageverfahren: Wenn auf der volkswirtschaftlichen Ebene jedwede Finanzierung sowieso auf ein faktisches Umlageverfahren hinausläuft, so kann ebenso gut von vornherein auf eine Kapitaldeckung verzichtet werden.[150] Bis heute wird die Mackenroth-These dafür kritisiert, dass sie Sparen als reinen Konsumverzicht versteht, dabei aber nicht beachte, dass auf der Verwendungsseite das Ersparte die Grundlage für Investitionen ist, die

---

[148] Thalheim/Mackenroth/Albrecht 1952, S. 43.
[149] Thalheim/Mackenroth/Albrecht 1952, S. 42.
[150] Weitere ausdifferenzierte Thesen zur intergenerativen Lastenverteilungen siehe etwa bei Burkhardt 1985, S. 62-79.

ihrerseits den Kapitalstock der Volkswirtschaft vergrößern können. Dieser Kapitalstock nun könne sehr wohl an die nächste Generation weitergereicht und dann in Form von Wirtschaftswachstum auch das künftige Volkseinkommen vergrößern.[151] Auf diese Diskussion wird später noch zurückzukommen sein.

Mackenroth ging in seinen Vorschlägen allerdings noch weiter, indem er sein Konzept von der Einheit des Sozialbudgets auf die Konzipierung sozialer Ansprüche anwendete und vorschlug, eine ,Rangordnung' der Sozialleistungen zu erstellen: „Einen volkswirtschaftlichen Sozialplan aufstellen heißt dann ganz einfach: es muß angegeben werden, welche Ansprüche an das Volkseinkommen anerkannt werden sollen und welche nicht, welche Personen am Volkseinkommen teilhaben sollen, auch wenn sie zu seiner Erzeugung nichts beitragen."[152] Hier sah Mackenroth (sicherlich zum Unwillen der liberalen Seite) als einzigen Grund für eine Begrenzung staatlicher Umverteilung die Leistungsfähigkeit der Wirtschaft: „Ein absolutes Zuviel an sozialen Diensten gibt es gar nicht, jedenfalls nicht für alle praktisch möglichen und absehbaren Fälle."[153] Da es für Mackenroth somit keinen Rechtfertigungsbedarf für staatliche Umverteilung gibt, steht zunächst einmal das gesamte Volkseinkommen zur Disposition. Eine dem Staat ,vorgeordnete' marktwirtschaftliche Verteilungsinstanz, in die der Staat nur korrigierend einzugreifen hat, soweit das Ergebnis zu als sozial inakzeptabel bewerteten Zuständen führt, gibt es nicht. Vielmehr erscheint das Volkseinkommen lediglich als eine durch die Wirtschaft geschaffene Masse, über die dem Staat gewissermaßen die uneingeschränkte Verteilungskompetenz zusteht. Eine Begrenzung sieht Mackenroth nur da, wo die Quelle der Verteilungsmasse – die Wirtschaft – durch die staatliche Distribution zu versiegen droht. Aus dieser Perspektive einer staatlichen Verteilungskompetenz ist der Verzicht von Umverteilung ebenfalls als eine Verteilungsentscheidung zu werten.

Unabhängig davon, wie das damit verbundene wirtschaftspolitische Konzept zu diskutieren wäre, schwingt bei Mackenroths Thesen eine einfache, aber bedenkenswerte Aussage mit: Das Volkseinkommen ist zwar die einzige mögliche Finanzierungsquelle für jedweden sozialen Aufwand, aber dies meint zugleich das Volkseinkommen *insgesamt* und nicht nur Teile desselben. Dieser Umstand wird im Zusammenhang mit der Lohnkopplung der Rentenversicherung ebenfalls noch relevant werden.

---

[151] Vgl. Lueg/Ruprecht/Wolgast 2003, S. 4-6.
[152] Thalheim/Mackenroth/Albrecht 1952, S. 43.
[153] Thalheim/Mackenroth/Albrecht 1952, S. 44.

Der „Schreiber-Plan"

Zwei Jahre später verfasste Wilfrid Schreiber, der häufig als ,Vater der dynamischen Rente' bezeichnet wird, im Auftrag des Bundes Katholischer Unternehmer
den „Schreiber-Plan". Auch er verwies darauf, dass die Sozialpolitik den neuen
Lebensumständen gerecht werden müsse.[154] Dabei orientierte sich seine Konzeption eines „neuartigen Umlage-Verfahrens"[155] an der von Mackenroth, wobei
zumindest die Idee eines solchen Finanzierungssystems ebenfalls nicht ganz
neuartig war (siehe Fußnote 146). Im deutlichen Unterschied zu diesem stand bei
ihm jedoch das Selbsthilfe-Konzept im Vordergrund, das er als „solidarische
Selbsthilfe in größerem Kreis" einführen wollte.[156] Er legte großen Wert auf die
Feststellung, dass der Arbeitnehmer für sich selbst sorgen könne und bewertete
staatliche Umverteilung als zunächst einmal dysfunktional. Umverteilung durch
den Staat führe oft lediglich dazu, dass der Staat den Bürgern erst etwas weg-
nehme, dadurch ihr Einkommen senke und ihnen das Geld anschließend – „mit
der Gloriole des Wohltäters" – in Form von Fürsorge zurückgebe.[157] Der Arbeitnehmer fühle sich daher zu Unrecht als sozial schutzbedürftig. Aus diesem
Grund trennte er scharf zwischen steuerfinanzierter Fürsorge, auf die die Masse
der Arbeitnehmer nicht angewiesen sei, und Sozialversicherungen als solidari-
scher Selbsthilfe der Bürger. Die strikte Trennung zwischen Fürsorge und
Selbsthilfe kam bei Schreiber vor allem dadurch zum Ausdruck, dass er jedweden staatlichen Zuschuss zu den Sozialversicherungen ablehnte, diese sollten
sich alleine über Beiträge finanzieren.[158] In diesem Punkt sind die Parallelen zur
Diskussion bei den Bismarck'schen Sozialversicherungen offensichtlich: Wie
bereits 70 Jahre vorher lehnten Liberale den Staatszuschuss strikt ab, obwohl
dieser auch die Unternehmen zunächst einmal begünstigen würde. „Ganz in den
Diskussionsmustern der Entstehungszeit, wurde auch im Rahmen der Rentenreform 1957 ein Staatszuschuss mit Fürsorge gleichgesetzt und umgekehrt aus dem
Selbsthilfecharakter seine Ablehnung begründet."[159]
   Auch wenn sich Schreiber für eine Rückkehr zum Versicherungsprinzip
aussprach, wollte er damit keiner „Forderung nach weiterer sklavischer Anlehnung an die Verfahrensweise der privaten Versicherungswirtschaft" das Wort
reden.[160] Genauso wie Mackenroth lehnte er daher das Kapitaldeckungssystem
ab. Erstens hielt er es für überflüssig, weil anders als bei einer privaten Versiche-

---

[154] Vgl. Schreiber 1955, S. 6-8.
[155] Schreiber 1955, S. 19.
[156] Vgl. Schreiber 1955, S. 9.
[157] Vgl. Schreiber 1955, S. 13-14.
[158] Vgl. Schreiber 1955, S. 14-16.
[159] Wallrabenstein 2007, S. 92.
[160] Schreiber 1955, S. 17.

rung bei einer Volksversicherung nicht damit gerechnet werden müsse, dass ihre Finanzierungsbasis in Gestalt des Volkes einmal abnehmen und auf einen Kapitalstock zurückgegriffen werden müsse[161] – wie oben angesprochen setzte er dabei Volk und Volkseinkommen gleich. Zweitens stimmte er mit Mackenroth darin überein, dass sich die Unterschiede zwischen Kapitaldeckungs- und Umlageverfahren auf volkswirtschaftlicher Ebene auflösten, denn das „Renteneinkommen der Alten eines ganzen Volkes kann tatsächlich immer nur aus dem laufenden Sozialprodukt entnommen werden".[162] Drittens erschien ihm die Bildung eines riesigen Kapitalstocks sogar als riskant, weil das so gesparte Geld schließlich investiert worden sei und nur durch die massenhafte Auflösung von Realkapital wieder freigesetzt werden könne. Dies aber wäre „wirtschaftlicher Selbstmord".[163]

Daher, so Schreibers Empfehlung, solle das bisherige kapitalgedeckte System, das sowieso nie richtig funktioniert habe und zudem bankrott sei, auf ein umlagefinanziertes umgestellt werden. Versicherungspflichtig wären nach Schreibers Vorschlag nicht nur die Arbeitnehmer gewesen, sondern auch die Selbständigen. Die Beiträge sollten relativ zum Bruttoeinkommen erhoben werden, wobei das Äquivalenzprinzip angewendet werden solle. Wer also ein höheres Einkommen hat und damit höhere Beiträge zahlt, bekäme später auch höhere Renten. Außer Frage stand für Schreiber zudem, dass es sich um dynamische Renten handeln müsste. Die Höhe der Renten sollte der allgemeinen Einkommensentwicklung angepasst werden.[164]

Die „Rothenfelser Denkschrift"

Die Denkschrift wurde im Auftrag des Bundeskanzlers verfasst, inhaltliche Weisungen gab dieser aber nicht.[165] Sie war breit angelegt und umfasste nicht nur die Reform der Rentenversicherung, sondern die der sozialen Leistungen insgesamt. Aus diesem Grund, so die Autoren in einer Vorbemerkung, sei es auch nicht möglich gewesen, die Reformvorschläge in allen Einzelheiten zu entfalten.[166]

Die Rothenfelser Denkschrift kann als Paradebeispiel eines Konzepts für den konservativen Sozialstaat gesehen werden: Die soziale Sicherung basiert auf

---

[161] Vgl. Schreiber 1955, S. 17-18.
[162] Schreiber 1955, S. 29.
[163] Vgl. Schreiber 1955, S. 29-30.
[164] Vgl. Schreiber 1955, S. 25-26.
[165] Vgl. Hockerts 1977, S. 360.
[166] Vgl. Achinger 1955, Vorbemerkung.

der Lohnarbeit und die Höhe der Leistungen hängen von der Höhe des Lohns ab. Ehefrauen sind über ihren Mann abgesichert. Erwerbslose werden auf ihre Familie oder Fürsorgeleistungen verwiesen. Bezogen auf die Reform der Rentenversicherung sind die Unterschiede zum Schreiberplan gering. Auch die Denkschrift betont die Eigenverantwortung des Menschen und die Subsidiarität des Staates. Dementsprechend wird der Nutzen einer (beitragsfinanzierten) genossenschaftlichen Selbsthilfe hervorgehoben, die Fürsorge hingegen als Notlösung verstanden.[167] Grundsätzlich gebührt der Selbsthilfe daher der Vorrang vor der Fremdhilfe. Eine schlechte Wirtschaftslage erhöht die Notwendigkeit staatlicher Eingriffe, ein hoher Bedarf nach sozialen Leistungen kann daher ein Anzeichen dafür sein, dass die ‚normalen' Lebensbedingungen schlecht sind.[168] Die starke Betonung der Subsidiarität macht den Gegensatz zu Mackenroth deutlich, denn anders als bei diesem wird eine Ausweitung der Umverteilung nicht automatisch mit sozialem Fortschritt gleichgesetzt. Vielmehr kann diese auch zu weit gehen und dadurch der „Bereich der persönlichen Freiheit und Strebsamkeit, der Raum der Verantwortung von Individuen und Familien, von Gruppen und Ständen unerträglich eingeschränkt werden."[169] Aus diesem Grund tendierte die Denkschrift eher zu einem niedrigen Rentenniveau.[170] Im Unterschied wiederum zu Schreiber betonen die Autoren, dass grundsätzlich auch die freiwillige private Absicherung der zwangsweisen Absicherung in einer öffentlich-rechtlichen Sozialversicherung vorzuziehen, dass letztere gleichwohl in vielen Fällen zu rechtfertigen sei.[171]

Die Notwendigkeit einer Rentendynamik wird ebenfalls hervorgehoben. Da das Sozialprodukt wachse, müsse die Alterssicherung dem jeweiligen Lebensstandard angepasst werden: „Bei der Gestaltung der gesetzlichen Altersversicherung ist die Dynamik der wirtschaftlichen Entwicklung zu berücksichtigen."[172] Eine Finanzierung über Kapitaldeckung erscheint den Autoren genauso wie Schreiber als risikobehaftet, denn es führe zum Anwachsen einer anonymen Kapitalmacht, unterliege der Kaufkraftminderung und sei bei Wirtschaftskrisen kaum realisierbar. Vorzuziehen ist demnach das Umlageverfahren.[173]

---

[167] Vgl. Achinger 1955, S. 20-22.
[168] Vgl. Achinger 1955, S. 32.
[169] Achinger 1955, S. 43.
[170] Vgl. Hockerts 1977, S. 363.
[171] Vgl. Achinger 1955, S. 32.
[172] Achinger 1955, S. 43: 107.
[173] Vgl. Achinger 1955, S. 108-109.

2.4.3.2   Die Diskussion um die Rentenreform 1957

Hockerts 1980 beschreibt das aufgeladene politische Klima, in dem die Diskussion um die Rentenreform stattfand, wie folgt:

> „Die Rentenreform gehörte zu den am heftigsten umstrittenen Gesetzeswerken der 2. Legislaturperiode. Sie betraf latente Interessen aller Rentenbezieher und Versicherten und berührte somit rund 80% der Bevölkerung unmittelbar; sie betraf zugleich manifeste Interessen hochorganisierter Verbände, die die parlamentarische Beratung unter einen ,ungeheuren Druck' zu setzen verstanden. Während der Ausschußberatungen ,überspülte eine Flut kritischer Stellungnahmen das Land'; es gingen ,pausenlos Angriffe auf das Projekt' nieder; es herrschte ,Renten-Krieg'. Diese Auseinandersetzungen gewannen besondere Schärfe, da mächtige Interessenverbände gegen das Grundprinzip der Reform, die Dynamisierung der Renten, Sturm liefen. Andere Verbände, die die zentralen Ziele der Gesetzentwürfe grundsätzlich unterstützten, bekämpften einerseits diese reformhemmenden Kräfte und suchten andererseits durch partielle Kritik auf die konkrete Ausformung des Gesetzeswerks einzuwirken."[174]

Mit Abstand am heftigsten umstritten war somit die Rentendynamik und zwar sowohl hinsichtlich der Erstfestsetzung wie auch der Rentenanpassung. Weitere Konflikte entzündeten sich am Umlageverfahren und an der Frage des Staatszuschusses. Noch viele weitere Punkte wie beispielsweise der Versichertenkreis, die Altersgrenzen und Bedürftigkeitsregelungen waren strittig, doch auf diese soll mangels unmittelbarer Relevanz für die These nicht eingegangen werden. Insgesamt zeigte sich, dass ähnlich wie zu Zeiten Bismarcks die Rentendebatte von außerordentlich starken Interessensgegensätzen geprägt gewesen ist. Wie grundlegend und scharf die Diskussion dabei geführt wurde, soll nachfolgend am Beispiel des Hauptstreitpunktes, der Rentendynamik, sowie der ebenfalls richtungsweisenden Debatte um das Finanzierungsverfahren einschließlich des Bundeszuschusses dargestellt werden.

Verlauf der Diskussion am Beispiel des Hauptstreitpunktes ,Rentendynamik'

Beim Streit um die Rentendynamik waren keine klaren Grenzen entlang der Parteizugehörigkeit oder zwischen Regierung und Opposition zu erkennen, die Grenzen verliefen vielmehr quer zu den politischen Ausrichtungen. „In der Presse sind bereits erste Versuche aufgetaucht, ihnen Namen zu geben: Es wird

---

[174] Hockerts 1980, S. 362.

von ‚Dynamisten' und ‚Stabilisten' gesprochen."[175] Auch innerhalb die die Regierung führenden Union gingen die Meinungen hierzu weit auseinander, hier insbesondere zwischen Bundesfinanz- und Bundesarbeitsministerium.[176] Die Sozialdemokraten hingegen sprachen sich zwar einheitlich für die Rentendynamik aus, da sie jedoch in der Oppositionsrolle waren, rückten sie die Teile ihrer Vorschläge in den Vordergrund, die von den Konzepten der Regierung abwichen beziehungsweise über diese hinausgingen. Die FDP – und mit ihnen der Vorläufer der Bundesbank, die Bank Deutscher Länder, sowie Teile der Wirtschaft, insbesondere Banken und private Versicherungen – stand der Dynamik sehr kritisch gegenüber, gleichzeitig aber lastete auf ihnen als größtem Koalitionsmitglied[177] ein erheblicher Kompromissdruck. Der „Plan der Bindung der Renten an die Lohnentwicklung durchbrach bisheriges sozialpolitisches Denken so konsequent, daß die FDP als Koalitionspartner ihn nicht einmal als ernsthafte Diskussionsgrundlage akzeptieren wollte (...)".[178] Obwohl der freidemokratische Vizekanzler Blücher dies daher zu verhindern versuchte, bestand Adenauer darauf, dass Schreiber sein Konzept persönlich dem Sozialkabinett vorstellen sollte.[179]

Die Hauptkritik insbesondere von Ordoliberalen innerhalb wie außerhalb der Parteien war währungspolitischer Natur. Die dynamische Rente gefährde die Geldwertstabilität, da mit ihr der Grundsatz aufgegeben werde, dass Vereinbarungen von Geldleistungen regelmäßig in nominellen Beträgen zu erfolgen hätten. Die dynamische Rente sei eine „Wertsicherungsklausel" durch die der Staat demonstriere, dass er seiner eigenen Währung misstraut. Während dies zunächst einmal ‚nur' ein psychologisches Problem sei, würden mit der Rentendynamik inflatorische Impulse in einem Bereich (den Löhnen), die sich normalerweise totliefen oder von selbst korrigieren könnten, automatisch auf andere Bereiche (die Renteneinkommen) übertragen und damit verstärkt.[180] Darüber hinaus würden die Sparfähigkeit und der Sparwillen der Bürger stark beeinträchtigt und somit die private Kapitalbildung abnehmen.[181] Gerade in Kombination mit einem umlagefinanzierten Rentensystem, das seinerseits auf die Bildung eines Kapitalstocks verzichte, werde die Kapitalbildung insgesamt abnehmen. Diese aber sei Voraussetzung dafür, dass Geld für Investitionen zur Verfügung stehe und damit auch Voraussetzung für höhere Löhne, höhere Produktivität und

---

[175] Vgl. Aldermann 1956, S. 349.
[176] Vgl. Hockerts 1977, S. 356-367.
[177] Die FDP verließ 1956 die Koalition, etliche ihrer Minister schlossen sich einer Abspaltung unter dem Namen FVP an und verblieben in Regierungsverantwortung.
[178] Kleßmann 1982, zitiert nach Frerich/Frey 1993, S. 47.
[179] Vgl. Hockerts 1977, S. 365.
[180] Vgl. Gemeinschaft zum Schutz der deutschen Sparer 1957, S. 10, 21, 29-31.
[181] Vgl. etwa Rüstow 1956b, S. 50-54; Gemeinschaft zum Schutz der deutschen Sparer 1957, S. 11; Rieker 1956, S. 363. Dagegen argumentierte Friedrichs 1956, S. 228.

steigende Wirtschaftskraft.[182] Diese Kritik begleitete den gesamten Diskussions-
und Gesetzgebungsprozess.

Im Frühjahr 1955 arbeitete das Bundesministerium für Arbeit „Grundgedanken zur Gesamtreform der sozialen Leistungen" heraus, die im Juni für
öffentliche Diskussion freigegeben wurden. Darin wurde zunächst einmal die
Notwendigkeit einer die „individuelle Lebensleistung" widerspiegelnde „individuelle Altersrente" betont.[183] Unter anderem davon sowie von den Plänen
Schreibers ausgehend, fasste Mitte Dezember desselben Jahres das Sozialkabinett[184] einen Beschluss zur dynamischen Rente:

> „Das Kernstück der Neuordnung bildet der Übergang von der statischen zur soge-
> nannten dynamischen Leistungsrente. Das bedeutet zweierlei: 1. Die auf der indivi-
> duellen Arbeitsleistung beruhenden Renten sollen im Zeitpunkt der Rentenfestset-
> zung an die Entwicklung der Löhne und Gehälter angepaßt werden. 2. Darüber hin-
> aus soll in periodischen Abständen eine Überprüfung der Rentenhöhe erfolgen mit
> dem Ziel, diese den wirtschaftlichen Gegebenheiten anzugleichen. Damit werden in
> Zukunft auch die Rentner an der Erhöhung des Sozialprodukts teilnehmen."[185]

Einerseits verdeutlicht das erklärte Ziel, die Rentner an der künftigen Erhöhung
des Sozialprodukts teilhaben lassen zu wollen, dass die dynamische Rente mehr
als nur eine Gegenleistung für früheren Konsumverzicht darstellen sollte. Andererseits bestand Einigkeit nur hinsichtlich der Erstfestsetzung, die Frage der
dynamischen Anpassung laufender Renten hingegen wurde weitgehend offen
gelassen. „Das Wirtschafts- und Finanzministerium waren zumindest gegen eine
automatische Lohn-Rente-Kopplung, weil darin Inflationsgefahren gesehen
wurden. Statt dessen sollte die Rente im Abstand von drei oder auch fünf Jahren
periodisch überprüft werden. Dem schloss sich der Arbeitsminister und der
Kanzler an. Dies galt als Einigung im Sozialkabinett. Das ganze war, wie ein

---

[182] Vgl. Gemeinschaft zum Schutz der deutschen Sparer 1957, S. 10-11, 23, 27.

[183] Vgl. Jantz 1977, S. 109-110.

[184] Mitte 1955 wurden zur organisatorischen Vorbereitung der Sozialreform verschiedene Ausschüsse
gebildet: „Bei den weiteren Arbeiten führte die Bedeutung der Aufgabe zu einem Organisationsplan
der Bundesregierung, der in der Kabinettsitzung vom 13. Juli 1955 beschlossen wurde. Es wurde ein
Ministerausschuß für Sozialreform, das sogenannte Sozialkabinett, gebildet, bei dem zum Unterschied von den meisten anderen Ausschüssen der Bundeskanzler den Vorsitz hatte; ferner ein
interministerieller Ausschuß, dem je ein Vertreter der Bundesressorts angehörte, deren Minister
Mitglieder des Sozialkabinetts waren und ein Generalsekretariat für die Sozialreform beim Bundesministerium für Arbeit – Generalsekretär wurde Ministerialdirektor Dr. Jantz im BMA. Er wirkte
zugleich bei der Geschäftsführung des Ministerausschusses mit, war Vorsitzender des interministeriellen Ausschusses und Geschäftsführer des Beirats für die Neuordnung der sozialen Leistungen"
(Jantz 1977, S. 109).

[185] Kabinettsbeschluss v. 13.12.1055, zitiert nach Jantz 1977, S. 110.

BMF-Referent kritisierte, sehr vage."[186] Aus diesem Grund nahm sich Adenauer der Grundsatzfragen selbst an und stimmte dabei der Kopplung der Rentenhöhe an die Löhne zu und zwar sowohl was die Erstfestsetzung als auch die Anpassung betraf.[187] Insbesondere argumentierte er, dass eine Automatik die Rentenanpassung dem politischen Druck entziehe, was ansonsten gerade in Wahljahren unerfreulich sei, wenn sich die Parteien gegenseitig in ihren Forderungen überbieten würden.[188]

Doch trotz der Stellungnahme des Bundeskanzlers und obwohl im März bereits nach außen hin mitgeteilt wurde, es läge ein Regierungsentwurf vor, wurde regierungsintern noch heftig darüber diskutiert, ob die Rente nun an die Löhne, an die Preise oder an die Produktivität gekoppelt werden sollte.[189] Ende März 1956 waren neben dem Bundesfinanzministerium auch die Arbeitgeber, die Zentralnotenbank, der Bundeswirtschafsminister sowie der Vizekanzler gegen eine lohngekoppelte Rente.[190] Die Diskussionen innerhalb des Kabinetts wurden zudem durch Stellungnahmen der verschiedenen Interessengruppen befeuert. Während der DGB Forderungen veröffentlichte, die mit den Kabinettsbeschlüssen durchaus kompatibel waren,[191] verlangten die Arbeitgeberverbände, von einer automatischen Kopplung der Renten an die Löhne abzusehen. Die Beiträge sollten nur einmalig aufgewertet, ansonsten aber auch bei der Erstfestsetzung nicht an den Entwicklungsstand der Löhne angepasst werden. Die weitere Anpassung sollte sich an den Produktivitätszuwächsen orientieren. Dazu allerdings wurden keine festen Richtgrößen vorgeschlagen, sondern lediglich eine verbindliche Verfahrensweise.[192] Die Spitzenverbände deutscher Banken und Versicherungen gründeten eine „Gemeinschaft zum Schutz der deutschen Sparer" um nach eigenem Bekennen „in der Auseinandersetzung über die Rentenreform den Spargedanken zu verteidigen."[193] Außerdem legte die private Versicherungswirtschaft ein eigenes Konzept vor, das sich für eine Mindestrente einsetzte.[194]

Mehr noch als die Interessenverbände setzte die SPD die Regierung unter Druck und brachte sie in Zugzwang, indem sie im April überraschend einen eigenen umfassenden und sorgfältig ausgearbeiteten Gesetzesentwurf einbrach-

---

[186] Hockerts 1980, S. 327-328.
[187] Hockerts 1980, S. 320-321.
[188] Vgl. Hockerts 1980, S. 327.
[189] Hockerts 1980, S. 336-338.
[190] Hockerts 1980, S. 340.
[191] Vgl. Hockerts 1980, S. 330-331.
[192] Vgl. Hockerts 1980, S. 331-332.
[193] Gemeinschaft zum Schutz der deutschen Sparer 1957, S. 5.
[194] Vgl. Hockerts 1980, S. 387-388.

te.[195] Die Regierung versuchte binnen zwei Tagen mit einem „Grundentwurf"
gleichzuziehen, dem jedoch wesentliche Teile noch fehlten und der in größter
Hektik vom Kabinett verabschiedet wurde.[196]

Wie stark der regierungsinterne Widerstand war, zeigte die Kabinettssit-
zung vom 15. Mai 1956. Verschiedene Minister kritisierten die dynamische
Rente als Gefahr für die Währung und den Sparwillen der Bevölkerung. Adenauer und sein Arbeitsminister sprachen dagegen an.[197] Doch obwohl der Kanzler seine Position deutlich gemacht hatte, geriet eine drei Tage später einberufene
Ministerbesprechung für die Befürworter der dynamischen Rente zum Desaster:
Mit Ausnahme des Arbeitsministers einigten sich alle Beteiligten darauf, dass
sich sowohl Erstfestsetzung wie auch Anpassung lediglich an dem preisbereinigten Nettosozialprodukt orientieren solle. „Da der Kanzler wenige Tage zuvor mit
größtem Nachdruck ein gegenteiliges Votum abgegeben hatte, möchte man fast
sagen: die Minister probten den Aufstand."[198] Dementsprechend scharf reagierte
Adenauer in der entscheidenden Sitzung am 23. Mai. Er äußerte sein „Befrem-
den" über das Votum des Ministerausschusses, das im Gegensatz zu vorherigen
Beschlüssen stünde. Zugleich betonte er, dass er diesem Votum „unter keinen
Umständen zustimmen" könne. „Nach langer bewegter Debatte beschloß das
Kabinett im Sinne Adenauers und Storchs, so daß der Regierungsentwurf es bei
der Lohnentwicklung als Bezugsgrundlage für die erste Festsetzung der Renten
beließ." Die Rentenanpassung hingegen sollte entsprechend dem Nettosozialprodukt zu Faktorpreisen erfolgen und zwar zu laufenden Preisen.[199]

Zwischen Regierungs- und Oppositionsentwurf zeigten sich nun viele Ähnlichkeiten. Nach außen hin erklärten dies beide Seiten damit, die jeweils andere
Seite habe von dem eigenen Entwurf abgeschrieben. Tatsächlich bestand aber
wohl der Wunsch, die Rentenreform auf eine breite Mehrheit zu stellen und nicht
mit unüberbrückbaren Gegensätzen in die Bundestagsdebatte zu gehen. Wie
schon zu Zeiten Bismarcks hatte dabei offenbar die Ministerialbürokratie erhebliche Vermittlungsarbeit geleistet: „Insgesamt scheint hier ein bedeutendes
Beispiel für eine behutsame, informelle Koordinierungsleistung von ministerial-
bürokratischer Seite vorzuliegen – mit dem Ziel, einer das Gesetzesprojekt
blockierenden Konfrontation der beiden großen Bundestagsfraktionen vorzubeu-
gen (...)".[200]

---

[195] Vgl. Hockerts 1980, S. 342.
[196] Vgl. T. 1956, S. 187.
[197] Vgl. Hockerts 1980, S. 347.
[198] Hockerts 1980, S. 348-349.
[199] Vgl. Hockerts 1980, S. 350.
[200] Hockerts 1980, S. 354-355.

Mit der Verabschiedung der Gesetzesvorlage durch das Kabinett allerdings war der Streit lange nicht beendet. „Die Presse griff die Argumente der Gegner des Reformprojekts stärker auf als die der Befürworter. Auch Adenauer ließ sich davon teilweise beeindrucken, im Ergebnis änderte dies aber wenig an dem Gesetzesvorhaben."[201] Der Bundesrat äußerte sich im Juni zu dem Regierungsentwurf und stellte mehr als 100 Änderungsanträge, denen zu einem Drittel entsprochen wurde.[202] Die Meinungsunterschiede innerhalb der Regierung traten nun offen zu tage. „Das Kabinett bot – auch nach außen hin – ein Bild der Zerstrittenheit." Der Gegensatz zwischen Arbeits- und Finanzressort wurde schier unüberbrückbar. „Obwohl der Kanzler diesen offenen Dissens sogar unter Betonung seiner Richtlinienkompetenz beenden wollte, blieb insbesondere der Finanzminister bei seiner Ablehnung."[203]

Parallel zu den unterschiedlichen Positionen innerhalb der Regierung gab es im weiteren Verlauf heftige Diskussionen auch in der Unionsfraktion. Der Arbeitnehmerflügel bezeichnete die automatische Lohnbindung bei Erstfestsetzung der Rente als „äußersten Grenzpunkt" und drohte, andernfalls werde man zur Not sogar mit der SPD stimmen.[204] Eine neunköpfige Kommission wurde einberufen, die bis November 1956 „unter unendlichen Mühen" einen Kompromiss fand: Bei der Erstfestsetzung blieb es bei der automatischen Lohnkopplung, dabei wurde das Lohnniveau im gleitenden Dreijahresdurchschnitt unter Einbeziehung eines Karenzjahres ermittelt. Die Anpassung der laufenden Renten hingegen sollte nicht automatisch, sondern unter Zwischenschaltung eines *Sozialbeirats* erfolgen. Dieser hatte unter Berücksichtigung wichtiger volkswirtschaftlicher Rahmendaten einen Anpassungsvorschlag zu unterbreiten.[205] Nachdem auf diese Weise innerhalb der Union ein Kompromiss gefunden worden war, wollte Adenauer gerne noch die beiden Koalitionspartner DP und FVP überzeugen, da er nicht ohne diese in den nächsten Wahlkampf gehen mochte.[206] Dieser Versuch allerdings scheiterte größtenteils.[207]

Im Januar 1957 schließlich diskutierte der Bundestag den Gesetzentwurf – die Debatte geriet zum krönenden Schlusslauf des bisherigen Verhandlungsmarathons. „Die abschließenden Beratungen des Reformwerks im Bundestagsplenum sind als ‚Rentenschlacht' in die Parlamentsgeschichte eingegangen. Vier volle Beratungstage, vom 16. bis 21. Januar 1957, beanspruchte diese längste

---

[201] Hockerts 1980, S. 388-394.
[202] Vgl. Gassert 1956a, S. 208.
[203] Hockerts 1980, S. 403-407.
[204] Vgl. Hockerts 1980, S. 365.
[205] Hockerts 1980, S. 410.
[206] Vgl. Hockerts 1980, S. 411-413.
[207] Vgl. Hockerts 1980, S. 419.

Debatte, die das Bonner Parlament bis dahin geführt hatte."[208] Der SPD ging die Reform nicht weit genug, sie strebte gerade eine noch stärkere und vor allem automatische Dynamisierung an. Dennoch waren sich Union und SPD mittlerweile in vielen Punkten einig, daher trug die Reformdebatte auch „Merkmale einer Großen Koalition". Die FDP hingegen war strikt gegen die Rentendynamik und prophezeite „ein sehr böses Erwachen". DP und FVP zeigten sich in vielen Punkten ähnlich kritisch. Insgesamt 493 Änderungsanträge hatte das Parlament zu diskutieren.[209]

> „Der letzte Akt der Gesetzgebung war so dramatisch wie ihre Geschichte und Vorgeschichte. Die zweite Lesung nahm in 3 Tagen etwa 35 Stunden (täglich jeweils fast 12 Stunden) in Anspruch. Die Debatte war z. T. lebhaft bis leidenschaftlich bewegt. Die dritte Lesung ging an einem Tag vor sich, aber die Sitzung dauerte bis nach Mitternacht. Dann wurde das Gesetz mit einer Mehrheit von etwa 90% der abstimmenden oder 80% der überhaupt vorhandenen Abgeordneten des Bundestages und der Regierung angenommen."[210]

Streitpunkt ‚Umlageverfahren'

Auch das von Mackenroth, Schreiber und Achinger u.a. vorgeschlagene Umlageverfahren wurde insbesondere von liberaler Seite kritisiert. Die „Gemeinschaft zum Schutz der deutschen Sparer" verwies auf die Aussagen von Versicherungsmathematikern, nach denen der Verzicht auf Kapitalansammlung es unmögliche mache, den Beitragssatz über eine längere Zeit zu verstetigen. Da im Umlageverfahren immer nur die jeweils aktuellen Ausgaben berücksichtigt würden, seien die Beitragssätze aufgrund des Mitte der 1950er Jahre günstigen Rentner-Beitragszahler-Verhältnisses sehr niedrig. Dieses Verhältnis aber werde sich zum Negativen ändern, weshalb die Beitragssätze massiv ansteigen würden.[211] Die Befürworter hingegen verwiesen darauf, dass es de facto schon seit Jahrzehnten kein Kapitaldeckungsverfahren mehr gäbe. Es sei daher

> „(…) kaum verständlich, warum so großes Aufheben mit dem Übergang vom Kapitaldeckungsverfahren zum Umlageverfahren gemacht wird. Es handelt sich dabei um eine Maßnahme grauer Theorie. Die Praxis hat das Kapital- oder Anwartschaftsdeckungsverfahren nicht mehr aufgenommen, nachdem es 1923 im Orkus der ersten Inflation untergegangen war. Man ließ das Blatt Papier, auf dem es als Vorschrift

---

[208] Hockerts 1980, S. 418-419.
[209] Vgl. Hockerts 1980, S. 419-421.
[210] Gassert 1957, S. 41.
[211] Vgl. Gemeinschaft zum Schutz der deutschen Sparer 1957, S. 12, 29, 33-35.

der RVO stand, unangetastet. Man stellte gelegentlich auch versicherungsmathematische Rechnungen auf. Man nahm zur Kenntnis, auf wie viele Milliarden RM sich das Defizit nach der einen, auf wie viele nach der andern Rechnung belief. Man änderte die Steigerungsbeträge, führte neue Beitragsklassen ein. Aber man überließ im übrigen dem Schicksal, ob Reserven in unzulänglichem oder in ausreichendem Maße angesammelt wurden. Man war stolz, als die akuten Zahlungsnöte der Invalidenversicherung von 1930 überwunden waren. Man verstärkte auf dem Papier etwa von 1938 an zu Gunsten der Übernahme von Staatsanleihen die Reserven. Aber angesichts der stetig steigenden Rentenlast wurde man der Kapitaldeckung nicht im entferntesten gerecht. Die heutige Absage an das Anwartschaftsdeckungsverfahren ist also nichts anderes als die Ausmerzung eines seit 30 Jahren abgestorbenen Astes am Baume der Versicherung."[212]

Den Umlage-Gegnern wurde entgegengehalten, dass sich gewissermaßen für Notfälle so oder so eine „kleine Kapitalreserve" bilden werde und zwar allein deswegen, weil sich die Beitragsmasse nicht nach dem Beitragsaufkommen nur des letzten Jahres, sondern dem durchschnittlichen der letzten drei Jahren bemisst. „In Zeiten eines ständigen Wachstums der Lohnsumme muss das durchschnittliche Beitragsaufkommen der letzten drei Jahre geringer seien als das Beitragsaufkommen des letzten Jahres. Infolgedessen wird normalerweise die tatsächlich aufkommende Beitragsmasse größer sein als die Summe, die zur Verteilung an die Rentner gelangt. Daher kann eine gewisse Kapitalreserve auch dann gebildet werden, wenn grundsätzlich das Umlageverfahren zur Anwendung kommt."[213] Unten wird noch darauf zurückgekommen, dass damit im Prinzip von einem ständigen Wachstum der Wirtschaftskraft und der Löhne ausgegangen wurde.

Als eine Art Kompromiss zwischen einem Kapitaldeckungsverfahren und einem Umlageverfahren wurde schließlich das „Abschnittsdeckungsverfahren" gefunden. Dies bedeutet, dass die gesamten Rentenausgaben für einen bestimmten Zeitabschnitt (z.B. mehrere Jahre oder Jahrzehnte) durch die Einnahmen aus Beiträgen und Staatszuschüssen gedeckt sein müssen. Der Begriff des Abschnittsdeckungsverfahrens allerdings wurde ebenfalls kritisiert: „Vielleicht wäre für dieses Verfahren die Bezeichnung ‚Abschnittsumlage' vorzuziehen; geht man nämlich mit dem Zeitabschnitt auf ein Jahr herunter, so landet man beim Umlageverfahren."[214] Verabschiedet wurde schließlich – wie im Regierungsentwurf vorgesehen[215] – ein 10-Jahres-Abschnitt.[216]

---

[212] Gassert 1956b, S. 103.
[213] Rüstow 1956b, S. 53.
[214] Mehring/Röper 1956, S. 3-4.
[215] Vgl. Deutscher Bundestag 1956, Drs. 2437, S. 25-26, 89.
[216] Bundesgesetzblatt, Teil I, 1957, Nr. 4, S. 45, S. 64, § 1383; Bundesgesetzblatt, Teil I, 1957, Nr. 4, S. 88, S. 108, § 110.

Streitpunkt ‚Staatszuschuss'

Während die Rentenreform hinsichtlich der Rentendynamik und dem Umlageverfahren zumindest in groben Zügen Schreibers Vorschlägen entsprach, folgte
der Gesetzgeber nicht seiner strikten Ablehnung des Staatszuschusses. Adenauer
wollte die Staatszuschüsse allerdings nur in einem möglichst geringen Umfang
erhöhen.[217] Die SPD strebte einen höheren Bundeszuschuss an, der bei 40% der
Gesamtausgaben konstant bleiben sollte. Dies hätte in den nächsten Jahren
angesichts der sprunghaft steigenden Ausgaben einem Anstieg des absoluten
Zuschusses von 60% entsprochen. Der schließlich auch ins Gesetz übernommene
Regierungsentwurf hingegen legte für das erste Geltungsjahr einen um ein
Viertel höheren Pauschalbetrag fest, der 32% der Gesamtausgaben betragen
sollte. Künftig sollte der absolute Betrag entsprechend der Entwicklung der
Durchschnittslöhne steigen.[218]

Hinsichtlich des Verwendungszwecks des Bundeszuschusses hatte das Sozialkabinett im Februar 1956 eine finanzielle Trennung von Alters- und Invaliditätsversicherung beschlossen. Der Bundeszuschuss sollte demnach ausschließlich
für die Invaliditätssicherung verwendet werden.[219] Tatsächlich aber wurde seine
bis 1957 bestehende Zweckbindung für bestimmte Leistungsteile der Rentenversicherung vor allem aus verwaltungs- und abrechnungstechnischen Gründen
aufgehoben.[220]

2.4.4 Der „Drei-Ebenen-Kompromiss"

Die Entstehung der Rentenversicherung unter Bismarck und ihre Reform unter
Adenauer haben gemein, dass die Literatur in beiden Fällen ungewöhnlich hohe
Interessengegensätze und zugleich einen ungewöhnlich hohen Kompromissdruck
beschreibt.[221] Insoweit ist festzuhalten, dass die Rentenreform 1957 in dieser
Hinsicht kein Novum war. Der extreme Kompromissdruck konnte auf unter-
schiedliche Weise abgemildert werden.

Oben wurde bereits dargestellt, dass bei der Entstehung der Arbeiterversicherungen unter Bismarck ein Kompromiss auf zwei Ebenen zustande kam:
Einmal auf der *Ergebnisebene*, womit gemeint ist, dass bestimmte Strukturen

---

[217] Vgl. Hockerts 1980, S. 320-321.
[218] Vgl. Hockerts 1980, S. 361.
[219] Vgl. Hockerts 1980, S. 336.
[220] Vgl. Hensen 1977, S. 142-143.
[221] Vgl. zur Entstehung unter Bismarck etwa Stolleis 2001, S. 252 und zur Reform unter Adenauer
etwa Hockerts 1980, S. 320-425.

tatsächlich von allen Seiten als das Ergebnis eines Kompromisses verstanden werden. Kompromisse auf dieser Ebene sind daher auch am einfachsten nachzuvollziehen und zu beschreiben. Hinzu kam die *Deutungsebene*, die eine erhebliche Abmilderung des Streits erlaubte, weil Teile des Kompromisses aufgrund ihrer Deutungsoffenheit unterschiedlichen Interpretationen zugänglich sind und so jeweils im Sinne der eigenen Ideologie ausgelegt werden konnten. Durch die Darstellung der politischen Strömungen wurde gezeigt, dass bei der Ausgestaltung der Rentenversicherung als öffentlich-rechtliche Sozialversicherung mit Selbstverwaltung diese Deutungsoffenheit die Kompromissfindung erheblich vereinfacht hat. Dabei aber handelt es sich nicht um eine Art Wundermittel, das nur den positiven Effekt einer Einigung bewirkt, aber keine Nachteile hat. Nicht übersehen werden darf, dass mit dem Abschluss des Aushandlungsprozesses die von einander abweichenden Grundpositionen nicht vollständig in dem Kompromiss aufgehen und einfach verschwinden. Wahrscheinlich ist vielmehr, dass die Meinungsverschiedenheiten versteckt fortbestehen und gleichsam nur ruhen, um bei späteren Reformen als ‚Altlast' wieder aufzutauchen. Zwar mag dann über den grundsätzlichen Reformbedarf ein Konsens bestehen. Doch spätestens bei der Analyse der Problemursachen spielen die nach wie vor bestehenden unterschiedlichen Interpretationen zur Natur der Grundstrukturen eine bedeutende Rolle, so dass auch die Schlussfolgerungen zur Problemlösung in völlig konträre Richtungen verlaufen können. Dies kann dann zu besonders heftigen Auseinandersetzungen führen, weil jede Seite die Vorschläge der jeweils anderen als für unvereinbar mit diesen Grundstrukturen ablehnt.[222]

Auch die Debatte in den 1950er Jahren offenbart viel von diesem gegenseitigen Unverständnis. Dennoch standen hier nicht die Grundstrukturen wie die öffentlich-rechtliche Selbstverwaltung oder die Zwangsversicherung im Vordergrund, sondern die Diskussion um die Rentendynamik oder das Umlageverfahren. Da sowohl Dynamik wie auch Umlage kaum unterschiedlichen Interpretationen zugänglich sind, war kein weiteres Ausweichen auf die Deutungsebene möglich. Diese spielte nur am Rande eine Rolle, so zum Beispiel, ob man ein Mitteln der Rentenausgaben auf zehn Jahre nun als „Abschnitts*deckungsverfahren*" oder als „Abschnitts*umlage*" bezeichnen sollte. Auch wenn somit die Deutungsebene bei der Rentenreform 1957 als Altlast der Bismarckzeit fortgewirkt hat, schied sie als neuerliches Mittel der Konfliktminderung weitgehend aus.

An ihre Stelle trat eine dritte Ebene, die sich bei Bismarck lediglich angedeutet haben mag und die auf andere Weise den politischen Aushandlungsprozess entschärfen konnte. Da der Hauptstreitpunkt die als geradezu revolutionär

---

[222] Mit dem möglichen Einfluss unterschiedlicher Deutungen auf spätere Reformen beschäftigt sich Wallrabenstein 2007.

bezeichnete[223] Rentendynamik war, die das Rentensystem um eine neue vertikale, nämlich zeitliche Dimension erweiterte, ist es kein Zufall, wenn bei dieser dritten Ebene der Zeitablauf ebenfalls die zentrale Rolle spielt: Mit der *Erwartungsebene* ist gemeint, dass ein Konsens gefunden wird, indem sich alle Seiten zwar gegenwärtig auf einen gemeinsamen Nenner einigen, jedoch die Erwartungen von einander abweichen, wie sich dieser Nenner künftig auswirken und entwickeln wird, beziehungsweise welche Folgen er auslöst. Indem also jede Seite an den gefundenen Kompromiss andere Erwartungen hinsichtlich der daraus resultierenden und teils weit in die Zukunft reichenden Konsequenzen knüpft, können diese ähnlich wie bei der Deutungsebene im Sinne der jeweils eigenen Ideologie ,vorhergesagt' werden.

Die Beispiele für Kompromisse auf dieser Erwartungsebene sind vielfältig. Besonders plakativ ist die so genannte halbautomatische Lösung bei der Rentenanpassung: Wie oben dargestellt, einigte man sich bei der Anpassung der laufenden Renten dahingehend, dass diese nicht automatisch, sondern per Gesetz unter Berücksichtigung der wichtigsten volkswirtschaftlichen Rahmendaten zu erfolgen habe. Damit war zwar einerseits die Anpassung stark abgeschwächt, andererseits aber führte der „Gesetzesbefehl", jährlich ein Anpassungsverfahren in Gang zu setzen, über die bisherige Regellosigkeit hinaus.[224] Hinter diesem Kompromiss stand nicht nur die Absicht „Gestaltungsmöglichkeiten zu schaffen", sondern er hing vor allem mit einem „Erwartungskontrast"[225] von Befürwortern und Gegnern einer festen Lohnbindung zusammen: Die Befürworter nahmen an, dass dies in der Praxis auf eine Lohnbindung hinauslaufen würden, den Gegnern „erleichterte eine genau entgegengesetzte Zukunftserwartung das Ja zum Kompromiß", nämlich dass man so eine Lohnbindung der laufenden Renten werde unterbinden können.[226] Es waren somit bestimmte Erwartungen hinsichtlich einer künftigen Entwicklung, die die Zustimmung zu dem Kompromiss vereinfacht haben.

2.5 Zwischenfazit

Es konnte gezeigt werden, dass sowohl die Entstehung der Rentenversicherung wie auch ihre grundlegende Reform 1957 von außerordentlich hohen Interessensgegensätzen geprägt war. Diese Interessensgegensätze ließen sich durch Kompromisse überbrücken, die auf unterschiedlichen Ebenen angesiedelt waren.

---

[223] Vgl. Gassert 1956b, S. 102-109.
[224] Vgl. Hockerts 1980, S. 410.
[225] Jantz 1977, S. 112.
[226] Vgl. Hockerts 1980, S. 410-411.

Neben ‚echten' Kompromissen kam es zu solchen auf einer Deutungs- wie auch Erwartungsebene. Für jede der beiden in der Einleitung aufgeworfenen Unterthesen ist dabei eine dieser Kompromiss-Ebenen besonders relevant.

Das 1957 eingeführte dynamische, umlagefinanzierte Rentensystem ist offensichtlich prädestiniert für Kompromisse auf der Erwartungsebene. Wie zuvor dargestellt, können derartige Kompromisse dazu führen, dass die tatsächlich eingetretene Entwicklung der ideologischen Grundhaltung einer oder mehrerer Parteien zuwider läuft. Denkbar sind jedoch nicht nur Konfliktmilderungen aufgrund von *unterschiedlichen* Deutungen oder Erwartungen. Eine erleichterte Kompromissfindung ist auch möglich gerade durch *gemeinsame* Erwartungen, die nicht von denen der anderen politischen Seite abweichen, sondern stattdessen einer realistischen Annahme der künftigen Rahmenbedingungen zuwiderlaufen. Auf Vorausberechnungen dieser exogenen Faktoren ist ein dynamisches Rentensystem, wie ebenfalls gezeigt, zwingend angewiesen. Wird die Entwicklung der Rahmenbedingungen übermäßig positiv eingeschätzt, können Konfliktpunkte entschärft und Interessensgegensätze überbrückt werden. Dass derartige Kompromisse auf der Erwartungsebene geschlossen wurden, legen zumindest Aufsätze aus der Zeit der Reformdebatte nahe: „Es sei nur daran erinnert, daß man eine Konstanz der Rentnersterblichkeit, ein fortwährendes und konstantes Wachstum der Produktivität unterstellt hat. Die Bedenken, die sich aufdrängen, wenn man sich auf das Durchdenken der möglichen volkswirtschaftlichen Evolution konzentriert, werden bis jetzt nur sehr zaghaft geäußert."[227] Verbunden damit taucht bereits der Vorwurf auf, dass die Beteiligten im Bestreben, trotz aller Interessensgegensätze zu einer Einigung zu gelangen, die Belastbarkeit ihrer Prognosen nicht hinterfragten. „Es entsteht der Eindruck, als ob die der zehnjährigen Diskussion Müden erleichtert nach jeder Patentlösung greifen, nur weil sie bestechend und – für's Erste – erlösend wirkt."[228]

Zu einem Kompromiss auf der Deutungsebene kam es hingegen schon unter Bismarck. Ausdruck dieses Kompromisscharakters des Rentensystems ist das Versicherungsprinzip, welches gerade aufgrund seiner Deutungsoffenheit einen Kompromiss zwischen den beiden gegensätzlichen Grundkonzepten von Fürsorge und Selbsthilfe erlaubte. Siebzig Jahre später verliefen – wie besonders an dem Selbsthilfe-Konzept von Schreiber deutlich wurde – die Diskussionslinien trotz völlig veränderter Rahmenbedingungen ähnlich. In dieser Hinsicht ist es nur logisch, dass auch an dem Versicherungsgedanken festgehalten wurde. Mit der Entscheidung für das Versicherungsprinzip ist jedoch zugleich die Festlegung auf eine bestimmte Finanzierungsmethode verbunden und damit auf einen Mechanismus, wie das Rentensystem am gesamtgesellschaftlichen Wohlstand

---

[227] Köhrer 1956, S. 73.
[228] Köhrer 1956, S. 73.

partizipiert. Mackenroth ging bei seinem Konzept stillschweigend davon aus, dass grundsätzlich das gesamte Volkseinkommen zur Finanzierung des Sozialaufwandes herangezogen werden kann. Aus dem Versicherungsgedanken erfolgt aber zwangsläufig eine Eingrenzung der Finanzierung auf nur einen Ausschnitt des Volkseinkommens und zwar auf denjenigen Teil, der über Löhne an die Arbeitnehmer fließt. Zu einer Zeit, als Schreiber die Arbeitseinkommen als die neuen „Königseinkommen" bezeichnen konnte, musste diese Begrenzung als unproblematisch erscheinen. Aus diesem Grund setzte er auch unbekümmert die Geschäftsgrundlage der Sozialversicherung, nämlich die versicherten Arbeitnehmer mit dem Volkseinkommen gleich und postulierte, dass diese Geschäftsgrundlage bei einer Volksversicherung niemals schrumpfen werde. Diese Annahme, so die zweite Unterthese, hat sich jedoch in im Laufe der gut fünfzigjährigen Geschichte der Gesetzlichen Rentenversicherung als immer weniger zutreffend erwiesen.

In den folgenden Kapiteln werden die beiden Unterthesen überprüft werden. Erstens also, ob bei Rentenreformen tatsächlich nicht ausnahmsweise, sondern typischerweise zu optimistische Vorausberechnungen zugrunde gelegt wurden mit der Folge eines sich selbst bedingenden Reformbedarfs. Betrachtet wird dabei auch, wie sich die Rentenfinanzen im unmittelbaren Anschluss an die Reformen entwickelt haben. Zweitens wird analysiert, inwieweit die Finanzierungsgrundlagen der Rentenversicherung entgegen der Schreiber'schen Annahme schmaler geworden sind. Eine besondere Bedeutung kommt in diesem Zusammenhang dem Bundeszuschuss zu, da dieser die strikte Lohnbindung der Rentenfinanzierung durchbricht.

3 Die Rahmenbedingungen der Rentenreform 1957

In diesem Kapitel soll untersucht werden, welche Annahmen hinsichtlich der künftigen Rahmenbedingungen der Rentenreform 1957 zugrunde gelegt und wie diese diskutiert wurden. Dabei wird auch betrachtet, inwieweit zum Zeitpunkt der Rentenreform neben einem günstigen Bevölkerungsaufbau bestimmte ökonomische Bedingungen gegeben waren, die als Voraussetzung für ein auf dem Versicherungsgedanken beruhendes Rentensystem bezeichnet werden müssen. Anschließend werden die Vorausberechnungen mit der tatsächlichen Entwicklung verglichen und überprüft, ob diese tatsächlich typischerweise überoptimistisch gewesen sind. Anhand der Entwicklung der Rentenfinanzen soll schließlich analysiert werden, ob das neu implementierte Rentensystem jedenfalls zunächst voll funktionstüchtig war.

Bereits vor Verabschiedung der Rentenreform mahnten Wissenschaftler an, es sei „nicht müßig" sich Überlegungen über die Entwicklung der nächsten Jahrzehnte zu machen, „vor allem nicht müßig vom Standpunkt der Versicherten aus. (...) Die heute 25jährigen, deren Mehrheit seit 10 Jahren Beiträge zahlt, haben Ansprüche nicht erst in grauer Ferne, sondern ebenfalls in dem ziemlich klar übersehbaren Zeitraum von 40 Jahren, also bis 1998. Auch in ihrem Interesse muß klargestellt werden, wie sich die Neuordnung in 30-40 Jahren auswirken wird."[229] Es sei sehr wichtig, die unweigerlich steigenden Belastungen im Auge zu behalten, welche die Befürworter der Reform unter Verweis auf die günstigen Rahmenbedingungen zu leicht nehmen würden.

> „Nun, das ist alles gut und schön, solange wir mit steigender wirtschaftlicher Tätigkeit, mit Jahr für Jahr steigendem Sozialprodukt, steigender Beschäftigtenzahl, steigender Lohnhöhe und steigendem Steueraufkommen rechnen können. (...) Im Falle einer Stagnation oder gar eines konjunkturellen Rückschlags aber gewinnen die Lasten für die alten Leute ein um so größeres Gewicht, je unbekümmerter man vorher die Leistungen in die Höhe gesetzt hatte."[230]

3.1 Die demographische Entwicklung

Für eine umlagefinanzierte Rentenversicherung sind sowohl die Bevölkerungszahl insgesamt wie auch der Altersaufbau von entscheidender Bedeutung. Die

---

[229] Wagnitz 1960b, S. 327.
[230] Rieker 1956, S. 363.

heutigen Debatten über den Demographischen Wandel vermitteln den Eindruck, dass es sich dabei um eine vergleichsweise neue Diskussion handeln würde. Eine stark sinkende Geburtenrate bei gleichzeitig steigender Lebenserwartung scheint ein Phänomen der letzten drei bis vier Jahrzehnte zu sein, das zumindest in dieser Weise auch nicht voraussehbar war.[231] Sollte dies zutreffen, so wäre in den 1950er Jahren die künftige demographische Lage mit Blick auf die Rentenfinanzen allein deshalb zu günstig eingeschätzt worden, weil zu diesem Zeitpunkt keine andere Entwicklung erwartet werden konnte und nicht, um die Kompromissfindung durch eine übermäßig optimistische Einschätzung der Rahmenbedingungen zu erleichtern. Tatsächlich aber hat es schon zur Zeit der Rentenreform von 1957 heftige Auseinandersetzungen um die demographische Entwicklung gegeben – mehr noch: Bereits damals war diese Diskussion keineswegs neu.

3.1.1 Die Anfänge der Diskussion um den Demographischen Wandel

Monographien, die sich mit einer, modernen Verhütungsmitteln geschuldeten, sinkenden Geburtenrate beschäftigen, würde man wahrscheinlich in die 1960er oder 70er Jahre verorten, als sich der so genannte ,Pillenknick' abzeichnete. Das von Julius Wolf veröffentlichte Standardwerk ,Der Geburtenrückgang: Die Rationalisierung des Sexuallebens in unserer Zeit' erschien jedoch im Jahr 1912.[232] Etwa seit 1910 hatten Wissenschaft und Politik den „Rückgang der Natalität (...) skeptisch registriert." Wolfs Werk blieb nicht das einzige, eine „Unzahl weiterer Schriften zum Geburtenschwund und der drohenden Gefahr der Entvölkerung schloß sich an."[233]

Früh schon nahm sich ein deutsches Parlament dieser Frage an: Im Mai 1916 befasste sich der Reichstag mit der demographischen Zukunft der Deutschen und diskutierte dabei auch über Maßnahmen zur Bekämpfung des Geburtenrückgangs. „(...) noch im Krieg [wurde] ein ,Beirat für Bevölkerungspolitik' geschaffen, der eine ganze Reihe von pronatalistischen Gesetzesentwürfen ausarbeitete."[234] Der Reichstag beschäftigte sich dann über mehrere Jahre hinweg mit dem Schutz von Mutter und Kind, mit Gesetzentwürfen gegen Unfruchtbarmachung und Abtreibung, mit der Unterstützung kinderreicher Familien und weiteren Möglichkeiten, das Bevölkerungswachstum zu steigern.[235] Der

---

[231] So etwa Ehrentraut 2006, S. 39.
[232] Vgl. Wolf 1912.
[233] Penkert 1998, S. 9.
[234] Mackensen 2004, S. 29.
[235] Vgl. Penkert 1998, S. 10.

Schwerpunkt lag dabei allerdings weniger auf fördernden, als auf repressiven Maßnahmen.[236] Allen staatlichen Versuchen zum Trotz blieben die Geburtenraten weit unter denen des vorherigen Jahrhunderts: Auch ohne die ‚Pille' praktizierten laut zeitgenössischer Schätzungen in der Weimarer Republik 80% bis 90% der Arbeiterfamilien Geburtenkontrolle.[237]

Die auch heute gängige graphische Darstellung des erwarteten künftigen Bevölkerungsaufbaus und Anspielungen auf die daraus resultierende Form sind nicht neu: „Die Bevölkerungspyramide werde dann, wie es bereits das Statistische Reichsamt 1925 abgebildet hatte, zu einer 'Bevölkerungsurne' schrumpfen."[238] Doch nicht nur der grundsätzliche Vorgang, sondern auch konkrete langfristige Vorausberechnungen des Reichsamtes haben sich als weitgehend zutreffend herausgestellt. Hierbei ist allerdings stark einschränkend zu berücksichtigen, dass das Amt weder die Folgen des Zweiten Weltkrieges noch die gegenläufigen Auswirkungen der großen Zahl an Gastarbeitern insbesondere in den 1960er Jahren hatte vorhersehen können und dies somit zu einem Teil dem Zufall geschuldet ist. Gleichwohl sind die Prognosen und der von ihnen aufgezeigte Trend erstaunlich: Ab 1965, so das Reichsamt, sei mit einem Geburtenrückgang zu rechnen. Das Durchschnittsalter der Bevölkerung werde durchgängig bis zum Jahr 2000 um rund elf Jahre auf dann 40,5 Jahren bei Männern und 41,3 Jahren bei Frauen steigen.[239] Tatsächlich lag im Jahr 2000 das geschlechterübergreifende Durchschnittsalter bei 41,1 Jahren.[240]

Viele Zitate aus der Weimarer Republik erinnern an die heutige Diskussion. Beklagt wurde die Gefahr einer „Vergreisung der Nation" oder einer „Republik der Greise".[241] Während sich allerdings der Demographische Wandel in der heutigen Bevölkerungswissenschaft als ein hinzunehmender und unumkehrbarer Prozess darstellt, erschien in den 1920er Jahren „die soeben erst gemessene Zunahme alter Menschen indes als ein ‚abnormes', ja katastrophisches Bevölkerungsphänomen, das es zu korrigieren galt."[242] Ein nationalistischer Tonfall war dabei unverkennbar, wurde doch immer auch auf geburtenstärkere Nachbarstaaten geschaut.[243] Wie umfassend man sich um die Konsequenzen des Demographischen Wandels für alle gesellschaftlichen Bereiche sorgte, zeigt folgendes Zitat:

---

[236] Vgl. Mackensen 2004, S. 29-30.
[237] Vgl. Heinemann 2004, S. 221.
[238] Penkert 1998, S. 14.
[239] Vgl. Penkert 1998, S. 14.
[240] Frevel 2004, S. 44-45.
[241] Penkert 1998, S. 14-15: Später sprach auch Propagandaminister Joseph Goebbels mit Blick auf die Weimarer Republik verächtlich von einer „Republik der Greise" (vgl. Wildt 2008, S. 66).
[242] Penkert 1998, S. 14.
[243] Vgl. Penkert 1998, S. 10-11.

„Die reife Lebenserfahrung, die Besonnenheit und Bedächtigkeit des Alters sind gewiß wichtige und unentbehrliche Güter einer Volksgemeinschaft. Wenn diese Gaben und Tugenden in einem Volk aber zu stark vertreten sind, wenn die Lebenseinstellung der Alten – dank ihrer zahlenmäßigen Überlegenheit – in einem Volke ausschlaggebend wird, wenn mit dem Mangel an jugendlichem Nachwuchs der jugendliche Wagemut und Tatendrang, die jugendliche Spannkraft und der jugendliche Schwung in einem Volke schwindet oder gelähmt und überschattet wird von der allzu zahlreich vertretenen, ängstlichen Bedächtigkeit der Alten, so kann einem Volke leicht der gesunde Auftrieb abhanden kommen, ohne den es keinen Fortschritt gibt. Diese Gefahr besteht auf allen Gebieten des öffentlichen Lebens. Die Überalterung des Volkskörpers, der Mangel an jugendlichem Nachwuchs einerseits, das fortschreitende Überwiegen der Alten andererseits, wird zweifellos nicht nur auf wirtschaftlichem und sozialem, sondern auch auf geistigem, politischem, kulturellem Gebiet, kurz, im ganzen Leben unseres Volkes zur Auswirkung kommen."[244]

Alte und Junge wurden systematisch und polemisch gegeneinander aufgerechnet: „Stadt und Land sind übersät mit Altersheimen, die Schulen sind entvölkert und über die leergewordenen Straßen schleichen müde Greise und Greisinnen. Die paar noch lebenden jungen Menschen müssen die schwere Bürde der Ernährung jener nutzlosen Alten tragen."[245] Insgesamt war die Wortwahl somit drastischer, teils auch rassistisch und zunehmend geprägt vom Nationalsozialismus. Da war die Rede von „schlechter Qualität des Volkskörpers", von der „Unterminierung der deutschen Rasse" im Gegensatz zu der des „fortpflanzungswilligen Slawen" und der Überfremdung durch ausländische Arbeitskräfte.[246]

Unabhängig davon, wie der Demographische Wandel beschrieben worden ist und welche Schlussfolgerungen man aus seiner Beobachtung gezogen hat, ist somit festzustellen, dass eine einerseits dem Rückgang der Geburten und andererseits der Zunahme der Lebenserwartung geschuldete Veränderung der Bevölkerungszusammensetzung seit langem bekannt ist. Der Demographische Wandel – so ließe sich plakativ sagen – feiert in Kürze seinen 100. Geburtstag.

---

[244] Burgdörfer 1935, S. 224.
[245] Kahn 1930, S. 166.
[246] Penkert 1998, S. 10, 15.

3.1.2 Die Diskussion über die demographische Entwicklung in den 1950er Jahre

3.1.2.1 Die Diskussion im Vorfeld der Rentenreform

Als Wilfrid Schreiber sein Konzept für eine umfassende Reform der Alterssicherung vorstellte, konnte er somit auf rund 40 Jahre an bevölkerungswissenschaftlicher Literatur zurückgreifen. Was die Bevölkerungszahl insgesamt angeht, fallen seine Schlussfolgerungen pessimistischer aus als hinsichtlich der Bevölkerungszusammensetzung aufgrund sinkender Geburtenraten und steigender Lebenserwartung. Wie dargestellt, ging er davon aus, dass das „Geschäftsvolumen" der Rentenversicherung – nämlich die Bevölkerungszahl – weiter zunehme. Zwar konstatiert er, diese Voraussetzung wird „noch zu überprüfen und zu begründen sein. (...) Die Bundesrepublik steht wie die meisten Länder Alteuropas zur Zeit auf der Kippe zwischen Stagnation und langsamer Schrumpfung." Doch die „derzeitige Entwicklungstendenz der Zahl der Gesamtbevölkerung ist noch nicht bedrohlich (wir wollen nichts dramatisieren!), erfordert aber doch schon ernste Aufmerksamkeit."[247] Bei dieser grundsätzlichen Feststellung allerdings belässt er es.

Ein weit schwerwiegenderes Problem als in einer insgesamt möglicherweise stagnierenden Bevölkerungszahl sieht er in der sich ändernden Bevölkerungszusammensetzung, die zu einem ungünstigen Verhältnis von Beitragszahlern und Rentenempfängern führen könnte. Die Beobachtung einer steigenden Lebenserwartung spricht Schreiber direkt an und folgert daraus, dass es zumutbar sei, das Renteneintrittsalter anzuheben.[248] Ansonsten allerdings wird aus seiner Perspektive das Verhältnis von Erwerbstätigen und Rentnern weniger wegen sinkender Geburtenraten „aus dem Gleichgewicht geraten", als vielmehr als Folge der beiden Weltkriege und der extrem hohen Zahl an Kriegstoten.[249] Die Diagnose der Ursache für ein solches Missverhältnis ist aber entscheidend auch für die Konzepte, wie – und vor allem wie lange – diesem begegnet werden muss: Anders als dauerhaft niedrige Geburtenraten sind die extern durch die beiden Weltkriege ausgelösten demographischen Verschiebungen lediglich vorübergehender Natur und dementsprechend auch durch ein zeitlich begrenztes Gegensteuern zu lösen. Schreiber nennt einen Zeitraum von etwa 15 Jahren ab 1965. Er schlägt während dieser Zeit eine vorübergehende Aussetzung der Rentenanpassung und eine ebenfalls nur befristete Anhebung der Rentenbeiträge vor.[250]

---

[247] Schreiber 1955, S. 18.
[248] Vgl. Schreiber 1955, S. 19.
[249] Schreiber 1955, S. 18.
[250] Vgl. Schreiber 1955, S. 19-20.

Insbesondere diese Einschätzung blieb nicht ohne Widerspruch. So kritisierte Luzius 1956:

> „Es interessiert nun vor allem, wie schnell der Beitragssatz ansteigen wird. Hier muß zunächst auf eine irrige Auffassung hingewiesen werden, die in den Veröffentlichungen bis in die jüngste Zeit hinein immer wieder erscheint. Man spricht von den ‚kritischen 15 Jahren nach 1965', die es angeblich nur zu überwinden gilt. Man stellt sich also vor, daß in diesen 15 Jahren – bedingt durch die Auswirkungen des Krieges – die Belastung aus den Rentenzahlungen anomal hoch sei und man danach wieder zu einer normalen Belastung zurückkehren würde. Der Verfasser hat schon an anderer Stelle dargelegt, daß diese Auffassung nicht richtig ist. Vielmehr ist der in den 80er Jahren zu erwartende Rückgang der Rentneranzahl lediglich dadurch bedingt, daß die Geburtsjahrgänge, die von den Menschenverlusten des 2. Weltkrieges besonders betroffen wurden – es sind dies vor allem die Jahrgänge um 1916 herum, die durch den Geburtenausfall des 1. Weltkrieges sowieso schwächer waren –, dann in das Pensionierungsalter eintreten. Dieser Rückgang ist jedoch nur eine zeitlich begrenzte Erscheinung, durch die das zu erwartende Ansteigen der Rentneranzahl vorübergehend unterbrochen wird. Der allgemeine Trend der ansteigenden Rentneranzahl hat nichts mit den Auswirkungen des Krieges zu tun, sondern findet seine Ursache in dem Rückgang der Geburtenhäufigkeit gegenüber den hohen Geburtenhäufigkeiten des 19. Jahrhunderts. Demgegenüber ist die zu erwartende Änderung in der Beschäftigtenanzahl, die bisweilen für die ‚kritischen Jahre' verantwortlich gemacht wird, nur von untergeordneter Bedeutung. Das, was als ‚kritische Jahre' und als anomale Belastung angesehen wird, ist in Wirklichkeit die normale Entwicklung."[251]

Laut Luzius wird die von Schreiber diagnostizierte langfristige Entlastung nur vorübergehender Natur sein und „bereits gegen Ende des Jahrhunderts wird die hohe Belastung der 1970er Jahre wieder erreicht." Möglicherweise sei die weit verbreitete irrtümliche Auffassung von den „kritischen Jahren" dadurch entstanden, dass die langfristigen Vorausberechnungen des BMA über die Bevölkerungsentwicklung nur bis zu den 1980er Jahren veröffentlicht worden seien, „also zu einem Zeitpunkt abgebrochen sind, in dem die Anzahl der alten Leute eine abnehmende Tendenz zeigt."[252]

Insgesamt wurde der zu erwartende höhere Rentneranteil an der Gesamtbevölkerung breit diskutiert. Der Staatssekretär im Bundesarbeitsministerium *Maximilian Sauerborn* hatte im Rahmen einer Tagung des Verbandes Deutscher Rentenversicherungsträger bereits 1952 darauf hingewiesen, dass die künftige Finanzierung des Rentensystems eine besondere Herausforderung darstelle, „da

---

[251] Luzius 1956, S. 276.
[252] Luzius 1956, S. 276.

die Zahl der Rentner auf Jahrzehnte hinaus weiter im Steigen begriffen ist."[253] Neben den bereits unter 2.1 (S. 24) genannten Gründen wurde von Gassert 1956c als eine Ursache für die bereits bestehenden Finanzierungsschwierigkeiten der Rentenversicherung „die Veränderung der Bevölkerungsstruktur zwischen 1900 und 1955" angeführt. Es müsse auch davon ausgegangen werden, dass „der Prozeß der Veränderung der Bevölkerungsstruktur Jahr für Jahr fortsetzt."[254] Rieker 1956 merkte an, dass sich die Ausgaben für die Rentenversicherung im Zeitraum der vergangenen vier Jahrzehnte verdreißigfacht hätten. Als einer der Hauptgründe dafür gab er an, dass der Anteil der Altersklassen von 65 und mehr Jahren in raschem Steigen begriffen sei. „Kamen 1925 noch 12 Personen im erwerbsfähigen Alter auf einen 65 Jährigen oder Älteren, so waren es 1954 nur noch 7". Diese Entwicklung setze sich fort und „1980 werden nach den Vorausberechnungen des Statistischen Bundesamtes nur noch 4,5 Personen im Alter zwischen 15 und 65 Jahren auf einen 65 Jährigen oder Älteren treffen."[255] Der Bevölkerungsaufbau werde sich daher laut Hankel/Zweig 1956a in den kommenden 25 Jahren um rund 40% „verschlechtern".[256]

Andere Autoren teilten zwar die Prognosen, versuchten jedoch einem zu düsteren Zukunftsbild entgegenzutreten. Tatsächlich so Fiebich 1952, müsse man Konsequenzen „aus der enormen Erhöhung der mittleren Lebenserwartung in den letzten Jahrzehnten" ziehen und über eine höhere Altersgrenze nachdenken. Dennoch sei es „völlig abwegig, in diesem Zusammenhang von ‚Überalterung' oder gar ‚Vergreisung' des Volkskörpers zu sprechen." Abgesehen davon, dass es bereits für sich allein genommen ein Grund zur Freude sei, wenn Menschen länger lebten, könnten sie zudem der Volkswirtschaft dienen anstatt sie wie bisher teils schon mit 50 Jahren in den Ruhestand zu schicken.[257]

Einige Autoren gingen noch weiter und sahen von vornherein kein schwerwiegendes Problem. Sie verwiesen auf das zu erwartende Wirtschaftswachstum, durch das die älteren Menschen ohne „beängstigende" Folgen für die Beitragszahler mitfinanziert werden könnten.[258] „Unter diesem Aspekt verliert übrigens auch das Problem der Überalterung der deutschen Bevölkerung an ökonomischer Bedeutung." Denn gleichgültig mit welchem System die Alterssicherung finanziert werde, sei allein das „Verhältnis zwischen der Größe des Sozialproduktes und der Bevölkerungsgröße" entscheidend. „Vielleicht erleben es unsere Urenkel tatsächlich einmal, daß sie sich mit 40 Jahren zur Ruhe setzen dürfen, weil das

---

[253] Lepinski 1952, S. 339.
[254] Gassert 1956c, S. 69.
[255] Rieker 1956, S. 361.
[256] Hankel/Zweig 1956a, S. 74. Ähnlich auch Gassert 1956c, S. 71.
[257] Vgl. Fiebich 1952, S. 276.
[258] Vgl. S.F. 1956, S. 3.

Sozialprodukt inzwischen so weit gestiegen ist, daß man den Menschen mehr Muße geben muß, wenn man den reichen Segen an Verbrauchsgütern an den Mann bringen will." Obgleich die Sozialausgaben stiegen könne sich dann die reale Belastung der Wirtschaft verringern.[259] Solche Zitate von einer möglichen ‚goldenen' Zukunft, die das insgesamt steigende Volkseinkommen in den Mittelpunkt rücken, implizieren natürlich, dass die Sozialversicherungen im Allgemeinen und die Rentenversicherung im Speziellen weiter in ausreichendem Umfang an diesem partizipieren können. Der mögliche Widerspruch zwischen der zumindest im Grundsatz zutreffenden Vorstellung einer wachsenden Wirtschaft einerseits und der systembedingt jedoch nur auf einen Teil des Volkseinkommens zugreifenden Sozialversicherung andererseits wurde nicht gesehen.

Die meisten Autoren allerdings mahnten trotz unterschiedlicher Prognosen und daraus gezogener Schlussfolgerungen an, bei der anstehenden Rentenreform müsse die zu erwartende Zunahme älterer Menschen berücksichtigt werden.[260]

3.1.2.2 Die Versicherungstechnischen Bilanzen von 1954

1954 stellte das Bundesministerium für Arbeit seine „Versicherungstechnischen Bilanzen" vor, mit deren Hilfe gemäß § 1391 RVO und § 172 AVG in regelmäßigen Abständen nachzuprüfen war, ob „der Wert aller künftigen Beiträge und der sonstigen Einnahmen samt dem Vermögen den Betrag deckt, der nach der Wahrscheinlichkeitsrechnung mit Zins und Zinseszins erforderlich ist, um alle künftigen Aufwendungen zu bestreiten." Zu den Versicherungstechnischen Bilanzen von 1954 gehört auch eine Vorausberechnung der voraussichtlichen Bevölkerungsentwicklung im Bundesgebiet bis 1983, aufgeschlüsselt nach Altersgruppen. Für diesen 30-Jahre-Zeitraum wurde eine deutliche Zunahme des Bevölkerungsteils im Rentenalter prognostiziert.[261] Die Versicherungstechnischen Bilanzen des Bundesarbeitsministeriums gingen somit von einer deutlichen Verschiebung im künftigen Altersaufbau der Bevölkerung aus. Kurz nach ihrer Fertigstellung veröffentlichte jedoch die Deutsche Gesellschaft für Versicherungsmathematiker eine von dem Wissenschaftler *Fritz Rueff* revidierte Fassung der bisherigen Sterbetafeln. Dabei berücksichtigte er, dass bei allen Altern eine deutliche Abnahme der Sterbenswahrscheinlichkeit festgestellt worden war und nahm an, dass sich dies auch in der Zukunft fortsetzen werde.[262] „Die Frage, wie sich die Sterblichkeit der Männer und Frauen zukünftig entwi-

---

[259] Hankel/Zweig 1956b, S. 7-8.
[260] So auch Achinger 1955, S. 108-109.
[261] Vgl. Bundesregierung der Bundesrepublik Deutschland 1955, S. 23.
[262] Vgl. Schöbe 1955, S. 446.

ckeln wird, hat für die Rentenversicherung entscheidendes Gewicht; sie ist besonders in den letzten Jahren von den deutschen Versicherungsmathematikern gründlich untersucht worden. Das Ziel dabei war, die nach den Erfahrungen der letzten 100 Jahre für die Zukunft zu erwartende Sterblichkeitsminderung in ein einfaches Rechenschema zu fassen."[263]

Davon ausgehend berechneten Mehring/Röper 1955 die Bevölkerungsentwicklung bis 1998 neu. Nach ihren Berechnungen hätten die Versicherungstechnischen Bilanzen zwar die Zahl der Berufstätigen in etwa korrekt eingeschätzt, nicht aber die der Personen von 60 und mehr Jahren. Deren Anzahl fiel gegenüber den auf den alten Sterbetafeln beruhenden Vorausberechnungen bis 1983 um 13,5% bei Männern und 11,7% bei Frauen höher aus, bis 1998 sogar um 19,6% bzw. 18,9%.[264]

3.1.2.3 Die Diskussion des Regierungsentwurfs und der Reform

Ein weit gehender Konsens bestand in der grundsätzlichen Feststellung darüber, dass sich die Bevölkerungszusammensetzung aus Sicht der Rentenfinanzen verschlechtern werde. So betonte Schewe 1957, die Bedeutung der Rentenversicherung wachse weiter „auch wegen des Altersaufbaus der Bevölkerung. Die Zunahme der Personen oberhalb der Altersgrenze wird in den nächsten Jahrzehnten das Schwergewicht der Aufgabe von Sozialleistungen noch stärker als bisher auf den Ausgleich zwischen den Generationen und damit auf die Rentenversicherung verlagern."[265]

Allerdings wichen die Voraussagen über Ursache, Dauerhaftigkeit und Umfang des Demographischen Wandels weit voneinander ab. Die Vorstellung des Regierungsentwurfs und dessen anschließende Beratung von Bundestag und Bundesrat wurden daher von einer breiten Diskussion zu den darin enthaltenen Annahmen begleitet. Hauptkritikpunkt war die erwartete Entwicklung der Rentnerbestände bis zum Jahr 1986. Nach dem Regierungsentwurf würde der Bestand in der Rentenversicherung der Arbeiter und Angestellten zusammen von 3.471.800 auf 4.284.400 (ohne Witwen- und Waisenrenten) ansteigen.[266] Diese Berechnungen beruhten jedoch laut des Gesetzentwurfs auf den Zahlen „die in den ‚Versicherungstechnischen Bilanzen für die Rentenversicherung der Arbeiter und die Rentenversicherung der Angestellten im Bundesgebiet und im Land

---

[263] Mehring/Röper 1955, S. 526-527.
[264] Mehring/Röper 1955, S. 526-527.
[265] Schewe 1957, S. 35.
[266] Deutscher Bundestag 1956, Drs. 2437, S. 92-93.

Berlin für den 1. Juli 1954' (...) entwickelt worden sind"[267] und damit auf der
Basis jener Sterbetafeln, die verschiedene Autoren ausgehend von Rueffs Arbeit
bereits ein Jahr zuvor als überholt bezeichnet hatten. Dementsprechend wurde
kritisiert, der Regierungsentwurf berücksichtige nicht die seit langem zu beo-
bachtende Sterblichkeitsminderung:[268]

> „Daß die Berechnung der Entwicklung der Ausgaben für die Renten auf einer veral-
> teten Unterlage beruht, ist bekannt. Die dem verabschiedeten Kabinettsentwurf bei-
> gefügte Übersicht über die voraussichtliche Entwicklung der Rentenbestände fußt
> auf der Sterbetafel von 1949/51. Nichtamtliche Versicherungsmathematiker erklären
> diese für überholt. Sie rechnen auf Grund einer Tafel, in der die Auswirkung der
> fortdauernden Verlängerung der Lebenserwartung berücksichtigt ist. Diese revidier-
> te Tafel ist den Mathematikern seit Sommer 1955 geläufig. Sie müßte also auch bei
> den Berechnungen des BAM in Rechnung gestellt werden, wenn dieses dem Vor-
> wurf entgehen will, es wolle die Wirklichkeit verschleiern, den Anstieg der Renten-
> last in der Zukunft, insbesondere der späteren Jahre niedriger erscheinen lassen, als
> er tatsächlich zu erwarten ist, also ihn bagatellisieren."[269]

In einem Bulletin des Presse- und Informationsamtes der Bundesregierung stellte
diese im Oktober 1956 hingegen fest, dass angesichts der Sterblichkeitsentwick-
lung der vergangenen Jahre „ganz gewiss keine Veranlassung besteht, in die
möglichen Voraussetzungen zur Berechnung zukünftiger Bevölkerungsbestände
die Annahme einer sinkenden Sterblichkeit einzubeziehen."[270] Auch Hensen
1956 argumentierte, dass in der Bundesrepublik seit sieben Jahren im Gegenteil
sogar eine Zunahme der Sterblichkeit der über 55jährigen Männer und über
70jährigen Frauen beobachtet werden konnte:

> „Im Gegensatz zu den Erklärungen der Kritiker des Regierungsentwurfs, es handele
> sich um einen vorübergehenden Vorgang, wie er stets nach sozialen Massenerschei-
> nungen mit besonderer selektiver Wirkung eintreten, kann in der Bundesrepublik
> nunmehr von einem echten Umbruch in der Sterblichkeitsentwicklung die Rede
> sein, von der freilich noch niemand mit Sicherheit den weiteren Verlauf vorherzusa-
> gen vermag, der aber auf jeden Fall auch nicht zu der Annahme berechtigt, daß die
> in der Vergangenheit festgestellte Sterblichkeitsminderung sich unverändert fortset-
> zen werde. Die dem Regierungsentwurf im finanziellen Teil zugrunde liegende An-
> nahme gleichbleibender Sterbewahrscheinlichkeiten auf der Grundlage der Sterbeta-

---

[267] Deutscher Bundestag 1956, Drs. 2437, S. 91.
[268] Vgl. Mehring 1956, S. 280.
[269] Gassert 1956a, S. 210-211.
[270] Bulletin des Presse- und Informationsamtes der Bundesregierung, 25.10.1956, S. 1927.

fel 1949 dürfte daher für das Rechnungsergebnis eine ausreichende Sicherung bedeuten."[271]

Die Vereinigung der Versicherungsmathematiker bezeichnete die Veröffentlichungen der Bundesregierung in sehr hartem Ton als „geeignet, das Ansehen der Bundesregierung zu gefährden", denn deren Berechnungen stünden „im Widerspruch zu den biometrischen Erkenntnissen aller Länder der Erde".[272] Nach diesen Erkenntnissen werde die Zahl der Anspruchsberechtigten in den nächsten Jahrzehnten weit stärker, nämlich um 30% bis 40% steigen und dementsprechend auch der nötige finanzielle Aufwand.[273] Die Kritiker des Reformentwurfs konnten zudem darauf verweisen, dass sich das Bundesarbeitsministerium (BMA) bereits in den Jahren 1953-1956 verkalkuliert hatte, was den absoluten Anstieg der Rentnerzahlen betraf. Diese waren um rund 600.000 Personen gestiegen und nicht, wie vom BMA erwartet, um nur gut 200.000.[274] Es hatte sich damit gezeigt, dass „die tatsächliche Zunahme der Rentnerzahl bei den Invalidenrenten und Ruhegeldern etwa doppelt so hoch, bei den Witwenrenten der Angestelltenversicherung sogar viermal so hoch war, wie nach der Vorausberechnung des BMA in den ‚Versicherungstechnischen Bilanzen' zu erwarten gewesen wäre."[275] Viele Autoren waren sich daher trotz unterschiedlicher konkreter Zahlen einig, dass die Kosten und damit auch der nötige Beitragssatz weit stärker ansteigen würden als veranschlagt.[276]

Aus Sicht der Kritiker unterschätzte die Regierung die künftigen Rentnerzahlen jedoch noch aus einem zweiten Grund: Nicht nur sei die Zahl der Personen im Rentenalter höher, sondern innerhalb dieser Altersgruppe auch der Anteil jener, die einen Anspruch auf eine Rente haben würde. Ursache dafür, dass es hier überhaupt unterschiedliche Standpunkte geben konnte, war, dass die Rentenversicherung zwar über Statistiken zum Alter und der Rentenhöhe ihrer Rentner verfügte, nicht aber über den Bestand ihrer Beitragszahler und deren Rentenanwartschaften.[277] Weil hierzu ausreichende Daten fehlten, war man auf Schätzungen angewiesen. „Da genaue Unterlagen fehlen, mußten für das Aufstellen der versicherungstechnischen Bilanz Berechnungsmethoden ersonnen werden, die zu angenähert richtigen Ergebnissen führen."[278]

---

[271] Hensen 1956, S. 253.
[272] zitiert nach Wagnitz 1957, S. 2.
[273] Wagnitz 1957, S. 4; ähnlich Heubeck 1957.
[274] Vgl. Luzius 1956, S. 276.
[275] Luzius 1956, S. 273.
[276] so etwa Mehring 1956, S. 280-281; Rieker 1957, S. 252; Rieker 1956, S. 362-363; Luzius 1956, S. 274-277; Mehring/Röper 1956, S. 3; gd. 1957, S. 13.
[277] Deutscher Bundestag 1958, Drs. 4/568, S. 28-29.
[278] Mehring 1958, S. 349-350.

Das Arbeitsministerium hatte unterstellt, dass vom Jahr 1978 an nur gut 40% der über 75jährigen anspruchsberechtigt sein werden. Dies wurde als viel zu niedrig kritisiert, wahrscheinlicher sei ein Anteil von 70% bis 75%.[279] Zwischen dem Versicherungsmathematiker im BMA und Mathematikern, die im Auftrag der Gemeinschaft zum Schutz des Deutschen Sparers ein Gutachten angefertigt hatten, gab es daher unterschiedliche Ansichten.[280] Grund dafür war in erster Linie, dass das BMA die künftigen Rentnerzahlen proportional zu den künftigen Einwohnerzahlen gesetzt hatte.[281] Dabei aber vernachlässigte es, dass der Versichertenkreis der Rentenversicherung immer größer geworden war. „Vor einigen Jahrzehnten waren rund 60% der erwerbstätigen Männer in der GRV versichert, damit harmonisiert, dass nun rund 60% der über 65jährigen Männer Sozialrentner sind." Nun aber seien fast 80% der erwerbstätigen Männer sozialversichert „und daher werden in einigen Jahrzehnten auch rund 80% der über 65jährigen Sozialrentner sein."[282]

Die Regierung verteidigte ihr Vorgehen damit, dass sie dafür auch auf der Einnahmeseite nicht berücksichtigt habe, „daß aus dem gleichen Grunde die Anzahl der Beitragszahler stärker ansteigen kann als die Anzahl der Einwohner im Erwerbsalter."[283] Diese Argumentation lässt freilich außer Acht, dass die Ausweitung des Versichertenkreises einerseits und der damit verbundene Anstieg der Anspruchsberechtigten andererseits regelmäßig mehrere Jahrzehnte auseinander fallen. Aufgrund einer solchen ,doppelten Nichtberücksichtigung' eines sich ausweitenden Versichertenkreises stehen zunächst zusätzliche Einnahmen zur Verfügung, die in der Logik einer auf Deckungsabschnitte ausgerichteten Finanzierung auch niedrigere Beitragssätze ermöglichen, während die demgegenüber stehenden zusätzlichen Rentenansprüche und die damit verbundenen Ausgaben erst viele Jahre später fällig werden.

Dementsprechend kamen das BMA und das Mathematikergutachten zu höchst unterschiedlichen Ergebnissen auch hinsichtlich der Kosten. Während das Arbeitsministerium der Ansicht war, dass im ersten Deckungsabschnitt ein Beitragssatz von 14%, in den nächsten beiden 16% bis 18% ausreichen würden, ging das Mathematikergutachten von einem langfristigen Beitragssatz von bis zu 30% aus.[284]

---

[279] Luzius 1956, S. 274-277.
[280] Mehring 1958, S. 349-350.
[281] Vgl. Deutscher Bundestag 1958, Drs. 4/568, S. 29-30.
[282] Mehring 1958, S. 351.
[283] Deutscher Bundestag 1958, Drs. 4/568, S. 29-30.
[284] Mehring 1958, S. 349-350.

3.1.3 Vergleich der angenommenen mit der tatsächlichen Entwicklung

3.1.3.1 Die demographische Entwicklung

Wie dargestellt, wichen die alten Sterbetafeln sowie die durch Rueff modifizierten deutlich von einander ab. Dementsprechend unterschieden sich auch Vorhersagen, die auf den verschiedenen Sterbetafeln beruhten. Nachfolgend werden beide Vorhersagen dargestellt und anschließend mit der tatsächlichen Entwicklung verglichen.

Tabelle 1: Voraussichtliche Bevölkerungsentwicklung im Bundesgebiet nach der Vorausberechnung des Bundesministeriums für Arbeit 1954 (in 1.000)

Alter	1953	1958	1963	1968	1973	1978	1983
0 – 4	3.605	3.385	3.483	3.578	3.401	3.397	k. A.
5 – 9	3.192	3.580	3.362	3.460	3.554	3.378	k. A.
10 – 14	4.292	3.182	3.569	3.352	3.448	3.543	3.368
15 – 19	3.854	4.274	3.169	3.554	3.337	3.435	3.528
20 – 24	3.538	3.827	4.244	3.146	3.529	3.313	3.410
25 – 29	3.481	3.506	3.792	4.206	3.118	3.498	3.284
30 – 34	3.228	3.448	3.473	3.755	4.165	3.088	3.463
35 – 39	2.840	3.192	3.408	3.432	3.712	4.117	3.052
40 – 44	3.824	2.799	3.145	3.359	3.381	3.656	4.056
45 – 49	3.774	3.744	2.741	3.080	3.288	3.308	3.579
50 – 54	3.423	3.650	3.623	2.653	2.982	3.182	3.199
55 – 59	2.728	3.255	3.472	3.449	2.526	2.839	3.028
60 – 64	2.239	2.530	3.016	3.218	3.198	2.343	2.634
65 – 69	1.836	1.981	2.239	2.666	2.844	2.829	2.075
70 – 74	1.410	1.493	1.612	1.823	2.168	2.313	2.304
75 – 79	913	990	1.050	1.134	1.281	1.522	1.624
80 – 84	391	503	545	579	625	707	839
85 – 89	118	150	193	210	223	241	274
90 +	23	30	37	48	54	57	60
Zusammen	48.709	49.519	50.173	50.702	50.834	50.766	50.431

Datenquelle: Bundesregierung der Bundesrepublik Deutschland 1955, S. 23.

Die Vorausberechnungen des Arbeitsministeriums gingen davon aus, dass bei insgesamt nur leicht ansteigender Gesamtbevölkerung die Zahl der Jugendlichen etwas abnimmt, die Bevölkerung im erwerbsfähigen Alter in etwa konstant bleibt und der Anteil der ab 65jährigen deutlich zunimmt. Wird aus diesen Daten der Altersquotient gebildet, verstanden als das Verhältnis der Bevölkerung ab 65 Jahre zur Bevölkerung zwischen 20 und bis 65 Jahre, so ergibt sich ausgehend von 16,1% in 1953 ein Anstieg auf 24,2% in 1983. Der Jugendquotient, verstanden als das Verhältnis der Bevölkerung bis 20 Jahre zur Bevölkerung zwischen 20 und 65 Jahre, sinkt demgegenüber von 51,4% auf 45,6%.[285]

Tabelle 2:   Voraussichtlichen Bevölkerungsentwicklung im Bundesgebiet nach den um Rueff korrigierten Versicherungstechnischen Bilanzen des Bundesministeriums für Arbeit 1954 (in 1.000)

Alter	1953	1958	1963	1968	1973	1978	1983	1998
0 – 4	k. A.	k. A.	k. A.	k. A.	k. A.	k. A.	k. A.	k. A.
5 – 9	k. A.	k. A.	k. A.	k. A.	k. A.	k. A.	k. A.	k. A.
10 – 14	k. A.	k. A.	k. A.	k. A.	k. A.	k. A.	k. A.	k. A.
15 – 19	k. A.	k. A.	k. A.	k. A.	k. A.	k. A.	k. A.	k. A.
20 – 24	3.538	3.827	4.244	3.146	3.529	3.313	3.410	k. A.
25 – 29	3.481	3.506	3.792	4.206	3.118	3.498	3.284	3.301
30 – 34	3.228	3.451	3.474	3.759	4.169	3.091	3.469	3.481
35 – 39	2.840	3.196	3.417	3.440	3.722	4.129	3.062	3.342
40 – 44	3.824	2.805	3.158	3.376	3.399	3.679	4.083	3.197
45 – 49	3.774	3.759	2.759	3.108	3.323	3.348	3.626	3.358
50 – 54	3.423	3.673	3.662	2.691	3.035	3.247	3.274	2.934
55 – 59	2.728	3.278	3.522	3.518	2.589	2.925	3.133	3.831
60 – 64	2.239	2.554	3.071	3.307	3.313	2.443	2.767	3.270
65 – 69	1.836	2.010	2.299	2.769	2.995	3.014	2.232	2.769
70 – 74	1.410	1.525	1.679	1.930	2.333	2.543	2.578	2.386
75 – 79	913	1.017	1.111	1.233	1.430	1.744	1.924	1.732
80 – 84	391	521	585	649	730	858	1.062	964
85 – 89	118	155	210	240	272	312	373	591
90 +	23	30	39	56	65	77	91	180

Datenquelle: Mehring/Röper 1955, S. 526-527.

---

[285] Bundesregierung der Bundesrepublik Deutschland 1955, S. 23; eigene Berechnungen.

Mehring/Röper 1955 stellen in ihrer auf Rueffs Sterbetafeln basierender, bis 1998 reichenden Prognose keine Zahlen zu den unter 20jährigen und der Gesamtbevölkerung zur Verfügung, daher können auch keine Aussagen zur Entwicklung dieser Altersgruppe getroffen werden. Die Gruppe der Erwerbstätigen bleibt ihnen zufolge weitgehend konstant, die Zahl der ab 65jährigen hingegen nimmt deutlich zu und zwar weit stärker als laut der Versicherungstechnischen Bilanzen 1954. Der Altersquotient steigt demnach bis 1983 auf 27,4% und bis 1998 noch einmal deutlich auf dann 32,3%.[286]

Tabelle 3: Tatsächliche Bevölkerungsentwicklung nach Statistischem Bundesamt (in 1.000)

Alter	1953	1958	1963	1968	1973	1978	1983
0 – 4	3.828	4.159	4.859	5.012	3.759	2.923	3.007
5 – 9	3.362	3.896	4.147	4.877	5.064	3.763	2.917
10 – 14	4.404	3.426	3.906	4.182	4.936	5.103	3.814
15 – 19	4.370	4.532	3.509	3.987	4.360	5.005	5.205
20 – 24	3.632	4.442	4.648	3.664	4.306	4.423	5.135
25 – 29	3.762	3.583	4.584	4.769	3.911	4.270	4.513
30 – 34	3.724	3.733	3.760	4.629	4.899	3.772	4.277
35 – 39	2.668	3.732	3.867	3.795	4.751	4.750	3.738
40 – 44	4.058	2.681	3.799	3.866	3.824	4.612	4.703
45 – 49	4.124	4.068	2.687	3.761	3.818	3.701	4.543
50 – 54	3.782	4.084	4.014	2.625	3.655	3.691	3.608
55 – 59	3.071	3.671	3.945	3.859	2.516	3.502	3.556
60 – 64	2.493	2.900	3.450	3.686	3.617	2.363	3.310
65 – 69	2.040	2.249	2.623	3.081	3.298	3.279	2.157
70 – 74	1.534	1.694	1.894	2.185	2.544	2.773	2.825
75 – 79	1.011	1.097	1.243	1.395	1.593	1.898	2.134
80 – 84	436	569	643	739	834	989	1.222
85 – 89	130	169	239	276	324	386	487
90 +	25	35	49	75	92	116	156
Zusammen	52.454	54.719	57.865	60.463	62.101	61.322	61.307

Datenquelle: Statistisches Bundesamt (Datenmaterial wurde auf Anfrage zugesandt).

---

[286] Mehring/Röper 1955, S. 526-527; eigene Berechnungen.

Die tatsächliche Bevölkerungsentwicklung wich in verschiedener Hinsicht von beiden Prognosen ab. Die Gesamtbevölkerung war wie erwähnt bei Mehring und Röper nicht angegeben, sondern nur in den Versicherungstechnischen Bilanzen und dort mit einem Wachstum bis 1983 von 3,5% auf 50,4 Mio. Tatsächlich wuchs die Bevölkerung bis 1983 jedoch um fast 17% auf 61,3 Millionen Einwohner. Aus diesem Grund irrten die Versicherungstechnischen Bilanzen deutlich was die absoluten Zahlen anbelangt, die anteilige Zusammensetzung der Bevölkerung hingegen wurde – mit Ausnahme der sehr Jungen unter 10 Jahren[287] sowie der sehr Alten ab 80 Jahre – weitgehend korrekt vorhergesagt.

Tabelle 4:   Vergleich angenommener und tatsächlicher Altersquotient (nach Versicherungstechnischen Bilanzen 1954)

	1953	1958	1963	1968	1973	1978	1983
Angenommener AQ	16,1%	17,2%	18,4%	21,3%	24,1%	26,1%	24,2%
Tatsächlicher AQ	16,5%	17,7%	19,3%	22,4%	24,6%	26,9%	24,0%
Abweichung	*0,4%*	*0,5%*	*0,9%*	*1,0%*	*0,5%*	*0,8%*	*-0,1%*

Datenquelle: Bundesregierung der Bundesrepublik Deutschland 1955, S. 23; Statistisches Bundesamt; eigene Berechnungen.

Der aus den Zahlen von Mehring und Röper errechnete Altersquotient hingegen weicht für die Jahre 1978 und insbesondere 1983 stärker von der tatsächlichen Entwicklung ab:

Tabelle 5:   Vergleich angenommener und tatsächlicher Altersquotient (nach Mehring/Röper 1955)

	1953	1958	1963	1968	1973	1978	1983
Angenommener AQ	16,1%	17,5%	19,0%	22,5%	25,9%	28,8%	27,4%
Tatsächlicher AQ	16,5%	17,7%	19,3%	22,4%	24,6%	26,9%	24,0%
Abweichung	*0,4%*	*0,2%*	*0,2%*	*-0,1%*	*-1,3%*	*-1,9%*	*-3,4%*

Datenquelle: Mehring/Röper 1955, S. 526-527; Statistisches Bundesamt; eigene Berechnungen.

So betrachtet könnte man schlussfolgern, dass die Bundesregierung die Entwicklung deutlich besser eingeschätzt hat als ihre Kritiker. Diese Analyse wäre

---

[287] Die Gruppe der bis 10jährigen konnte trotz fehlender Zahlen für 1983 aus der Verrechnung der übrigen Altersgruppen mit der Gesamtbevölkerung ermittelt werden.

jedoch verkürzt. So konnte Mitte der 1950er Jahre noch niemand mit den Millionen zumeist junger so genannter Gastarbeiter beziehungsweise deren Familienangehörigen rechnen, die in den darauf folgenden zwanzig Jahren nach Deutschland kamen. Durch diesen Zustrom wurde die Bevölkerungszusammensetzung nachhaltig verändert. Der Umstand, dass die Prognosen zu den Anteilen der Altersgruppen trotz der höheren Zahl an Menschen jüngeren und mittleren Alters zutreffend waren, dürfte daher eher dem Zufall geschuldet sein und zeigt, dass die Zunahme der absoluten Zahl der älteren Menschen ab 65 Jahren falsch eingeschätzt worden ist. Verglichen mit 1953 ist deren Zahl um 73,5% angestiegen. Aus der regierungseigenen Prognose errechnet sich hingegen nur ein Wachstum um 53,0%. Die Zahlen von Mehring und Röper prognostizieren demgegenüber eine Zunahme von 76,1%.

Tabelle 6: Die angenommene Zunahme der Altersgruppe der ab 65jährigen nach den Versicherungstechnischen Bilanzen 1954 bzw. nach Mehring/Röper 1955 und die tatsächliche Zunahme zwischen 1953 und 1983

	Bundesregierung	*Mehring / Röper*
Angenommene Zunahme	53,0%	76,1%
Tatsächliche Zunahme	73,5%	73,5%
Abweichung	20,5%	-2,6%

Datenquelle: Bundesregierung der Bundesrepublik Deutschland 1955, S. 23; Mehring/Röper 1955, S. 526-527; Statistisches Bundesamt; eigene Berechnungen.

Während die Regierung die Zunahme älterer Menschen somit um 20,5 Prozentpunkte unterschätzte, haben ihre Kritiker sie lediglich um 2,6 Prozentpunkte überschätzt. Diese Fehlkalkulation wiederum schlägt sich auch in der Entwicklung des vom Regierungsentwurf erwarteten Rentnerbestandes nieder.

3.1.3.2 Die Entwicklung des Rentnerbestandes

Der Regierungsentwurf ging davon aus, dass der Rentnerbestand in der Rentenversicherung der Arbeiter (ArV) von 2,68 Mio. (1956) auf 3,22 Mio. (1986) und in der Rentenversicherung der Angestellten (AnV) von 0,79 Mio. auf 1,07 Mio. steigen würde. Dies entspricht einem Anstieg von 20% bzw. 34%. Tatsächlich aber ist der Bestand in der ArV auf 5,83 Mio. und in der AnV auf 3,16 Mio. angestiegen. Dies entspricht einem Anstieg von 118% bzw. 297%.

Zusammengerechnet gab es im Jahr 1986 damit mehr als doppelt so viele Rentenberechtigte wie im Regierungsentwurf veranschlagt.

Tabelle 7: Vergleich der im Gesetzesentwurf der Bundesregierung (1956) angenommenen Entwicklung des Rentnerbestandes wegen verminderter Erwerbstätigkeit und wegen Alters (ohne Witwen-/Witwerrenten) mit der tatsächlichen Entwicklung

	1956	1966	1976	1986
ArV angenommen	2.677,4	3.112,2	3.407,0	3.219,1
AnV angenommen	794,4	1.013,6	1.145,6	1.065,3
Summe	*3.471,8*	*4.125,8*	*4.552,6*	*4.284,4*
ArV tatsächlich		3.627,9	5.171,1	5.826,5
AnV tatsächlich		1.209,9	1.964,2	3.157,1
Summe		*4.837,8*	*7.135,3*	*8.983,6*
Abweichung ArV		*515,7*	*1.764,1*	*2.607,4*
Abweichung AnV		*196,3*	*818,6*	*2.091,8*
Abweichung ArV+AnV		*712,0*	*2.582,7*	*4.699,2*
Abweichung ArV in %		*16,6%*	*51,8%*	*81,0%*
Abweichung AnV in %		*19,4%*	*71,5%*	*196,4%*
Abweichung ArV+AnV in %		*17,3%*	*56,7%*	*109,7%*

Datenquelle: Bundestags-Drs. 2437, S. 92-93; Verband Deutscher Rentenversicherungsträger 1997, S. 123.

Die enorme Abweichung zwischen dem erwartetem Rentnerbestand und dem tatsächlich eingetretenen ist auch, aber nicht alleine mit der unterschätzten Zunahme der ab 65jährigen zu erklären. Ein zweiter wesentlicher Grund dürfte sein, dass die Bundesregierung in ihren Vorausberechnungen erklärtermaßen den ausgeweiteten Versichertenkreis nicht berücksichtigt hat. Es wurde somit sowohl die Zahl der Personen im Rentenalter unterschätzt als auch innerhalb dieser Altersgruppe der Anteil der Rentenberechtigten. Die Zahl der 1983 bereits rentenberechtigten Gastarbeiter dürfte hier hingegen eine vergleichsweise untergeordnete Rolle gespielt haben. Hinzu kamen drittens noch die Effekte des Strukturwandels, durch den die Zahl der Selbständigen gesunken und die der Arbeitnehmer gestiegen ist mit der Folge, dass entsprechend zeitversetzt auch die

Zahl der Rentner zunahm.[288] Diese Effekte waren natürlich nicht vollumfänglich voraussehbar gewesen, dürften sich aber andererseits bis 1986 auch noch nicht wesentlich in den Rentnerzahlen niedergeschlagen haben.

Abbildung 1:   Vergleich erwarteter Rentnerbestand wegen verminderter Er-
                   werbstätigkeit und wegen Alters (ohne Witwen-/Witwerrenten)
                   nach dem Regierungsentwurf von 1956 mit tatsächlicher Ent-
                   wicklung

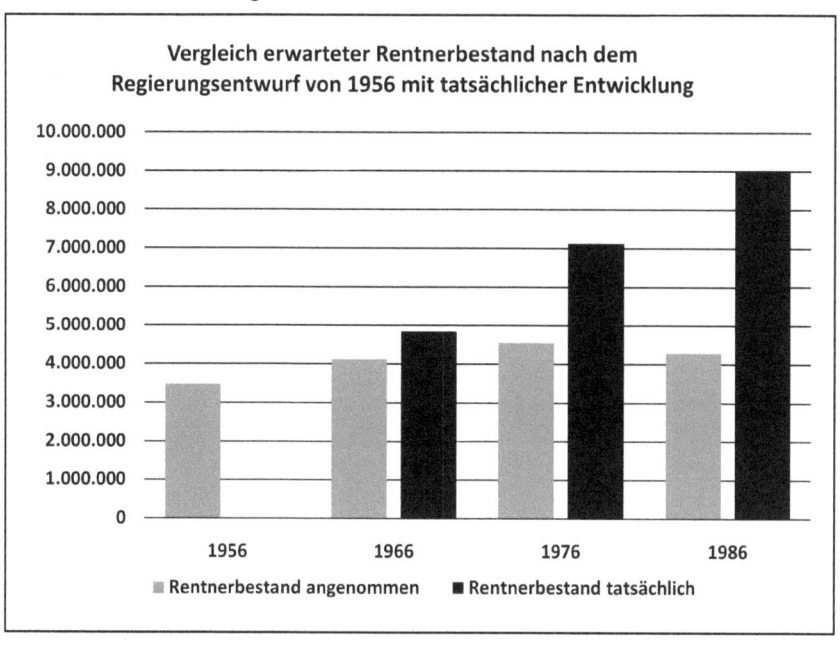

Datenquelle: Bundestags-Drs. 2437, S. 92-93; Verband Deutscher Rentenversicherungs-
träger 1997, S. 123.

Nicht übersehen werden darf in diesem Zusammenhang, dass ebenfalls schon frühzeitig davor gewarnt wurde, die weitere Zukunft über diese 30-Jahres-Vorausschau hinaus sähe keineswegs günstiger aus. Sachs 1967b merkte unter Anspielung auf den im Rahmen der Rentendebatte häufig gebrauchten Begriff des „Rentenberges" an:

---

[288] Vgl. Maier.

„Leider führt das Wort ‚Berg' irre, denn mit ihm verbindet man die Vorstellung, auf der anderen Seite ginge es wieder bergab; tatsächlich steigt die Rentenlast in dieser Zeit aber nur auf ein höheres Niveau, bleibt dann geraume Zeit auf fast gleicher Höhe und wird gegen Ende unseres Jahrhunderts erneut steigen. Als Ursache pflegt die ‚Überalterung' unserer Bevölkerung angegeben zu werden, die eine Folge der beiden Weltkriege wäre. Auch das ist falsch; in Wirklichkeit gleicht sich unsere Bevölkerungsstruktur nur an die der anderen großen Industrieländer an; das wird sich bis ins kommende Jahrhundert hinein fortsetzen und hat nur dadurch in Deutschland einen besonderen Akzent, daß in der zweiten Hälfte der siebziger Jahre eine längere Pause im Steigen eintritt, solange die schwachen Geburtsjahrgänge aus der Zeit des Ersten Weltkriegs und der Inflation, die dann auch noch im Zweiten Weltkrieg dezimiert worden sind, in den Rentenbezug eintreten. Im Ganzen handelt es sich beim ‚Rentenberg', und das ist das Wesentliche, um eine Änderung der Voraussetzungen auf die Dauer."[289]

3.1.4 Zusammenfassung

Die Auswirkungen des Demographischen Wandels – höhere Lebenserwartung bei sinkenden Geburtenraten – sind keine Erscheinung der letzten drei bis vier Jahrzehnte. Bereits zu Zeiten der Rentenreform konnte man auf bevölkerungswissenschaftliche Literatur aus rund 40 Jahren zurückgreifen, die diese Entwicklung beobachtet und ausgewertet hatte. Dies und die breite Diskussion aus den 1950er Jahren zeigen, dass man sich der zu erwartenden demographiebedingten Finanzierungsschwierigkeiten der Rentenversicherung bewusst war. Streit bestand lediglich darüber, wie groß diese Probleme werden würden, welches ihre Hauptursachen sind und dementsprechend wie sie bewältigt werden könnten. Soweit man – wie Schreiber – die für die Rentenversicherung ungünstige Bevölkerungszusammensetzung vor allem als Ergebnis zweier Weltkriege sah, wurden sie für ein vorübergehendes Problem gehalten, dem man mit einem auch nur zeitweisen Gegensteuern begegnen würde können. Nahm man – wie das Bundesarbeitsministerium – an, dass die über Jahrzehnte beobachtete allgemeine Sterblichkeitsminderung nun an ihr Ende käme, so würden sich die demographischen Veränderungen zumindest in Grenzen halten. Anders verhielt es sich hingegen, wenn man – wie Rueff – davon ausging, dass sich die Sterblichkeitsminderung fortsetzen würde. Dieser Einschätzung schlossen sich viele Wissenschaftler an. Dementsprechend scharf war die Kritik an den Annahmen, die die Bundesregierung bei ihrem Gesetzentwurf unterstellt hatte und die auf als veraltet bezeichneten Sterbetafeln beruhten. Hinzu kam noch, dass die Regierung die künftigen Rentnerzahlen proportional zur künftigen Einwohnerzahl gesetzt

---

[289] Sachs 1967b, S. 187.

hatte. Damit ließ sie außer Betracht, dass dem erweiterten Versichertenkreis mit Verzögerung von einigen Jahrzehnten auch ein größerer Rentenbestand folgen würde. Der Vergleich mit der tatsächlichen demographischen Entwicklung zeigt, dass die Bundesregierung zwar die künftige Bevölkerungszusammensetzung genauer vorausgeschätzt hat als ihre Kritiker. Dabei allerdings muss berücksichtigt werden, dass dies trotz der Millionen größtenteils junger Migranten der Fall war, die zum Zeitpunkt der Prognose noch nicht einkalkuliert werden konnten. Daraus lässt sich schlussfolgern, dass die Regierungsprognose die absolute Zahl der älteren Menschen unterschätzt hat. Tatsächlich ist dies geschehen, denn 1983 lebten in Westdeutschland rund 1,8 Mio. mehr ältere Menschen als erwartet.

Die Nichtberücksichtung des erweiterten Versichertenkreises, die Unterschätzung des absoluten Anstiegs der älteren Bevölkerung sowie teilweise der Strukturwandel dürften dazu beigetragen haben, dass es dreißig Jahre nach der Prognose der Bundesregierung mehr als doppelt so viele Rentenberechtigte gegeben hat wie angenommen worden war.

3.2 Die Entwicklung der Wirtschaftskraft und der Löhne

Oben wurde dargestellt, dass ein umlagefinanziertes Rentensystem mit seinen Formeln über die Erstfestsetzung und Anpassung der Renten die Aufgabe hat, bereits vorab die Verteilung eines Teils des künftigen Volkseinkommens zu regeln. Da neben der Preissteigerung die Erfahrung einer tendenziell ständig wachsenden Wirtschaftskraft gerade der Grund für die Einführung eines dynamischen Rentensystems gewesen ist, könnte man dies sogar als dessen zentrale Aufgabe bezeichnen: „Dahinter stand der neue Leitgedanke, dass die Arbeitnehmer nicht mehr nur während der Zeit ihrer Arbeitsleistung (über den Lohn), sondern auch für die Zeit ihres Ruhestandes (über die Renten) am Wirtschaftswachstum teilhaben sollten."[290] Damit ist aber zugleich nicht nur die aktuelle Wirtschaftskraft ein begrenzender Faktor und Maßstab für Rentenreformen, sondern gerade auch die zukünftige. Eng damit zusammen hängt das Lohnniveau, das wiederum unmittelbaren Einfluss auf das Beitragsaufkommen wie auch die Höhe der Renten hat.

---

[290] Hockerts 1980, S. 423.

3.2.1 Die Diskussion über die wirtschaftliche Entwicklung in den 1950er Jahren

Da die Reform dazu führen sollte, die Rentner künftig an der Steigerung des Wohlstandes teilhaben zu lassen, spielte das Wirtschaftswachstum bei der Diskussion eine wichtige Rolle. Allerdings ging es überwiegend um die Frage, inwieweit die Sozialsysteme an ein dynamisches Wirtschaftssystem angepasst werden müssten. Dennoch wurde auch darüber debattiert, welche künftige Entwicklung man unterstellen dürfe.

Ausgehend von der grundsätzlichen Feststellung von Thalheim/Mackenroth/Albrecht 1952, dass „nur die Steigerung des Sozialproduktes als Quelle einer Steigerung des Sozialaufwandes (...)" existiert,[291] legte auch Schreiber bei seinen Überlegungen zugrunde, dass es ein fortwährendes Wirtschaftswachstum gäbe.[292] Andere Autoren äußerten sich ähnlich, so beispielsweise, dass eine „ständige, wahrscheinlich progressive Zunahme des Sozialproduktes angenommen werden" könne, die es erlaubt „in der Sozialpolitik ‚Wechsel auf die Zukunft' auszustellen."[293] Die Erkenntnis, dass es stets einfacher ist, einen Zuwachs zu verteilen, als den Bestand umzuverteilen, leuchtete auch damals schon ein. Gassert 1956c bemerkte dazu: Da „der augenblicklich verteilbare Kuchen (...) verteilt ist" und „bei dem auf allen Seiten vorherrschenden Streben nach ‚Besitzstandswahrung' Bereitschaft, auf eigene Anteile zu verzichten, nicht als selbstverständlich angenommen werden kann (...)", werde „alles vom Wachsen des Sozialprodukts und von der Einigung über die Verteilung des Zuwachses abhängen."[294]

3.2.1.1 Wirtschaftswachstum als ‚Joker'

Schreiber wiederum entgegnete dem mit dem Hinweis, dass die dynamische Rente nicht auf Wirtschaftswachstum angewiesen sei: „Der ‚Schreiber-Plan' z. B. funktioniert genau so gut, wenn die Arbeitseinkommen aus irgendeinem Grund nicht weiter wachsen sollten. In diesem Fall bleiben nach der dynamischen Rentenformel auch die Renten auf gleicher Höhe."[295] Diese Aussage war für sich genommen durchaus zutreffend. Denn da nach Schreibers Vorstellungen die Rentenzahlbeträge an die Lohnentwicklung gekoppelt sein sollten, hätte ein

---

[291] Thalheim/Mackenroth/Albrecht 1952, S. 46-47; ähnlich auch bei Lepinski 1952, S. 369.
[292] Vgl. Schreiber 1955, S. 19.
[293] t.z. 1956, S. 177.
[294] Gassert 1956c, S. 71-72.
[295] Schreiber 1956, S. 75.

Verharren der Arbeitseinkommen tatsächlich einen Stillstand auch bei der Rentenanpassung bewirkt. Dennoch griff diese Argumentation aus zwei Gründen zu kurz.

Erstens sollten nun einmal die Löhne der Maßstab für die Rentenanpassung sein und nicht das Wirtschaftswachstum. Schreiber unterstellte also, dass sich die Löhne prinzipiell parallel zur Wirtschaftskraft entwickeln würden. Ob dies aber der Fall ist, hängt maßgeblich von den Verhandlungen der Tarifparteien ab und ist jedenfalls kein Automatismus. Soweit die Löhne stärker steigen als die Wirtschaftskraft, ziehen sie die Renten gewissermaßen hinter sich her. Dies allerdings ist ein wirtschaftspolitisches Problem und keines der Rentenfinanzen und wurde auch sehr kontrovers als Gefahr für den Geldwert diskutiert.[296]

Zweitens und vor allem aber legt diese Argumentation eine ‚neutralen Rolle‘ des Wirtschaftswachstums zugrunde. Damit ist folgendes gemeint: Unterstellt man, dass sich die Renten über den Umweg der Löhne tatsächlich an der Entwicklung der Wirtschaftskraft orientieren, so heben sich Wirtschaftswachstum beziehungsweise Lohnsteigerungen auf der einen und Anstieg der Rentenzahlbeträge auf der anderen Seite gegenseitig auf. Dieses Argument ist auch häufig genannt worden, um damit zu begründen, dass sich die künftigen Rahmenbedingungen der Rentenversicherung entweder durchaus zuverlässig voraussagen lassen oder – wo dies nicht der Fall ist – eine Prognose aufgrund dieses ‚Nullsummenspiels‘ auch nicht nötig sei.[297] Dies setzt jedoch voraus, dass eine Zunahme der Wirtschaftskraft und damit der zur Verfügung stehenden Verteilungsmasse auch tatsächlich nur für sich genommen *berücksichtigt*, nicht aber mit Blick auf andere Rahmenbedingungen *einkalkuliert* wird. Wie jedoch bereits die eingangs angeführten Zitate andeuten, ist genau das in vielfältiger Weise geschehen. Wirtschaftswachstum wurde geradezu zum ‚Joker‘, um eine mögliche, für die Rentenfinanzen negative Entwicklung der übrigen Rahmenbedingungen – allen voran die Demographie – auszugleichen:

„Diese Produktionsausweitung steht zur Verfügung, um den wachsenden Anteil der alten Menschen zu versorgen, ohne daß der Lebensstandard der Erwerbstätigen zu sinken braucht. In den kommenden Jahren wird der Anteil der über 65jährigen Rentner um jährlich etwa 1,9 vH zunehmen und im Jahre 1979 seinen Höchststand erreichen. Da diese Zuwachsrate unter der veranschlagten, vermutlich zu niedrigen Steigerung des Lebensstandards liegt, sind die Zukunftsaussichten für den Alters-

---

[296] Vgl. etwa Gassert 1956c, S. 69-70. Die Inflationsangst war sehr hoch, sowohl bei Politikern als auch Teilen der Bevölkerung. Als Anfang 1958 die Rentenzahlstellen verschiedentlich frisch gedruckte Geldscheine herausgaben, „wurde es in Rentnerkreisen unruhig. Zwei schlimme Geldentwertungen hatte man schon erlebt, und man befürchtete eine dritte, wenn die Regierung immer neue Noten drucken lasse" (Hockerts 1980, S. 398-399).
[297] Vgl. etwa Mehring/Röper 1956, S. 1; Mehring 1959, S. 347.

rentner – und für den Erwerbstätigen, der nach dem Gesetz der Solidarität zwischen den Generationen für jenen die Existenzgrundlage sicherstellt – keineswegs beängstigend."[298]

Ähnlich argumentierten Hankel/Zweig 1956b: „Unter diesem Aspekt verliert übrigens auch das Problem der Überalterung der deutschen Bevölkerung an ökonomischer Bedeutung. Da wir annehmen dürfen, daß das deutsche Sozialprodukt in den kommenden 20 bis 30 Jahren um mindestens 2 vH jährlich anwächst, wird sich trotz steigender Sozialausgaben die reale Belastung der deutschen Wirtschaft verringern."[299] Schreiber selbst ist ein gutes Beispiel dafür, wie versucht wurde, die sich abzeichnende negative demographische Entwicklung durch Verweis auf das Wirtschaftswachstum zu entdramatisieren. Auf Kritik, er berücksichtige zu wenig die Demographie, reagierte er mit einer Änderung seines Plans und sah nun einen Ausgleichsfonds vor. Das zu verteilende Budget sollte dadurch reduziert werden, nämlich vom Beitragsaufkommen des jeweiligen Jahres auf den Mittelwert des Beitragsaufkommens der drei vorvergangenen Jahre.[300] Ausgehend von der Prämisse stetigen Wachstums, wären auf diese Weise die Einnahmen stets höher als die Ausgaben. Ein solches Finanzierungssystem kann jedoch nur so lange funktionieren, wie das Beitragsaufkommen tatsächlich stetig ansteigt. Bleibt es hingegen konstant, so wäre der von Schreiber erdachte (später für die Bestandsrenten auch in ähnlicher Weise umgesetzte) Ausgleichsfonds wirkungslos. Damit setzte Schreiber letztlich doch auf Wirtschaftswachstum.

Das ausdrücklich erklärte oder zumindest implizite Einkalkulieren eines fortwährenden Wachstums wurde teils scharf kritisiert: „Weder die gegenwärtige politische Lage noch die Erfahrungen der Vergangenheit sind geeignet, den Glauben an einen störungsfreien Verlauf der nächsten dreißig Jahre, der ausschließlich im Zeichen eines nicht endenden Aufschwungs steht, zu stärken."[301] Die Kritiker warfen den Befürwortern dieser Vorgehensweise daher mehr oder minder deutlich Leichtsinn vor, denn die vollkommenste Gesetzgebung über die vollkommenste Alterssicherung nütze nichts, „wenn die Wirtschaft nicht mehr in der Lage ist, das Sozialprodukt zu erarbeiten, aus dem die Mittel für diese Altersversicherung gewonnen werden müssen."[302] Eine einfache Vorausberechnung, mit welcher Wirtschaftskraft man in einigen Jahren kalkulieren könne,

---

[298] S.F. 1956, S. 3.
[299] Hankel/Zweig 1956b, S. 7-8.
[300] Hensen 1977, S. 140-141.
[301] Köhrer 1956, S. 75.
[302] Rieker 1956, S. 363. Teilweise wurde nicht nur argumentiert, die Reformbefürworter rechnete mit einem zu hohen Wachstum, sondern auch, dass durch die Reform die Wachstumskräfte geschwächt würden (vgl. Spiegelhalter 1956, S. 206).

wenn sich alles so weiter entwickle wie bisher, reiche daher nicht aus: „Es bereitet geringe Mühe, das Sozialprodukt auf dem Papier in ungefähr dem gleichen Ausmaß auf unabsehbare Zeit um jährlich 10 bis 15 % wachsen zu lassen mit der Begründung, es sei in der Vergangenheit in diesem Ausmaß gewachsen und es bestehe kein Anlaß, an der Fortsetzung dieser Entwicklung zu zweifeln. Solche Anlässe liegen in der Praxis leider vor." Gassert erläutert verschiedene Gründe aufgrund deren unklar ist, wie stark das Produktivitätswachstum in Zukunft sein wird, obwohl es genau darauf ankäme. Darüber hinaus sei steigende Produktivität nur um den Preis einer höheren Kapitalintensität zu haben. „Verantwortungsbewußte und sorgfältig wägende Wirtschaftler und Politiker werden sich vor Überschätzung und Maßlosigkeit hüten, ihre Erwartungen zügeln und sich auf einen bescheideneren Anstiegs-Koeffizienten einstellen müssen."[303] An anderer Stelle weist er darauf hin, dass es zwar für die heutige Generation verführerisch sein müsse, die steigenden Lasten auf die Zukunft abzuwälzen, dass es aber letztlich darauf ankomme, ob die nachfolgenden Generationen bereit dazu sind, diese zu tragen:

> „Der Ausweg, der dann folgenden Generation die auf ein Mehrfaches der heutigen angestiegene Alterslast ohne weiteres zu vererben, setzt voraus, daß diese Generation dazu bereit ist, das Erbe anzutreten. Deren Wille wird davon abhängen, daß die industrielle und sonstige wirtschaftliche Ausrüstung das Sozialprodukt so erhöht, daß steigende Lasten tragbar werden. (...) Die Abwälzung der Last und der Verantwortung auf die Zukunft ist für die jetzige Generation verlockend. Aber es ist noch nicht ermittelt, wieviel Selbstbetrug und Leichtfertigkeit in der Annahme steckt, der immerwährende Anstieg könne keine Unterbrechungen mehr erfahren."[304]

Insgesamt, so merkt Stolleis 2003 zutreffend an, sei deutlicher als bisher geworden, „welche politische Bedeutung dem volkswirtschaftlichen Basissatz, man könne nur verteilen, was erwirtschaftet wird, auch für die Beziehungen zwischen den Generationen zukommt, zumal in einer auf Wachstum fixierten und entsprechend verletzlichen westlichen Industriegesellschaft."[305] Auf diese Wachstumsausrichtung der Industriegesellschaft und insbesondere auf die bereits angedeutete Annahme einer wahrscheinlich „progressiven" Steigerung der Wirtschaftskraft wird noch zurückzukommen sein.

---

[303] Gassert 1956b, S. 107-108.
[304] Gassert 1956c, S. 71-72; ähnlich auch Köhrer 1956, S. 74-75.
[305] Stolleis 2003, S. 279.

3.2.1.2   Die Diskussion des Regierungsentwurfs und der Reform

Im Kabinett hatte es kurz vor der Verabschiedung des Regierungsentwurfes Bedenken gegeben, „was geschehn solle, ‚wenn das Sozialprodukt zurückginge'? Auch diesem besorgten Einwand schenkte Adenauer, von der ‚ratio des Zueinem-Ergebnis-Kommens' bestimmt, jetzt nicht mehr viel Beachtung. ‚Man müsse nach vorwärts blicken und nicht nach rückwärts'; man könne bei einer ‚so grundlegenden Regelung nicht jede wirtschaftspolitische Eventualität berücksichtigen'. Und dann verwies er warnend auf die konkurrierende SPD-Initiative."[306] Auch dies verdeutlicht, dass Bedenken hinsichtlich sich möglicherweise ungünstig entwickelnder Rahmenbedingungen gerade auch mit Blick auf die politische Konkurrenz zurückgestellt wurden. Im Gesetzentwurf selbst werden zu dem erwartenden Wirtschaftswachstum keine Angaben gemacht, sondern wird lediglich auf der Ausgabenseite bei der zu erwartenden Höhe der künftig zu zahlenden Renten eine Zunahme des durchschnittlichen Bruttoarbeitsverdienstes aller Versicherten von 2% jährlich zugrunde gelegt.[307] Gleichzeitig rechnete die Bundesregierung mit einer erheblichen Steigerung der Beitragseinnahmen,[308] die unter anderen Gassert 1956a scharf kritisierte. Die künftige Entwicklung werde „manchem Leser den Atem verschlagen":

> „Auf welchen Unterlagen die Einnahmeentwicklung errechnet ist, ist unbekannt. Ein Anstieg auf mehr als 300 % der Ausgangsbeträge im Ablauf von 30 Jahren würde im arithmetischen Mittel ein Wachstum um 6,5 % jährlich bedeuten. Ein solcher auf ungefähr 270 % entspricht einem arithmetischen Mittel von fast 6 %. Das erscheint selbst für die an Ausnahmeverhältnisse gewöhnte Gegenwart überreichlich. Vielleicht folgt eine Erklärung oder Rechtfertigung der Annahmen noch nach. Auch wenn von den Zahlen von 1957 ausgegangen würde, verbliebe ein Anstieg bei den Ausgaben auf rund das Doppelte, also um etwa 3% im Jahresmittel, bei den Beitragseinnahmen auf 210 %, also um mehr als 3,6% im Jahresmittel. Auch diese Zahlen sind selbst für diejenigen hoch, die ein jährliches Wachstum des Sozialprodukts um je 2 bis 2,5 % für wahrscheinlich halten."[309]

An dieser Stelle ist die Kritik von Gassert aus mehreren Gründen unbegründet. Zunächst erscheint es von vornherein nicht angebracht, den erheblichen Einnahmen- wie auch Ausgabensprung im ersten Jahr der Reform 1957 mit in diese langfristige Berechnung (bis 1986) einzubeziehen und daraus einen wenig aussagekräftigen Mittelwert zum jährlichen Wachstumsbedarf zu errechnen. Wie

---

[306] Hockerts 1980, S. 347-348.
[307] Deutscher Bundestag 1956, Drs. 2437, S. 94.
[308] Deutscher Bundestag 1956, Drs. 2437, S. 98-99.
[309] Gassert 1956a, S. 210.

Gassert selbst darstellt, fällt der Anstieg weitaus geringer aus, wenn als Ausgangsjahr anstelle von 1956 das Jahr 1957 genommen wird. Dann sinkt die Steigerung der Gesamtausgaben vom 3,4fachen auf das 2fache.[310] Gassert formulierte etwas missverständlich, die Bundesregierung kalkuliere mit einer Steigerung der Beitragseinnahmen *auf* 210%. Soweit er damit einen Anstieg um das 2,1fache, also *um* 110% oder ebenfalls gut eine Verdopplung meinte, stimmt dies mit den Zahlen in der Gesetzesvorlage überein.[311] Über 30 Jahre gerechnet ergibt dies im Jahresmittel allerdings nicht 3,6%, sondern knapp 2,6%.[312]

Erklärungsbedürftig ist, dass die Bundesregierung demgegenüber zur Berechnung der späteren Rentenhöhen (also auf der Ausgabenseite) nur mit einer Steigerung der Bruttolöhne um 2% p.a. kalkulierte: Zum einen ging die Bundesregierung ausweislich der den Berechnungen zugrunde liegenden Versicherungstechnischen Bilanzen von 1954 davon aus, dass die Bevölkerungszahl im erwerbsfähigen Alter annähernd konstant bleibt.[313] Zum anderen kalkulierte sie erklärtermaßen damit, dass sich der Versichertenkreis proportional zur Bevölkerungszusammensetzung entwickelt.[314] Bei einer gleich bleibenden Zahl an Personen im erwerbsfähigen Alter und gleichzeitig anteilig dazu gleich bleibend großem Versichertenkreis müssten aber die absoluten Beitragseinnahmen parallel zu den Bruttoarbeitsverdiensten wachsen. Die Differenz zwischen der jährlichen Bruttolohnsteigerung um 2% und den erwarteten Einnahmezuwächsen von 2,6% kann daher nur mit einer späteren Erhöhung des Beitragssatzes erklärt werden. Tatsächlich kündigte die Bundesregierung eine Erhöhung von 14,0% auf 16,25% für die zweite und dritte 10jährige Deckungsperiode bereits in der Gesetzesvorlage selbst an.[315] Unter Berücksichtigung dieser Beitragserhöhung lassen sich die Einnahmesteigerungen nachvollziehen. Dann nämlich ist es möglich, die bis zum Jahr 1986 prognostizierten Beitragseinnahmen mit einer jährlichen Lohnsteigerung von 2% pro Jahr zu erreichen.[316] Damit lag die Bundesregierung also sogar am unteren Ende des von Gassert als realistisch bezeichneten Spielraums eines jährlichen Wachstums von 2% bis 2,5%.

---

[310] Deutscher Bundestag 1956, Drs. 2437, S. 98-99; eigene Berechnungen.

[311] Deutscher Bundestag 1956, Drs. 2437, S. 98-99; eigene Berechnungen.

[312] Hierzu ist anzumerken, dass auch die übrigen Berechnungen Gasserts teilweise fehlerbehaftet sind. So ergäbe selbst ein Anstieg *um* mehr als 300% (also das Vierfache) der Ausgangsbeträge im Ablauf von 30 Jahren im arithmetischen Mittel kein Wachstum von 6,5% jährlich, sondern von rund 4,7%.

[313] Bundesregierung der Bundesrepublik Deutschland 1955, S. 23.

[314] Deutscher Bundestag 1958, Drs. 4/568, S. 29-30.

[315] Deutscher Bundestag 1956, Drs. 2437, S. 97.

[316] eigene Berechnungen.

3.2.2 Vergleich der angenommenen mit der tatsächlichen Entwicklung

Konkrete weitere Wachstumserwartungen wurden in der Gesetzesentwurfbe-
gründung nicht genannt. Andere Autoren nennen verschiedene Wachstumsraten,
allerdings wird zumeist nur beispielhaft erwähnt, mit welchem Wachstum man
rechnen könne, ohne dies konkret in Rechenbeispielen zu berücksichtigen.
Zumeist wird von dauerhaften Prozentraten zwischen 2% und 4% gesprochen.

Nachfolgend wird dargestellt, wie sich das Wachstum tatsächlich entwickelt
hat und jeweils anhand einer 2-, 3- und 4-prozentigen Schwelle gezeigt, in
welchen Jahren es diese Schwelle um wie viel über- oder unterschritten hat. Als
Zeitraum werden auch hier in Übereinstimmung mit den in der Gesetzesent-
wurfsbegründung genannten drei Deckungsperioden die Jahre bis 1986 verglichen.

Tabelle 8: Vergleich des tatsächlichen Wachstums (real) mit einer unterstellten
2-, 3- und 4-Prozent-Schwelle 1957-1986

Jahr	tatsächliches Wachstum	oberhalb 2%-Schwelle	oberhalb 3%-Schwelle	oberhalb 4%-Schwelle
1957	+ 6,1%	+ 4,1%	+ 3,1%	+ 2,1%
1958	+ 4,4%	+ 2,4%	+ 1,4%	+ 0,4%
1959	+ 7,9%	+ 5,9%	+ 4,9%	+ 3,9%
1960	+ 8,6%	+ 6,6%	+ 5,6%	+ 4,6%
1961	+ 4,6%	+ 2,6%	+ 1,6%	+ 0,6%
1962	+ 4,7%	+ 2,7%	+ 1,7%	+ 0,7%
1963	+ 2,8%	+ 0,8%	*- 0,2%*	*- 1,2%*
1964	+ 6,7%	+ 4,7%	+ 3,7%	+ 2,7%
1965	+ 5,4%	+ 3,4%	+ 2,4%	+ 1,4%
1966	+ 2,8%	+ 0,8%	*- 0,2%*	*- 1,2%*
1967	- 0,3%	*- 2,3%*	*- 3,3%*	*- 4,3%*
1968	+ 5,4%	+ 3,4%	+ 2,4%	+ 1,4%
1969	+ 7,5%	+ 5,5%	+ 4,5%	+ 3,5%
1970	+ 5,0%	+ 3,0%	+ 2,0%	+ 1,0%
1971	+ 3,3%	+ 1,3%	+ 0,3%	*- 0,7%*
1972	+ 4,1%	+ 2,1%	+ 1,1%	+ 0,1%
1973	+ 4,6%	+ 2,6%	+ 1,6%	+ 0,6%
1974	+ 0,5%	*- 1,5%*	*- 2,5%*	*- 3,5%*
1975	- 1,0%	*- 3,0%*	*- 4,0%*	*- 5,0%*

1976	+ 5,0%	+ 3,0%	+ 2,0%	+ 1,0%
1977	+ 3,0%	+ 1,0%	0,0%	*- 1,0%*
1978	+ 3,0%	+ 1,0%	0,0%	*- 1,0%*
1979	+ 4,2%	+ 2,2%	+ 1,2%	+ 0,2%
1980	+ 1,3%	*- 0,7%*	*- 1,7%*	*- 2,7%*
1981	+ 0,1%	*- 1,9%*	*- 2,9%*	*- 3,9%*
1982	- 0,8%	*- 2,8%*	*- 3,8%*	*- 4,8%*
1983	+ 1,6%	*- 0,4%*	*- 1,4%*	*- 2,4%*
1984	+ 2,8%	+ 0,8%	*- 0,2%*	*- 1,2%*
1985	+ 2,2%	+ 0,2%	*- 0,8%*	*- 1,8%*
1986	+ 2,4%	+ 0,4%	*- 0,6%*	*- 1,6%*
In 30 Jahren wurde die Schwelle so häufig erreicht	23	18	15

Datenquelle: Statistisches Bundesamt 2002, S. 632-633; Statistisches Bundesamt 2003, S. 656-657; eigene Berechnungen.

Wie zu erkennen ist, ist innerhalb des ersten Deckungsabschnittes die 2%-Schwelle und mit einer Ausnahme auch die 3%- und 4%-Schwelle in jedem Jahr erreicht worden. In den darauf folgenden zehn Jahren wurden alle drei Schwellen ebenfalls noch in der Regel überschritten. Danach allerdings fielen die Wachstumsraten regelmäßig niedriger aus. Weiter unten wird noch darzustellen sein, warum die Wahrscheinlichkeit, eine bestimmte prozentuale Wachstumsschwelle zu überschreiten, in jedem weiteren Jahrzehnt sinkt. Zunächst einmal ist jedoch festzuhalten, dass die Wachstumserwartungen zumindest innerhalb der auf 1957 folgenden zwanzig Jahre in der Regel erfüllt worden sind. Ähnlich fällt das Ergebnis bei den Bruttolohnsteigerungen aus und zwar auch, wenn die preisbereinigten betrachtet werden:

Tabelle 9:   Vergleich der tatsächlichen Lohnsteigerungen (real) mit einer unterstellten 2-, 3- und 4-Prozent-Schwelle 1957-1986

Jahr	tatsächliche Lohnsteigerung	oberhalb 2%-Schwelle	oberhalb 3%-Schwelle	oberhalb 4%-Schwelle
1957	+ 4,0%	+ 2,0%	+ 1,0%	+ 0,0%
1958	+ 4,0%	+ 2,0%	+ 1,0%	+ 0,0%
1959	+ 3,9%	+ 1,9%	+ 0,9%	*- 0,1%*
1960	+ 5,9%	+ 3,9%	+ 2,9%	+ 1,9%

1961	+ 5,6%	+ 3,6%	+ 2,6%	+ 1,6%
1962	+ 5,3%	+ 3,3%	+ 2,3%	+ 1,3%
1963	+ 2,7%	+ 0,7%	- 0,3%	- 1,3%
1964	+ 5,3%	+ 3,3%	+ 2,3%	+ 1,3%
1965	+ 5,8%	+ 3,8%	+ 2,8%	+ 1,8%
1966	+ 4,3%	+ 2,3%	+ 1,3%	+ 0,3%
1967	+ 1,7%	- 0,3%	- 1,3%	- 2,3%
1968	+ 4,3%	+ 2,3%	+ 1,3%	+ 0,3%
1969	+ 5,4%	+ 3,4%	+ 2,4%	+ 1,4%
1970	k. A.	k. A.	k. A.	k. A.
1971	+ 4,2%	+ 2,2%	+ 1,2%	+ 0,2%
1972	+ 4,3%	+ 2,3%	+ 1,3%	+ 0,3%
1973	+ 5,0%	+ 3,0%	+ 2,0%	+ 1,0%
1974	+ 4,0%	+ 2,0%	+ 1,0%	+ 0,0%
1975	+ 1,5%	- 0,5%	- 1,5%	- 2,5%
1976	+ 4,1%	+ 2,1%	+ 1,1%	+ 0,1%
1977	+ 2,9%	+ 0,9%	- 0,1%	- 1,1%
1978	+ 1,1%	- 0,9%	- 1,9%	- 2,9%
1979	+ 2,0%	- 0,0%	- 1,0%	- 2,0%
1980	+ 2,0%	- 0,0%	- 1,0%	- 2,0%
1981	+ 0,3%	- 1,7%	- 2,7%	- 3,7%
1982	- 1,0%	- 3,0%	- 4,0%	- 5,0%
1983	- 0,1%	- 2,1%	- 3,1%	- 4,1%
1984	+ 1,0%	- 1,0%	- 2,0%	- 3,0%
1985	+ 0,1%	- 1,9%	- 2,9%	- 3,9%
1986	- 0,1%	- 2,1%	- 3,1%	- 4,1%
In 30 Jahren wurde die Schwelle so häufig erreicht	19	17	16

Datenquelle: Statistisches Bundesamt 2007, Tab. 1.12; eigene Berechnungen.

Die Lohnsteigerungen lagen wie das Wirtschaftswachstum in den beiden ersten Deckungsabschnitten in fast allen Jahren deutlich oberhalb dieser Grenze. In den letzten zehn betrachteten Jahren hingegen erreichten sie in der Regel nicht einmal mehr die 2%-Schwelle.

Wie angesprochen, ist langfristig gesehen für die Rentenfinanzierung entscheidend, inwieweit die Löhne gleichmäßig am Volkseinkommen partizipieren und daher – wie Schreiber es formulierte – als die neuen „Königseinkommen" bezeichnet werden können. Betrachtet man die bereinigte, also Veränderungen in der Beschäftigungsstruktur ausgleichende Lohnquote so zeigt sich, dass diese tatsächlich zunächst anstieg und bis Mitte der 1960er bei etwa 68% konstant blieb, um dann nach einem kurzen Einbruch 1968 noch einmal deutlich auf einen Höchstwert von 71,4% in 1974 anzusteigen. Seit Mitte der 1970er Jahre hingegen ist die Lohnquote deutlich gefallen und lag am Ende des berücksichtigten Zeitraums, also 1986, bei nur noch 66,6%.[317]

3.2.3 Zusammenfassung

Wilfrid Schreiber hat argumentiert, sein Konzept einer dynamischen Rente sei nicht auf Wirtschaftswachstum angewiesen, da die Renten nur dann steigen, wenn auch das Lohnniveau zunimmt. Diese Argumentation geht allerdings davon aus, dass das Rentensystem eine Steigerung der zur Verfügung stehenden Verteilungsmasse nur berücksichtigt, nicht aber bereits einkalkuliert. Die Diskussionen im Vorfeld der Rentenreform haben jedoch gezeigt, dass alle Seiten einschließlich der Regierung davon ausgingen, dass die ‚Rentenlast' demographiebedingt ansteigen werde. Uneinigkeit existierte lediglich darüber, wie stark dieser Anstieg ausfallen werde. In diesem Zusammenhang wurde das zu erwartende andauernde Wirtschaftswachstum regelmäßig angeführt und argumentiert, dass trotz steigender Sozialausgaben die Belastung sinken werde. Auch Schreiber selbst begegnete den Vorwürfen, er berücksichtige zu wenig die Demographie, mit seinem „Ausgleichsfonds", dessen Funktionalität von ständig wachsenden Löhnen abhängt. Kritiker hingegen warnten davor, auf fortwährendes Wachstum zu bauen. Auch im Bundeskabinett selbst gab es Stimmen, die ähnlich vor unrealistischen Wachstumserwartungen warnten, deren Bedenken jedoch auch mit Blick auf die politische Konkurrenz unberücksichtigt blieben.

Auf der anderen Seite erscheint manche Kritik, die an der erwarteten Einnahmenentwicklung ansetzte, als überzogen und beruhte teils auch ihrerseits auf falschen Berechnungen. Die in der Gesetzesvorlage der Bundesregierung angegebenen Zahlen lassen sich – wenn die im zweiten und dritten Jahrzehnt nach der Reform geplante Beitragssatzsteigerung einkalkuliert wird – rechnerisch nachvollziehen. Die Bundesregierung unterstellte eine Bruttolohnsteigerung von 2% pro Jahr, eine Annahme, die für die damaligen Zeiten eher bescheiden zu nennen

---

[317] Statistisches Bundesamt 2009d, Tab. 9.7.

ist. Der Vergleich mit der tatsächlichen Entwicklung hat gezeigt, dass insbesondere die 2%-Schwelle innerhalb der ersten zwei Jahrzehnte durchaus realistisch gewesen war und zumeist sogar deutlich überschritten wurde. Inwieweit diese ausgesprochen ‚konservative' Schätzung der Bundesregierung allerdings positiv angerechnet werden kann, ist fraglich. Nicht ohne Grund erscheint die Bezifferung der Bruttolohnsteigerung von 2% jährlich auf der Ausgabenseite im Zusammenhang mit den voraussichtlich später zu zahlenden Rentenbeträgen. Höhere Lohnsteigerungen hätten auch zu entsprechend höheren Ausgaben geführt; bereits das Ausmaß der auf dieser Grundlage errechneten Ausgabensteigerungen stieß bei Kritikern auf Widerstand und wurde als „atemberaubend" bezeichnet. Möglicherweise wollte die Bundesregierung also durch eine bewusst sehr niedrig angesetzte Lohnentwicklung vermeiden, in ihrer Kalkulation noch höhere Beträge zu erreichen. In den späteren Versicherungstechnischen Bilanzen, die Anhaltspunkte für die künftigen Einnahmen lieferten, legte die Regierung ihren Projektionen hingegen jährliche Lohnsteigerungen zwischen 3% und 6% zugrunde.[318] Diese Zuwächse wurden allerdings immer seltener erreicht, was sich seit Mitte der 1970er Jahre auch in einer gesunkenen Lohnquote niederschlug. Knapp zwanzig Jahre nach der Rentenreform 1957 setzte also eine *Verengung* der Finanzierungsgrundlagen der Rentenversicherung auf einen kleineren Teil des Volkseinkommens ein.

3.3 Die Entwicklung weiterer Rahmenbedingungen

Die Entwicklung der weiteren angenommenen Rahmenbedingungen kann vergleichsweise knapp abgehandelt werden. Grund dafür ist nicht deren vernachlässigbare Bedeutung als vielmehr, dass sowohl Annahme wie auch tatsächliche Entwicklung wenig Spielraum für Differenzierungen lassen. So wurde beispielsweise hinsichtlich der Arbeitslosigkeit entweder von Vollbeschäftigung ausgegangen oder aber diese Annahme kritisiert ohne jedoch etwa aus Sicht der Kritiker realistischere Arbeitslosenquoten zu nennen.

3.3.1 Die Arbeitslosigkeit

Vollbeschäftigung wurde „in mehrfacher Hinsicht [als] eine der Voraussetzungen eines wirksamen Systems sozialer Sicherung" bezeichnet.[319] Die Diskussio-

---

[318] Deutscher Bundestag 1962, Drs. 4/640, S. 10; Bundesregierung der Bundesrepublik Deutschland 1965a, S. 377-378.
[319] Auerbach 1957, S. 24.

nen dazu hielten sich in Grenzen, zumal die Arbeitslosigkeit fortwährend im Sinken begriffen war und sich bereits im Gegenteil ein Mangel an Arbeitskräften abzuzeichnen begann. Dies unterscheidet den Faktor ‚Arbeitslosigkeit' auch grundlegend von den übrigen bislang genannten Rahmenbedingungen: Während beispielsweise hinsichtlich der Demographie viele Fakten dafür sprachen, dass sich diese in naher Zukunft zu ungunsten der Rentenversicherung entwickeln würde, war Arbeitslosigkeit in der Tat kein akutes Problem. Der Gesetzentwurf macht dazu auch keine Angaben, faktisch aber orientierte sich die Rentenversicherung am Leitbild der Vollbeschäftigung. Dennoch gab es gerade auch zu Hochzeiten des so genannten ‚Wirtschaftswunders' Stimmen, die in dieser Hinsicht zur Vorsicht mahnten. So formulierte beispielsweise Anfang der 1960er Jahre Theodor Blank, Bundesminister für Arbeit und Sozialordnung, im Bundestag:

„(...) mögen auch die einzelnen Annahmen, von denen wir ausgegangen sind, so oder so kritisiert werden können, eine ist hier überhaupt nicht behandelt worden: Wir sind davon ausgegangen, daß wir für die nächsten Jahrzehnte, den derzeitigen Stand der Vollbeschäftigung hätten. Wer, meine Damen und Herren, weiß das denn! Und wer von uns weiß nicht, daß, wenn nur ein einziges Mal, in einem einzigen Jahre, was Gott verhüten möge – wir wissen doch alle, daß es auch Dinge gibt, die wir gar nicht in der Hand haben, die von außen her auf die Entwicklung einwirken können – die bisherige Vollbeschäftigung sich abschwächen würde, schon das ganze finanzielle Gebäude sehr fragwürdig würde."[320]

Als nach Ende des ersten Deckungsabschnitts tatsächlich die Arbeitslosigkeit anstieg, wurde auf den damit verbundenen Einnahmeausfall in Höhe von 1,5 bis 2 Mrd. DM im laufenden Jahr hingewiesen.[321]

Entwickelt hat sich die Arbeitslosigkeit wie folgt (als Zeitraum wurde hier, wie bei den anderen Rahmenbedingungen, der der ersten drei Jahrzehnte nach der Rentenreform gewählt):

Tabelle 10: Arbeitslosenquote der Bundesrepublik zwischen 1957 und 1986 (in Prozent)

Jahr	Arbeitslosen-Quote [a)]	Jahr	Arbeitslosen-Quote [a)]	Jahr	Arbeitslosen-Quote [a)]
1957	3,7	1967	2,1	1977	4,5
1958	3,7	1968	1,5	1978	4,3
1959	2,6	1969	0,9	1979	3,8

---

[320] Deutscher Bundestag 1962, Plenarprotokoll, S. 2142.
[321] Vgl. Die "Zweite Aktualisierung" der Bilanzen, 1967, S. 58.

1960	1,3	1970	0,7	1980	*3,8*
1961	0,8	1971	0,8	1981	*5,5*
1962	0,7	1972	1,1	1982	*7,5*
1963	0,8	1973	1,2	1983	*9,1*
1964	0,8	1974	2,6	1984	*9,1*
1965	0,7	1975	*4,7*	1985	*9,3*
1966	0,7	1976	*4,6*	1986	*9,0*

[a)] Vollbeschäftigung definiert als Arbeitslosenquote von höchstens 3%, höhere Quoten hervorgehoben.

Datenquelle: Statistisches Bundesamt 2007, Tab. 2.10; Gabler-Wirtschaftslexikon, S. 2363.

Auch im Zustand der Vollbeschäftigung gibt es noch friktionelle Arbeitslosigkeit, hierfür besteht aber keine fest definierte Arbeitslosenquote. In den 1960er Jahren wurde sie aus nachvollziehbaren Gründen niedriger angesetzt als heute. Legt man eine Quote von 3% zugrunde, so herrschte zwischen 1959 und 1974 Vollbeschäftigung, danach hingegen in keinem einzigen Jahr mehr.

3.3.2 Die Beitragsdichte

Die *Beitragsdichte* ist das Verhältnis der anrechenbaren Versicherungsjahre zur gesamten Versicherungsdauer vom erstmaligen Eintritt in die Versicherung bis zum Eintritt des Versicherungsfalles. Die Beitragsdichte ist von Bedeutung, weil sie die spätere Höhe der durchschnittlichen Rente wesentlich mitbestimmt und damit auch, welche Ausgaben hierdurch für die Rentenversicherung entstehen. Die Bundesregierung hat für den Zeitraum bis 1986 als durchschnittliche Beitragsdichte für männliche Arbeiter und Angestellte 79% angenommen sowie für weibliche Arbeiter 56% und für weibliche Angestellte 63%.[322] Heubeck 1957 hingegen ging in einem Gutachten für das Bundesfinanzministerium – das der Rentenreform ablehnend gegenüberstand – von einer deutlichen höheren Beitragsdichte aus und zwar für männliche Versicherte 90% sowie für weibliche Arbeiter 70% und für weibliche Angestellte 80%.[323]

Die tatsächliche Entwicklung der Beitragsdichte lässt sich laut Auskunft der Deutschen Rentenversicherung Bund (DRV) insbesondere über einen längeren Zeitraum aufgrund methodischer und definitorischer Unterschiede nur begrenzt

---

[322] Deutscher Bundestag 1956, Drs. 2437, S. 94.
[323] Vgl. Heubeck 1957, S. 357.

nachvollziehen.[324] Aus von der DRV zur Verfügung gestellten Dokumenten lässt sich allerdings zumindest näherungsweise errechnen, dass die Bundesregierung die Beitragsdichte insbesondere der Frauen tatsächlich etwas unterschätzt hat, jedoch lange nicht so stark wie von Heubeck angenommen.[325]

3.4 Die Entwicklung der Rentenfinanzen

Bevor am Ende dieses Unterkapitels auch auf die *langfristige* Entwicklung der Rentenfinanzen selbst eingegangen wird, soll zunächst anhand deren Entwicklung im Anschluss an die Reform analysiert werden, ob die Finanzierung zumindest *kurzfristig* gesichert war oder ob es Anzeichen dafür gibt, dass sich Kompromisse auf der Erwartungsebene bereits in kurzer Zeit negativ auf die Verlässlichkeit des Systems auswirkten. Dies könnte als wichtiges Indiz für die These eines sich selbst bedingenden Reformbedarfs gesehen werden. Zumindest soweit konjunkturell bedingte Rückschläge ausgeschlossen werden können, sind nämlich sonstige makroökonomische oder auch soziale Verschiebungen wie beispielsweise der Strukturwandel oder Veränderungen in der Bevölkerungszusammensetzung als wesentliche Ursache zu verneinen: Insbesondere die demographischen Rahmenbedingungen waren im unmittelbaren Anschluss an die Rentenreform 1957 weitgehend unverändert und hätten, zumal diese typischerweise sehr langsam vonstatten gehen, zu keinen kurzfristig auftretenden Problemen führen dürfen. Ähnliches gilt hier für den Strukturwandel.

3.4.1 Die Entwicklung der Rentenfinanzen im Anschluss an die Reform 1957

Auch wenn für die Überprüfung der These insbesondere diejenigen Kompromisse relevant sind, die durch gemeinsame, überoptimistische Einschätzungen der künftigen Rahmenbedingungen herbeigeführt werden konnten oder zumindest erleichtert wurden, spielen auch solche eine Rolle, die auf einem unterschiedlichen Erwartungshorizont hinsichtlich der Auswirkungen der beschlossenen Gesetze beruhten. Hervorzuheben ist in diesem Zusammenhang die so genannte halbautomatische Anpassung, also die automatische Anpassung der Neurenten in Kombination mit einer ‚manuellen' Anpassung – durch ein jährlich zu verabschiedendes Gesetz – der Bestandsrenten. Wie dargestellt, hatten die Befürworter angenommen, dass dies in der Praxis auf eine Lohnbindung hinauslaufen würde,

---

[324] Kaldybajewa 15.12.2009.
[325] Berechnet für die Zugangsjahre 1970 und 1980 anhand von Datenmaterial der DRV zur Zusammensetzung von durchschnittlichen Versicherungsjahren bei den Rentenzugängen.

die Gegner hingegen, dass man so eine Lohnbindung der laufenden Renten werde unterbinden können. Davon aber war stark abhängig, wie sich die Rentenausgaben entwickeln würden.

Bereits früh hatte sich gezeigt, dass die Erwartung der Automatikbefürworter die zutreffende war. Eine unterschiedliche Anpassung einerseits der Bestands- und andererseits der Neurentner wäre zwar rechtlich möglich, politisch aber ausgesprochen schwierig durchsetzbar gewesen. Ein immer stärkeres Auseinanderlaufen von Bestands- und Neurenten hätte zu immer stärkerem politischen Gegendruck geführt. Diesem, im Gesetz gewissermaßen bereits angelegten Druck, hätte sich eine Regierung kaum auf Dauer widersetzen können. Bereits der Umstand, dass die Bestandsrenten jeweils mit einem Jahr Verzögerung und dann regelmäßig nicht rückwirkend angepasst wurden, führte zu unterschiedlichen Rentensteigerungen und diese wiederum – wie nachfolgend gezeigt werden wird – zu Diskussionen, die sich Jahr für Jahr wiederholten, wenn die Frage der Rentenanpassung im Raum stand. Schon im Jahr 1958 war absehbar, dass „die Altrenten in allen folgenden Jahren in dem Umfange, wie die Neurenten gestiegen sind, angepaßt werden (...)" würden.[326] Legte man dies allerdings bei der Berechnung der Ausgabenentwicklung zugrunde, so erschien die Finanzlage der Rentenversicherung im ersten Deckungsabschnitt (1957-1967), kaum dass die Reform verabschiedet war, bereits gefährdet. Eine zuverlässige Schätzung war zunächst nicht möglich, „weil Unterlagen für eine exakte Beurteilung der Gesamtsituation nach der Reform noch fehlen."[327] Diese Unterlagen – insbesondere in Gestalt der ersten *Versicherungstechnischen Bilanzen* nach der Reform – würden, wie sich später herausstellen sollte, noch lange auf sich warten lassen: Die Bilanzen des Jahres 1959 wurden mit einer Verzögerung von dreieinhalb Jahren, nämlich erst im September 1962 vorgelegt.

Doch auch ohne diese Daten war deutlich, dass sich die Finanzen voraussichtlich weitaus ungünstiger entwickeln würden, als von der Regierung zuvor unterstellt worden war.[328] Das bereits erwähnte Gutachten von Versicherungsmathematikern hatte vorgerechnet, dass – ausgehend von einer jährlichen Lohnsteigerung um 4% – eine Anpassung der laufenden Renten entsprechend der allgemeinen Bemessungsgrundlage dazu führen werde, dass die Ausgaben die Einnahmen erstmals 1962 übersteigen würden. Auch die gesetzlich vorgeschriebene Vermögensrücklage werde erstmals im Jahr 1962 unterschritten werden. Ende 1966 werde das Vermögen nur noch 6 Mrd. DM betragen und damit die Finanzen ein Defizit von 12 Mrd. DM aufweisen.[329]

---

[326] Elsholz 1958, S. 320; ähnlich auch N.N. 1959, S. 281 und Schreiber 1963, S. 41.
[327] Wagnitz 1958, S. 352.
[328] Vgl. N.N. 1959, S. 281.
[329] Mehring 1958, S. 350-351.

Bei der Begutachtung der Rentenfinanzen spielten neben den Versicherungstechnischen Bilanzen insbesondere die *Sozialberichte* und die *Gutachten
des Sozialbeirats* eine wichtige Rolle. Die Gutachten des Sozialbeirats sind von
besonderem Interesse, weil es sich bei diesem um ein weitgehend regierungs-
unabhängiges Gremium handelt. Zwar haben die Institutionen, die dessen Mitglieder stellen, zweifelsohne eigene Interessen, doch dieser Umstand wird in
zweierlei Hinsicht relativiert. Erstens war und ist der Sozialbeirat pluralistisch
besetzt: So entsenden laut §§ 1274, 1275 RVO (i.d.F.v. 23.02.1957) die drei
Rentenversicherungszweige (RV der Arbeiter, der Angestellten sowie
knappschaftliche Rentenversicherung) jeweils einen von den Versicherten und
einen von den Arbeitgebern bestimmten Vertreter. Weitere drei Vertreter der
Sozial- und Wirtschaftswissenschaften werden von der Bundesregierung nach
Anhörung der Hochschulrektorenkonferenz ernannt. Die Bank deutscher Länder
(später die Deutsche Bundesbank) entsendet ebenfalls einen Vertreter.[330] Zumindest soweit der Sozialbeirat seine Gutachten und Empfehlungen daher einstimmig verabschiedet hat, können diese als relativ ausgewogen betrachtet werden.
Obgleich die Sozialbeiratsmitglieder nur für jeweils vier Jahre berufen werden,
blieben sie oftmals über einen längeren Zeitraum im Amt. Dies gilt insbesondere
für die von der Bundesregierung berufenen drei Wissenschaftler. So war *Walter
Bogs* von 1958 bis 1978 im Amt, *Helmut Meinhold* von 1959 bis 1987 und *Paul
Braess* von 1959 bis zu seinem Tod 1973.[331] Daher kann zweitens von einer
gewissen Kontinuität auch über wechselnde Regierungen hinweg gesprochen
werden.

3.4.1.1 Sozialberichte 1958-1961

Als Teil der Rentenreform war eine zusätzliche jährliche Berichterstattungs-
pflicht der Bundesregierung eingeführt worden. Diese hat gemäß § 1273 RVO
beziehungsweise § 50 AVG den gesetzgebenden Körperschaften des Bundes
„über die Finanzlage der Rentenversicherung der Arbeiter, die Entwicklung der
wirtschaftlichen Leistungsfähigkeit und der Produktivität sowie die Veränderungen des Volkseinkommens je Erwerbstätigen in dem voraufgegangenen Kalenderjahr zu berichten, das Gutachten des Sozialbeirates vorzulegen und Vorschläge für die nach § 1272 zu treffenden Maßnahmen zu machen." Während die
Versicherungstechnischen Bilanzen einen langen Zeitraum von drei Jahrzehnten
umfassten und den Gesetzgeber unter anderem dabei unterstützen sollten, die

---

[330] Später wurde der Sozialbeirat noch ergänzt um je einen Arbeitnehmer- und Arbeitgebervertreter
aus der Gesetzlichen Unfallversicherung.
[331] www.sozialbeirat.de.

notwendige künftige Höhe des Beitragssatzes für den zehnjährigen Deckungsabschnitt zu bestimmen, betrachteten die Sozialberichte einen nur kurzen Zeitraum von wenigen Jahren und sollten bei der jährlichen Anpassung der Bestandsrenten beraten. Die gemeinsam mit dem Sozialbericht vorzulegenden Gutachten des Sozialbeirats enthielten ebenfalls eine kurze Analyse der wirtschaftlichen Situation und der Rentenfinanzen sowie einen darauf beruhenden Vorschlag zur Rentenanpassung.

Bemerkenswerter Weise fielen die Sozialberichte vom ersten Jahr der Reform an ausgesprochen negativ aus und wurde darin bereits die Finanzierung der unmittelbar nächsten Jahre sehr kritisch beurteilt. Schon der Sozialbericht 1958 beschrieb zwar die aktuelle Lage durchweg positiv, doch die „Vorausschätzungen über die Entwicklung der Finanzlage der gesetzlichen Rentenversicherungen zeigen ein wesentlich ungünstigeres Bild."[332] Der Bericht enthielt unterschiedliche Szenarien hinsichtlich der Anpassung der Bestandsrenten. Ausgehend von der Annahme, dass die Bestandsrenten ab 1959 jährlich entsprechend der allgemeinen Bemessungsgrundlage des Vorjahres angepasst werden, würde bis zum Ende des ersten Deckungsabschnitts im Jahr 1966 das Vermögen der Arbeiterrentenversicherung (ArV) von 8.179 Mio. auf schätzungsweise 6.150 Mrd., das der Angestelltenversicherung (AnV) von 3.593 Mio. auf 89 Mio. sinken.[333] Würden die Renten hingegen bereits ab 1958 und jeweils entsprechend der Bemessungsgrundlage des *laufenden* Jahres angepasst, also tatsächlich parallel zu den Neurenten, so fiele die Entwicklung laut des Sozialberichts noch weit ungünstiger aus. In diesem Fall rechnete die Regierung mit einem Absinken des Vermögens bis Ende 1966 auf 1.215 Mio. DM in der ArV, die AnV würde sogar ein Minus von 2.504 Mio. DM aufweisen.[334]

Der Bundesregierung erschienen beide Szenarien als bedenklich, dies galt natürlich insbesondere für das zweite: Auch wenn die im Jahr 1958 anstehende Entscheidung nur die Frage betreffe, „ob eine Anpassung der laufenden Renten an die Veränderung der allgemeinen Bemessungsgrundlage des Jahres 1958 gegenüber derjenigen des Jahres 1957 erfolgen soll", hielt es die Regierung dennoch für geboten, „diese Entscheidung nicht zu fällen, ohne die zu erwartende Entwicklung in den folgenden Jahren zu beachten." Zu diesem Zeitpunkt ging die Bundesregierung noch davon aus, dass zum 1. Januar des folgenden Jahres die Versicherungstechnischen Bilanzen vorliegen würden, die „ein sichereres Urteil über die zukünftige Finanzlage der gesetzlichen Rentenversicherungen ermöglichen, als es Vorausschätzungen auf Grund der zur Zeit vorhandenen

---

[332] Deutscher Bundestag 1958, Drs. 4/568, S. 33.
[333] Deutscher Bundestag 1958, Drs. 4/568, S. 39-40.
[334] Deutscher Bundestag 1958, Drs. 4/568, S. 37-38.

Unterlagen zulassen."[335] Dennoch hielt sie in Übereinstimmung mit dem Sozial-beirat eine nicht-rückwirkende Anpassung der laufenden Renten entsprechend der Bemessungsgrundlage 1958 ab dem Jahr 1959 für vertretbar.[336] Sie erwartete allerdings, dass darüber hinaus bis 1966 in der ArV nur drei (also im gesamten Deckungsabschnitt insgesamt vier) und in der AnV überhaupt keine weiteren derartigen Anpassungen (also insgesamt nur eine) möglich seien, ohne dabei das gesetzlich vorgeschriebene Rücklagensoll deutlich zu unterschreiten.[337]

Während die erste Rentenanpassung von heftigen Auseinandersetzungen begleitet worden war, die schließlich sogar zu der Auflösung des Sozialbeirats führte, verlief die Diskussion um die zweite Anpassung deutlich ruhiger.[338] Der Sozialbericht 1959 kam zu einer leicht positiveren Einschätzung. Im Jahr zuvor sei die Entwicklung der Finanzlage eher zu ungünstig kalkuliert worden. Im Falle der ArV bleibe es dabei, dass drei weitere Anpassungen nach 1959 möglich seien (also weiterhin insgesamt vier), in der AnV nun (entgegen der vorherigen Annahme) immerhin eine weitere (damit insgesamt zwei).[339] Die Bundesregie-rung kam erneut zu dem Schluss, dass nach

„(...) eingehenden, alle wirtschafts-, finanz- und sozialpolitischen Umstände sehr sorgfältig abwägenden Beratungen (...) auch in diesem Jahre Entschließungen über eine Erhöhung der Leistungen aus den gesetzlichen Rentenversicherungen im Hin-blick auf die Auswirkungen in der Zukunft mit größter Vorsicht getroffen werden sollten. Dies gilt umsomehr, als (...) eine künftige alljährliche Anpassung ohne eine ins Gewicht fallende Unterschreitung des in den Rentenversicherungsgesetzen vor-gesehenen Rücklagesolls nicht erfolgen kann, wenn nicht Maßnahmen zur Verbesse-rung der Finanzlage der gesetzlichen Rentenversicherungen getroffen werden."

Der Tonfall war ähnlich zurückhaltend wie im Jahr zuvor. Und ebenfalls wie im Jahr zuvor urteilte die Regierung, dass eine nicht-rückwirkende Anpassung entsprechend der Entwicklung der Bemessungsgrundlage zu verantworten sei.[340] Der Sozialbeirat sprach sich ebenfalls für die vorgeschlagene Anpassung aus, allerdings nur mehrheitlich mit 6 zu 10 Stimmen, nachdem abweichende Vor-schläge sowohl in Richtung auf eine stärkere wie auch eine geringere oder gar keine Anpassung hin keine Mehrheiten gefunden hatten. Für eine Anpassung wurden (neben wirtschaftspolitischen) sozialpolitische Argumente angeführt, insbesondere der Hinweis, dass selbst eine um ein Jahr verzögerte Anhebung die

---

[335] Deutscher Bundestag 1958, Drs. 4/568, S. 33-34.
[336] Vgl. Deutscher Bundestag 1958, Drs. 4/568, S. 34.
[337] Deutscher Bundestag 1958, Drs. 4/568, S. 43-44.
[338] Vgl. N.N. 1959, S. 281.
[339] Deutscher Bundestag 1959, Drs. 1255, S. 31.
[340] Vgl. Deutscher Bundestag 1959, Drs. 1255, S. 33-34.

Schere zwischen Bestands- und Neurenten nicht beseitigen könne. „Die ernstesten Bedenken im Hinblick auf die Anpassung ergeben sich aus ihrer Wirkung auf die Finanzlage der Rentenversicherungen."[341] Zwar sei die Lage noch nicht so, dass die Anpassung zu unmittelbarem Rückgriff auf das Vermögen der Rentenversicherung zwinge. Dennoch, so formulierte der Sozialbeirat beinahe alarmierend, mache

> „(...) das vorliegende Material deutlich, daß fortlaufende Anpassungen voraussichtlich schon in einigen Jahren die Finanzlage der Rentenversicherungen so beeinträchtigen würden, daß ohne weitere Maßnahmen keinesfalls die Deckungsvorschriften des § 1383 der Reichsversicherungsordnung und des § 110 des Angestelltenversicherungsgesetzes eingehalten würden. Möglicherweise kämen die sehr einschneidenden Vorschriften des § 1257 der Reichsversicherungsordnung und des § 34 des Angestelltenversicherungsgesetzes (Festlegung der Bemessungsgrundlage durch besonderes Gesetz) zum Zuge oder, sofern hierdurch die Finanzlage der Versicherungen nicht gesichert wird, würden diese in den letzten Jahren des laufenden Deckungsabschnitts gezwungen werden, ihr Vermögen in mehr oder weniger großem Umfange aufzuzehren mit allen sich daraus ergebenden Konsequenzen (Zinsausfall, Rückwirkungen auf Kapitalmarkt)."[342]

Die angesprochenen Notmaßnahmen des § 1383 RVO beziehungsweise § 110 AVG hätten in der Tat weitreichende Folgen gehabt. Dann nämlich wäre die allgemeine Bemessungsgrundlage (seit 1992 als „aktueller Rentenwert" bezeichnet) für die nächsten Jahre nicht automatisch gemäß § 1255 RVO als das durchschnittliche Bruttojahresarbeitsentgelt der vorvergangenen drei Kalenderjahre bestimmt worden, sondern diskretionär mittels besonderen Gesetzes festzulegen gewesen. Damit aber würde ein Kernelement der dynamischen Rentenversicherung – die automatische Anpassung der Neurenten – außer Kraft gesetzt. Wenngleich der Beirat mit knapper Mehrheit für eine Anpassung votierte, sah er sich daher „veranlaßt, um so dringender auf die für die nächsten Jahre vorsehbare Lage aufmerksam zu machen."[343]

1960 fiel das Resümee des Sozialberichts ähnlich aus, allerdings begann sich eine leichte Wende hin zum Positiven abzuzeichnen. Diese hing nicht damit zusammen, dass die Ausgaben weniger stark gestiegen wären als erwartet. Sogar das Gegenteil war der Fall, die Ausgaben übertrafen deutlich die Prognosen. Parallel dazu aber waren, insbesondere aufgrund der hohen Lohnzuwächse und des hohen Beschäftigungsstandes, die Einnahmen noch stärker gestiegen. In der ArV blieb es dabei, dass nunmehr nur noch zwei Anpassungen (damit insgesamt

---

[341] Deutscher Bundestag 1959, Drs. 1255, S. 36.
[342] Deutscher Bundestag 1959, Drs. 1255, S. 35-36.
[343] Deutscher Bundestag 1959, Drs. 1255, S. 35-36.

vier im gesamten Deckungsabschnitt) möglich erschienen. Die Lage der AnV hatte sich hingegen dahingehend verbessert, dass hier nun ebenfalls noch zwei Anpassungen (insgesamt vier) für tragbar gehalten wurden.[344] Auch, wenn die Finanzlage der Rentenversicherung es daher weiterhin gebiete, „Entscheidungen über eine Anpassung der laufenden Renten mit Vorsicht zu treffen, weil ohne Unterschreitung der in den Rentengesetzen vorgesehenen Rücklage nur noch zwei weitere Anpassungen möglich erscheinen (...)", war die Bundesregierung dennoch der Ansicht, dass eine nicht-rückwirkende Anpassung zu verantworten sei.[345]

Im Ergebnis stimmte dies erneut mit der Empfehlung des Sozialbeirats ü-berein. Dennoch zeugte dessen Gutachten einmal mehr von vielfältigen Bedenken. Diese waren nun auch stark konjunkturpolitischer Art, denen jedoch nur dann Rechnung getragen werden sollten, „wenn expansive Tendenzen auch auf allen übrigen Gebieten mit gleicher Härte bekämpft werden." Eine Minderheit vertrat den Standpunkt, dass sich der Beirat auf eine reine Analyse beschränken und keine Empfehlung für eine Anpassung geben sollte, denn die Rentenanpassung sei diesmal „mehr denn je eine rein politische Entscheidung". Der Beirat stand weiterhin unter dem Eindruck, dass entweder nicht in jedem Jahr bis zum Ende des Deckungsabschnitts Anpassungen möglich sein würden oder aber grundlegende Maßnahmen getroffen werden müssten – namentlich Beitragssatzerhöhungen – um die Finanzierung zu sichern. Er kritisierte sehr deutlich, dass die Versicherungstechnischen Bilanzen nach wie vor nicht zur Verfügung stünden: „Der Sozialbeirat hat bereits in seinem letzten Gutachten vorsorglich seine Bedenken angemeldet, ‚ob er im nächsten Jahr' (also jetzt) ‚ohne Vorliegen der versicherungstechnischen Bilanzen die ihm im Gesetz vorgeschriebenen Aufgaben erfüllen kann'. Diese Bedenken müssen verstärkt vorgebracht werden." Eine Minderheit hielt eine erneute Anpassung mit einer „soliden Finanzgebarung" der Rentenversicherung für nicht vereinbar und „insbesondere für bedenklich, durch eine abermalige Anpassung den Glauben an die Möglichkeit einer weiterwirkenden Automatik zu fördern." Eine Anhebung könne nur auf der Grundlage höherer Beitragssätze erfolgen, „andernfalls würden die Versicherungsträger in gefährliche Defizite geraten." Für die Mehrzahl der Beiratsmitglieder gab jedoch die tendenziell günstigere Entwicklung der Löhne und damit der Finanzlage den Ausschlag.[346]

Der Sozialbericht 1961 zeigte den sich immer stärker herauskristallisierenden Widerspruch zwischen einer kurzfristig unerwartet positiven, aber langfristig ungünstigen Finanzlage deutlich auf. Langfristig spielten insbesondere die

---

[344] Vgl. Bundesregierung der Bundesrepublik Deutschland 1960, S. 617-619.
[345] Vgl. Bundesregierung der Bundesrepublik Deutschland 1960, S. 619.
[346] Vgl. Bundesregierung der Bundesrepublik Deutschland 1960, S. 620-621.

demographischen Veränderungen eine Rolle. Damit hatte sich zwar bereits der Bericht 1959 beschäftigt, die damit verbundenen Probleme allerdings überwiegend im Zusammenhang mit den Weltkriegen gesehen, die trotz „wachsender Geburtenhäufigkeit" eine langfristige Sicherung des Alters erschwere.[347] Zwei Jahre später rückte die sich unabhängig von derartigen Katastrophen grundsätzlich verändernde Bevölkerungszusammensetzung in den Mittelpunkt. Dabei spielte das Wirtschaftswachstum erneut die Rolle eines ‚Puffers', der diese Entwicklung, so hoffte man, zumindest werde abfedern können:

> „Der auf Grund einer Zunahme der allgemeinen Sterbeziffer bei einer gleichzeitigen Zunahme der allgemeinen Geburtenziffer rückläufige Geburtenüberschuß bedeutet, daß sich auf längere Sicht das Verhältnis von Erwerbstätigen zu nicht mehr Erwerbstätigen verschlechtert und daß es daher schwieriger wird, den Lebensstandard der aus dem Arbeitsleben ausscheidenden Menschen in angemessener Weise und ohne unzumutbare Belastung der heute erwerbstätigen Generation jüngerer Menschen aufrecht zu erhalten. Die demographischen Zwangsläufigkeiten, denen sich die Bevölkerung der Bundesrepublik in den kommenden zwei Jahrzehnten gegenübergestellt sehen wird, werden zur Einhaltung der sozialpolitischen Verpflichtungen gegenüber den jeweils rentenberechtigten Jahrgängen vermutlich nicht ohne – allerdings bei weiterem wirtschaftlichen Wachstum tragbare – zusätzliche Belastungen der aktiven Generation bewältigt werden können. Diese Aufgabe wird sich um so leichter erfüllen lassen, je mehr es gelingt, die wirtschaftliche Leistungsfähigkeit der Bundesrepublik Deutschland weiterhin zu steigern."[348]

Dieser Langfristperspektive stand die Feststellung gegenüber, dass sich kurzfristig die Finanzlage der Rentenversicherung weitaus positiver darstellte als erwartet worden war. Aufgrund steigender Zahl wie auch Höhe der Renten fielen die Ausgaben höher aus als kalkuliert, doch auf der anderen Seite hatten die Einnahmen erneut noch stärker zugelegt. Zwar gebiete es daher die Finanzsituation, Entscheidungen über die Anpassung nur „mit Vorsicht" zu treffen, weil ohne Unterschreitung der Rücklage wohl nur noch zwei weitere (damit insgesamt fünf) Anpassungen möglich seien. Doch in Anbetracht der aktuellen Lage sei eine Anpassung angebracht.[349]

Der Sozialbeirat merkte erneut kritisch an, dass die Versicherungstechnischen Bilanzen nach wie vor nicht zur Verfügung stünden. Zwei der zehn Beiratsmitglieder sahen sich daher außer Stande, eine Empfehlung abzugeben, ob eine Rentenanpassung zu verantworten sei. Auch ohne Vorliegen der Bilanzen zeige sich nämlich, dass zwar kurzfristig Anpassungen möglich seien, aber

---

[347] Deutscher Bundestag 1959, Drs. 1255, S. 37.
[348] Bundesregierung der Bundesrepublik Deutschland 1961, S. 686.
[349] Vgl. Bundesregierung der Bundesrepublik Deutschland 1961, S. 697.

langfristig ohne weitere Maßnahmen die Deckungsvorschriften nicht eingehalten werden könnten. Und auch, wenn die Rentner an der allgemeinen Wohlstands-entwicklung teilhaben sollten, setze dies „bei einer auf lange Zeiträume abge-stellten Alterssicherung einigermaßen klare finanzielle Verhältnisse voraus."[350] Weitere Beiratsmitglieder formulierten ebenfalls, dass man nicht immer nur die Auswirkungen der unmittelbar anstehenden Anpassung berücksichtigen, sondern die längerfristige Entwicklung im Auge behalten müsse. Es müssten beizeiten Maßnahmen ergriffen werden, insbesondere mit Blick auf die zu erwartenden Veränderungen im Bevölkerungsaufbau. Je später man die Maßnahmen zur langfristigen Konsolidierung der Finanzlage der GRV ins Auge fasse und gleich-zeitig jährliche Anpassungen zur Übung werden lassen, um so größer könnten später die finanziellen Schwierigkeiten werden. Die Mehrheit des Beirats hinge-gen hielt dem entgegen, dass die längerfristige Sicherstellung der Finanzen nicht unbedingt bereits jetzt erörtert werden müsse, weil aufgrund der jetzt zur Debatte stehenden Anpassung keine Unterschreitung des Rücklagensolls zu erwarten sei. Die Mehrheit empfahl daher in Übereinstimmung mit der Regierung eine nicht-rückwirkende Anpassung.[351]

3.4.1.2 Die Versicherungstechnischen Bilanzen 1959

1962 wurden mit rund dreieinhalbjähriger Verzögerung die Versicherungstechni-schen Bilanzen für das Jahr 1959 vorgelegt. Die bisherigen Sozialberichte hatten ein gewisses Unbehagen der Beiratsmitglieder erkennen lassen, was denn die ersten Bilanzen bringen würden. Deren Kernaussagen dürften zumindest hin-sichtlich der Finanzierung des laufenden Deckungsabschnitts eine vorsichtige Erleichterung ausgelöst haben: Bis zur Vorlage der Bilanzen hatten die Sozialbe-richte hinsichtlich des laufenden Deckungsabschnitts stets einen „Ja, aber" – Tenor gehabt. *Ja*, die unmittelbar nächste Rentenanpassung ist möglich, *aber* dies ist (zumindest in der Angestelltenversicherung) möglicherweise die letzte, die für diesen Deckungsabschnitt noch verantwortet werden kann. Das wichtigs-te Ergebnis dieser ersten, nach der Reform erstellten Versicherungstechnischen Bilanzen war nun, dass auch bei einer alljährlichen Rentenanpassung am Ende des ersten Deckungsabschnitts das halbe Rücklagensoll wahrscheinlich nicht unterschritten werde. Diese Grenze war nicht nur psychologisch entscheidend, denn bei einem Absinken des Rücklagensolls unter 50% hätten die angesproche-nen Notmaßnahmen des § 1383 RVO beziehungsweise § 110 AVG zur Anwen-dung kommen müssen. Selbst die volle Deckung des Rücklagensolls könne

---

[350] Bundesregierung der Bundesrepublik Deutschland 1961, S. 698, 700.
[351] Vgl. Bundesregierung der Bundesrepublik Deutschland 1961, S. 698-699.

durch eine sofortige, aber vergleichsweise geringe Erhöhung des Beitragssatzes erreicht werden. Grund für die positive Entwicklung waren die immens gestiegenen Löhne und die damit unerwartet hohen Beitragseinnahmen.[352]

Die langfristige Perspektive hingegen wurde in Übereinstimmung mit den bisherigen Annahmen eher negativ beurteilt: Im zweiten Deckungsabschnitt müsste der Beitragssatz stark angehoben werden, um das volle Rücklagensoll zu erreichen – je nach Entwicklung der Entgelte und Zinsen auf 18,6% bis 20,1%. Alternativ oder zusätzlich könnte der Bundeszuschuss massiv gesteigert werden. Als Ursache für die erforderliche Anhebung wurde die demographisch bedingt steigende „Belastungsquote" genannt. Während 1960 auf 100 Pflichtversicherte 37 (Witwen-)Rentner kämen, würde deren Anteil bis in die Mitte der 1970er Jahre auf 48 zu 100 ansteigen, sich bis 1986 allerdings wieder leicht auf 46 zu 100 verbessern.[353] Wollte man weder den Beitragssatz noch den Bundeszuschuss erhöhen, so rechneten die Bilanzen vor, wäre man gezwungen, alle Renten im ersten Deckungsabschnitt um rund 5% zu kürzen, im zweiten oder dritten Deckungsabschnitt um rund 25%.[354]

Der auch hier gutachterlich zu hörende Sozialbeirat war hinsichtlich der Schlussfolgerungen gespalten. Die eine Hälfte war der Ansicht, dass der Gesetzgeber umgehend tätig werden müsse, die andere Hälfte hielt die bisherigen Ergebnisse noch nicht für ausreichend, um einschneidende Maßnahmen rechtfertigen zu können. Der Beirat insgesamt ließ offen, ob es zum Zwecke der Sanierung der Rentenfinanzen rechtlich zulässig sei, künftig auf die Rentenanpassungen ganz oder teilweise zu verzichten. In jedem Fall aber sei dies sozialpolitisch nicht vertretbar und stünde im Widerspruch mit den Zielen der Rentenreform.

---

[352] Die Berechnungen der Versicherungstechnischen Bilanzen beruhten u. a. auf folgenden Grundannahmen: Die Arbeitsentgelte steigen weiter, aber mit bis 1970 von 4% auf 3% fallenden Raten. Danach steigen sie weiter mit konstant 3%. Die Zinssätze fallen im selben Zeitraum von 5% auf 4% und bleiben danach konstant bei 4%. Die Sterblichkeit der jüngeren Männer und Frauen (unter 50 bzw. unter 60) nimmt in den nächsten 20 Jahren ab. Die Sterblichkeit der ab 50jährigen Männer bleibt konstant, die Sterblichkeit der weiblichen Einwohner ab 50 bis unter 80 Jahre sinkt zwanzig Jahre lang um 0,5% p. a., die von Frauen ab 80 Jahren bleibt konstant. Die Geburtenhäufigkeit bleibt auf dem Stand von 1957. Der Anfangswert der Sterblichkeit beruhte dabei auf Sterbetafeln von 1949/51. Die Erwerbsquote der abhängig Beschäftigten insgesamt steigt in nächsten zehn Jahren um 2,5%. Die Renten werden jährlich entsprechend der Änderung des Vorjahres angepasst (vgl. Deutscher Bundestag 1962, Drs. 4/640, S. 10-13).

[353] Deutscher Bundestag 1962, Drs. 4/640, S. 64.

[354] Vgl. Deutscher Bundestag 1962, Drs. 4/640, S. 6-7. Betont wurde bei allen Berechnungen stets, dass die Bilanzen die Rahmenbedingungen nicht exakt voraussagen könnten, sondern lediglich feststellen, falls „sich die Arbeitsentgelte, der Zinssatz, der Beschäftigungsgrad, die Anzahl der Einwohner,... in der angenommenen Weise entwickeln, dann wird die finanzielle Entwicklung in der gesetzlichen Rentenversicherung in der und der Weise verlaufen" (Deutscher Bundestag 1962, Drs. 4/640, S. 5).

Eine Erhöhung des Beitragssatzes sei allerdings absehbar und diese Erhöhung müsse umso stärker ausfallen, je später sie vorgenommen werde.[355]
Die Reaktionen auf die Bilanzen fielen unterschiedlich aus. *Theodor Blank*, der federführende Bundesminister für Arbeit und Sozialordnung, äußerte im Bundestag:

> „Die Entwicklung der Beitragseinnahmen ist – ich stelle es mit Freude fest – auch diesmal wieder günstiger verlaufen, als in unseren Vorausschätzungen angenommen wurde. Die Gründe sind: einmal die Erhöhung der Löhne und Gehälter, zum anderen der Zuwachs an Beitragszahlern durch die wachsende Zahl der ausländischen Arbeiter. (...) Die Bedeutung der Überschüsse der letzten Jahre, so erfreut wir darüber sind, darf jedoch nicht überschätzt werden. (...) Die Finanzlage der gesetzlichen Rentenversicherung wird aber nicht nur durch die derzeitigen Kassenüberschüsse bestimmt, sondern auch durch die künftige Entwicklung der Ausgaben und der Einnahmen. (...) Der künftigen Bevölkerungsentwicklung entsprechend werden die Ausgaben der Rentenversicherung, die zur Zeit noch kleiner als die Einnahmen sind, wesentlich stärker anwachsen als die Einnahmen. Für die nächsten Deckungsabschnitte werden sich also ernsthafte Finanzierungsprobleme für die gesetzliche Rentenversicherung ergeben. Davor darf man die Augen nicht verschließen."[356]

Die Opposition warf der Bundesregierung nicht nur vor, dass die Bilanzen aufgrund methodischer Mängel wenig belastbar seien,[357] sondern zudem, dass die Regierung die Finanzentwicklung in den vergangenen Jahren stets zu negativ eingeschätzt habe. Dementsprechend sei auch auf die Sozialberichte wenig Verlass gewesen. So formulierte *Ernst Schellenberg* von der SPD:

> „Es ist auch unbestritten, daß die Bundesregierung die Finanzentwicklung – sie sagt, für kurzfristige Zeiträume – stets negativer beurteilt hat als wir Sozialdemokraten. (...) Bei diesem ersten, und zwar eingehendsten Sozialbericht, den wir bisher erhalten haben, wurde von der Bundesregierung erklärt, daß, abgesehen von der vorgeschlagenen Anpassung für die Rentenversicherung der Arbeiter, noch höchstens drei und für die Angestelltenversicherung aber nur höchstens eine weitere Anpassung möglich seien. Bei jedem weiteren Sozialbericht mußte dann die Bundesregierung ihre Vorausrechnungen korrigieren. Sie korrigierte bei jedem weiteren Bericht ihre Vorausberechnung dahin, daß jeweils noch eine Anpassung für ein weiteres Jahr möglich sei, und zwar vom ersten bis jetzt zum 5. Rentenanpassungsgesetz und Sozialbericht. Meine Damen und Herren, ich muß sagen, das ist ein Spiel, das sich alljährlich wiederholt hat. Ich muß diesen Ausdruck deshalb gebrauchen, weil man hätte erwarten sollen, daß die Regierung, nachdem sie sich einmal, zweimal, dreimal in

---

[355] Vgl. Deutscher Bundestag 1962, Drs. 4/640, S. 158-159.
[356] Deutscher Bundestag 1962, Plenarprotokoll, S. 2121-2122, 2124.
[357] Vgl. Deutscher Bundestag 1962, Plenarprotokoll, S. 2125-2127.

den Vorausschätzungen geirrt hat, daraus bei den weiteren Berichten doch die erforderlichen Konsequenzen zieht. Sie hat sich aber selbst in die Lage gebracht, im nächsten Jahr immer wieder erklären zu müssen: Wir haben uns doch in der Vorausberechnung verkalkuliert. Meine Damen und Herren, das ist eine schlechte Praxis, denn die Vorausberechnungen sollen der Wirklichkeit doch möglichst nahekommen."[358]

Insbesondere habe die Regierung es nun versäumt, Medienberichten entgegenzutreten, die sich angesichts der Versicherungstechnischen Bilanzen um die Zukunft der Rentenfinanzen sorgten:

> „Was schrieben große deutsche Tageszeitungen, was sagt der Rundfunk? Da heißt es in den Überschriften: ‚Das Rentendilemma' – ‚Rentendynamik zwingt zu höheren Beiträgen' – ‚Niedrigere Renten oder höhere Zuschüsse?' – ‚Vor einer Erhöhung der Rentenbeiträge' – ‚Auf dem Wege zum Rentnerstaat' – ‚Schon 1967 reicht das Geld für Ihre Renten nicht mehr' usw. Wenn das in jeden Haushalt gelangt, dann hat doch die Bundesregierung die Verpflichtung, ein Wort zu solchen Auswirkungen der Bilanzen zu sagen. Das hat sie unterlassen, und das war ein schweres Verschulden."[359]

Auch, wenn die Bilanzen daher einerseits zeigten, dass die unmittelbare Finanzierung der Renten sichergestellt war, waren sie offensichtlich nicht geeignet, das Vertrauen in das langfristig angelegte System zu befördern.

3.4.1.3 Sozialberichte 1962-1965

Die Sozialberichte ab 1962 fielen hinsichtlich der kurzfristigen Entwicklung deutlich positiver aus als zuvor. Dabei spielten weiterhin insbesondere die unerwartet stark ansteigenden Löhne eine entscheidende Rolle. Der Sozialbericht 1962 wies darauf hin, dass die Beiträge in den vergangenen drei Jahren um rund 12% jährlich zugenommen hatten. „Diese Mehreinnahmen lagen erheblich über den Schätzungsansätzen der Vorjahre und waren vor allem durch die ungewöhnlich starke Steigerung der beitragspflichtigen Arbeitsentgelte der Versicherten und die erneute kräftige Zunahme der Beschäftigung im Berichtsjahr bedingt."[360] Dementsprechend stellten die Berichte 1962, 1963 und 1964 jeweils wortgleich fest: „Besonders bemerkenswert ist der starke Anstieg der Beitragseinnahmen."[361] Auch der Sozialbericht 1965 wiederholte dies sinngemäß.[362] Die uner-

---

[358] Deutscher Bundestag 1962, Plenarprotokoll, S. 2125.
[359] Deutscher Bundestag 1962, Plenarprotokoll, S. 2141.
[360] Deutscher Bundestag 1962, Drs. 4/641, S. 33.
[361] Deutscher Bundestag 1962, Drs. 4/641, S. 29; Bundesregierung der Bundesrepublik Deutschland

wartet hohen Einnahmen überspielten somit weiter die ebenfalls unerwartet stark ansteigenden, aber gleichwohl dahinter zurückbleibenden Ausgaben, welche vor allem durch die höhere Zahl an Rentenberechtigten und zugleich im Schnitt höhere Renten verursacht wurden.[363] Auch die Vorausschau fiel nun mutiger aus: Das im Bundestag kritisierte jährliche ,Aufstocken' der noch zu erwartenden Rentenanpassung um jeweils ein weiteres Jahr, wie es in den vorherigen Sozialberichten der Fall gewesen war, wurde nun nicht mehr praktiziert. Bereits 1962 zeigte sich, dass selbst bei jährlichen Anpassungen bis zum Ende der laufenden Deckungsperiode das Rücklagensoll voraussichtlich nicht um mehr als die Hälfte und damit nicht die kritische Marke für die gesetzlich vorgeschriebenen Notmaßnahmen unterschritten werden würde.[364] In den darauf folgenden Jahren wurde die Prognose, zu welchem Teil das Rücksoll erfüllt werden würde, stets nach oben korrigiert (siehe Tabelle 11).[365]

Der Sozialbeirat kritisierte regelmäßig, dass infolge der zeitverzögerten Anpassung die Höhe der Bestands- und Neurenten auseinander falle:[366] „Der Beirat ist sich darüber einig, daß die unterschiedliche Behandlung von Neurenten und Bestandsrenten durch die verzögerte Anpassung der Letzteren sozialpolitisch nicht gerechtfertigt ist."[367] Gleichwohl konnte sich der Beirat in keinem der Jahre auf eine Empfehlung zur nachholenden Anpassung einigen. Die Renten insgesamt blieben aufgrund der Mittelwertbildung der allgemeinen Bemessungsgrundlage hinter der Lohnentwicklung zurück. Auch deshalb entwickelte sich die Finanzlage zunächst derart positiv. Bereits 1962 wies der Beirat darauf hin, dass sich dies jedoch bald nachteilig auswirken könne, wenn die Lohnentwicklung abflache und die Bemessungsgrundlage ihrerseits beschleunigt ansteige.[368] Ein Jahr später setzte diese Entwicklung auch tatsächlich ein[369] und 1964 stellte der Beirat fest: „Zusammen mit der im Gesetz vorgesehenen nachhinkenden Berechnungsmethode für die Bemessungsgrundlage liegt in dieser einjährigen Verzögerung der Grund dafür, warum in diesem Jahr die zur Diskussion stehende Anpas-

---

1963, S. 659; Bundesregierung der Bundesrepublik Deutschland 1964, S. 714.
[362] Bundesregierung der Bundesrepublik Deutschland 1965b, S. 900.
[363] Vgl. Deutscher Bundestag 1962, Drs. 4/641, S. 29; Bundesregierung der Bundesrepublik Deutschland 1963, S. 659; Bundesregierung der Bundesrepublik Deutschland 1964, S. 710; Bundesregierung der Bundesrepublik Deutschland 1965b, S. 900.
[364] Vgl. Deutscher Bundestag 1962, Drs. 4/641, S. 34.
[365] Vgl. Bundesregierung der Bundesrepublik Deutschland 1963, S. 662; Bundesregierung der Bundesrepublik Deutschland 1964, S. 713; Bundesregierung der Bundesrepublik Deutschland 1965b, S. 900.
[366] Vgl. Deutscher Bundestag 1962, Drs. 4/641, S. 36; Bundesregierung der Bundesrepublik Deutschland 1963, S. 668; Bundesregierung der Bundesrepublik Deutschland 1964, S. 718.
[367] Bundesregierung der Bundesrepublik Deutschland 1964, S. 718.
[368] Deutscher Bundestag 1962, Drs. 4/641, S. 36.
[369] Vgl. Bundesregierung der Bundesrepublik Deutschland 1963, S. 665.

sung mit 9,4 v. H. höher ist als sie in den vergangenen Jahren war und voraussichtlich in den nächsten Jahren sein wird: Der Verzögerung ist es zuzuschreiben, daß die starken Lohnsteigerungen der Jahre 1960 bis 1962 gegenüber den jeweiligen Vorjahren erst jetzt für die Anpassungsentscheidung wirksam werden."[370] Die Renten stiegen infolgedessen deutlich stärker als die übrigen Einkommen. Dies aber sei ein „Nachholvorgang, der sich aus der Konstruktion der Bemessungsgrundlage mit ihrer Anknüpfung an die Einkommensentwicklung vergangener Jahre ergibt."[371] Tatsächlich waren die Löhne seit 1957 um 82% gestiegen, das allgemeine Rentenniveau hingegen um 57%. „Diese in einem Zeitraum von nur acht Jahren vollbrachte sozialpolitische Leistung hat zwar den Lebensstandard der Rentenempfänger nachhaltig angehoben und ihre wirtschaftliche Position gefestigt; sie hat indessen nicht verhindern können, daß in der gegenwärtigen konjunkturellen Aufschwungsphase der Bundesrepublik die Erhöhung des Rentenniveaus hinter dem Zuwachs der Löhne und Gehälter zurückbleibt."[372]

Tabelle 11: Die erwartete Erfüllung des Rücklagensolls in Prozent nach den Sozialberichten 1961 bis 1965

	Ursprüngliche Vorausbe-rechnung im Sozialbericht 1961	Berichtigte Vorausbe-rechnung im Sozial-bericht 1962	Berichtigte Vorausbe-rechnung im Sozial-bericht 1963	Berichtigte Vorausbe-rechnung im Sozial-bericht 1964	Berichtigte Vorausbe-rechnung im Sozial-bericht 1965
Rechnung A[a)]					
ArV	74%	82%	89%	91%	93%
AnV	85%	91%	96%	100%	130%
Rechnung B[b)]					
ArV	59%	65%	77%	84%	89%
AnV	70%	74%	84%	92%	123%

[a)] Annahme: Das Bruttodurchschnittsentgelt steigt jährlich um 6 v. H.

[b)] Annahme: Das Bruttodurchschnittsentgelt steigt von 1961 auf 1962 um 4 v. H., 1962 auf 1963 um 3,9 v. H., 1963 auf 1964 um 3,8 v. H., von 1964 auf 1965 um 3,7 v. H. und von 1965 auf 1966 um 3,6 v. H.

Datenquelle: Bundestags-Drs. 4/641, S. 34; Bundesregierung der Bundesrepublik Deutschland 1964, S. 712-713; Bundesregierung der Bundesrepublik Deutschland 1965b, S. 898.

---

[370] Bundesregierung der Bundesrepublik Deutschland 1964, S. 717.
[371] Bundesregierung der Bundesrepublik Deutschland 1964, S. 718.
[372] Bundesregierung der Bundesrepublik Deutschland 1965b, S. 869.

Die längerfristige Perspektive hingegen sah der Sozialbeirat weiterhin skeptisch. Beständig wies er darauf hin, dass trotz Geburtenüberschüsse der Anteil älterer Menschen zunehme, weshalb die „Einhaltung der sozialpolitischen Verpflichtungen gegenüber den jeweils rentenberechtigten Jahrgängen nicht ohne zusätzliche Belastungen der aktiven Generation zu bewältigen sein wird." [373] In jedem Gutachten seit 1962 gab der Beirat daher zu bedenken, dass es möglicherweise sinnvoll sei, den Beitragssatz nicht erst im nächsten Deckungsabschnitt, sondern sofort anzuheben.[374] Der Tonfall wurde dabei zunehmend dringlicher. 1963 und 1964 gab der Beirat seine Empfehlung zur Rentenanpassung ausdrücklich in Verbindung mit der Empfehlung ab, zugleich den Beitragssatz zu erhöhen: „Der Vorschlag einer Anpassung um 9,4 v. H. ohne Verbindung mit anderen konjunkturpolitischen Maßnahmen, wie z. B. einer Beitragserhöhung, fand im Beirat nicht die erforderliche Mehrheit."[375]

Nachdem 1965, wiederum mit deutlicher Verzögerung, die Versicherungstechnischen Bilanzen 1961 und 1963 erschienen waren, wurde der Ton wieder etwas zurückhaltender. Deren Ergebnisse fielen günstiger aus als die der drei Jahre zuvor erschienenen Versicherungstechnischen Bilanzen 1959.[376] Dennoch empfahl der Beirat erneut, den Beitragssatz bereits zum darauf folgenden Jahr anzuheben.[377] In keinem der Fälle stimmte die Bundesregierung dieser Empfehlung zu, denn sie vertrat „die Auffassung, daß auf der Grundlage der finanziellen Entwicklung bei den Trägern der gesetzlichen Rentenversicherungen die von ihr vorgeschlagene und auch von der Mehrheit des Sozialbeirats empfohlene (...) Rentenanpassung (...) eine Beitragserhöhung nicht erforderlich macht und auch bei weiteren Anpassungen im laufenden Deckungsabschnitt Maßnahmen zur Verbesserung der Finanzlage der gesetzlichen Rentenversicherungen nicht erforderlich sein werden."[378] Die 1965 veröffentlichten Bilanzen stellten sich allerdings bereits nach kurzer Zeit als unzutreffend heraus und mussten bis 1967 zweimal korrigiert werden: „Während das Bundesarbeitsministerium ursprünglich der Ansicht war, daß mit einem Beitragssatz von 15 Prozent ab 1. Januar 1968 und von 16 Prozent ab 1. Januar 1970 der für Ende 1966 erwartete Vermögensstand von 27,5 Milliarden DM im wesentlichen zu halten sei, hat die zweite

---

[373] Deutscher Bundestag 1962, Drs. 4/641, S. 6; ähnlich Bundesregierung der Bundesrepublik Deutschland 1963, S. 670 und Bundesregierung der Bundesrepublik Deutschland 1964, S. 719-720.

[374] Vgl. Deutscher Bundestag 1962, Drs. 4/641, S. 36; Bundesregierung der Bundesrepublik Deutschland 1963, S. 664; Bundesregierung der Bundesrepublik Deutschland 1964, S. 718.

[375] Bundesregierung der Bundesrepublik Deutschland 1964, S. 718, ähnlich Bundesregierung der Bundesrepublik Deutschland 1963, S. 667.

[376] Vgl. Bundesregierung der Bundesrepublik Deutschland 1965a, S. 377-378.

[377] Bundesregierung der Bundesrepublik Deutschland 1965b, S. 902-904.

[378] Bundesregierung der Bundesrepublik Deutschland 1963, S. 664-665, ähnlich Bundesregierung der Bundesrepublik Deutschland 1964, S. 716.

Aktualisierung der Bilanzen ergeben, daß bei der geplanten Beitragskorrektur bis 1970 ein Defizit von vier Milliarden DM entstehen würde."[379]
Im Zusammenhang mit der künftig steigenden Belastungsquote wurde erneut auf das Wirtschaftswachstum verwiesen: Die verlängerte Lebenserwartung stelle zwar eine Herausforderung „hohen Ranges" dar, die allerdings „um so leichter angenommen werden kann, je mehr es gelingt, die wirtschaftliche Leistungsfähigkeit in der Bundesrepublik Deutschland weiterhin zu steigern und den volkswirtschaftlichen Wachstumsprozeß zu stabilisieren."[380]

3.4.1.4   Die Diskussion um die Entwicklung der Rentenfinanzen

Die Finanzen der Rentenversicherung waren Gegenstand vielfältiger Diskussionen. Hierbei ist zwischen einer kurzfristigen und einer langfristigen Perspektive zu unterscheiden. Mehring 1959 forderte bereits kurz nach Einführung der dynamischen Rente eine Reform der Rentenreform, die seiner Ansicht nach wegen der Diskrepanz „zwischen sozialem Wollen und finanziellem Können" unvermeidbar sein werde:

> „Seit der Rentenreform sind mehr als zwei Jahre vergangen. Betrachtet man ihre sichtbaren finanziellen Auswirkungen, so könnte man meinen, es sei alles gut verlaufen; zumindest besser, als viele ungünstige Prognosen vorhergesagt hatten. (...) Dieser günstige erste Eindruck trügt leider. Bei einer Rentenversicherung hat man nämlich den ungewöhnlichen Tatbestand, daß ein Versicherter für Beiträge, die heute zahlt, Leistungen erst Jahrzehnte später erhält. Wenn man sich daher von der Finanzlage der gesetzlichen Rentenversicherung ein Bild machen will, genügt es nicht festzustellen, ob die Leistungsansprüche der heutigen Rentner erfüllt werden können, vielmehr muß man in erster Linie prüfen, ob die durch heutige Beitragszahlungen erworbenen, künftig zu erfüllenden Leistungsansprüche der Versicherten finanziell sichergestellt sind. (...) Man kann somit nicht von den heutigen Jahresüberschüssen auf eine günstige Gesamtlage schließen."[381]

Für die Gegenwart sei noch mit Überschüssen zu rechnen, doch bereits der Sozialbericht 1959 habe gezeigt, dass der Rentenbestand stärker zugenommen habe, als erwartet. „Ein derartiges Überschreiten der Soll-Rentenzahlen ist inzwischen für die Berichte über die gesetzliche Rentenversicherung geradezu chronisch geworden."[382]

---

[379] Die "Zweite Aktualisierung" der Bilanzen, 1967, S. 57.
[380] Deutscher Bundestag 1962, Drs. 4/641, S. 6.
[381] Mehring 1959, S. 346.
[382] Mehring 1959, S. 347.

Lesca 1959 kritisierte, dass sich bereits kurz nach dem Inkrafttreten der Reform eine Entwicklung der Finanzlage abzeichne, die dazu führt, dass die Rücklagen am Ende des ersten Deckungsabschnitts unterschritten würden. Da jedoch keine wirtschaftlichen Notlagen eingetreten seien, wurden entweder die Leistungen zu hoch, die Beiträge und Zuschüsse zu niedrig oder die Deckungsbestimmungen falsch gesetzt. Daraus wiederum ergebe sich, dass auch die Notmaßnahmen des Gesetzes auf diesen Fall nicht angewendet werden könnten. „Die Störung kommt somit nicht von außen, sondern aus den dem Gesetz zugrunde liegenden Vorausberechnungen selbst." Häufig werde nun – auch seitens der Bundesregierung – vorgeschlagen, auf die jährliche Rentenanpassung zumindest teilweise zu verzichten. Dies sei zwar im Einzelfall möglich, aber die Regierung könne dies nicht als Ausweg aus dem finanziellen Notstand vorschlagen. Denn: „Die Ursache der Finanzkrise liegt nicht im wirtschaftlichen, sondern in der unrichtigen Vorausschätzung der Einnahmen und Ausgaben." Es dürfe daher nicht nur Ad-hoc-Maßnahmen geben. Lesca forderte vielmehr, den Deckungsabschnitt vorzeitig zu beenden und aufgrund der bisherigen Erfahrungen einen neuen zu beginnen, in dem realistische Zahlen und ein dementsprechend realistischer Beitragssatz zugrunde gelegt werden.[383]

Wagnitz 1960b stellte ähnlich fest, es habe jedes Jahr einen Überschuss gegeben, doch der „wurde von Jahr zu Jahr immer kleiner. Die Einnahme der einzelnen Jahre wurde vom Bedarf des jeweiligen folgenden Jahres überflügelt. Die Rentenversicherung befindet sich demnach in einer Episode, in welcher ausgesprochen ‚von der Hand in den Mund gewirtschaftet' wird. Es wird für den Tag, aber nicht für die Zukunft gewirtschaftet."[384] Die Bundesregierung und der Gesetzgeber hätten sich hinsichtlich der Kosten der Rentenversicherung in einem solch enormen Ausmaß verkalkuliert, dass dies sogar die Kritiker des Regierungsentwurfs überrascht habe.[385] Insbesondere merkte er an, dass die Verbesserung der Einnahmen auch die Ausgaben der Rentenkasse in Zukunft erhöhe, denn deren „Schuld ist an ihre Einnahmen gekettet." Die Forderungen der Rentner würden steigen, sowohl nach der Zahl der Forderer als auch nach der Höhe ihrer Forderungen.[386] Wagnitz zielte mit seiner Kritik somit auf eine nur kurzfristig planende und handelnde Verteilungspolitik:

> „Das Wachstum der Rentner hält etwa 15 bis 20 Jahre an und steigert sich vermutlich noch. Das heißt: nicht einmal die Fälligkeiten des nächsten Jahres sind gedeckt. Die entstehenden Defizite werden durch Vorgriffe auf erwartete spätere Einnahmen

---

[383] Vgl. Lesca 1959, S. 318.
[384] Wagnitz 1960a, S. 293-294.
[385] Vgl. Wagnitz 1960b, S. 325.
[386] Vgl. Wagnitz 1960b, S. 327.

der nächsten Zukunft bezahlt. Und diese Vorgriffe werden immer wiederholt. Die Defizite werden von Jahr zu Jahr weitergeschoben bis in eine dunkle Zukunft. Ob, wann, wie oder von wem sie ausgeglichen werden, ist eine mehr als nur offene Frage. (...) Über die Fälligkeiten der Zukunft wird geschwiegen. Das Verschweigen ist jedoch keine Lösung. Dadurch wird das Verschweigen der Tatsachen nicht besser, die Lösung wird jedoch schwerer."[387]

Als 1962 die ersten Versicherungstechnischen Bilanzen nach der Reform erschienen und von einer zwar günstigen kurzfristigen, aber ungünstigen langfristigen Entwicklung ausgingen, wurde dies als Bestätigung der bisherigen Kritik verstanden. Rehbach 1962 formulierte: „Die Bilanzen enthüllen keine Sensationen. Sie überraschen unangenehm nur diejenigen, die sich aus unzureichender Kenntnis des Systems und der Fakten unserer Rentenversicherung Illusionen gemacht haben."[388] Sie bestätigten im Wesentlichen, dass sich das Verhältnis von Rentnern und Beitragszahlern ungünstig verschiebe und dass der Regierungsentwurf für die nächsten Deckungsabschnitte von zu niedrigen Beitragssätzen ausgegangen sei. Der Hinweis, die Finanzlage der Rentenversicherung habe sich in den letzten Jahren immer günstiger entwickelt als angenommen, wurde als oberflächlich bezeichnet. Diese Argumentation nämlich verkenne, dass die positive Entwicklung auf die unerwartet stark gestiegenen Löhne und auf die zeitlich verzögerte Anpassung der Bemessungsgrundlage zurückzuführen sei. Darüber hinaus wurde darauf hingewiesen, dass die Beiträge ausländischer Arbeitnehmer die Einnahmen erhöht hatten, ohne dass dem bislang nennenswerte Rentenansprüche gegenüberstanden. Und auch der Flüchtlingsstrom habe seinen Teil dazu beigetragen, die Verschlechterung der Altersstruktur zu bremsen.[389]

In den darauf folgenden Jahren stand, nun da die kurzfristige Finanzierung als gesichert gesehen wurde, die langfristige Entwicklung im Vordergrund. Der Überschuss der Rentenversicherung werde laufend abnehmen und schließlich in ein Defizit umschlagen. Im zweiten und dritten Deckungsabschnitt werde es dann aufgrund „der merklich verändernden Altersschichtung der Bevölkerung" und wegen des sich ausweitenden Versichertenkreises zu ernsthaften Finanzierungsschwierigkeiten kommen.[390] Gerade diese Ausweitung machte Sachs 1964 Sorgen, denn die 1957 zu versorgenden Rentner entstammten aus einer Zeit, als lediglich 57% der Bevölkerung rentenversichert gewesen war. Mittlerweile war jedoch infolge der Ausweitung des Versichertenkreises ein viel größerer Teil der Bevölkerung beitragspflichtig. Dies führte natürlich aktuell zu einem nur vorü-

---

[387] Wagnitz 1960b, S. 326.
[388] Rehbach 1962, S. 154.
[389] Vgl. Rehbach 1962, S. 154-155.
[390] Vgl. Hedtkamp 1964, S. 179-180; Sachs 1964, S. 177-178.

bergehend äußerst komfortablen Beitragszahler-Rentner-Verhältnis. Sachs rechnete vor, wie sich zwangsläufig die Belastung zeitversetzt deutlich erhöhen würde:

> „In der Theorie beruht der jetzige Aufbau unserer staatlichen Rentenversicherung auf dem sog. Generationenvertrag: Jede Generation habe für die Alten und Arbeitsunfähigen zu sorgen, die aus vorhergehenden Generationen stammen. Das leuchtet an sich ein, obwohl es solange, wie sich der Anteil der Alten und Berufsunfähigen an der Gesamtbevölkerung erhöht, natürlich ein Steigen der Belastung der Berufstätigen nach sich zieht. Es wird aber bereits problematisch, wenn man bedenkt, daß in dem Zeitpunkt, in dem dieser Generationenvertrag ‚abgeschlossen' wurde, d. h. 1957, etwa 75 % der Bevölkerung für die Rentner zu sorgen hatten, die aus nur 57 % der Bevölkerung stammten, während in absehbarer Zeit diese beiden Verhältniszahlen beide annähernd 80% betragen werden, was allein zu einem Steigen der Belastung der einzelnen Arbeitsfähigen etwa im Verhältnis von 80/80 zu 57/75, also um etwa ein Drittel führt.[391]

Als besonders bemerkenswert kann wohl gelten, dass *Wilfrid Schreiber* selbst im Jahr 1963 in einem gleichnamigen Aufsatz eine „Reform der Rentenreform" forderte. Es zeigten sich nun etliche Schwächen, die bereits 1957 erkennbar waren, andere und zugleich weniger schwerwiegende habe die praktische Erfahrung gezeigt:

> „Ganz besonders zwingt uns der Umstand zum Nachdenken, daß die – heute wie schon damals – voraussehbaren Veränderungen der Altersstruktur der versicherten Bevölkerung in den nächsten zwanzig Jahren die Rechnungs-Grundlagen der Rentenversicherung sehr spürbar verändern und eine Nivellierung der Gesetze nahelegen werden. (...) Diese bevorstehenden Finanzierungsschwierigkeiten waren auch schon 1956 bekannt, sie sind keineswegs eine jähe Überraschung, die ein Versagen des neuen Rentensystems enthüllt. Ich hatte in Voraussicht dieser Schwierigkeiten schon 1955/56 dringend davor gewarnt, in den Finanzierungsplan von vornherein einen Staatszuschuß einzukalkulieren; der Rückgriff auf den Staatshaushalt (ohnehin mehr ein Trugbild als eine wirkliche Entlastung der Beitragszahler) sollte nach meinem Konzept als Notnagel für die kritische Periode der Überalterung in Reserve gehalten werden. Das ist leider nicht geschehen."[392]

Gleichwohl hielt Schreiber weiterhin daran fest, dass es sich bei der Entwicklung um eine „Anomalie" handele und nur um eine „kritische Periode". Auch als die neuen Versicherungstechnischen Bilanzen im Jahr 1965 zu dem Ergebnis kamen, die Beitragssätze müssten nicht so stark angehoben werden wie noch drei Jahre

---

[391] Sachs 1964, S. 178.
[392] Schreiber 1963, S. 39-40.

zuvor angenommen, blieben die Reaktionen verhalten und die Argumentation ähnlich. Zunehmend wurde dabei auf die steigende Zahl an ‚Gastarbeitern' verwiesen. So schrieb Meenzen 1965:

> „Leider ist das nur scheinbar ein günstigeres Ergebnis. Die Ursachen für diesen ‚Rechenfehler' sind schnell genannt: die Ausländerbeschäftigung und die Lohnentwicklung. Über eine Million ausländische Arbeitskräfte dürften im Jahre 1965 rund eine Milliarde DM an Beiträgen an die deutsche Rentenversicherung abführen, für die gemäß der Altersstruktur dieses Personenkreises erst in kommenden Jahrzehnten Renten zu leisten sind. Die Ausländer bringen damit der Arbeiterrentenversicherung gegenwärtig mehr ein, als was an Überschuß erwartet wird (rund 800 Millionen DM). Oder umgekehrt: ohne die Ausländer müßte die Arbeiterrentenversicherung bereits ihr Vermögen angreifen. Und dies, obwohl die Lohnentwicklung weitaus höhere Beitragseinnahmen beschert hat, als vorausgeschätzt wurden.
>
> Und damit wären wir bei der zweiten Ursache: in den Bilanzen, die zum Stichtag 1.1.1959 im September 1962 veröffentlicht wurden, wurde eine maximale Lohn- und Gehaltssteigerung von jährlich sechs Prozent angenommen. Tatsächlich aber stiegen die Bruttojahresentgelte der Versicherten um durchschnittlich 7,5 Prozent jährlich. Das bedeutet eine um 25 Prozent höhere Beitragseinnahme. Da die Renten praktisch etwa vier Jahre hinter den Löhnen herhinken, verdankt die Rentenversicherung dieser inflatorischen Aufblähung ihre ‚günstigere' Kassenlage."[393]

Ähnlich argumentierte Elsholz 1966, der erläuterte, dass sich die Finanzen aus bekannten Gründen, nämlich den hohen Lohnzuwächsen und der steigenden Zahl an Pflichtversicherten, besser entwickelt haben als noch in der Versicherungstechnischen Bilanzen 1959 (von 1962) erwartet worden war. Insbesondere „hat die große Zahl der Gastarbeiter den Versicherungsträgern 5 bis 6 Milliarden DM Mehreinnahmen erbracht."[394] Hoernigk 1965 wies darauf hin, dass diesem starken Beitragsanstieg insbesondere durch ausländische Arbeitnehmer eine große Zahl an künftigen Rentenberechtigten gegenüberstünde und rechnete vor, dass bereits bislang mit zusätzlichen künftigen Kosten in Höhe von rund 7 Mrd. DM kalkuliert werden müsse. Dabei dürfte sich „besonders ungünstig (...) auswirken, daß in der Zeit, in der die Renten gezahlt werden müssen, der Belastungsquotient (das Verhältnis zwischen der Zahl der Rentner und der der Beitragszahler) mit Sicherheit erheblich höher sein wird als zur Zeit."[395] Und auch Sachs meinte, der Vorteil, den die Gastarbeiter nun brächten, könne später zu einer Bürde werden:

---

[393] Vgl. Meenzen 1965, S. 112.
[394] Vgl. Elsholz 1966, S. 263-267.
[395] Hoernigk 1965, S. 218.

„Ob es eine kommende Generation von Gastarbeitern geben wird, die ihrerseits zur Aufbringung des Fehlenden herangezogen werden kann, ist einigermaßen zweifelhaft. Kann aber unsere eigene kommende Generation nicht mehr in ähnlichem Ausmaß wie jetzt wir Gastarbeiter beschäftigen, so muß sie das Fehlende selbst aufbringen; anders ausgedrückt, unsere kommende Generation hat dann auch für die Vorteile zu bezahlen, die wir uns durch die Beschäftigung der Gastarbeiter verschafft haben."[396]

3.4.2 Langfristiger Vergleich der angenommenen mit der tatsächlichen Entwicklung

Die Sozialberichte, die Versicherungstechnischen Bilanzen und die Diskussion zu den Rentenfinanzen während des ersten Deckungsabschnitts lassen bereits vermuten, dass sich Einnahmen und Ausgaben langfristig anders entwickelt haben, als im Regierungsentwurf angenommenen worden war. Dennoch sind die Abweichungen in ihrem Ausmaß überraschend.

Tabelle 12: Vergleich zwischen den im Gesetzesentwurf der Bundesregierung angenommenen Einnahmen (ohne Bundeszuschuss und Zinsen) und Ausgaben (ohne Rentnerkrankenversicherung, Rehabilitation, Verwaltung und sonstige Ausgaben) der Rentenversicherung (ArV u. AnV) mit der tatsächlichen Entwicklung 1956-1986 (in Mio. DM)

	Annahme Ausgaben	tatsächl. Ausgaben	Annahme Einnahmen	tatsächl. Einnahmen	Abweichung Ausgaben	Abweichung Einnahmen
1956	6.163		7.040			
1957	10.720	10.683	9.479	9.751	-37	+272
1960	11.540	13.198	10.147	11.841	+1.658	+1.694
1963	12.736	16.784	10.763	16.969	+4.048	+6.206
1966	14.159	25.257	11.444	24.311	+11.098	+12.867
1967	14.650	28.522	13.556	24.697	+13.872	+11.141
1970	16.203	38.393	14.350	42.388	+22.190	+28.038
1973	17.662	55.250	15.166	65.118	+37.588	+49.952
1976	19.118	82.990	16.135	82.653	+63.872	+66.518
1977	19.418	93.160	16.473	87.328	+73.742	+70.855
1980	20.349	109.372	17.558	111.205	+89.024	+93.647

---

[396] Sachs 1964, S. 178.

| **1983** | 21.245 | *127.769* | 18.736 | *121.112* | +106.524 | +102.376 |
| **1986** | 22.134 | *146.237* | 19.929 | *145.891* | +124.103 | +125.962 |

Datenquelle: Bundestags-Drs. 2437; Verband Deutscher Rentenversicherungsträger 1997; eigene Berechnungen.

Während die Bundesregierung davon ausging, dass die Rentenausgaben bis 1986 auf etwa 22 Mrd. DM ansteigen würde, haben sich die Ausgaben tatsächlich auf rund 146 Mrd. DM erhöht. Spiegelbildlich dazu entwickelten sich auch die Einnahmen, diese stiegen nicht, wie von der Regierung erwartet worden war, auf rund 20 Mrd. DM, sondern auf knapp 146 Mrd. DM. Zwischen 1957 und 1986 erwartete die Prognose im Gesetzesentwurf eine Ausgabensteigerung um 106%, tatsächlich sind die Ausgaben um rund 1.250% gestiegen. Die Einnahmen wiederum sind im selben Zeitraum nicht, wie angenommen, um 110% gestiegen, sondern um knapp 1.400%.

Bei der Höhe der Abweichungen spielt natürlich die spätere Rentenreform 1972, auf die unten eingegangen werden wird, eine wichtige Rolle. Gleichwohl zeigen die starken Differenzen schon während der Jahre vor der Reform, dass diese nicht die Ursache für die starken Abweichungen gewesen ist, sondern sie lediglich verstärkt hat.

3.5 Zwischenfazit

Der Vergleich der unterstellten mit der tatsächlichen Entwicklung hat gezeigt, dass teilweise von zu optimistischen Rahmenbedingungen ausgegangen worden ist. Das Gesetz trug daher eigentlich – kaum verabschiedet – schon die Notwendigkeit zur weiteren Reform in sich:

> „Noch wurde von keiner Seite behauptet, dieses Gesetz werde für Generationen Bestand haben. Das aber wäre der entscheidende Gradmesser für seine Güte. Es wirkt infolge der Natur seiner Materie über Generationen. Es trifft zur gleichen Zeit die 15jährigen und die Achtzig oder Neunzigjährigen. Es müßte daher dem Grundsatz der Beitragsgerechtigkeit über Generationen hinweg Rechnung tragen. Daran aber denkt die schnellebige und zu Änderungen blitzschnell bereite heutige Zeit nicht. Sie hat kaum Verständnis dafür, daß die Frage nach der Dauerhaftigkeit mit dem Unterton des Zweifels überhaupt gestellt werden könnte. Sie ist gerade auf sozialpolitischem Gebiet daran gewöhnt, daß Novellen zur Änderung eines Gesetzes vorbereitet werden, ehe noch die Durchführungsverordnungen auch nur im Rohentwurf skizziert worden sind."[397]

---

[397] Gassert 1957, S. 42.

Bereits im Vorfeld der Rentenreform wurden die zu optimistischen Annahmen vielfach bemängelt. Einige Kritiker schossen dabei zwar über das Ziel hinaus und teilweise liegt ihren Argumenten auch erkennbar eine grundsätzliche Ablehnung eines umlagefinanzierten, dynamischen Rentensystems zugrunde. Außer Frage steht jedoch, dass mögliche Schwächen der Prognosen und Annahmen bekannt waren. Beispielsweise hinsichtlich der Demographie konnte belegt werden, dass – anders als man heute vermuten könnte – schon zum damaligen Zeitpunkt erhebliche Zweifel an einer weitgehend unveränderten Sterblichkeit bestanden und man bereits auf bevölkerungswissenschaftliche Literatur aus 40 Jahren zurückgreifen konnte. Die Vielzahl der entsprechenden Beiträge, die zu Diskussionen bis hinein in das Bundeskabinett führten, zeigen, dass die Kritik an den regierungseigenen Annahmen bekannt war. Auch nach möglichen Gründen für die Fehlannahmen wurde gesucht. Zehn Jahre nach der Reform merkte Sachs 1967a dazu im Rückblick an, dass dies mit dem Gehorsam zusammenhänge, auf dem jede Verwaltungsbürokratie aufgebaut sei und der Tendenz, den notwendigen Gehorsam gegenüber dem Gesetz mit der Fügsamkeit gegenüber den jeweiligen Vorgesetzten zu verwechseln:

> „Daher werden unbequeme Wahrheiten oft möglichst lang verschwiegen, und es wird versucht, Fehler und Mißgriffe zu vertuschen. Von dieser Schwäche ist auch die deutsche Verwaltungsbürokratie nicht frei. Ein Beispiel liefert die Vorbereitung der Rentenreform 1955. Die damals veröffentlichten amtlichen Zahlen, die als Unterlage dienen sollten, enthielten grobe Fehler und sind auch sogleich von außenstehenden Kritikern als falsch bezeichnet worden. Jene Fehler kamen aber politischen Wünschen entgegen. Infolgedessen wurde ihre Richtigkeit von dem zuständigen Ministerium zunächst geradezu mit dem Mute der Verzweiflung verteidigt, und erst in späteren Jahren hat man sich schrittweise der Ansicht der Kritiker genähert. Die Folgen, die sich daraus für die Gestaltung der Rentenreform ergeben haben, waren erheblich; sie beginnen sich jetzt zu rächen, werden aber wahrscheinlich kommenden Generationen noch schwierigere Probleme stellen. Die grundsätzliche Problematik liegt freilich hier nicht darin, daß sich die Bürokratie so verhält, wie es nun einmal ihrem Wesen entspricht, sondern darin, daß man sich in Deutschland – anders als in den meisten anderen Ländern – der hier liegenden Gefahr nicht bewußt ist. Überall außerhalb unserer Grenzen begegnen ‚amtliche' Feststellungen einfach deswegen, weil sie amtlich sind, erhöhter Skepsis; nur in Deutschland kann man die Sätze: ‚das ist amtlich' und: ‚das ist richtig' auch heute noch als gleichbedeutend brauchen."[398]

Für die These, wonach die Vorausberechnungen der Rahmenbedingungen selbst Teil der Kompromissfindung sind und infolgedessen zu optimistisch ausfallen,

---

[398] Sachs 1967a, S. 98.

spricht besonders, dass sich die fehlerhaften Annahmen äußerst schnell offenbarten: Die Sozialberichte belegen, dass die Finanzierung der Rentenversicherung
bereits unmittelbar im Anschluss der Reform als akut gefährdet bewertet wurde.
Von einer verlässlichen Perspektive, nämlich ob die laufenden Renten in den
kommenden Jahren weiter erhöht werden könnten und falls ja, in welchem
Umfang, konnte keine Rede sein. Wie dargestellt wäre aber das mehrjährige
Aussetzen der Anpassung der Bestandsrenten politisch kaum durchsetzbar
gewesen, denn die „immanente Logik des Systems verlangt nahezu zwingend,
daß die Altrentner nicht anders behandelt werden als die Neurentner", bereits das
„einjährige Nachhinken der schon 1958 bestehenden Renten hinter den Zugangsrenten von 1959 bis 1962 wird (...) als anstößig empfunden."[399]
　　Die Rentenversicherung ‚hangelte' sich daher zunächst von Jahr zu Jahr,
denn fortwährend drohte die Unterschreitung des gesetzlich vorgeschriebenen
Mindestrücklagensolls um mehr als die Hälfte. Dies galt besonders für die
Angestelltenversicherung: Der Sozialbericht 1958 hielt mit Ausnahme der
unmittelbar anstehenden zunächst überhaupt keine weitere Anpassung bis zum
Ende des Deckungsabschnitts für möglich. In den nachfolgenden Berichten
wiederholte sich diese Prognose, allerdings jeweils um ein Jahr versetzt. Wenn
aber trotz einer überdurchschnittlich guten wirtschaftlichen Entwicklung und
dem damit verbundenen hohen Beitragsaufkommens stets das Damoklesschwert
der gesetzlich verankerten Notmaßnahmen über der Rentenversicherung schwebte und damit Maßnahmen, die eigentlich nur im Falle von äußeren Störungen zur
Anwendung kommen sollten, wurde dies seitens der Wissenschaft zu Recht als
Zeichen für eine grundsätzliche Fehleinschätzung der Rahmenbedingungen
gewertet. Bereits kurz nach Verabschiedung der Rentenreform war kritisiert
worden, dass die Notmaßnahmen im Grunde ihrer Bezeichnungen nicht gerecht
würden, denn es sei nur eine Frage der Zeit bis auf sie zurückgegriffen werden
müsste.[400]
　　Dass nun doch noch Ressourcen für eine weitere Rentenanpassung zur Verfügung standen, hatte eher den Charakter eines unverhofften Glücksfalls. Dementsprechend waren Bundesregierung wie auch Sozialbeirat erkennbar bemüht,
mit ihren bisherigen Entscheidungen keine Präzedenzfälle zu schaffen und die
Erwartungen hinsichtlich künftiger Anpassungen zu dämpfen.[401] Erst als die
ersten Versicherungstechnischen Bilanzen im Jahr 1962 vorlagen war klar, dass
die Finanzierung zumindest bis zum Ende des ersten Deckungsabschnitts gesi-

---

[399] Schreiber 1963, S. 41; Vgl. auch Elsholz 1958, S. 320; N.N. 1959, S. 281. Ähnlich argumentierten
die Sozialberichte, vgl. Deutscher Bundestag 1962, Drs. 4/641, S. 36; Bundesregierung der Bundesrepublik Deutschland 1963, S. 668; Bundesregierung der Bundesrepublik Deutschland 1964, S. 718.
[400] Vgl. gd. 1957, S. 13.
[401] Vgl. Deutscher Bundestag 1959, Drs. 1255, S. 36.

chert war. Dennoch betonten auch die Sozialberichte der folgenden Jahre regelmäßig den unerwartet starken Anstieg der Beitragseinnahmen. Nun galt die
Aufmerksamkeit stärker der etwas ferneren Zukunft. Bereits der Sozialbericht
1961 hatte gezeigt, welch eine große Diskrepanz es gab zwischen einerseits der
kurzfristigen, sehr positiven Finanzlage und andererseits der langfristigen,
voraussichtlich wesentlich ungünstigeren Entwicklung. Unstrittig war, dass die
„Belastungsquote" aufgrund der demographischen Veränderungen deutlich
ansteigen würde. Zu welchen Schlussfolgerungen dies jedoch führte, namentlich
wann es zu einer Beitragserhöhung kommen sollte, hing ausschlaggebend davon
ab, welchen Zeithorizont der Diskutant für den maßgeblichen hielt. Der Sozialbeirat selbst war zunächst geteilter Meinung, doch in jedem seiner Gutachten
von 1962 bis 1965 empfahl der Beirat in zunehmend dringlicherem Tonfall den
Beitragssatz zu erhöhen.

Die ausgesprochen günstige Finanzlage der ersten Jahre nach der Reform
war der Aneinanderreihung einiger Faktoren geschuldet, denen gemeinsam war,
dass sie erst verzögert auch zu höheren Ausgaben führen sollten:

Erstens war dies der ausgeweitete Versichertenkreis, der zunächst mehr Beitragseinnahmen bescherte und größtenteils erst um mehrere Jahrzehnte versetzt
auch höhere Rentenausgaben nach sich zog. Wie Sachs 1967 kritisierte, funktioniere dies so lange, wie sich die Sozialversicherung weiter ausdehnen könne:
Doch schließlich „stößt die Expansion an ihre Grenzen. Von da an wächst der
Anteil der Versicherung an den beitragspflichtigen Jahrgängen nicht mehr, aber
ihr Anteil an den Jahrgängen im Rentenalter steigt einstweilen noch weiter, bis er
– mehrere Jahrzehnte später! – auf die gleiche Höhe gekommen ist wie ihr Anteil
an den beitragspflichtigen Jahrgängen. Anders ausgedrückt, solange die Expansion der Versicherung noch weitergeht, laufen die Beitragseinnahmen vor der
Rentenlast davon; kommt sie zum Stillstand, so holt die Rentenlast die Beitragseinnahmen ein."[402]

Ähnliches galt zweitens hinsichtlich der so genannten Gastarbeiter. Auch
diese entrichteten zunächst zusätzliche Beiträge, die der Rentenversicherung
jährlich Einnahmen in Milliardenhöhe brachte, ohne dass sie bereits nennenswerte Rentenausgaben verursachten. Jahrzehnte später aber würde dem eine Vielzahl
von Rentenansprüchen mit entsprechenden Kosten gegenüberstehen.

Drittens war die demographische Lage in den ersten zehn Jahren der Rentenversicherung noch vergleichsweise günstig gewesen, auch dies war von
Vorteil für das Beitragszahler-Rentner-Verhältnis. Bei dem späteren „Rentenberg", von dem häufig die Rede war,[403] würde es sich (anders als die Regierung

---

[402] Sachs 1967b, S. 186.
[403] Vgl. etwa Fischer 1966, S. 292; Zeitschrift für das gesamte Kreditwesen 1967, S. 6; Hensen 1977,
S. 143.

zugrunde gelegt hatte und was bereits damals kritisiert worden war) nicht um eine vorübergehende Erscheinung handeln, sondern um eine Änderung der Voraussetzungen auf Dauer.[404]

Schließlich fielen viertens Einnahmen und Ausgaben kurzfristig infolge der antizyklisch wirkenden verzögerten Rentenanpassung auseinander. Wenn die Löhne stark anstiegen, sank die Belastungsquote infolge der daraus unmittelbar resultierenden höheren Einnahmen sofort. Wuchsen die Löhne danach hingegen wieder langsamer, stieg die Belastungsquote aufgrund der Ermittlung der Allgemeinen Bemessungsgrundlage aus den vorvergangenen drei Jahren nur verzögert wieder an, dafür dann aber umso stärker, wenn die Bemessungsgrundlage die Arbeitsentgelte überholte.[405]

Die in dieser Zeit steigende Lohnquote steht zudem für eine größere Partizipation der Rentenversicherung am Volkseinkommen insgesamt, auch dies ist Ausdruck einer (wie sich noch zeigen sollte nur zeitweisen) für die GRV günstigen Entwicklung. Gegenläufig dazu sank allerdings bereits seit 1967 der relative Anteil des Bundeszuschusses an den Gesamteinnahmen stark ab.[406]

Das ‚Wirtschaftswunder' und die infolgedessen rasch steigenden Löhne, der erweiterte Versichertenkreis, ein noch relativ günstiger demographischer Bevölkerungsaufbau sowie rund eine Million ausländische Arbeitnehmer bescherten der Rentenversicherung in ihren ersten Jahren somit eine ungewöhnlich günstige Finanzsituation. Die Politik selbst war von den rasch steigenden Einnahmen überrascht. Doch obwohl vielfach darauf hingewiesen wurde, dass es sich dabei um eine Ausnahmesituation handelte und die weiteren Aussichten weit weniger positiv waren, kam es zu keiner Reform bzw. keinem Beitragssatzanstieg, zu dem man unter ‚normalen' Bedingungen wohl längst gezwungen gewesen wäre. Am Ende des ersten Deckungsabschnittes erschien die Zukunft der dynamischen Rentenversicherung alles andere als gesichert. Wie groß die Sorge war, lassen Äußerungen des als ‚Vater der Rentenreform' gehandelten Wilfrid Schreiber erahnen. In seinem „Schreiber-Plan" hatte er noch betont, die Modalitäten des Systems, welche über die Höhe der Renten bestimmen, müssten „ein für allemal" festgelegt werden.[407] An diesem Beispiel kann der grundlegende Widerspruch von Anspruch und Wirklichkeit aufgezeigt werden, der, angefangen mit der Rentenreform 1957, bis heute die Rentenpolitik und insbesondere auch die sich damit beschäftigende Wissenschaft durchzieht: Rentenreformen sind geprägt von dem politischen Selbstverständnis, etwas Nachhaltiges zu schaffen, das von sich

---

[404] Vgl. Sachs 1967b, S. 187.
[405] Vgl. H.M. 1961, S. 261; Auf diese Entwicklung als ein „Nachholprozess" ging beispielsweise Pièrre 1963 ein.
[406] Deutsche Rentenversicherung (Hg.) 2009a; eigene Berechnungen.
[407] Schreiber 1955, S. 42.

verändernden Rahmenbedingungen weitgehend unabhängig ist und das der Tagespolitik entzogen ist. Dieser Anspruch, die Verteilungsmechanismen einer ‚endgültigen' Regelung zuzuführen, erwies sich allerdings bereits nach der Rentenreform 1957 als überhöht: Rund zehn Jahre später hielt Schreiber es sogar für denkbar, das Herzstück seines Konzepts, die Dynamisierung, in der Zukunft auszusetzen und höchstens noch einen Inflationsausgleich vorzusehen:

> „Zieht man in Betracht, daß im Zuge der Entwicklung mit weiterem Anwachsen aller Einkommen gerechnet werden kann, so werden die Renten, obwohl sie heute zum Teil noch recht niedrig sind, irgendwann einmal weit über ein großzügig bemessenes Existenzminimum hinauswachsen. Es stellt sich dann die Frage, ob man sie dann auch noch unentwegt weiterwachsen lassen soll, oder ob es nicht guten Sinn hätte, dann die Beitragsbemessungsgrenze auf einem Absolutstand einfrieren oder nur im Ausmaß eines Preisindexes ansteigen zu lassen."[408]

Auf Kritik an seinem Referat reagierte er mit dem Hinweis, es sei missverstanden worden, ihm gehe es um die sozialen Probleme in 25 bis 30 Jahren. Dann nämlich trachteten die Menschen möglicherweise aufgrund ihrer viel höheren Realeinkommen nach zusätzlicher freiwilliger Vorsorge, jedenfalls aber würden sie dazu fähig sein. Die Rentendynamik solle auch nicht preisgegeben werden, sondern nur auf niedrigerem Niveau stattfinden. Zwar stelle der Übergang bei einer Senkung des Renten- und Beitragsniveaus tatsächlich ein Problem dar, aber man könne von ihm kaum bereits heute den perfekten Gesetzentwurf zur Wiedervorlage in 25 Jahren erwarten.[409] Und auch *Kurt Jantz*, der ehemalige Generalsekretär des Generalsekretariats für die Sozialreform im Bundesministerium für Arbeit, der dafür eingetreten war, dass sich die Renten „in der Nachbarschaft des jetzigen Lohnempfängers" aufhalten sollten,[410] sprach nun davon, die Rente solle nicht mehr als eine Grundsicherung bieten, so dass ein weiter Raum für Vorsorge durch Privatversicherung oder Vermögensbildung in anderer Art bleibe.[411] Damit näherte er sich nun der Position derjenigen Kritiker an, die schon im Vorfeld der Rentenreform für eine reine Grundsicherung gestritten hatten.

Zusammenfassend lassen sich somit zwei Punkte hervorheben. Erstens: Der Umstand, dass die dynamische Rentenversicherung in ihrer Anfangszeit finanzierbar war, kann im Rückblick zu der Annahme verleiten, dass sie auf die damals zu erwartenden Rahmenbedingungen ausgerichtet war und deshalb zunächst ‚gut funktionierte'. Doch die Darstellung der Rahmenbedingungen und

---

[408] Schreiber, zitiert nach: HM 1966, S. 289.
[409] Vgl. HM 1966, S. 291.
[410] Jantz 1959, S. 411-412.
[411] Vgl. Meenzen 1965, S. 112.

der daran geübten zeitgenössischen Kritik haben gezeigt, dass zumindest in weiten Teilen von übermäßig optimistischen Annahmen ausgegangen worden war. Diese konnten zwar die Kompromissfindung vereinfachen, waren aber wenig belastbar. Im Laufe der Zeit sah sich die Regierung dann gezwungen, sich den pessimistischeren Prognosen und Annahmen ihrer Kritiker anzunähern. Dass die Rentenversicherung ihre ersten Jahre dennoch ohne weitere Reformen beziehungsweise Beitragssatzanhebungen überstehen konnte, war einer Aneinanderreihung von verschiedenen Faktoren zu verdanken, die sich zunächst ausgesprochen günstig auswirkten. Die anfangs sehr pessimistischen Sozialberichte und die später überraschten Reaktionen der Politik belegen, dass man mit diesen Faktoren nicht gerechnet hatte (auch nicht hatte rechnen können) und dass die Rentenversicherung – vereinfacht gesagt – weniger aufgrund eines soliden Finanzierungskonzepts als vielmehr aufgrund einiger glücklicher Umstände mehr als eine Dekade in ihrer 1957 in Kraft gesetzten Form bestehen konnte. Gerade weil die Rahmenbedingungen somit ausgesprochen günstig gewesen sind und zweifelsohne nicht die Ursache für Finanzierungsengpässe waren, erscheint die Rentenreform 1957 als besonders guter Beleg für die These eines sich selbst bedingenden Reformbedarfs.

Zweitens: Schreiber hatte betont, dass die dynamische Rentenversicherung die dynamische Volkswirtschaft lediglich berücksichtige, nicht aber auf sie angewiesen sei. Diese Argumentation erscheint jedoch verkürzt. Tatsächlich wurde die Expansion in vielerlei Hinsicht, teils explizit, teils implizit, einkalkuliert. So spielte das Wirtschaftswachstum eine zentrale Rolle, denn es wurde sowohl auf der Einnahme- wie auch der Ausgabenseite als eine Art von Puffer oder ,Joker' herangezogen. Auf der Einnahmeseite, weil damit Hinweisen auf die künftig steigende Beitragslast begegnet und begründet wurde, dass die Kosten zwar absolut ansteigen würden, relativ gesehen hingegen stabil bleiben oder sogar abnehmen könnten. Kurzfristig war Wachstum bei der Mittelwertbildung der Allgemeinen Bemessungsgrundlage und damit der Höhe der Neurenten relevant. Auf der Ausgabenseiten spielte Wirtschaftswachstum ebenfalls eine wichtige Rolle, weil ein in Zukunft sinkendes Rentenniveau weniger dramatisch erschien, wenn es ebenfalls nur relativ zurückgeht, absolut gesehen der Wohlstand hingegen gleich bleibt oder sogar weiter zunimmt. Es wurde jedoch nicht nur fortwährend hohes Wirtschaftswachstum einkalkuliert, sondern implizit auch angenommen, dass die Rentenversicherung wie bisher an dem steigenden Volkseinkommen würde partizipieren können. Die mit dem Versicherungsgedanken einhergehende Beschränkung der Finanzierung auf nur einen Teil des Volkseinkommens spielte in den Diskussionen, die sich bereits damals stark um die künftige demographische Entwicklung drehten, kaum eine Rolle. Tatsächlich aber war die Rentenversicherung von vornherein und schon von ihrer Konstruktion her nicht nur anfällig für – wie es bis heute zentral diskutiert wird – demographische Verschiebungen, sondern zudem sowohl für fallende Wachstumsraten wie auch für eine sinkende Lohnquote.

Die dynamische Rentenversicherung von 1957, die sich gerade durch ihr grundsätzlich auf Dauer angelegtes System legitimieren sollte, stand dementsprechend in zweifacher Hinsicht von Beginn an auf tönernen Füßen und war nur begrenzt in der Lage, Sicherheitsperspektiven zu vermitteln. Im Gegenteil: Wie Schreiber sechs Jahre nach der Reform anmerkte, bringe die geltende Rechtslage „ein wahrlich paradoxes Element der Unsicherheit in ein System, dessen Sinn es ist, der Sicherheit zu dienen und das Bewußtsein der Sicherheit in den Herzen der Betroffenen wachzuhalten."[412]

---

[412] Schreiber 1963, S. 43-44.

4 Entwicklung der Gesetzlichen Rentenversicherung bis heute

Das vorangegangene Kapitel hat gezeigt, dass die Finanzierungsgrundlagen der dynamischen Rentenversicherung von Anfang an wenig belastbar waren, weil die Rahmenbedingungen und deren künftige Entwicklung in vielerlei Hinsicht zu optimistisch eingeschätzt wurden. Zugleich ist deutlich geworden, dass eine expandierende Wirtschaftsleistung sowie eine entsprechende Partizipation der Rentenversicherung daran fest mit einkalkuliert war.

Nachfolgend soll nun für die weitere Zeit bis heute untersucht werden, ob die Rentenreform 1957 in dieser Hinsicht ein einmaliges Ereignis gewesen ist oder ob sich auch während der weiteren Zeit bis heute Belege für die beiden Unterthesen dieser Studie finden lassen.

4.1 Rentenpolitik nach Kassenlage: 1966-1982

4.1.1 Die Große Koalition (1966-1969)

Die Koalitionsregierung von CDU und FDP endete 1966 in einer Haushaltskrise, dem Ergebnis von extensiver Ausgabenpolitik bei gleichzeitig rückläufigen Staatseinnahmen infolge sinkender Wachstumsraten.[413] Bei den Koalitionsverhandlungen zur Großen Koalition spielten dementsprechend sozialpolitische Fragen eine sehr untergeordnete Rolle. Im Wesentlichen wurde der Status quo bestätigt, so auch in Bezug auf die dynamische Rente (welche die FDP zur Disposition gestellt hatte). Im Vordergrund standen vielmehr die wirtschaftliche Krise und die Krise des Haushalts.[414] Obwohl es sich dabei um einen vergleichsweise geringen konjunkturellen Einschnitt handelte, wurde er von Politik und Öffentlichkeit als eine alarmierende Entwicklung und als das Ergebnis einseitig neoliberaler Wirtschaftspolitik gewertet. „Seit Jahren war in Wissenschaft und Wirtschaft, Medien und Politik immer drängender gefragt und erörtert worden, wieweit die ,neoliberale' Wirtschaftspolitik einer Ergänzung bedürfe: durch aktive Konjunktursteuerung und planvolle Wachstumsvorsorge."[415] Der neue Bundeskanzler Kiesinger kündigte eine neue, keynesianisch geprägte Politik der „Globalsteuerung" an, die ihren rechtlichen Niederschlag in dem

---

[413] Vgl. Hockerts 2006, S. 3.
[414] Vgl. Süß 2006, S. 159, 170-171.
[415] Hockerts 2006, S. 4.

Gesetz zur Förderung der Stabilität und des Wachstums (StabWG) finden sollte.[416] Das StabWG enthält die Verpflichtung des Staates zur mehrjährigen Vorausschau und eine mittelfristige Finanzplanung.[417] Insgesamt stand die Frage im Mittelpunkt, wie man das instabile Wirtschaftswachstum dauerhaft sichern könne. „Denn nur ,eine vollbeschäftigte und beständig wachsende Wirtschaft' könne ,jene Staatseinnahmen erbringen, die für die öffentlichen Aufgaben gebraucht werden'. Einer weit verbreiteten Schätzung der Sozialenquête zufolge, würde nur ein langfristig stabiler Zuwachs der Wirtschaftskraft um jährlich wenigstens 4 Prozent die Finanzierung des Sozialleistungssystems dauerhaft garantieren."[418] Von einer wachstumsneutralen Rentenversicherung kann somit keine Rede gewesen sein kann. Vielmehr wurde weiterhin ganz selbstverständlich davon ausgegangen, dass zu ihrer Finanzierung eine fortwährende Steigerung der Wirtschaftskraft nötig sei.[419]

Als zweites Ziel wurde die Konsolidierung des Haushalts angegeben, von dem Sparkurs betroffen sollte allerdings nicht der Besitzstand sein, sondern nur die Höhe der jährlichen Zuwachsraten.[420] Und obgleich im Staatshaushalt eingespart werden sollte, wollte die Große Koalition nicht den Sozialaufwand insgesamt reduzieren. Dementsprechend fand im Wesentlichen eine Verlagerung der Belastung vom Steuer- zum Beitragszahler statt. So wurden beispielsweise die Bundeszuschüsse zur Rentenversicherung drastisch verringert, gleichzeitig aber der Beitragssatz von 14% (1967) auf 17% (1970) erhöht, sowie die Versicherungspflichtgrenze in der Angestelltenversicherung aufgehoben.[421] Gerade durch den Bundeszuschuss wird aber die systembedingte Begrenzung der Rentenfinanzierung auf nur einen Teil des Volkseinkommens – nämlich den in Gestalt von Löhnen und Gehältern – durchbrochen. Eine Reduzierung desselben ist somit gleichzusetzen mit einer Verengung der Finanzierungsgrundlage auf einen kleineren Teil des Volkseinkommens. Eine hierzu gegenläufige Entwicklung war jedoch die zum Zeitpunkt der Umsetzung dieser Politik steigende Lohnquote.

Der Beginn der Großen Koalition traf mit dem Ende des ersten zehnjährigen Deckungsabschnitts zusammen. 1967 verzeichnete die Arbeiterrentenversicherung erstmals ein Defizit,[422] der Sozialbeirat erklärte, die Beurteilung der Rentenfinanzen stehe mehr als in allen bisherigen Jahren „unter dem Zeichen der Ungewissheit."[423] Wie in Kapitel 3 gezeigt, waren die Finanzierungsengpässe

---

[416] Vgl. Hockerts 2006, S. 4-13.
[417] Vgl. hierzu insbesondere die §§ 2 und 9 StabWG.
[418] Süß 2006, S. 169-170.
[419] So etwa auch Brück 1967, S. 27.
[420] Vgl. Hockerts 2006, S. 3-13.
[421] Vgl. Hockerts 2006, S. 38-39.
[422] Vgl. Sozialpolitische Umschau, 1967a, S. 92.
[423] Vgl. Bundesregierung der Bundesrepublik Deutschland 1967, S. 576-577, 594.

allerdings schon seit langer Zeit absehbar gewesen. Entgegen der immer wiederkehrenden Empfehlung des Sozialbeirats hatte die Politik eine außerplanmäßige
Anhebung des Beitragssatzes vermieden. Bereits in den Jahren 1964 bis 1966
hatten die Rentenversicherungsträger Teile des Bundeszuschusses, nämlich zwei
Milliarden DM, in Form von Schuldbuchforderungen erhalten und hatten so zum
Ausgleich des Bundeshaushalts beigetragen.[424] Während heute als Grund für die
damals auftretenden Defizite jedoch die demographische Entwicklung als Mitur-
sache angeführt wird,[425] erscheinen die Finanzierungsnöte eher als zwangsläufi-
ge Folge einer auf unrealistischen Annahmen basierenden Kalkulation und damit
als Beleg für die These eines sich selbst bedingenden Reformbedarfs. Hätten sich
die Rahmenbedingungen nicht (für alle unerwartet) derart günstig entwickelt,
wäre eine Beitragssatzanhebung daher wohl schon früher unvermeidbar gewesen. Auch nun wurde die Anhebung auf 15% – entgegen der Empfehlungen von
Sozialbeirat und Bundesbank – mittels Rückgriff auf das vorhandene Vermögen
bis 1968 hinausgezögert.[426] Der Druck auf die Rentenfinanzen erhöhte sich, wie
der Verband der Rentenversicherungsträger VDR vorrechnete, durch den vorgesehenen Sparkurs weiter.[427] Ende 1967 beseitigte der Bundestag nach vielen
Diskussionen die Versicherungspflichtgrenze in der Angestelltenversicherung
und führte einen Beitrag der Rentner zur Krankenversicherung in Höhe von 2%
ein. Insgesamt wurde die Rentenversicherung in den Dienst der Finanz- und
Konjunkturpolitik gestellt und weiterhin versucht, mit Hilfe ihrer Finanzmasse
Lücken im Bundeshaushalt zu schließen. Das trotz der Maßnahmen noch zu
erwartenden Defizit für 1968 wurde gegen Bedenken des VDR durch teilweise
Auflösung der Rücklagen geschlossen.[428]

Im Juli 1969 wurde wenige Monate vor der Bundestagwahl das 3. Renten-
versicherungsänderungsgesetz (3. RVÄnderG) verabschiedet. Mit diesem wurde,
ähnlich wie bereits 1966 in einem Entwurf der alten Regierung vorgesehen,[429]
das Prinzip der Anwartschaftsdeckung zugunsten eines reinen Umlageverfahrens
aufgegeben, das lediglich durch eine Schwankungsreserve ergänzt wurde.[430] Dies
bedeutete, dass nicht mehr die Notwendigkeit bestand, einen versicherungsma-
thematischen Ausgleich über einen Zeitraum von zehn Jahren herzustellen.
Damit entfiel auch der Zwang, bei der Entwicklung künftiger Einnahmen und
Ausgaben diesen konkreten zeitlichen Abschnitt besonders zu beachten. Der
Sozialbeirat hatte in seinem Gutachten von 1966 dementsprechend darauf hin-

[424] c.k. 1967, S. 29.
[425] So auch Schmähl 2006, S. 411.
[426] Vgl. Schmähl 2006, S. 411.
[427] Verband Deutscher Rentenversicherungsträger (VDR) 1967.
[428] Vgl. Sozialpolitische Umschau, 1967b.
[429] Vgl. Schmähl 2007a, S. 340.
[430] Vgl. Schmähl 2006, S. 430-431.

gewiesen, dass die Beitragssätze bei Fortgeltung der derzeitigen Rechtslage von 14% auf etwa 17% steigen müssten.[431] Einen Einfluss auf die Qualität der Vorausberechnungen hatte die Existenz eines solchen Abschnittsdeckungsverfahrens jedoch offensichtlich ohnehin nicht gehabt. Die Entwicklung des ersten und einzigen Deckungsabschnitts lässt allenfalls den Schluss zu, dass hierdurch mögliche Finanzierungslücken etwas rascher sichtbar wurden und dies den Effekt eines ‚Frühalarmsystems' hatte.

Während damit gleichwohl – zumindest in theoretischer Hinsicht – ein gewisser ‚vertikaler' Ausgleich aufgegeben wurde, kam ein ‚horizontaler' hinzu: So sah das 3. RVÄnderG einen Finanzausgleich zwischen Angestellten- und Arbeiterrentenversicherung vor, da sich die Vermögen der beiden Versicherungen sehr unterschiedlich entwickelten. Hauptgrund hierfür waren Veränderungen in der Erwerbstätigenstruktur: Waren 1950 von allen Arbeitnehmern nur 23,0% Angestellte und 70,9% Arbeiter gewesen, war der Anteil der Angestellten bis 1969 kontinuierlich auf nunmehr 35,3% gestiegen und im Gegenzug der der Arbeiter auf 58% gefallen (siehe Tabelle 13).[432] Dementsprechend entwickelte sich das Verhältnis von Beitragszahlern und Rentenempfängern in beiden Versicherungszweigen höchst unterschiedlich.

Tabelle 13: Beamte, Angestellte und Arbeiter gemessen an der Zahl der Arbeitnehmer insgesamt (1950-1969)

Jahr	Beamte	Angestellte	Arbeiter
1950	6,1%	23,0%	70,9%
1951	6,2%	23,4%	70,4%
1952	6,3%	23,7%	70,0%
1953	6,6%	24,1%	69,3%
1954	6,7%	24,4%	68,9%
1955	6,4%	24,9%	68,7%
1956	6,5%	25,3%	68,2%
1957	6,1%	26,3%	67,6%
1958	6,1%	27,8%	66,2%
1959	6,1%	28,4%	65,4%
1960	6,1%	29,1%	64,8%
1961	6,2%	30,0%	63,8%
1962	6,2%	31,3%	62,6%

---

[431] Vgl. Bundesregierung der Bundesrepublik Deutschland 1966, S. 647.
[432] Statistisches Bundesamt 2008b, Tab. 2.6; eigene Berechnungen.

1963	6,1%	31,3%	62,5%
1964	6,2%	32,6%	61,2%
1965	6,3%	32,9%	60,8%
1966	6,3%	33,7%	60,0%
1967	6,5%	34,7%	58,8%
1968	6,6%	34,9%	58,5%
1969	6,7%	35,3%	58,0%

Datenquelle: Statistisches Bundesamt 2008b, Tab. 2.6; eigene Berechnungen.

Weitere Gründe waren unterschiedliche Invaliditätsrisiken und Beitragsausfälle bei Krankheit (in der Arbeiterrentenversicherung gab es keine Lohnfortzahlung im Krankheitsfall) sowie der sich langsam verändernde Altersaufbau. Über die Art des Finanzausgleichs wurde heftig gestritten, insbesondere die umfassendste Lösung, nämlich eine Zusammenführung beider Versicherungen in eine Bundesversicherungsanstalt, stieß auf heftigen Widerstand der Arbeitgeber- und Angestelltenvertreter.[433] Im Ergebnis einigte man sich auf einen Finanzausgleich bei getrennten Versicherungen, der zudem erst einsetzen sollte, wenn die Rücklagen bestimmte Schwellenwerte erreichten.[434] Gleichwohl ist der Finanzausgleich ein positives Beispiel für die Bemühungen um automatische Stabilisierungsmechanismen, wenn auch natürlich um eine Stabilisierung *innerhalb* dieses Umverteilungssystems, also ohne dass hierdurch bei Finanzierungsengpässen auf einen größeren Teil des Volkseinkommens zurückgegriffen werden konnte.

Im Laufe der Beratungen zeigte sich insgesamt, dass die Abgeordneten mehrheitlich eine langfristig angelegte Lösung der Finanzierungsgrundlagen anstrebten. Hatte das Arbeitsministerium zunächst nur Berechnungen bis 1975 präsentiert, dehnte es diese nun um weitere zehn Jahre aus. Die alle zwei Jahre zu erstellenden Versicherungstechnischen Bilanzen, die bislang oft mit nur großer Verzögerung erschienen waren, wurden mit dem 3. RVÄnderG durch eine jährliche Berichtspflicht der Bundesregierung ersetzt. Die damit verbundenen Vorausberechnungen umfassten allerdings nur noch einen Zeitraum von 15 statt wie bisher 30 Jahren. Die Bundesregierung hatte dabei zu prüfen, ob die (nunmehr auf drei Monatsausgaben reduzierte) Mindestrücklage eingehalten wurde, andernfalls sollte sie dem Parlament einen Vorschlag zur Anpassung des Beitragssatzes unterbreiten. Festgelegt wurde darüber hinaus bereits, dass der Beitragssatz bis 1973 auf 18% steigen sollte.[435] Auch wenn insgesamt die Kon-

---

[433] Vgl. Schmähl 2006, S. 427-433.
[434] Bundesgesetzblatt, Teil I, 1969, Nr. 67, S. 957.
[435] Vgl. Bundesgesetzblatt, Teil I, 1969, Nr. 67, S. 956, 958.

solidierung im Vordergrund stand, wurde die „Einnahmeseite (...) damit eindeutig zur abhängigen, die Ausgabenentwicklung zur unabhängigen Größe."[436] Der Bundestag verabschiedete das Gesetz mit nur einer, der Bundesrat mit keiner Gegenstimme. „Bei den dabei gehaltenen Reden herrschte (...) die Befriedigung vor, daß (...) damit eine Periode der Ungewißheit über die Entwicklung der Rentenversicherung beendet werden konnte.'"[437] Wie sich jedoch zeigen sollte, leitete der Gesetzgeber bereits wenige Jahre später aufgrund unrealistischer Grundannahmen eine neue ‚Periode der Ungewissheit' ein, die in ihrem Ausmaß weit über das bisher gekannte hinausgehen sollte.

Als die Konjunktur in der zweiten Jahreshälfte 1967 wieder anzog, wertete dies die Politik als Beweis dafür, dass die Globalsteuerung funktioniere. Wissenschaftler meldeten hingegen Zweifel an einer Kausalität an.[438] Dennoch ging man nun von einer grundsätzlichen Steuerbarkeit der Wirtschaft aus. Im Kontrast zu der dramatisch gehaltenen Regierungserklärung Kiesingers war die von Willy Brandt im Jahr 1969 daher von einem „beinahe uneingeschränkten Machbarkeitsglauben und Fortschrittsoptimismus geprägt. Insbesondere traute sie der Globalsteuerung zu, ein immerwährendes Wirtschaftswachstum und somit die Finanzierungsquelle der Politik der ‚inneren Reformen' zu gewährleisten".[439] Wirtschaftswachstum wurde damit noch stärker zur unabdingbaren Voraussetzung für ein funktionstüchtiges Sozialsystem im Allgemeinen und für das Rentenversicherungssystem im Speziellen.

Anders als noch 1966 war die FDP dazu bereit, sozialpolitische Anliegen der Sozialdemokratie mitzutragen. Insbesondere stellte sie die grundsätzlich expansive Ausrichtung der Sozialpolitik nicht mehr infrage.[440] Die Sozialpolitik sollte nicht mehr nur bei einzelnen Punkten und einzelnen sozialen Gruppen ansetzen oder in Notfällen helfen, sondern gesamtgesellschaftlich ausgerichtet sein, dabei vorausschauend und vorbeugend wirken. Der Gedanke eines umfassenden Sozialstaats, der nicht auf Nothilfe und Armutsbekämpfung beschränkt ist, setzte sich zunächst in der SPD, später auch in der CDU durch.[441] „Das Ausmaß der als legitim empfundenen Staatsintervention nahm seit dem Amtsantritt der Großen Koalition erheblich zu und erreichte in den ersten Jahren der sozialliberalen Koalition eine neue, vordem unerreichte Höhe (...)."[442] So war man bei dem 3. RVÄnderG noch von zu pessimistischen Annahmen ausgegangen. In der Arbeiterrentenversicherung wurde 1970 erstmals seit fünf Jahren

---

[436] Schmähl 2006, S. 432.
[437] Schmähl 2006, S. 433.
[438] Vgl. Hockerts 2006, S. 42-43.
[439] Hockerts 2006, S. 73; vgl. Süß 2006, S. 171.
[440] Vgl. Süß 2006, S. 165.
[441] Vgl. Süß 2006, S. 205-207.
[442] Süß 2006, S. 209.

wieder ein Überschuss erzielt. „Die nach Überwindung der Rezession einsetzen-
de ökonomische Aufwärtsentwicklung zusammen mit dem programmierten
Anstieg der Beitragssätze in der Rentenversicherung sollten bald Pläne zur
Ausgabenausweitung beflügeln."[443]

4.1.2 Die Regierung Brandt (1969-1974)

Nach dem Wechsel von der großen zur sozialliberalen Koalition setzte vor dem
Hintergrund einer allgemeinen gesellschaftlichen Aufbruchsstimmung und einer
sich erheblich verbessernden Finanzlage[444] eine Phase des massiven Leistungsausbaus ein.[445] Der Umschwung zeigt sich besonders deutlich am Beispiel des
Beitrags der Rentner zur Krankenversicherung. Erst zum Jahreswechsel 1967/68
eingeführt, wurde er zwei Jahre später mit Wirkung ab 1. Januar 1970 wieder
abgeschafft. Mehr noch: Die bereits eingezogenen Beiträge wurden – aufgrund
einstimmigen Beschlusses des Bundestages – sogar wieder zurückgezahlt. Der
Bundesarbeitsminister bezeichnete diese Rückzahlung als „Wiedergutmachung",
denn die Krankenversicherungsbeiträge als faktische Kürzung der Renten um
zwei Prozent seien eine „Finanzierungshilfe der Rentner zur Sanierung der durch
die wirtschaftliche Rezession in Unordnung geratenen Bundesfinanzen (...)"
gewesen und „von den Rentnern stets als ein Unrecht betrachtet worden."[446]

Wie die Rentenreform 1957 wurde auch die von 1972 über alle Parteigren-
zen hinweg verabschiedet. Dieser, bei vordergründiger Betrachtung große
Konsens, darf jedoch nicht darüber hinwegtäuschen, dass es große inhaltliche
Differenzen gab,[447] die sich im Wesentlichen dank des scheinbar ständig größer
werdenden Finanzierungsspielraums überbrücken ließen: Ab Mitte 1970 wuchs
die Agenda zum Leistungsausbau in der Rentenversicherung unaufhörlich. Die
errechneten Überschüsse nahmen mit jedem der obligatorischen 15-Jahres-
Vorausberechnungen zu: War man 1970 für 1985 noch von 6,6 Mrd. DM ausge-
gangen, so waren es 1971 bereits knapp 105 Mrd. und 1972 rund 148 Mrd.
DM.[448] Insbesondere über den Rentenanpassungsbericht vom März 1971, der mit
einer Rücklage von rund 100 Mrd. DM kalkulierte, sei „‚auch das BMA und der
Sozialbeirat (...) verblüfft gewesen (...)', so der für die Berechnung zuständige
Unterabteilungsleiter Hartmut Hensen."[449] Ursächlich dafür waren vor allem die

[443] Schmähl 2006, S. 433-434.
[444] Sozialpolitische Umschau, 1971, S. 22-23.
[445] Vgl. Hermann 1990, S. 116.
[446] Arendt 1972, S. 263.
[447] Vgl. Hermann 1990.
[448] Vgl. Schmähl 2006, S. 449.
[449] Schmähl 2006, S. 445.

höheren Lohnzuwächse und die höhere Zahl ausländischer Beschäftigter in Verbindung mit dem bereits beschlossenen höheren Beitragssatz. Angesichts der kursierenden Projektionen zur künftigen Lohnentwicklung warnte schon damals Schmähl 1971 vor überzogenen Erwartungen: „Diese Prämisse ständig steigender Lohnzuwachsraten lässt sich empirisch ganz und gar nicht stützen".[450] Der Spielraum für die Leistungsausweitung wurde durchaus unterschiedlich beurteilt, doch die Schwankungen in den Berechnungen waren insgesamt sehr groß. So kalkulierte die Bundesbank Anfang Oktober 1971 einen Finanzierungsspielraum von etwa 67 Mrd. DM, um diese Einschätzung nur einen Monat später mit der Aussage zu revidieren, dass 100 Mrd. DM doch nicht als zu hoch anzusehen seien. Die oppositionelle Union kalkulierte zu diesem Zeitpunkt bereits mit rund 200 Mrd. DM.[451] Bedenken äußerte das Wirtschaftsministerium, diese waren jedoch vor allem konjunkturpolitischer Art.[452]

Die Reformvorhaben bezogen sich insbesondere auf drei Punkte: Flexibilisierung und Herabsetzung der Altersgrenzen, Anhebung der Renten, Ausweitung des Versichertenkreises.

4.1.2.1 Flexibilisierung und Herabsetzung der Altersgrenzen

Nach bislang geltendem Recht war es lediglich Frauen und Arbeitslosen unter bestimmten Umständen möglich, vorzeitig eine Altersrente ohne Abschläge zu beziehen. Die Option eines vorzeitigen Renteneintritts sollte nun grundsätzlich allen Versicherten eröffnet werden. Die Diskussion konzentrierte sich dabei vor allem auf die konkrete Ausgestaltung der Flexibilisierung, so auch auf die Frage von Zu- oder Abschlägen bei früherem oder späterem Renteneintritt. Der Regierungsentwurf sah eine Altersrente ab 63 Jahren vor, welche allen Versicherten offen stehen sollte, die mindestens 35 anrechnungsfähige Versicherungsjahre vorweisen konnten. Weiterarbeit sollte nur begrenzt möglich sein. Anders als Regierung und Gewerkschaften, hatte die Union einer Flexibilisierung der Altersgrenze zunächst keine Priorität eingeräumt, da für sie die generelle Anhebung der Renten im Vordergrund stand.[453] Nun verwies sie jedoch auf die sich günstiger als erwartet entwickelnde Finanzlage und kritisierte, dass die Bundesregierung die Kosten einer flexiblen Altersgrenze (ca. 100 Mrd. DM bis 1985) weit überschätze. Soweit die Kalkulationen von Regierung und Opposition voneinander abwichen, beruhte dies insbesondere auf unterschiedlichen Annah-

---

[450] Vgl. Schmähl 1971, S. 159; ähnlich auch Schreiber 1972.
[451] Schmähl 2006, S. 446.
[452] Vgl. Schmähl 2006, S. 447.
[453] Vgl. Wolf 1972, S. 168.

men über die Zahl der Personen im Alter zwischen 63 und 64 Jahren (die Union legte hier eine abnehmende Zahl zugrunde). Das Konzept der Opposition ging dementsprechend – ähnlich wie 1957 und lediglich mit vertauschten Rollen – über das der Regierung hinaus. Es sah eine unbeschränkte Weiterarbeit vor. Abschläge sollte es – wie auch von den Gewerkschaften gefordert[454] – nicht geben, aber Zuschläge von 5% pro Jahr, wenn die Renten nach dem 63. Lebensjahr in Anspruch genommen würde. Im Ergebnis blieb es bei der beschränkten Weiterarbeit. Die Zuschläge hingegen wurden beschlossen, wenn auch (aufgrund von Änderungen am Gesetz nach dem Wahlsieg der sozialliberalen Koalition) erst ab dem 65. Lebensjahr.[455]

> „Daran wird exemplarisch deutlich, wie das ursprüngliche Regierungskonzept immer weiter angereichert wurde, sowohl bedingt durch den politischen Druck der Opposition, die nun auch die ursprünglich nicht angestrebte Flexibilisierung aufnahm, als auch durch die sich im Zeitablauf weiter verbessernden Finanzaussichten, die ja auch die Opposition dazu bewogen hatten, eine zuvor nicht vorgesehene Maßnahme in ihr Konzept einzubeziehen."[456]

Kritik, die Vorausberechnungen des Bundesarbeitsministeriums zu den Kosten seien unzureichend und fänden mehr oder weniger „im luftleeren Raum" statt, wies die Regierung zurück.[457]

4.1.2.2 Anhebung der Renten

Sowohl Regierung als auch Opposition befürworteten eine Anhebung der niedrigeren Renten.[458] Auch hierbei gingen die Vorschläge der Opposition über die der Regierung hinaus. So strebte die Union zudem eine generelle Niveauanhebung an. Dies sollte geschehen, indem die Rentenanpassung 1973 um ein halbes Jahr vorgezogen und damit die 1958 unterlassene Rentenanpassung zur Hälfte nachgeholt wurde. In diesem Zusammenhang war von „vorenthaltenen Renten" die Rede.[459] Zugleich wollte sie eine Niveausicherungsklausel einführen. Diese Klausel sollte garantieren, dass das Bruttorentenniveau von damals 42% auf 50% stieg. Die Regierungskoalition hingegen wollte anstelle der nachholenden Anpassung einen nicht-dynamisierten Rentengrundbetrag von 20 DM im Monat

---

[454] Vgl. Muhr 1972, S. 12.
[455] Vgl. Bundesgesetzblatt, Teil I, 1973, Nr. 25, S. 257.
[456] Schmähl 2006, S. 457, 469.
[457] Vgl. Hensen 1972, S. 15-16.
[458] So auch der Deutsche Gewerkschaftsbund (vgl. Muhr 1972, S. 13).
[459] Vgl. Schreiber 1972, S. 129.

einführen, wodurch niedrigere Renten relativ stärker angehoben worden wä-ren.[460] Tatsächlich wurde dann aber die Rentenanpassung um sechs Monate vorverlegt.[461]

Bei der Rente nach Mindesteinkommen sprach sich die Union für eine An-hebung auf 85% des Durchschnittsentgelts bei wenigstens 25 Pflichtversiche-rungsjahren aus. Im Regierungskonzept war eine Erhöhung auf 70% bei 35 Versicherungsjahren vorgesehen, sofern das individuelle Entgelt mindestens 40% erreichte (dies galt allerdings als Zwischenlösung nur für Versicherungszei-ten bis 1972).[462] Im Ergebnis wurde schließlich bestimmt, dass die persönliche Bemessungsgrundlage von Versicherten mit mindestens 25 Versicherungsjahren, die 75% des Durchschnittsverdienstes aller Versicherten nicht erreichte, auf diesen Wert angehoben wurde.[463] Weitere von der Regierung vorgesehene Vorschläge zur automatischen Anpassung auch der Bestandsrenten konnten sich nicht durchsetzen.[464]

Auch bei der Rente nach Mindesteinkommen gingen die Kostenvorausschätzungen des Bundesarbeitsministeriums und der Unionsfraktion weit auseinander. Das Bundesarbeitsministerium bezifferte die Mehrausgaben bis 1986 mit 65 Mrd. DM, während die Union die Mehrausgaben nur bei 25 Mrd. DM ansetzte.[465]

4.1.2.3 Ausweitung des Versichertenkreises

Die Sozialenquête-Kommission hatte sich dafür ausgesprochen alle Bevölke-rungskreise in der Rentenversicherung versicherungspflichtig zu machen, da gewisse Risiken wie Geldwertänderungen oder länger andauernde Arbeitslosig-

---

[460] Vgl. Schmähl 2006, S. 457-460.
[461] Vgl. Hermann 1990, S. 120.
[462] Vgl. Schmähl 2006, S. 457-460.
[463] Vgl. Hermann 1990, S. 120.
[464] Die von der Regierung vorgesehene automatische Anpassung wurde zwar im Bundesrat wie auch von CDU/CSU übernommen, scheiterte dann aber an den Koalitionsfraktionen im Bundestag. Von der SPD wurde dies damit begründet, dass durch die Automatik der Sozialbeirat faktisch bedeutungs-los würde. Die FDP ergänzte, auch der Bundestag werde durch die automatische Anpassung prak-tisch ausgeschaltet. Der Sozialbeirat selbst hielt eine automatische Anpassung für unproblematisch. Deren Vorsitzender, Helmut Meinhold, konstatierte, aus seiner Sicht sei darin kein Verlust zu sehen, „„nicht für den Aufgabenbereich des Sozialbeirats und schon gar nicht für die Aufgabe, Sozial- und Wirtschaftspolitik einander möglichst zu ergänzen, aber nicht einander widersprechen zu lassen."" Der Beirat war vielmehr einstimmig der Meinung, dass mit einer automatischen Anpassung einer ohnehin schon lange geübten Praxis Rechnung getragen werde. Sowieso hätte die jährliche Beurtei-lung der Rentenanpassung durch den Beirat immer mehr an Gewicht verloren und der Schwerpunkt der Arbeit auf der Begutachtung der Vorausberechnungen gelegen (vgl. Schmähl 2006, S. 471-472).
[465] Vgl. Schmähl 2006, S. 457-460.

keit individuell nicht mehr tragbar seien. Zudem hätten bislang die Nichtversicherten über Steuern oder Preise die Umverteilungselemente in der Rentenversicherung mitfinanziert, ohne dass ihnen diese bislang zugute gekommen wären. Der Vorsitzende des Sozialbeirates *Helmut Meinhold* betonte, die erweiterte Versicherungspflicht solle nicht zu einer finanziellen Entlastung führen, wohl aber die Finanzierung verstetigen. Der Bundestag hatte bereits im Dezember 1967 bei der Verabschiedung des Finanzänderungsgesetzes die Regierung ersucht, sobald als möglich einen Gesetzentwurf zur Öffnung der gesetzlichen Rentenversicherung für Selbstständige vorzulegen. Im Februar 1969 hatte das Arbeitsministerium betont, die Vorbereitungen dazu seien im Gange, wenn allerdings eine Öffnung stattfände, müsse es für Selbstständige die gleichen Rechte und Pflichten wie für versicherte Arbeitnehmer geben.[466] Nach dem Regierungswechsel sah der Regierungsentwurf eine Öffnung für weitere Gruppen vor und nicht nur für Selbstständige wie dies die Union forderte. Allerdings wollte die Regierung keine Versicherungspflicht auf Antrag wie die Opposition, sondern eine freiwillige Versicherung. Später näherte sich die Union mit ihrem Entwurf der Regierung an. Die Rentenversicherungsträger lehnten beide Varianten ab, da in beiden Fällen eine negative Risikoauslese stattfände. Eine Öffnung käme daher nur infrage, wenn eine umfassende Versicherungspflicht eingeführt würde.[467]

Gesetz wurde schließlich, dass alle Personen ab 16 Jahren die Möglichkeit zur freiwilligen Versicherung erhielten. Ähnlich wie von der Opposition präferiert, konnten sich auch alle Selbständigen innerhalb eines Zeitraums von zwei Jahren nach Aufnahme der selbständigen Tätigkeit auf Antrag pflichtversichern. Für bereits länger Selbständige wurde ein außerordentliches Beitrittsrecht sowie finanziell sehr vorteilhafte Möglichkeiten zur Nachentrichtung von Beiträgen bis zurück ins Jahr 1956 vorgesehen.[468]

4.1.2.4   Die Kosten der Rentenreform 1972

Angesichts des immer größer eingeschätzten Finanzierungsspielraums einerseits und der sich abzeichnenden vorgezogenen Neuwahlen im Herbst 1972 andererseits wetteiferten Regierung und Opposition um den Ausbau der jeweiligen Reformpakete.

---

[466] Der Deutsche Gewerkschaftsbund forderte hingegen, für diesen Personenkreis gesonderte Sicherungseinrichtungen zu schaffen (vgl. Muhr 1972, S. 15).
[467] Vgl. Schmähl 2006, S. 460-462.
[468] Vgl. Hermann 1990, S. 119.

„Die immer aufs Neue vorherige Überschüsse übersteigenden Werte führten schließlich dazu, dass zunächst als Alternativen diskutierte Vorhaben nun zusammen realisiert werden sollten – ‚Kasse macht sinnlich', auch wenn es nur vorausberechnete, auf Annahmen und Erwartungen basierende Größen sind (...). Dies wurde noch dadurch verstärkt, dass offiziell keine Alternativ- oder Sensitivitätsrechnungen vorgelegt wurden, sondern stets für jedes Jahr nur eine Angabe zur Rücklagenhöhe. Der Charakter dieser Berechnungen als Modellberechnungen wurde im politischen Gefecht nicht beachtet. Die Ergebnisse wurden vielmehr als Prognosen fehlinterpretiert. Die warnenden Aussagen von Sozialbeirat und Bundesbank fanden kein Gehör."[469]

Das Reformpaket in der vom Sozialausschuss des Bundestages beschlossenen Fassung sah bis 1986 Mehrausgaben in Höhe von 184,6 Mrd. DM vor, die ohne weitere Beitragssatzerhöhungen finanzierbar seien. Im Bundestag konnte die Union schließlich noch weitere Elemente ihres Programms durchsetzen, wodurch die Kosten auf über 205 Mrd. DM stiegen. In der zweiten Lesung des Gesetzes wurden sie dennoch mit lediglich 185,9 Mrd. beziffert und lagen damit nahe an der vorherigen Kalkulation. Dies resultierte daraus, „dass nun nur von einer 70-prozentigen Inanspruchnahme bei der flexiblen Altersgrenze ausgegangen wurde – obgleich die Bedingungen für die Inanspruchnahme im Vergleich zu der erwähnten Berechnung unverändert waren! So blieb man aber im Finanzrahmen."[470]
Es war klar, dass die hohen Lohnsteigerungen der letzten sowie die unterstellten teils noch höheren der nächsten Jahre in Verbindung mit den Leistungsverbesserungen der Reform zu enormen Rentenerhöhungen führen würden. Berechnungen der Angestelltenversicherung zufolge würden die Renten in den kommenden acht Jahren bis 1980 um voraussichtlich 90% steigen.[471] Regierung wie Opposition war schon ab Herbst 1971 bewusst, dass eine Anhebung der Renten bei gleichzeitiger Einführung einer flexiblen Altersgrenze den als nutzbar gesehenen Finanzierungsspielraum überschreiten würde.[472] Gleichwohl bezeichnete der Arbeitsminister die Rentenreform als das größte sozialpolitische Gesetzesvorhaben seit der Reform von 1957 und erklärte: „Das Rentenreformgesetz ist ein Ausdruck der wirtschaftlichen Kraft unseres Staates, die es ermöglicht, dieses Gesetz mit seinen sozialen Leistungen zu verwirklichen."[473] Allerdings sollte sich bald zeigen, „dass die Einschätzung der wirtschaftlichen Kraft auf allzu optimistischen Annahmen beruhte. (...) Statt der vorausberechneten Über-

---

[469] Schmähl 2006, S. 450.
[470] Schmähl 2006, S. 466-467.
[471] Vgl. Renten steigen bis 1980 um 90 vH, 1972.
[472] Vgl. Schreiber 1972, S. 129.
[473] Deutscher Bundestag 1972, Plenarpr. 6/198, S. 11702.

schüsse werden in wenigen Jahren Defizite eintreten, d. h., die Finanzentwicklung wird deutlich anders verlaufen als bei der Beschlussfassung über das Rentenreformgesetz unterstellt."[474]

4.1.2.5 Die weitere Entwicklung bis zum Ende der Ära Brandt

Bei der Beurteilung über die Wirkung der Reformmaßnahmen hatte in verschiedener Hinsicht Unsicherheit geherrscht. So war man sich einerseits unklar über das künftige Verhalten der Betroffenen, beispielsweise hinsichtlich des Nutzungsgrades der flexiblen Altergrenze. Andererseits fehlten für verlässliche Einschätzungen ausreichende statistische Unterlagen, so im Falle der Renten bei Mindesteinkommen. Im April 1974 legte die Bundesregierung einen Bericht über die Auswirkungen der Rentenreform 1972 vor. Demnach wurde die flexible Altersgrenze stark genutzt: Rund ein Drittel aller in den Jahren 1973 und 1974 bewilligten Renten an Männer entfielen auf diese neue Möglichkeit. Die Erwerbsquote der 63jährigen sank nach der Reform von 67% (in 1970) auf unter 50% in 1974.[475] Die neue Rente nach Mindesteinkommen führte 1973 zur Anhebung von rund 1,25 Mio. Renten[476] und kam dabei vor allem Frauen zugute (81,7%): „Dieses Ergebnis bestätigt die Erwartungen, durch die Regelung über die Rente nach Mindesteinkommen eine Maßnahme getroffen zu haben, die vorwiegend den Frauen zugute kommt."[477]

Nachdem die Beteiligung der Rentner an der Finanzierung der Krankenversicherung wieder abgeschafft worden war, blieb die Finanzierung zunächst offen. Eigentlich war angestrebt worden, dass die GRV vier Fünftel, die GKV ein Fünftel der Ausgaben tragen sollte. Da sich die Ausgaben der Krankenversicherung der Rentner und die Rentenausgaben jedoch unterschiedlich entwickelten, stieg der Anteil der GKV und lag bereits 1971 bei knapp 40%.[478]

Regierung und Gesetzgeber hatten auf die scheinbar so komfortable finanzielle Situation der Rentenversicherung nicht nur mit erheblichen Leistungsausweitungen reagiert. Der Bund versuchte darüber hinaus erneut, Mittel aus der Rentenversicherung zugunsten des Bundeshaushalts abzuziehen. So beschloss das Bundeskabinett Anfang 1973, einen Teil der Bundeszuschüsse an die GRV bis 1981 zu stunden. Bei einem unterstellten Zinssatz von 8% führte dies in der Rentenversicherung bis 1981 zu Mindereinnahmen von rund zwei, bis 1987

---

[474] Schmähl 2006, S. 467-468.
[475] Vgl. Schmähl 2006, S. 473; vgl. Sozialpolitische Umschau, 1975b, S. 287.
[476] Vgl. Hermann 1990, S. 121.
[477] Deutscher Bundestag 1974, Drs. 7/2046, S. 3-4.
[478] Vgl. Schmähl 2006, S. 475.

sogar von drei Milliarden DM und kam damit einer faktischen Kürzung des Bundeszuschusses gleich. Nicht nur nutzte die Politik also die vertikale Dimension des Umverteilungssystems Rentenversicherung, um auf diese Weise die Finanzlage der Rentenversicherung ‚aufzubessern'. Darüber hinaus wurden nun die so scheinbar frei werdenden Mittel auch zur Finanzierung von weiteren Politikfeldern – außerhalb dem der Alterssicherung – zweckentfremdet. Versicherungsträger, Sozialpartner und Sozialbeirat übten daran Kritik: „Auch erscheine ‚es doch etwas merkwürdig,' – so der Vorstandsvorsitzende des Verbandes Deutscher Rentenversicherungsträger, Eichler, – ‚wenn man zum 1. Januar 1973 die Beiträge zur Rentenversicherung um ein Prozent erhöht und sich kurz danach den daraus entstehenden Zuwachs fast in der gleichen Höhe leiht.'" Für 1974 beschloss die Bundesregierung ebenfalls eine Stundung von 650 Mio. DM, dieses Mal allerdings verzinst. Aus dem VDR heraus wurde dies wiederum wie folgt kommentiert: „‚(...) diese Genugtuung über die geringere Schröpfung der Rentenversicherung, denn eine marktgerechte Verzinsung erfolgt ja auch jetzt nicht, beweist doch eigentlich nur die Gewöhnung an das Ungewöhnliche.'"[479] Bis Ende 1975 summierten sich derartige von unterschiedlichen Regierungen vorgenommene Eingriffe zu Lasten der Rentenversicherung auf 9,2 Mrd. DM.[480]

Der Abzug von Mitteln aus der Rentenversicherung war jedoch nur ein Grund unter vielen für ihre sich binnen kurzer Zeit rapide verschlechternde finanzielle Lage: Die Lohnzuwachsraten waren niedriger und die Arbeitslosigkeit höher als erwartet. Die Zahl der Überstunden sank. Ausländische Arbeitskräfte kehrten verstärkt in ihr Heimatland zurück. All dies wirkte sich negativ auf die Beitragseinnahmen aus[481] und führte zu Ausfällen in Milliardenhöhe.[482]

Auf der Ausgabenseite wurde nun jene Methode der zeitversetzten Anpassung zum Verhängnis, die in den wachstumsstarken Jahren noch zu einer günstigeren Kassenlage beigetragen hatte. *Wilfrid Schreiber* hatte die verzögerte Anpassung empfohlen,[483] der Sozialbeirat hingegen schon 1962 davor gewarnt, dass die Rentensteigerungen bei rückläufigen Wachstumsraten die Lohn- und damit Beitragszuwächse überholen könnten.[484] Bereits in der Mitte der 1960er Jahre war dies tatsächlich geschehen und hatte die Finanzlage zusätzlich verschärft. Nun trat der Fall erneut ein,[485] dieses Mal allerdings mit gravierenderen Folgen: Die trotz sich verschlechternder Ertragslage extrem starken Lohnzuwachsraten der Jahre 1970 bis 1974 schlugen vier Jahre lang, nämlich von 1973

---

[479] Vgl. Schmähl 2006, S. 474.
[480] Schmähl 2008, S. 411.
[481] Vgl. Hermann 1990, S. 126; Schmähl 2008, S. 410.
[482] Vgl. Sozialpolitische Umschau, 1975a, S. 139.
[483] Hensen 1977, S. 140-141.
[484] Deutscher Bundestag 1962, Drs. 4/641, S. 36.
[485] Sozialpolitische Umschau, 1974, S. 95.

bis zum Bundestagswahljahr 1976 mit – in der Geschichte der GRV bis heute einmalig hohen – jährlichen Rentensteigerungen von jeweils gut 11% zu Buche.[486] Auf gewissermaßen ‚ganz regulärem' Weg stiegen dadurch die Renten binnen sechs Jahren um mehr als zwei Drittel an[487] und damit ähnlich stark wie dies bei der Rentenreform 1957 der Fall gewesen war, die unter anderem wegen dieser enormen Anhebung als „bedeutendstes Sozialwerk (...) seit Einführung der Sozialversicherung überhaupt"[488] gesehen worden war. Die hohen Preissteigerungen seit Anfang der 1970er Jahre machten allerdings einen Teil davon wieder wett.[489] Die Ausgaben stiegen zudem wegen der zunehmenden Zahl an Renten, vor allem aufgrund der Renten nach vorheriger Arbeitslosigkeit und der seit 1973 bestehenden flexiblen Altersgrenze.[490]

4.1.3   Die Regierung Schmidt (1974-1982)

Der Rücktritt Willy Brandts im Mai 1974 wird zwar in erster Linie mit dem Namen des enttarnten DDR-Spions im Kanzleramt, *Günter Guillaume*, in Verbindung gebracht, doch als Ursache werden, zeitgleich mit der Ölpreiskrise 1973, auch die bislang schwerste Rezession der Nachkriegszeit sowie der Streik im öffentlichen Dienst gesehen.[491] Der neue Kanzler *Helmut Schmidt* galt im Vergleich zum Visionär Brandt als Pragmatiker, für den Sicherheit und Stabilität im Vordergrund standen.[492] Diese Ziele kamen nicht von ungefähr. Die Diskussionen ab Mitte der 1970er bis zu den frühen 1980er Jahren waren von dem Bewusstsein geprägt, in einer Zeit neuer Unsicherheiten zu leben und zwar in fast jeglicher Hinsicht, seien diese nun außenpolitischer, wirtschaftlicher, sozialer oder – angesichts des RAF-Terrors – innenpolitischer Art.[493] „Tatsächlich vermag man rückblickend zu erkennen, wie sehr den Bundesdeutschen seit den 1970er-Jahren der optimistische Glaube an die Zukunft abhanden kam und der

---

[486] Statistisches Bundesamt 2007, Tab. 7.9.

[487] zwischen 1972 und 1977 um rd. 64% (Statistisches Bundesamt 2007, Tab. 7.9; eigene Berechnungen).

[488] Hockerts 1980, S. 422.

[489] Statistisches Bundesamt 2009d, Tab. 9.16.

[490] Vgl. Schmähl 2008, S. 411. Darüber hinaus wurden aufgrund der sich verschlechternden Arbeitsmarktlage zunehmend Erwerbsunfähigkeits- anstelle von Berufsunfähigkeitsrenten in Anspruch genommen, da berufsunfähige Rentner in geringerem Maße Möglichkeiten zur Teilzeitbeschäftigung fanden.

[491] Vgl. Hockerts 2006, S. 117-121.

[492] Vgl. Geyer 2008a, S. 6-7.

[493] Vgl. Geyer 2008a, S. 47-49.

Diskurs über Unsicherheit zu *der* regulativen Instanz des öffentlichen und politischen Lebens wurde (...).""[494]

Seit 1974 zeichneten sich die Folgen eines Strukturwandels der Wirtschaft ab: Der Rezession Ende der 1960er Jahre waren die Wirtschaftsunternehmen unter anderem durch Rationalisierungsmaßnahmen begegnet mit der Folge, dass nun aufgrund der stark gestiegenen Arbeitsproduktivität das Beschäftigungsvolumen gesunken war. Zudem verschoben sich die Gewichte insbesondere vom sekundären zum tertiären Sektor, gleichzeitig waren innerhalb der Sektoren die einzelnen Wirtschaftszweige unterschiedlich stark betroffen.[495] Schlechter gestellt waren beispielsweise die chemische Industrie, die Bauwirtschaft sowie Kreditinstitute und Versicherungsunternehmen.[496] Die ‚Grenzen des Wachstums' waren das neue Thema.[497] „Frühere optimistische Zukunftserwartungen mussten an den neuen Realitäten ausgerichtet werden. Das betraf die Wirtschaft ebenso wie die Politik, die ihren Ausgaben wachsende Steuereinnahmen und Vollbeschäftigung zu Grunde gelegt hatten."[498]

Es gab eine Vielzahl von Konzepten, wie der Krise zu begegnen sei. Die Politik reagierte nicht mit einem kohärenten Programm, sondern indem sie mehrere Vorschläge gleichzeitig realisierte. Einerseits sollte die Konjunktur durch gezielte Maßnahmen belebt werden, andererseits wurden drastische Haushaltseinsparungen beschlossen, die bereits 1976 dazu führten, dass von öffentlichen Haushalten negative Nachfrageimpulse ausgingen. „(...) die lavierende Umsetzung illustriert mehr als alles andere die unsichere Suche nach neuen Wegen in der Wirtschafts- und Finanzpolitik – mit weitreichenden Folgen für die Sozialpolitik."[499] Der Kanzler plädierte für eine Rückbesinnung auf das „Machbare" und betonte, dass die Erwartungen an den Staat wieder reduziert werden müssten. Für die SPD standen nun stärker die Wirtschaft und wirtschaftliches Wachstum im Vordergrund, wobei der „Wachstumsfetischismus" von Teilen insbesondere der Parteilinken auch kritisiert wurde. Sozialleistungen sollten gezielter erfolgen und stärker auf bedürftige Personenkreise ausgerichtet sein.[500] Die Union versuchte bewusst, ähnliche Begriffe wie die SPD („Freiheit", „Solidarität", „Gerechtigkeit" usw.) zu besetzen. Diese neue „soziale Kompetenz" war in der CDU umstritten, teils wurde befürchtet, man würde die SPD „links überholen". Die FDP schließlich, die insbesondere im Bundesrat zum Zünglein an der Waage wurde, wollte sich stärker als Wirtschaftspartei profilie-

---

[494] Geyer 2008a, S. 48.
[495] Vgl. Boeckh/Huster/Benz 2006, S. 132-133.
[496] Vgl. Geyer 2008a, S. 58-64.
[497] Vgl. Meadows 1972.
[498] Geyer 2008a, S. 51-52.
[499] Geyer 2008b, S. 123.
[500] Vgl. von Beyme 2004, S. 104; Geyer 2008a, S. 6-12.

ren und erteilte antizyklischer Wirtschaftspolitik eine Absage. Die Partei plädierte für das Ziel gleicher Chancen für alle, jedoch mit Betonung der persönlichen Verantwortung. In allen Parteien gab es umfassende Grundsatzdiskussionen über den „politischen und sozialen Wandel", deren Einfluss letztlich jedoch gering blieb und die wenige Jahre später mehr oder weniger in Vergessenheit gerieten.[501] Zugleich setzte eine grundsätzliche Sozialstaatsdiskussion ein. Sozialpolitiker sahen sich dabei dem Vorwurf ausgesetzt, ihre sozialpolitischen Beschlüsse würden erst zu den Problemen führen, die sie vorgaben zu bekämpfen.[502]

4.1.3.1 Die „Rentenlüge"

Rezession und massiv steigende Ausgaben in der Rentenversicherung fielen zeitlich zusammen.[503] Der VDR errechnete als Folgekosten der Rentenreform 1972 für den Zeitraum 1972 bis 1977 eine Mehrbelastung von rund 41,5 Milliarden DM, von denen rund die Hälfte auf die um ein halbes Jahr vorgezogene Rentenanpassung entfiel. Dabei stellte der Verband fest, dass es „,weder Finanzierungs- noch Liquiditätsprobleme'" gäbe, wenn diese Mehrausgaben nicht zu erbringen gewesen wären.[504] Die immense Leistungsausweitung schlug sich auch im Sozialbudget nieder, das über die Ära Brandt hinweg von 23,1% auf nunmehr 28,5% gestiegen war.[505] „Das Jahr 1975 war von zunehmender Unsicherheit über die weitere Finanzentwicklung und die ‚Sicherheit' der Renten geprägt."[506] Die Union forderte aktualisierte Vorausberechnungen und bezweifelte, dass der Beitragssatz von 18% dauerhaft ausreiche. Die SPD-Fraktion kritisierte hingegen, die Opposition sähe Unruhe unter den Rentnern und Beitragszahlern, die Rente sei sicher:[507]

> „Auch wenn im Sommer 1975 die Wachstumsaussichten pessimistisch eingeschätzt wurden, betonte Kanzler Schmidt, dass mittelfristig mit einem realen Wachstum auch der Nettoeinkommen und der Sozialleistungen zu rechnen sei. Es bestehe auch keine Besorgnis, ‚(...) daß irgendeine Einschränkung der Sozialleistungen notwendig wäre.' Angesichts der Diskussion über gestiegene direkte Abgaben der Arbeitnehmer – was auch zu kritischen Anmerkungen hinsichtlich des Anstiegs des Netto-Rentenniveaus führte – betonte Schmidt, es sei nicht entscheidend, dass der Anteil

[501] Vgl. von Beyme 2004, S. 104; Geyer 2008a, S. 6-47.
[502] Vgl. Geyer 2008b, S. 115.
[503] Vgl. Hermann 1990, S. 126.
[504] Vgl. Schmähl 2008, S. 413.
[505] Statistisches Bundesamt 2009d, Tab. 7.2.
[506] Schmähl 2008, S. 413.
[507] Schmähl 2008, S. 414.

von Steuern und Sozialabgaben am Lohn gestiegen sei, sondern, ‚daß gleichzeitig der Nettolohn und der Netto-Reallohn (...) gewaltig gestiegen ist.' Er habe ‚gar keinen Zweifel, daß bei steigendem Brutto-Sozialprodukt (...) das Netz der sozialen Sicherung insgesamt enger geknüpft werden wird.'"[508]

Im September 1975 machte der Präsident der Bundesanstalt für Arbeit darauf aufmerksam, dass die Finanzierung der Rentenversicherung nur noch kurzfristig gesichert sei. Gleichwohl beschloss das Bundeskabinett mit dem 19. Rentenanpassungsgesetz (19. RAG) für das kommende Jahr eine volle Anpassung in Höhe von 11%. Der ebenfalls verabschiedete Rentenanpassungsbericht 1976 legte im Rahmen der 15-Jahres-Vorausberechnungen erstmals Alternativen vor, was unter anderem der Sozialbeirat angeregt hatte. Noch wenige Monate zuvor hatte Arbeitsminister Arendt mit Blick auf die geforderten Alternativrechnungen betont, die Bundesregierung sei kein Beratungs-, sondern ein Entscheidungsgremium. „Sie legt deshalb der Öffentlichkeit keinen Strauß von Rechnungen vor, sondern eine einzige. Wir sollten nicht so tun, als ob es eine Instanz gäbe, die die Entscheidung uns Politikern abnehmen könnte."[509] Nun gab es Berechnungen in 15 Varianten, basierend auf unterschiedlichen Annahmen zur Lohn- und Beschäftigungsentwicklung. Arendt begründete dies damit, dass man „in einer dynamischen Welt" lebe, in der niemand „die Entwicklung über einen längeren Zeitraum hinaus" voraussagen könne.[510] Dennoch wurden entgegen der bisherigen Praxis keine Prognosen zur kurz- und mittelfristigen Finanzentwicklung präsentiert. Offiziell hieß es dazu vom Bundesarbeitsministerium, der Trend sei entscheidend und nicht die aktuellen Daten des kurz- und mittelfristigen Zeitraums. Der Grund für den Verzicht war jedoch, dass sich der Abstimmungskreis aus Vertretern der beteiligten Ministerien nicht auf die zu verwendenden ökonomischen Daten hatte einigen können: Wären die Daten von denen das Wirtschafts- wie auch Finanzministerium ausgingen, in der 15-Jahres-Rechnung berücksichtigt worden, hätte dies zu der Feststellung geführt, dass der Beitragssatz von 18% schon 1978 nicht mehr zu halten gewesen wäre. So aber war laut der Berechnungen keine Änderung des Beitragssatzes nötig, wenn die Durchschnittslöhne jährlich um mindestens 9% stiegen. Bei nur siebenprozentigem Lohnzuwachs wären je nach Annahmen über die Arbeitslosenquote bereits ab 1979 Beitragserhöhungen um bis zu 2 Prozentpunkte nötig. Der VDR betonte, die Prämissen seien als optimistisch anzusehen. Zudem sei die tatsächliche Belastung der gesetzlichen Rentenversicherung durch die Krankenversicherung

---

[508] Schmähl 2008, S. 416.
[509] Deutscher Bundestag 1975, Plenarpr. 7/141, S. 9772.
[510] "Explosionen wird es nicht geben", 1976, S. 14.

der Rentner höher als in der Berechnung unterstellt.[511] Der Sozialbeirat hatte die Anpassung entsprechend der Bemessungsgrundlage nur mit knapper Mehrheit empfohlen. Zudem hatte er darauf hingewiesen, dass der Anschein einer Prognose vermieden werden müsse, ergänzende kurz- und mittelfristige Berechnungen erforderlich seien und dass die neue Methodik es weder der Bundesregierung noch dem Gesetzgeber erspare, sich zu äußern, welche der Alternativrechnungen sie zu Grunde lägen und ob dementsprechend eine Beitragssatzerhöhung nötig sei.[512] Mit ihrem Rentenanpassungsbericht umging die Regierung dies jedoch.

Bis zur Bundestagswahl gab es weitere Warnungen, dass die Rentenversicherung bereits in Kürze in Finanzierungsschwierigkeiten geraten würde, so von der Bundesbank, erneut dem Sozialbeirat sowie dem VDR, der betonte, man sei durch in der Vergangenheit beschlossene Maßnahmen weit über das hinausgegangen, was mit einem Beitragssatz von 18% finanzierbar sei.[513] Die Bundesregierung widersprach dem energisch.[514] Bei der ersten Lesung des 19. Rentenanpassungsgesetzes am 20. Februar 1976 betonte Bundesarbeitsminister Arendt, es bestehe kein Anlass zu Erhöhung der Beiträge zur Rentenversicherung. Die Zahlen beispielsweise des VDR wurden als falsch beziehungsweise ungenau bezeichnet. Arendt betonte, er halte es für seine Pflicht „jeder Irreführung der Bevölkerung über die Leistungsfähigkeit und Sicherheit der gesetzlichen Rentenversicherung mit allem Nachdruck entgegenzutreten (...)". Natürlich seien die Rentenfinanzen von der allgemeinen Wirtschaftslage abhängig, aber die Bundesregierung habe „Maßnahmen zur Wiederbelebung der Konjunktur ergriffen, um den wirtschaftlichen Aufschwung zu fördern."[515] Die Rentenanpassung wurde dementsprechend in voller Höhe beschlossen.[516]

Obwohl die bevorstehenden Finanzierungsengpässe immer offensichtlicher wurden,[517] beharrte die Regierung bis zur Bundestagswahl auf dem Standpunkt, dass es sich dabei nur um kurzfristige Probleme handele, die durch die Auflösung von Rücklagen überbrückt werden könnten. Der Bundesarbeitsminister versicherte allen Rentnern in einem Schreiben, die Versicherung stehe „auf einem soliden Fundament."[518] außerdem versandte er an alle SPD-Bundestagsabgeordneten eine „Argumentationshilfe", wonach derzeit – auf dem ‚Höhepunkt des Rentenberges' – weder Beitragserhöhungen noch eine Minderung der Anpassung nötig seien, sondern nur ein Rückgriff auf das Vermögen

---

[511] Vgl. Schmähl 2008, S. 418.
[512] Vgl. Deutscher Bundesrat 1975, Drs. 672/75.
[513] Vgl. Schmähl 2008, S. 420-424.
[514] Vgl. "Explosionen wird es nicht geben", 1976, S. 14.
[515] Deutscher Bundestag 1975, Plenarpr. 7/225, S. 15657.
[516] Vgl. Schmähl 2008, S. 424.
[517] Vgl. Die verschleppte Sanierung, 1976.
[518] zitiert nach Schmähl 2008, S. 426.

erforderlich.[519] Die CDU/CSU versprach die Rentenformel nicht zu ändern, die FDP zudem Beitragsstabilität. Der Bundeskanzler beteuerte: „Die Renten sind sicher" und erklärte, dass die Rentenversicherungsbeiträge nicht erhöht würden, es bei der Bruttolohnbezogenheit der Rente bleibe und es regelmäßige Anpassung geben werde. „Die maßgebenden politischen Akteure der Regierungskoalition verharmlosten mit dem Hinweis auf leicht zu bewältigende Liquiditätsprobleme weitergehenden Handlungsbedarf bzw. verschoben die Problemlösung auf die Zeit nach der Wahl."[520]

Kurz nach der Bundestagswahl, die die sozialliberale Koalition mit knappem Vorsprung gewann, legte der VDR am 15. Oktober 1976 eine erneute Vorausschätzung zur Finanzlage vor, deren Ergebnisse kaum von den vorherigen abwichen. Danach sei im kommenden Jahr mit einer Unterschreitung der Mindestrücklage zu rechnen, die weitere zwei Jahre später völlig aufgezehrt sein würde. Der Sozialbeirat kam am gleichen Tag ebenfalls zu der Auffassung, dass es – neben weiteren Sofortmaßnahmen – nötig sei, die nächste Rentenanpassung zu verschieben oder den Beitragssatz um einen Prozentpunkt anzuheben. Auch damit könnten jedoch die Finanzierungsprobleme nur kurzfristig überbrückt werden, für eine längerfristige Konsolidierung reiche dies hingegen nicht aus. Die Bundestagsparteien reagierten ablehnend, denn zumindest im kommenden Jahr sollte die Anpassung fristgerecht erfolgen. Dies veranlasste den VDR wiederum zu dem Hinweis, dass eine Verzögerung die Spareffekte der eingesetzten Maßnahmen reduziere, was dann ein nur noch stärkeres Handeln erforderlich machen würde.[521]

Mit einem Papier, das Bundesarbeitsminister Arendt wenige Tage später im Rahmen der Koalitionsverhandlungen vorlegte, räumte dieser die Finanzierungskrise in ihrer ganzen Tragweite ein. Demnach erwarte man 1978 ein Unterschreiten der Dreimonatsrücklage. Bis 1990 schließlich müsse mit einem gewaltigen Defizit von rund 600 Mrd. DM gerechnet werden. In den nächsten Monaten wurde intensiv über mögliche Maßnahmenpakete diskutiert. Während der Arbeitsminister für eine geringere Anpassung eintrat, sprach sich die FDP für ein Festhalten an der Rentenanpassungsformel aus und stattdessen für eine Anpassungsverschiebung. Im Laufe der Koalitionsverhandlungen einigte man sich im Dezember auf ein Vorgehen, wonach unter anderem (entgegen der Ankündigungen im Wahlkampf) bereits die anstehende Rentenanpassung um ein halbes Jahr verschoben werden sowie die Anpassungen teils niedriger ausfallen sollten. Nachdem diese Koalitionsvereinbarung publik wurde, kam es zu derart scharfen Protesten sowohl von SPD-Bundestagsabgeordneten wie auch aus der Union,

---

[519] Vgl. Schmähl 2008, S. 427.
[520] Schmähl 2008, S. 428; vgl. Hermann 1990, S. 126.
[521] Vgl. Schmähl 2008, S. 428-431.

dass dieser Vorschlag bereits am nächsten Tag zurückgezogen wurde. Nun war die Rede von „Wahlbetrug" und der Begriff der „Rentenlüge" in der Welt.[522] Kurz darauf erklärte Bundesarbeitsminister Arendt, dass er dem Kabinett künftig nicht mehr angehören würde und übernahm damit die politische Verantwortung.[523]

4.1.3.2   Ende des Sozialstaatsausbaus

„Als er [Walter Arendt, Anm. d. Verf.] kurz nach der Kanzlerwahl im Bundestag am 15. Dezember 1976 seinen Rücktritt erklärte, ging mit ihm auch eine Phase der Politik der sozialen Reformen und des Ausbaus des Sozialstaates zu Ende, für die [er] mehr als jeder andere Politiker (...) seit 1969 gestanden hatte."[524] Die nun folgenden Eingriffe in die Rentenversicherung waren zwar weit- aber nicht ausreichend, denn nach wie vor lagen den Berechnungen zu optimistische Annahmen zugrunde. Dementsprechend wurden mehrmals Maßnahmen in Angriff genommen, um jeweils rasch festzustellen, dass diese – auch auf kurze Frist – zur Abwendung der Engpässe nicht genügen würden. Mit dem 20. Rentenanpassungsgesetz (20. RAG) wurde 1977 entschieden, die Anpassung 1978 (und damit ein Jahr später als zuvor angedacht) um sechs Monate zu verschieben, die Rentenanpassung 1978 abweichend von der Anpassungsformel vorzunehmen (und damit die hohen Lohnsteigerungen der Jahre 1975 bis 1977 zu umgehen) sowie – gegen die Bedenken der Rentenversicherungsträger[525] – die Mindestrücklage weiter zu reduzieren. Darüber hinaus sollte die BfA künftig für Leistungsempfänger Rentenbeiträge zahlen, die Zahlungen der GRV an die Krankenversicherung der Rentner wurden reduziert sowie weitere Ad-hoc-Einzelmaßnahmen beschlossen.[526] Vor einer Beitragssatzanhebung hingegen schreckten alle Parteien zurück. Die Bevölkerung erfuhr von der Vielzahl an Einzelmaßnahmen erst nach und nach, die öffentliche Diskussion trug zu weiterer Verunsicherung um die Sicherheit der Renten bei.[527]

> „Wie Frank Nullmeier und Friedbert Rüb sehr genau konstatieren, verfestigte sich das ‚Rentendebakel' 1976 bei den Betroffenen zu einem ‚Trauma': Es beendete ‚die Phase einer wachstumsorientierten Sozialpolitik personell und materiell'. Dieses Scheitern, so die beiden Autoren, habe ‚auf Seiten der zentralen politischen Akteure

---

[522] Vgl. Schmähl 2008, S. 435-436.
[523] Vgl. Geyer 2008b, S. 132-133, 148-150.
[524] Geyer 2008b, S. 132.
[525] Vgl. Sozialpolitische Umschau, 1977.
[526] Vgl. Bundesgesetzblatt, Teil I, 1977, Nr. 39, S. 1040.
[527] Vgl. Schmähl 2008, S. 441-442.

die Suche nach Instrumentarien' ausgelöst, die ‚mittel- und langfristig in der Lage wären, die finanzielle und institutionelle Sicherung der Rentenversicherung so zu betreiben, dass externe Einflüsse, sei es durch soziale Ansprüche oder Problemlagen, durch Wählerverlangen oder Wählerprotest, sei es durch wirtschaftliche Schwankungen, soziale Strukturverschiebungen oder demographische Entwicklungen, möglichst frühzeitig und automatisch abgefangen werden können'."[528]

Da sich die wirtschaftlichen Rahmenbedingungen im Laufe des Jahres 1977 ungünstiger entwickelten als in den Prognosen unterstellt, stieg das Defizit in der Rentenversicherung noch höher als erwartet. Trotz der bereits ergriffenen Maßnahmen mit einem Einsparvolumen von rund 13 Mrd. DM würden in der GRV bis 1982 insgesamt 32 Mrd. DM fehlen.[529] Im Rahmen des 21. RAG kam es daher zur mittlerweile dritten Konsolidierungsrunde, seit der Bundeskanzler vor der Bundestagswahl im September 1976 von einem „Problemchen" gesprochen hatte. Im Frühjahr 1978 wurde auch für die Jahre 1979 bis 1981 beschlossen, die Rentenanpassung von der Lohnentwicklung abzukoppeln (1979: 4,5% statt 7,2%; 1980: 4,0% statt 6,2%; 1981: 4,0% statt 6,0%). Die Anpassung insgesamt fiel infolgedessen nur halb so hoch aus, wie sie es bei Anwendung der Anpassungsformel gewesen wäre – mit entsprechenden Auswirkungen auf das Rentenniveau: Das Bruttorentenniveau hätte im Jahr 1981 bei 50,4% gelegen, stattdessen würde es nun nur 44,9% erreichen. Der Beitragssatz wurde zum 1. Januar 1981 um einen halben Prozentpunkt angehoben (1982 allerdings vorzeitig wieder gesenkt). Erneut wurde ein Eigenbeitrag der Rentner zur Krankenversicherung eingeführt, was im Ergebnis ebenfalls zu einem niedrigeren Rentenniveau führte.[530] Mit der Absenkung der flexiblen Altersgrenze für Schwerbehinderte auf 60 Jahre kam es mit dem 21. RAG allerdings punktuell auch zu einer Leistungsverbesserung.[531] Zu einer strukturellen Stabilisierung der Rentenversicherung trug bei, dass die Bundesanstalt für Arbeit verpflichtet wurde, Beiträge auf der Basis der früheren Arbeitsentgelte abzuführen und damit die Rentenversicherung weniger anfällig für Arbeitsmarktschwankungen zu machen.[532] Insgesamt führten die Gesetzespakete im Zeitraum bis 1982 zu einer Verminderung des

---

[528] Geyer 2008b, S. 150.

[529] Vgl. Hermann 1990, S. 127.

[530] Vgl. Bundesgesetzblatt, Teil I, 1978, Nr. 42, S. 1089; Zum Ausgleich sollten die Renten zum selben Zeitpunkt entsprechend angehoben werden, doch bereits mit dem Rentenanpassungsgesetz 1982 erfolgte eine Änderung. Die Renten wurden nun nicht selbst erhöht, sondern als Ausgleich wurde ein Zuschuss gewährt, der in den darauf folgenden Jahren abgebaut wurde, was faktisch einer steigenden Beitragsbelastung der Rentner entsprach. Diese Vorgehensweise war politisch leichter umzusetzen, da die Belastung nicht sofort zutage trat (vgl. Schmähl 2008, S. 451-452).

[531] Die Kosten hierfür sollten zu Lasten des Bundeshaushalts finanziert werden, dies allerdings nur bis 1981, was der Sozialbeirat für „außerordentlich problematisch" hielt (vgl. Schmähl 2008, S. 453).

[532] Vgl. Hermann 1990, S. 129.

Ausgabenzuwachses und zu Einnahmesteigerungen von zusammen 135 Mrd. DM. Der Schwerpunkt der Sparmaßnahmen lag dabei auf der Ausgabenseite.[533]
Obgleich damit zunächst eine Konsolidierung erreicht sei, so merkte der VDR an, sei diese auf schmalem Grat äußerst knapp kalkuliert und auch nur unter der Voraussetzung, dass die unterstellten wirtschaftlichen Grundannahmen tatsächlich einträten.[534] Genau dies geschah jedoch nicht: Nachdem es 1979 noch einmal einen starken wirtschaftlichen Aufschwung gegeben hatte und die Arbeitslosigkeit erstmals seit vier Jahren wieder unter eine Million gesunken war,[535] durchkreuzte die nächste Rezession Anfang der 1980er Jahre alle Hoffnungen auf eine weiterhin günstige konjunkturelle Lage. Trotz Ähnlichkeiten war die finanz- und wirtschaftspolitische Konstellation eine andere und noch ernstere als 1973/74. Unter anderem war die Staatsverschuldung deutlich höher und der finanzpolitische Spielraum des Staates damit enger.[536] Im Rentenanpassungsbericht 1979 war berechnet worden, dass die Finanzierung der Renten bis Anfang der 1990er Jahre nur bei jährlichen Lohnsteigerungen von mindestens 6% gewährleistet sei.[537] Dementsprechend gerieten die Rentenfinanzen ab 1980 erneut in eine Schieflage.[538]
Auch im Wahlkampf zur Bundestagswahl 1980 spielte das Rententhema eine herausragende Rolle.[539] Insbesondere mit ihrem ausdrücklichen Bekenntnis zur bruttolohnbezogenen Rentenanpassung, die sich bei allen Reformdiskussionen über Jahrzehnte hinweg als ein besonders sensibles Thema herausgestellt hatte, setzte die Union die Regierungskoalition unter Druck.[540] Nichts desto trotz konnte sich die Koalition beziehungsweise die SPD und Helmut Schmidt gegen den Kanzlerkandidaten der Union, *Franz Josef Strauß*, durchsetzen. Im Mittelpunkt der politischen Agenda stand nun mehr noch als zuvor die Haushaltskonsolidierung. Auf breiter Front wurde über die „Krise des Sozialstaats" diskutiert. In der Wahrnehmung der Öffentlichkeit konnte der Sozialstaat das größte sozialpolitische Problem, nämlich die Arbeitslosigkeit, nicht in den Griff bekommen, gleichzeitig führe er zu unzumutbaren Belastungen von Bürgern und Wirtschaft. Bei den Koalitionsverhandlungen nach der Wahl verlangte die FDP eine Begrenzung der Neuverschuldung.[541] „Die Bedeutung dieser haushaltspolitischen Entscheidung kann nicht genug betont werden, denn die damit fixierten fiskali-

---

[533] Vgl. Hermann 1990, S. 127.
[534] Vgl. Rentenversicherung braucht klare Perspektiven, 1979.
[535] Vgl. Geyer 2008b, S. 166.
[536] Vgl. Geyer 2008b, S. 166-167.
[537] Vgl. Streiflichter, 1979, S. 124.
[538] Vgl. Hermann 1990, S. 130.
[539] Vgl. Franke 1980, S. 115; vgl. Bisher nur Thesen und Leitlinien der Parteien, 1980.
[540] Vgl. Schmähl 2008, S. 454-455.
[541] Vgl. Geyer 2008b, S. 168.

schen Rahmenbedingungen, die in den folgenden Monaten durch Folgen der weltweiten Rezession und steigenden Zinsen (mit ihren Implikationen für die öffentliche Schuldenlast) ohnehin immer wieder aufgeweicht wurden und nicht eingehalten werden konnten, erzeugten insbesondere im Bereich der Sozialpolitik einen extremen Handlungsdruck."[542]

Da sich die konjunkturelle Lage nicht verbesserte, wurde es immer schwieriger den Sparkurs beizubehalten. Insgesamt herrschte in der Politik der Eindruck vor, es müsse nun grundlegende Einschnitte in einem Ausmaß geben, das so bislang nicht denkbar gewesen wäre.[543] Die Stimmung bei den Regierungsparteien verschlechterte sich indes massiv.[544] Die Zahl der Arbeitslosen stieg im Winter 1981/82 auf über 2 Millionen, die Konkurse nahmen zu. 1982 erhielt die Regierung die schlechteste Beurteilung, die von dem Meinungsforschungsinstitut Emnid seit den späten sechziger Jahren gemessen worden war.[545] Bis zum Bruch der sozialliberalen Koalition und dem erfolgreichen Misstrauensvotum, durch das *Helmut Kohl* im September 1982 Helmut Schmidt als Kanzler ablöste, beschloss das Bundeskabinett noch diverse Reformen, die der Sozialbeirat teils kritisierte: „Im Hinblick auf Maßnahmen, die zur längerfristigen Sanierung der Rentenversicherung notwendig sind, weist der Sozialbeirat darauf hin, daß die Rentenversicherung, die ihrer Aufgabe nach langfristig konzipiert werden muß, nicht ständig kurzfristigen, punktuellen Eingriffen ausgesetzt werden darf, sei es bei der Bemessung des Bundeszuschusses, der Rentenanpassung und anderen Maßnahmen." Zudem bemängelte der Beirat, dass durch manche Maßnahmen die „Abhängigkeit der Rentenversicherung von den Schwankungen der wirtschaftlichen Entwicklung zunimmt."[546]

Angesichts der unzähligen Details und verschiedenen Ansätze, war 1982 – auch wenn Kanzler Schmidt bemüht war, die Logik der Politik zu begründen – von einem übergreifenden Konzept nicht viel zu bemerken.[547] Die meisten dieser Maßnahmen[548] konnten vor dem Regierungswechsel auch nicht mehr realisiert

---

[542] Geyer 2008b, S. 168.
[543] Vgl. Geyer 2008b, S. 171-172.
[544] Vgl. Schmidt 2005b, S. 97-98.
[545] Vgl. Geyer 2008a, S. 96-97.
[546] Entschließung des Sozialbeirats, 1982.
[547] Vgl. Geyer 2008b, S. 175.
[548] Das Kabinett beschloss unter anderem die Beitragszahlung an die Rentenversicherung für Wehr- und Zivildienstleistende zu senken. Ebenso sollte der Zuschuss zur Krankenversicherung der Rentner um einen Prozentpunkt gemindert werden, die sich daraus ergebenen Minderausgaben für die Rentenversicherung von 30 Mrd. DM wurden jedoch direkt wieder durch eine entsprechende Kürzung des Bundeszuschusses zugunsten des Bundeshaushalts ausgeglichen. Die Rentner sollten einen höheren Beitrag zur Krankenversicherung zahlen. Der Beitrag der BfA an die Rentenversicherung sollte künftig auf der Grundlage von 70% statt wie bisher 100% des individuellen Bruttoentgelts erfolgen. Auch Zeiten für Ausbildung, Krankheit und die ersten Pflichtversicherungsjahre sollten nur

werden. Doch die Nachfolgeregierung musste angesichts der sich 1982 weiter verschlechternden Finanzlage rasch handeln, wobei sie teilweise auf jene Maßnahmen zurückgriff, die die Vorgängerregierung geplant hatte.[549]

4.1.4 Die erwartete und tatsächliche Entwicklung der Rahmenbedingungen

Von zentraler Bedeutung für die Funktionstüchtigkeit des Rentensystems entpuppte sich einmal mehr die Höhe des Wirtschaftswachstums, das wiederum unmittelbare Auswirkungen auf die Lohn- und damit Beitragsentwicklung sowie den Beschäftigungsstand hatte. Bereits *Kurt Georg Kiesingers* Regierungserklärung im Dezember 1966 beschäftigte sich mit der Frage, wie sich das instabile Wirtschaftswachstum dauerhaft sichern ließe, denn nur eine „beständig wachsende Wirtschaft" sei in der Lage, die nötigen Staatseinnahmen zu erbringen. Ein stabiles Wachstum von mindestens 4% jährlich wurde zur Finanzierung der Sozialleistungssysteme als notwendig erachtet. Der Entwurf eines SPD-Langzeitprogramms ging noch im Juni 1972 wie selbstverständlich – im Einklang mit den Prognosen der meisten Forschungsinstitute – davon aus, dass die Wirtschaftsleistung von 1973 bis 1985 jährlich um vier bis sechs Prozent zunehmen werde.[550] „Wie 15 Jahre zuvor, begünstigten auch diesmal volle Kassen die üppige Sozialreform, und wie damals rechnete man auch 1972 weiterhin mit hohem Wirtschaftswachstum und gefüllten Staatskassen. Der Planung lag unter anderem die Annahme zugrunde, das jahresdurchschnittliche Wirtschaftswachstum betrage künftig preisbereinigt rund fünf Prozent!"[551] Lediglich der Umstand, dass die Wirtschaft zunächst tatsächlich sehr stark wuchs, konnte den immensen Ausgabenanstieg nach der Rentenreform 1972 kompensieren:

> „Nach Verabschiedung des Rentenreformgesetzes 1972 stiegen die Ausgaben der gesetzlichen Rentenversicherung zwischen 1972 und 1974 um rund 50 Prozent! Angesichts der hohen Zuwachsraten des Bruttoinlandsprodukts schlug sich dies zunächst nur vergleichsweise moderat in der Relation der GRV-Ausgaben zum BIP nieder. Doch bereits 1974 stieg der Anteil der GRV-Ausgaben am BIP auf nahezu zehn Prozent und sollte im Zuge der sich ändernden ökonomischen Entwicklung noch weiter steigen. Schon im Herbst 1974 wurden – zumindest was die Entwicklung der Beschäftigung betraf – in die offiziellen Vorausberechnungen niedrigere Annahmen eingesetzt als im Vorjahr. Doch weiterhin wurden für den mittelfristigen

---

noch mit 70% gewertet werden (vgl. Schmähl 2008, S. 460-461).
[549] Vgl. Schmähl 2008, S. 466.
[550] Vgl. Hockerts 2006, S. 105.
[551] Schmidt 2005b, S. 95.

Fünfjahreszeitraum Zuwachsraten des durchschnittlichen Bruttoarbeitsentgelts von 10,1 Prozent pro Jahr unterstellt."[552]

Als die Wachstumsraten einbrachen, waren nationale und internationale Prognosen schlagartig Makulatur. „Mitte der 1970er-Jahre wurden die Wachstumserwartungen zwar auf drei bis vier Prozent zurückgenommen, um bis 1980 doch immer wieder enttäuscht zu werden. (...) Frühere optimistische Zukunftserwartungen mussten an den neuen Realitäten ausgerichtet werden. Das betraf die Wirtschaft ebenso wie die Politik, die ihren Ausgaben wachsende Steuereinnahmen und Vollbeschäftigung zu Grunde gelegt hatten."[553]

Neben dem Strukturwandel waren die niedrigeren Wachstumsraten auch mitverantwortlich für die steigende Arbeitslosigkeit, die 1975 die Milliongrenze überschritt.[554] Eine Untersuchung des IAB aus dem folgenden Jahr verschob die Möglichkeit erneuter Vollbeschäftigung in weite Ferne. „Denn um bis 1980 Vollbeschäftigung zu erreichen, so die Prognose des Instituts, sei bei Ausländerzahlen von eineinhalb bis zwei Millionen ein jährliches Wirtschaftswachstum von fünf bis sechs Prozent erforderlich (...)." Realistische Prognosen gingen jedoch bereits von Raten von 2,5% aus,[555] wohingegen die Bundesregierung in ihrer Finanzplanung bis 1980 weiterhin 4,5% pro Jahr unterstellte.[556]

„Ein geringeres wirtschaftliches Wachstum mit weniger Steuerzahlern und Sozialbeitragspflichtigen hatte weitreichende Folgen für die Spielräume der öffentlichen Haushalte. Die staatliche Finanzplanung ging von einem wirtschaftlichen Wachstum von viereinhalb Prozent aus, was auch Ökonomen zunächst nicht für unrealistisch hielten. Der Wachstumseinbruch in Verbindung mit rückläufigen Steuereinnahmen unterminierte die früheren Ausgabenplanungen. Eine vom Bundeswirtschaftsministerium Anfang 1974 aufgestellte Berechnung zum gesamtwirtschaftlichen Finanzierungsrahmen des Bildungsbudgets bis 1978 vermag die neuen haushaltspolitischen Zwänge zu illustrieren. Bei einem angenommenen Wachstum von 4,4 Prozent konnte man bei einer projektierten Staatsquote von 43,2 Prozent im Jahr 1978 mit Staatsausgaben von fast 500 Milliarden DM rechnen. Reduzierte man die Wachstumsrate auf vier Prozent, musste man Defizite von 9,9 Milliarden DM in Kauf nehmen, bei drei Prozent schon 32,9 Milliarden. Bei einem niedrigeren Staatsanteil von 41,5 Prozent ergab sich bei einem Wachstum von drei Prozent schon ein Haushaltsdefizit von über 51,2 Milliarden DM. Solche Berechnungen hatten weitreichende Implikationen für viele andere Bereiche, insbesondere die Sozialpolitik. Die Kosten der Arbeitslosigkeit, ferner die Einbeziehung neuer Personengruppen in das Sys-

---

[552] Schmähl 2006, S. 480-481.
[553] Geyer 2008a, S. 50-52.
[554] Statistisches Bundesamt 2007, Tab. 2.10.
[555] Vgl. Geyer 2008a, S. 50-52.
[556] Vgl. Bundesministerium der Finanzen 1976, S. 125.

tem der sozialen Sicherung sowie die Dynamisierung in Verbindung mit rückwirkenden Anpassungen vor allem der Rentenleistungen mussten sich bei sinkenden Steuereinnahmen dramatisch auf die öffentlichen Haushalte auswirken. Hinzu kam, dass selbst die expansiven Momente der Sozialpolitik, die prognostizierbar gewesen wären, nicht berücksichtigt worden waren, was in den folgenden Jahren die finanzpolitische Situation noch schwieriger gestalten sollte."[557]

Obgleich sich in den 1970er Jahren nach dem Bericht des „Club of Rome" vor allem aufgrund ökologischer und sozialer Bedenken auch wachstumskritische Stimmen mehrten,[558] blieb es – sicherlich auch mangels konkreter wirtschaftspolitischer Alternativen – bei dem Wachstumsziel. Zu sehen war dies beispielsweise auf einer Fachtagung der SPD im April 1977. „Waren die einen der Auffassung, dass ‚Lebensqualität' nicht mit Wirtschaftswachstum gleichzusetzen sei und das blinde Festhalten an den Wachstumsmaßgaben zu Ressourcenverknappung und Umweltzerstörung führe und daher die Lebensqualität eher senken als steigern würde, vertrat eine andere Gruppe, allen voran Bundeskanzler Schmidt mit seinem Plädoyer, dass die Risiken beherrschbar waren, die Auffassung, dass weiteres Wirtschaftswachstum dringend nötig sei, damit Reformen machbar seien und soziale Programme erfüllt werden könnten."[559] Wirtschaftswachstum blieb Grundvoraussetzung, ohne die gerade Sozialpolitik gar nicht machbar erschien. „Die umstrittene Frage lautete, wie man die hohen Wachstumsraten früherer Jahre wieder erreichen und damit die von Experten bei niedrigem Wachstum vorhergesagte, konstant hohe Arbeitslosigkeit abbauen könne. (...) Das magische Ziel, das Ökonomen und Politiker beschworen und ihrem Handeln zu Grunde legten, war ein Wirtschaftswachstum von vier bis fünf Prozent. Die Frage war nicht, ob, sondern wie dieses Ziel erreicht werden könnte."[560] Die Antwort darauf bestand in erster Linie in einer stärker angebotsorientierten Wirtschaftspolitik, denn der Keynesianismus bot für das Phänomen von niedrigen Wachstumsraten bei gleichzeitig hohen Preissteigerungen („Stagflation") keine Lösungsansätze: „Entscheidend aber war die Klemme, in die der Keynesianismus auf Grund dieser gesamten Situation geriet. Eine Bekämpfung der Stagflation mit antizyklischer Fiskal- und Geldpolitik, ohne direkte staatliche Eingriffe in die einzelwirtschaftlichen Preis- und Produktionsentscheidungen, die politisch vehement abgelehnt wurden, war auf einmal widersprüchlich geworden."[561] Die steigende Zahl von Ökonomen, die für eine angebotsorientierte Wirtschaftspolitik plädierte, wurde vom Sachverständigenrat zur Begutachtung

---

[557] Geyer 2008a, S. 53.
[558] Vgl. etwa Meadows 1972.
[559] Geyer 2008a, S. 83.
[560] Geyer 2008b, S. 153-154.
[561] Bontrup 2008, S. 275.

der gesamtwirtschaftlichen Entwicklung unterstützt,[562] der sich mit seinen Positionen wiederum im weitgehenden Einklang mit der Bundesbank, den Wirtschaftsverbänden und den Parteien befand.[563] Kurzfristig waren somit niedrigere Wachstumsraten eine Hauptursache für den wirtschaftspolitischen Schwenk, der unter anderem zu langsamer steigenden Löhnen und einer sinkenden Besteuerung der Gewinne führte. Wie später noch zu zeigen sein wird, wurde damit zugleich eine Entwicklung noch zusätzlich forciert, die die Finanzierungsgrundlage der Gesetzlichen Rentenversicherung immer mehr verschmälert hat.

Den wachstumskritischen Stimmen und den bisherigen Erfahrungen mit überhöhten Prognosen zum Trotz, blieb es somit auch bei den unrealistischen Erwartungen hinsichtlich der konkreten Höhe. Die Raten wurden in den Jahreswirtschaftsberichten der Bundesregierung fortlaufend zu hoch angesetzt und mussten regelmäßig nach unten korrigiert werden. „Obwohl im Sommer 1977 intern klar war, dass man nie und nimmer das avisierte Wachstumsziel für das laufende Jahr erreichen würde, war mit Blick auf die Eckwerte für das kommende Haushaltsjahr 1978 und die Vorausschätzungen bis 1981 wieder von fünf Prozent Wachstum die Rede."[564] Die geradezu chronisch überhöhten Prognosen blieben nicht folgenlos: „Die Schwierigkeiten, in welche die Regierung hineinschlitterte, hingen auch mit den wirtschaftlichen Prognosen zusammen, auf welche das Regierungsprogramm aufbaute."[565] Nicht nur war aufgrund der niedrigeren Wachstumsraten an keinen Abbau der Arbeitslosigkeit zu denken, zugleich raubten diese den Sozialversicherungsträgern ihre Kalkulationsgrundlage. „Als im November 1976 das Wirtschaftsministerium die Prognose für das folgende Jahr nur minimal um einen halben Prozentpunkt auf fünf Prozent reduzierte, hieß das, dass nicht erst 1979, sondern schon 1978 starke Defizite in der Rentenversicherung auflaufen würden. Die neuen Zahlen durchkreuzten die Konsolidierungspläne der Rentenversicherung."[566]

---

[562] Vgl. Deutscher Bundestag 1977, Drs. 8/1221.
[563] „Mit fast stereotyper Regelmäßigkeit wurde in der Folgezeit die ‚Angebotspolitik' eingefordert (...) Nachfrageprobleme, Strukturwandel oder die veränderten außenwirtschaftliche Rahmenbedingungen (...) erschienen dagegen nur als vordergründige beziehungsweise sekundäre Einflussfaktoren." Die Angebotsbedingungen der Wirtschaft sollten verbessert werden, die Steuern gesenkt und keine neuen staatlichen Ausgabenprogramme aufgelegt werden. Allein dies schaffe Wachstum (vgl. Geyer 2008b, S. 160-161).
[564] Geyer 2008b, S. 157.
[565] Geyer 2008b, S. 155. Die erwarteten Wachstumsraten für Deutschland waren auch auf internationaler Ebene von Bedeutung: Die EG-Kommission und die großen westlichen Industrienationen erwarteten, dass Deutschland als Konjunkturlokomotive die Weltwirtschaft mit antreiben würde. 5% Wachstum waren fest eingeplant und von Schmidt auch ‚zugesichert' worden.
[566] Geyer 2008b, S. 154-155.

Auch der Umgang mit der demographischen Entwicklung ähnelte früheren Erfahrungen: Oben wurde gezeigt, dass der Rückgang der Geburtenrate alles andere als ein neues oder überraschendes Phänomen war (siehe 3.1, S. 73). Gegenteilige Einschätzungen mögen nicht zuletzt damit zusammenhängen, dass die zeitgenössische Politik vielfach bemüht war, dies als ein unerwartetes Ereignis darzustellen, das vor allem auch auf die Erfindung der ‚Pille' zurückzuführen sei. Tatsächlich stellte jedoch der von 1955 bis 1964 während Nachkriegs-Babyboom eine Ausnahme vom langfristigen Trend dar, der sich danach lediglich fortsetzte.[567] Wie es bereits das Statistische Reichsamt 1925 vorhergesagt hatte und es im Vorfeld der Rentenreform 1957 in der Wissenschaft auch bereits diskutiert worden war, sank die Geburtenrate insbesondere ab Mitte der 1960er Jahre deutlich, während parallel dazu die Lebenserwartung zunahm.[568] Die Bevölkerungszahl stieg bis zum Anwerbestopp im November 1973 aufgrund der sprunghaften Ausländerzuwanderung dennoch weiter an. „Den publikumswirksamen Anlass [für den Anwerbestopp, Anm. d. Verf.] bot der Ölpreisschock, aber die eigentliche Ursache lag in einer Kosten-Nutzen-Abwägung der Ausländerbeschäftigung. Im Kalkül der Bundesregierung war der Wendepunkt längst erreicht, an dem die sozialen Folgeprobleme die kurzfristigen Wachstumseffekte zu überwiegen begannen."[569] Der Anwerbestopp senkte die Zahl der ausländischen Erwerbstätigen, verstärkte allerdings die Tendenz zum Daueraufenthalt und Familiennachzug, so dass der Anteil der ausländischen Wohnbevölkerung zunahm. Würde man deren Kinder abziehen, so wäre der Einbruch der Geburtenrate noch stärker.[570]

Weiterhin war die Politik jedoch bemüht, die demographische Entwicklung als ein größtenteils zeitlich begrenztes Phänomen darzustellen. Wissenschaftler hatten bereits im Rahmen der Rentenreform 1957 das Bild eines „Rentenberges" kritisiert, der nach einigen kritischen Jahren eine günstigere Entwicklung verheiße. Womöglich stelle sich die Entwicklung nämlich lediglich deshalb so dar, weil die Vorausberechnungen der Bundesregierung an einem Punkt abbrächen, an dem der Altersquotient kriegsbedingt und nur vorübergehend zurückgehe.[571] Anfang der 1970er Jahre war man bereits 15 Jahre weiter, doch wie dargestellt waren auch die obligatorischen Vorausberechnungen der Bundesregierung um den gleichen Zeitraum verkürzt worden. Im Ergebnis brachen die Vorausberechnungen damit an derselben Stelle ab, nämlich in der zweiten Hälfte der 1980er Jahre. Der Sozialbeirat sah sich dementsprechend zu der Mahnung veranlasst,

---

[567] Vgl. Hockerts 2006, S. 140.
[568] Vgl. Statistisches Bundesamt, 2008a, S. 8-11.
[569] Hockerts 2006, S. 139.
[570] Vgl. Hockerts 2006, S. 139-140.
[571] Vgl. Luzius 1956, S. 276.

dass nicht nur die Auswirkungen der Beschäftigung ausländischer Arbeitnehmer, sondern vor allem die des Geburtenrückgangs erst jenseits der 15-Jahres-Vorausberechnung sichtbar würden. Zwar sei in Anbetracht der Unsicherheiten jedweder Projektionen zweifelhaft, ob eine vollständige Einnahmen-Ausgaben-Rechnung über einen längeren Zeitraum durchgeführt werden sollte. Dennoch sei es zu begrüßen wenn, „Untersuchungen über die weitere Entwicklung besonders relevanter Einflußgrößen (...) angestellt würden. (...) Ein solcher Blick über den Vorausberechnungszeitraum hinaus erscheint vor allem deshalb gerechtfertigt, weil der Rentenversicherung die Idee eines ‚Solidarvertrags zwischen den Generationen' zugrunde liegt; dies macht es wünschenswert, daß wenigstens in Umrissen erkennbar wird, welche Lasten durch Entscheidungen über die Gestaltung des Leistungssystems der Rentenversicherung der nächsten Generation auferlegt werden."[572] Dennoch wurde die langfristige demographische Entwicklung erst Ende der 1970er Jahre zu einem vieldiskutierten Thema.[573]

Es gibt allerdings auch Beispiele dafür, dass der Gesetzgeber versucht hat, systemimmanente Stabilisierungsmechanismen zu implementieren. Zu nennen ist hier vor allem der 1969 verabschiedete Finanzausgleich zwischen Arbeiter- und Angestelltenversicherung, der die unterschiedliche Vermögensentwicklung in beiden Versicherungen bei Überschreitung bestimmter Schwellenwerte teilweise kompensierte.

4.1.5 Zwischenergebnis

Im Falle eines mehrdimensional umverteilenden Systems wie dem der Gesetzlichen Rentenversicherung ist es nicht möglich, Verteilungspolitik nach ‚Kassenlage' zu machen, sondern nötig, Einschätzungen auch zum künftigen Finanzierungsspielraum der Rentenfinanzen zu treffen. Dieser Umstand ist unumstritten, daher spielten Prognosen und Annahmen zur künftigen Entwicklung der sozialen und wirtschaftlichen Rahmenbedingungen stets eine große Rolle und zwar sowohl im Rahmen von Reformvorhaben als auch – in Form von diversen Berichterstattungspflichten der Bundesregierung – im normalen ‚Tagesgeschäft' der GRV. Die Qualität der Prognosen und Annahmen ist von ausschlaggebender Bedeutung dafür, ob die politisch erwünschten Leistungen der Rentenversicherung im Zeitablauf auch tatsächlich erbracht werden können und damit letztlich entscheidend für die Frage, ob das Rentensystem in einer verlässlichen Weise Sicherheitsperspektiven vermitteln und sich darüber legitimieren kann. Wie gezeigt wurde, wiesen jedoch auch in dieser Periode die Annahmen zu den

---

[572] Deutscher Bundestag 1973, Drs. 7/1176, S. 98.
[573] Vgl. Geyer 2008b, S. 225-228.

Rahmenbedingungen ganz erhebliche Mängel auf und zwar gleichgültig, ob diese nun die Entwicklung der Wirtschaftskraft, der Löhne, der Arbeitslosigkeit oder der Demographie betrafen. Dieser Umstand kann – erneut – unter zwei Gesichtspunkten betrachtet werden.

Erstens bestätigt sich das Ergebnis des letzten Kapitels, nämlich dass die Rentenversicherung von ihrer Konstruktion her nicht nur anfällig ist für demographische Verschiebungen, sondern dass vielmehr ein erheblicher Teil der kurzfristigen Finanzierungsschwierigkeiten im Zusammenhang steht mit fallenden Wachstumsraten.

Nach der Rentenreform 1957 waren die Erwartungen hinsichtlich der Rentenfinanzen über Jahre hinweg ausgesprochen pessimistisch. Anders verhielt es sich im Rahmen der Rentenreform 1972. Daher kann anhand dieser zweitens analysiert werden, welche Rolle die zwingend notwendigen Vorausberechnungen in einer Phase *positiver Zukunftserwartungen* spielen.

4.1.5.1 Expansion als Prinzip

Den Beteuerungen von *Wilfrid Schreiber* zum Trotz, sein System berücksichtige die Wirtschaftsdynamik lediglich, sei jedoch nicht auf sie angewiesen, kam der wirtschaftlichen Entwicklung in den Jahren nach der Rentenreform 1957 eine Schlüsselrolle zu. Wie gezeigt, verhielt es sich in der weiteren Periode bis 1982 ähnlich. Eine fortlaufende Steigerung der wirtschaftlichen Leistungsfähigkeit wurde mit einkalkuliert. Oftmals geschah dies explizit. So hatte die große Koalition unter *Kurt Georg Kiesinger* nach Wegen gesucht, wie ein andauerndes Wirtschaftswachstum garantiert werden könne, denn nur so seien Sozialausgaben überhaupt finanzierbar. Vor allem aber *Willy Brandts* Politik der „Inneren Reformen" beruhte erklärtermaßen auf der Prämisse, dass die Wirtschaft stetig wachsen und so die nötigen Finanzierungsquellen zur Verfügung stellen werde. Dies erschien auch problemlos möglich, denn wie dargestellt war die Phase ab Ende der 1960er Jahre von einem ungeheuren Machbarkeitsoptimismus geprägt:

> „Durch eine aktive Konjunktur- und Arbeitsmarktpolitik schienen Vollbeschäftigung und Wirtschaftswachstum langfristig gesichert, so dass man glaubte, Sozialpolitik dauerhaft aus der Verteilung von Zuwächsen finanzieren zu können. Wie eng Sozialstaatsexpansion, Wirtschaftswachstum und Vollbeschäftigung miteinander verkoppelt waren, hat Helmut Schmidt ebenso hellsichtig diagnostiziert wie falsch prognostiziert, als er im Zusammenhang mit der Rentenreform feststellte: ‚Wenn da etwa wieder einmal jemand eine Rezession herbeiführen sollte, wenn wir dann wegen Arbeitslosigkeit keine Versicherungsbeiträge zur Rentenversicherung mehr zahlen sollten, sondern Arbeitslosenunterstützung, dann könnte die ganze Ren-

tenreform nicht funktionieren, und es würden dann auch die Renten nicht so ausgezahlt und finanziert werden können. Die Rentenanhebung und die flexible Altersgrenze beruhen darauf, daß in den nächsten 10, in den nächsten 20 Jahren soziale-
mokratische Vollbeschäftigungspolitik betrieben wird und auch alle aktiven Arbeitnehmer Sozialversicherungsbeiträge zahlen wie auch die Arbeitgeber. Aber so wird
es ja auch kommen.'"[574]

Doch auch implizit beziehungsweise in verdeckter Form spielte die Annahme
eines stetigen Wachstums eine wichtige Rolle, so bei der Vorausberechnung der
künftigen finanziellen Lage. Die Finanzierungsspielräume, die in den ersten
Jahren der Regierung Brandt binnen kürzester Zeit ungeheure Ausmaße annahmen, mussten zwangsläufig steigen: „Dieses war eine geradezu notwendige
Folge der verwendeten Methodik (...) In den Vorausberechnungen von 1969 bis
1972 wurde eine stets steigende Ausgangsbasis wie auch eine Anhebung der
unterstellten Lohnzuwachsraten verwendet. Steigende Überschüsse waren damit
rechnerisch vorprogrammiert."[575] Bundesregierung und Sozialbeirat diskutierten
zwar darüber, ob es nicht „zweckmäßiger wäre, hier eine allmähliche Minderung
der Entgeltsteigerungen zu unterstellen",[576] doch man entschied sich gegen ein
solches Vorgehen. Indem die rechnerisch steigenden Überschüsse darüber hinaus
nicht nur zur ,Aufbesserung' der Finanzlage der Rentenversicherung, sondern
auch zur Entlastung des Bundeshaushalts und damit zur Finanzierung auf anderen Politikfeldern eingesetzt wurden, gerieten die GRV-Finanzen zusätzlich
unter Druck. Der tatsächlich gezahlte Bundeszuschuss war bis Mitte der 1970er
Jahre von ehemals 24% der Gesamtrentenausgaben in 1957 auf unter 15%
abgesunken.[577]
     Bereits damals deutete sich an, dass in politischen Debatten vor allem die
Empfindlichkeit der GRV gegenüber demographischen Veränderungen in den
Mittelpunkt gerückt und als Ursache für Finanzierungsengpässe herangezogen
wird. Das spätestens in dieser Phase deutlich zutage tretenden ,Prinzip Expansion' relativiert aber die Bedeutung des Demographischen Wandels. Es kann die

---

[574] Süß 2006, S. 221.
[575] Schmähl 2006, S. 449-450. Die Methodik beruhte für die Lohnentwicklung als der besonders
wichtigen Einflussgröße für Einnahmen und Ausgaben auf folgenden Werten: „(a) für das Ausgangsjahr der Vorausberechnung auf einem vorläufigen Wert; (b) für das erste, Jahr des Vorausbere-
chungszeitraums einem Prognosewert, basierend auf dem Jahreswirtschaftsbericht der Regierung; (c)
für die ersten fünf Jahre des Vorausberechnungszeitraums auf der durchschnittlichen Änderungsrate
der Bruttoentgelte aus der mittelfristigen Zielprojektion der Regierung; (d) für die restlichen zehn
Jahre auf einem Wert, der auf der mittleren Variante der vom BMWF erstellten ,langfristigen
Wirtschaftsperspektiven' (interpretierbar als Zielgröße der Regierung bei ausgeglichener Konjunktur
und nichtinflatorischer Entwicklung) beruhte. Zudem wurde Vollbeschäftigung unterstellt."
[576] Deutscher Bundestag 1973, Drs. 7/1176, S. 96.
[577] Deutsche Rentenversicherung (Hg.) 2009a.

These gestützt werden, wonach die Rentenversicherung auch jenseits der Bevölkerungszusammensetzung darauf angewiesen ist, dass sich bestimmte unterstellte Rahmenbedingungen nicht in einer grundsätzlichen Weise ändern. Wie gezeigt, ist dabei die wichtigste rentenpolitische Grundannahme der Rente von
1957 (entgegen Schreibers Beteuerungen), dass die Wirtschaft dauerhaft um
durchschnittlich in etwa konstante Raten wächst und die Rentenversicherung
daran partizipiert.

Schließlich sind auch innerhalb des Rentensystems weiterhin expansive E-
lemente erkennbar: Mit der Ausweitung des Versichertenkreises, die zu einem
Auseinanderfallen von Einnahmen und Ausgaben führt und die deshalb bereits
früher kritisch betrachtet worden war,[578] wurde fortgefahren. So wies der Sozialbeirat mehrfach auf die zusätzlich entstehenden Rentenansprüche hin, „die aus
der ‚Öffnung' resultieren und erst später zu Ausgaben führen, während zusätzliche Beitragseinnahmen sofort budgetwirksam werden und in die Rechnungser-
gebnisse eingehen."[579]

4.1.5.2 Die konfliktmindernde Funktion der unterstellten Rahmenbedingungen

Ähnlich wie bereits im Rahmen der Rentenreform 1957 ermöglichten die unterstellten Rahmenbedingungen neue Kompromisse auf der Erwartungsebene.
Während Umverteilungssysteme ansonsten aus dem jeweils aktuellen Haushalts
gespeist werden, dessen errechneter Umfang nicht ohne weiteres manipulierbar
ist, gilt dies im Rahmen der Rentenversicherung für die notwendigerweise zu
treffenden Annahmen zur künftigen Entwicklung nicht. Sollten hier die unterstellten Rahmenbedingungen und damit der künftige finanzielle Spielraum
nämlich nicht mit der aktuell angestrebten Politik vereinbar sein, ließe sich der
Konflikt durch einfache Veränderung der Annahmen umgehen. Dies geschah
sowohl in Zeiten mit positiven wie auch negativen Zukunftsaussichten.

Wie dargestellt, konnten 1972 inhaltliche Differenzen in den Reformplänen
einfach dadurch überbrückt werden, dass mehrere Konzepte gleichzeitig umgesetzt wurden. Besonders deutlich trat diese Form der Kompromissfindung auf
der Erwartungsebene hervor, als die Union im Bundestag 1972 noch weitere
Vorhaben mit einem zusätzlichen Volumen von rund 20 Mrd. DM durchsetzen
konnte. Dies überschritt selbst den auf bereits übermäßig optimistischen Annahmen beruhenden Finanzierungsspielraum. Das Bundesarbeitsministerium minderte daraufhin – trotz unveränderter Bedingungen – die unterstellte Inanspruch-

---

[578] Vgl. Sachs 1967b, S. 186.
[579] Schmähl 2006, S. 480-481.

nahme der flexiblen Altersgrenze auf 70%, wodurch sich die Kosten des Gesamtpakets wieder um rund 20 Mrd. DM reduzierten.

In ähnlicher Weise ging die Bundesregierung vor der Bundestagswahl 1976
vor. Hier wurden ungünstige Prognosen zur kurz- und mittelfristigen Finanzentwicklung, die das Erfordernis einer Beitragserhöhung offenkundig gemacht
hätten, entgegen der bisherigen Praxis nicht im Rentenanpassungsbericht aufgeführt. Die stattdessen verwendeten Alternativrechnungen hingegen legten für die
damalige Zeit unrealistisch hohe Lohnsteigerungen von mindestens 9% jährlich
zugrunde. Gleichwohl gelang es der Bundesregierung damit vor der Wahl die
unliebsame Frage von eigentlich nötigen Beitragserhöhungen zu umgehen. Bei
dem unterstellten künftigen Bevölkerungsaufbau wiederum brachen die Vorausberechnungen über Jahrzehnte hinweg regelmäßig zu dem Zeitpunkt ab, an dem
sich diese nur vorübergehend günstiger entwickelten. Dementsprechend erschien
es lange Zeit möglich, auf konfliktträchtige, diese Entwicklung berücksichtigen-
de Maßnahmen zu verzichten. Es muss jedoch betont werden, dass es jedenfalls
in dieser Zeitperiode kaum Belege dafür gibt, dass der Demographische Wandel
die Finanzierungsprobleme wesentlich mitverursacht hätte.

4.1.5.3 Die ausgabenverstärkende Funktion der unterstellten Rahmenbeding-ungen

Betrachtet man den Zeitraum zwischen 1966 (also nachdem bereits zehn Jahre
Erfahrungen mit der dynamischen Rente gesammelt werden konnten) bis 1982,
so zeigt sich, dass die (teils sehr umfangreichen) Pflichten zur vorausschauenden
Planung ihre Funktion, eine nachhaltige Finanzierung zu ermöglichen – erneut –
nicht erfüllen konnten. Im Gegenteil: Es drängt sich teilweise der Eindruck auf,
dass vermeintlich fundierte Vorausberechnungen sogar zu einer ungehemmteren
Ausgabenpolitik verleiteten und dass es möglicherweise bei einem Fehlen
jedweder Vorausschau und damit Planungssicherheit später nicht zu derart
gravierenden Finanzierungsengpässen gekommen wäre. Trugen also möglicherweise gerade diejenigen Instrumente, die der besonderen Eigenschaft der Rentenversicherung als mehrdimensional umverteilendes System gerecht werden
sollten zu der Unberechenbarkeit der Rentenfinanzen bei? Für diese Annahme
gibt es zumindest Anhaltspunkte: Nachdem es in der zweiten Hälfte der 1960er
Jahre zu den – bereits zuvor absehbaren – Finanzierungsengpässen gekommen
war, stand die Haushaltskonsolidierung im Vordergrund. Eine Anhebung des
Beitragssatzes wurde beschlossen, ebenso die Beteiligung der Rentner an ihrer
Krankenversicherung. Allseits herrschte Befriedigung vor, dass eine ‚Periode der
Ungewissheit' über die Entwicklung der Rentenfinanzen zu Ende gehe. Nach-

dem die Konjunktur Ende der 1960er Jahre jedoch wieder angezogen hatte, setzte eine Phase des beispiellosen Leistungsausbaus ein. Hierbei spielten die langfristigen Annahmen zu den Rentenfinanzen eine entscheidende und möglicherweise fatale Rolle. Betrachtet man nämlich, welche Wirkung sie faktisch im politischen Tagesgeschehen entfalten, so scheinen diese am treffendsten als *Verstärker* charakterisiert werden zu können. Damit ist folgendes gemeint: In konjunkturell ungünstigen Zeiten wie in der zweiten Hälfte der 1960er waren auch die Annahmen zur weiteren Wirtschaftsentwicklung und zu den Finanzen der Rentenversicherung pessimistisch. Dementsprechend zurückhaltend war der Gesetzgeber hinsichtlich möglicher Leistungsversprechen. Als kurz darauf die Konjunktur wieder anzog, besserten sich schlagartig auch die Annahmen zur künftigen wirtschaftlichen Situation der Volkswirtschaft wie auch des Staates. In solchen Zeiten positiver Zukunftsaussichten scheinen langfristig angelegte Kalkulationen einen unbedachten Umgang mit den verfügbaren Mitteln geradezu herauszufordern. Denn aus Sicht der Politik *muss* hier die künftige Kassenlage nicht nur mitberücksichtigt werden, sondern sie *kann* auch mitberücksichtigt werden. Aufgrund der Mehrdimensionalität des Rentensystems kommt es scheinbar auch zu einer Mehrdimensionalität des verfügbaren Budgets – die Politik sieht sich in die vermeintliche Lage versetzt, über die Summe der Haushalte mehrerer Zeitperioden auf einmal verfügen zu können. Die zusätzlich zeitliche Dimension der Rentenfinanzen wirkt also *potenzierend* auf den erwarteten Finanzierungsspielraum: Binnen nicht einmal zweier Jahre haben sich die bis 1985 angenommenen Überschüsse von 6,6 Mrd. auf rund 185 Mrd. beinahe verdreißigfacht. Hierbei scheint eine besondere Rolle zu spielen, dass Modellrechnungen ohne statistische Grundlagen nicht als solche wahrgenommen, sondern vielmehr als Prognosen fehlinterpretiert wurden. Begünstigt wurde dies dadurch, dass die Bundesregierung bis 1975 ihre Vorausberechnungen in nur einer einzigen Variante vorlegte und folglich zu eindeutigen Ergebnissen für jedes Jahr des Projektionszeitraums kam. „Der große Nachteil dieser Vorgehensweise liegt aber gerade in der vorgeblichen Eindeutigkeit der Ergebnisse, die keinen Schluß auf die mit der Vorausberechnung verbundenen Unsicherheiten zuläßt."[580] Der daran vorgetragenen Kritik wurde Rechnung getragen, indem die Bundesregierung seit 1976 verschiedene Varianten für die jährliche Einkommensentwicklung und Arbeitsmarktsituation durchrechnete. Dennoch wurden weitere wichtige Einflussfaktoren wie Sterblichkeit, Rentenzugangs- und Rentenwegfallshäufigkeiten oder Rentenhöhe weiter als konstant angenommen.[581]

Entsprechend der scheinbaren Verlässlichkeit der überaus günstigen Vorausberechnungen fielen auch die in Angriff genommenen Reformen aus: Der

---

[580] Butz 1985, S. 3.
[581] Vgl. Butz 1985, S. 3-4.

Beitrag der Rentner an der Krankenversicherung wurde wieder abgeschafft, die bereits bezahlten Beiträge gar zurückgezahlt. Mehrere Vorhaben, ursprünglich alternativ gedacht, wurden nun parallel verwirklicht. Ausgabenträchtig waren hier insbesondere die Flexibilisierung und Herabsetzung der Altersgrenzen sowie die Anhebung des Rentenniveaus insgesamt. Dieser Leistungsausbau mag aus sozialpolitischer Perspektive (insbesondere hinsichtlich der Renten nach Mindesteinkommen) wünschenswert gewesen sein, er war jedoch – wie der VDR betonte – der eigentliche Grund für die Finanzierungsprobleme nur wenige Jahre später. Diese sowie der konjunkturelle Abschwung machten erst die drastischen Sparmaßnahmen ab Ende der 1970er Jahre erforderlich.

4.1.5.4 Zusammenfassung

Insgesamt war die Rentenpolitik der Periode zwischen 1966 und 1982 wenig dazu geeignet, ein verlässliches und auf Dauer angelegtes Rentensystem zu verwirklichen. Vielmehr wurde noch stärker als dies bereits bei der Rentenreform von 1957 der Fall gewesen war, eine Politik betrieben, die von unbelastbaren Vorausberechnungen ausging. Dies hatte mehrere Ursachen.

Erstens waren die unterstellten Rahmenbedingungen bereits von vornherein überoptimistisch, da sie prinzipiell auf der Annahme einer fortwährenden starken Expansion der Wirtschaftskraft beruhten und dementsprechend stark wachsende Löhne sowie Vollbeschäftigung zugrunde legten.

Zweitens hatte die Verwendung von Annahmen und Prognosen offenbar eine potenzierende Wirkung auf den errechneten Finanzierungsspielraum, wodurch ihre eigentlich ausgabenbegrenzende Funktion konterkariert wurde.

Drittens wurden darüber hinaus die Rahmenbedingungen teils noch zusätzlich zum Zwecke der Kompromissfindung manipuliert, wenn ein bestimmtes politisches Ziel nicht mit dem erwarteten Finanzierungsspielraum zu vereinbaren war beziehungsweise unterschiedliche Konzepte parallel verwirklicht werden sollten.

Als sich Annahmen später als fehlerhaft herausstellten und es zu Finanzierungsengpässen kam, war die Politik bemüht, das Ausmaß der Fehlkalkulationen zu relativieren. Dies geschah vor allem dadurch, dass die unbestreitbaren, weil offen zutage liegenden ungünstigen Rahmenbedingungen als ein jedenfalls *zeitlich begrenztes* Ereignis und damit in gewisser Weise erneut zu optimistisch interpretiert wurden. Dies betraf nicht nur die wirtschaftliche Entwicklung mit all ihren Folgen, sondern auch die Demographie, etwa indem – der schon seit den 1950er Jahren geübten Kritik zum Trotz – weiterhin von einem ‚Rentenberg' gesprochen wurde, dem ein günstigerer Bevölkerungsaufbau folgen würde. Den vermeintlich zeitlich begrenzten Problemen glaubte man daher auch mit nur zeitlich begrenzten Maßnahmen begegnen zu müssen beziehungsweise auch zu können. Besonders deutlich wird dies am Beispiel der Schwankungsreserve, die 1973 noch 9,4 Monatsausgaben betragen hatte und die bis 1982 auf 2,1 Monatsausgaben reduziert wurde[582] und zwar vor allem mit der Begründung, dass damit die „kurzfristigen Liquiditätsengpässe" überbrückt werden könnten.

Im Ergebnis führte diese Vorgehensweise zu nur verzögerten Reaktionen der Politik, was spätere, noch weiter reichende Maßnahmen nötig machte. Als diese Maßnahmen dann schließlich ergriffen wurden, lag diesen wiederum kein schlüssiges Gesamtkonzept zugrunde. Da grundlegende Änderungen und insbesondere Beitragsanhebungen nämlich als vermeidbar bezeichnet wurden, handelte es sich vielmehr um eine Vielzahl von immer weiteren Einzelmaßnahmen, die sich stets aufs Neue als unzureichend erweisen sollten. Damit zeigt sich auch in dieser Periode der aus den typischerweise verfehlten Annahmen resultierende sich selbst bedingende Reformbedarf. Es kann daher auch nicht verwundern, wenn im Zusammenhang mit der Rentenversicherung immer wieder von Unsicherheiten die Rede war und sich die Politik bemüßigt sah, die Verlässlichkeit des Rentensystems zu beteuern.

Die Auswirkungen der Rentenreform 1972 erscheinen im Rückblick besonders gravierend, die Fehlkalkulationen besonders umfassend. Dementsprechend argumentierte 1980 etwa Molitor 1980b, die Politiker hätten zum Großteil „die Malaise (...) zumal seit 1972 selbst gleichsam vorprogrammiert."[583] Wie allerdings in Kapitel 3 dargestellt, wären in den ersten zehn Jahren nach Einführung der dynamischen Rente ebenfalls grundlegende Änderungen nötig gewesen, wenn sich die Rahmenbedingungen nicht weit besser entwickelt hätten, als erwartet werden konnte. Auch wenn sich daher, insbesondere im Rückblick, die Rentenreform 1957 als Erfolg herausstellte, die Reform von 1972 hingegen kurz darauf in einer Finanzkrise endete, erscheint es unangebracht, dies im einen Fall dem Verdienst, im anderen Fall dem Versagen der politischen Akteure zuzurechnen. Vielmehr lagen den Reformen in beiden Fällen wenig solide Vorausberechnungen zugrunde.

Unabhängig von der Frage, inwieweit die Prognosen und Annahmen instrumentalisiert wurden, können mit Blick auf sich verändernde Rahmenbedingungen die plötzlich auftretenden Finanzierungsschwierigkeiten zumindest in weiten Teilen nicht der sich langsam ändernden Demographie zugerechnet werden. Neben den unrichtigen Annahmen zum Finanzierungsspielraum sind in diesem Zusammenhang vielmehr erstens die einbrechenden Wachstumsraten und damit auch geringeren Lohnsteigerungen zu nennen, was bei einer grundlegend

---

[582] Schmähl 2008, S. 466.
[583] Molitor 1980b, S. 50; ähnlich Müller 1988, S. 148.

auf Wachstum basierenden Sozial- und Rentenpolitik verhängnisvoll war. Hinzu kam zweitens der tief greifende Strukturwandel der Wirtschaft. Strukturwandel und niedrigeres Wachstum wirkten sich auf die Arbeitslosenquote aus und führten zu Einnahmeausfällen. Wie oben gezeigt, waren die 1970er Jahre zugleich Ausgangspunkt für eine sinkende Lohnquote und damit eine Verengung der Rentenfinanzierung auf einen kleineren Teil des ohnehin langsamer als erwartet wachsenden Volkseinkommens.

Jenseits der bereits grundsätzlich bestehenden Wachstumsabhängigkeit der Sozialsysteme vom Wirtschaftswachstum führten darüber hinaus systeminterne Mechanismen des Rentensystems zu einer besonderen Anfälligkeit für sinkende Wachstumsraten. So etwa die bereits mit der Reform von 1957 implementierte zeitverzögerte Anpassung der Bestandsrenten, der die Annahme ständig wachsender Löhne zugrunde lag und die zwanzig Jahre später mitten in der Rezession zu den immens hohen Rentenzuwächsen führte.

4.2 Ständiger Konsolidierungsbedarf: 1982-2009

4.2.1 Die Regierung Kohl bis zur Wiedervereinigung (1982-1989)

Wie oben dargestellt, ging bereits Mitte der 1970er Jahre eine Phase des starken Sozialstaatsausbaus zu Ende. Angesichts des offensichtlichen Abschwungs hatte die Politik keine andere Wahl, als ihre Wachstumserwartungen deutlich zu reduzieren. Wie jedoch ebenfalls gezeigt, bedeutete dies nicht zwangsläufig, dass diese Erwartungen deshalb realistisch waren: 1975 wurden weiterhin Lohnzuwächsen von 9% unterstellt und auch in den folgenden Jahren wurde das Wirtschaftswachstum regelmäßig erheblich zu positiv prognostiziert. Insoweit setzte sich die Tendenz zu typischerweise überoptimistisch eingeschätzten Rahmenbedingungen nahtlos fort – wenn auch auf niedrigerem Niveau.

4.2.1.1 Die Phase der Konsolidierung

Der neue Bundeskanzler *Helmut Kohl* sprach dies 1982 in seiner ersten Regierungserklärung direkt an. Der folgenreichste Fehler der SPD-geführten Bundesregierung sei es gewesen, die „Grenzen der Belastbarkeit der deutschen Wirtschaft und der arbeitenden Menschen (...) erst getestet und dann weit überschritten zu haben." Die Lücke zwischen steigenden Ansprüchen und unzureichenden Mitteln zu deren Befriedigung sei immer größer geworden:

„Die Ansprüche an den Staat und die Systeme der sozialen Sicherung wurden an der optimistischen Vorstellung eines ständigen und kräftigen Wachstums der Wirtschaft orientiert. (...) Als diese hohen Wachstumsraten ausblieben, fehlte es an Einsicht und Kraft, die notwendigen Konsequenzen zu ziehen und die notwendigen Korrekturen durchzusetzen. (...) Was damals an Korrekturen unterlassen wurde, als sie noch mit verhältnismäßig geringen Opfern möglichen waren, muß heute mit größeren Schmerzen und mehr Zeitaufwand nachgeholt werden."[584]

Zum einen aber verschwieg diese Kritik natürlich, dass sich die Union im Rahmen der 200 Mrd. DM teuren Rentenreform von 1972 an der „optimistischen Vorstellung eines ständigen und kräftigen Wachstums der Wirtschaft" beteiligt hatte. Zum anderen setzte auch die neue Regierung darauf, die „Wachstums-schwäche" zu überwinden und auf diese Weise nicht nur die Arbeitslosigkeit zu bekämpfen, sondern auch den Sozialstaat zu sanieren. Es gebe zwar eine Krise der Weltwirtschaft, doch die sei vor allem auch eine Krise der einzelnen Volks-wirtschaften. Der Blick auf das Ausland dürfe daher nicht den Blick verstellen für die hausgemachten und also von der SPD verursachten Wachstums-, Be-schäftigungs- und Finanzierungsprobleme.[585]

Da die Regierungsparteien nach dem erfolgreichen Misstrauensvotum einen Legitimationsbedarf sahen, wurde mittels der verfassungsrechtlich umstrittenen Vertrauensfrage Kohls im Dezember 1982 der Weg zu Neuwahlen beschritten. Aus der Bundestagswahl 1983 ging die Union gestärkt hervor, während SPD und FDP Abstriche hinnehmen mussten. Auch in seiner neuen Regierungserklärung vom 4. Mai 1983 bekräftigte Kohl den Konsolidierungsbedarf im Sozialbereich. Die Arbeitslosigkeit müsse abgebaut werden, es gelte wieder ein angemessenes Wachstum zu erreichen und die öffentlichen Finanzen und Renten müssten gesichert werden. Es werde nun Schluss damit gemacht „die Belastbarkeit der Wirtschaft zu erproben."[586] Dabei hob die neue Bundesregierung immer wieder die Bedeutung eines bislang überschätzten Wirtschaftswachstums für die Sozial-systeme hervor, so etwa im Sozialbericht 1983: „Das wirtschaftliche Wachstum verläuft deutlich schwächer als jene Wachstumsraten, wie sie uns aus den 50er, 60er und frühen 70er Jahren vertraut waren. Die sozialen Sicherungssysteme wurden auf andere als die jetzigen Wachstumsraten eingestellt."[587]

In der öffentlichen Wahrnehmung läutete der Regierungswechsel eine grundlegende und nachhaltige Wende vor allem auch in der Sozialpolitik ein. Diese Einschätzung ist jedoch zu relativieren. Es waren vor allem die verbalen

---

[584] Deutscher Bundestag 1982, Plenarpr. 9/121, S. 7214.
[585] Vgl. Deutscher Bundestag 1982, Plenarpr. 9/121, S. 7214.
[586] Vgl. Deutscher Bundestag 1983, Plenarpr. 10/4, S. 57.
[587] Deutscher Bundestag 1983, Drs. 10/842, S. 6.

Schlagabtausche zwischen Regierung wie auch Opposition,[588] die diesen Eindruck erweckten und der von beiden Seiten wohl auch so gewollt war, um jeweils die Unterschiede zur Politik der Gegenseite herauszustellen: Kohl sprach von einer unverzichtbaren grundlegend neuen Wirtschafts- und Gesellschaftspolitik,[589] die SPD warf der Regierung vor, sie demontiere die Sozialpolitik, die „vielgefeierte Wende" sei daher die „Wende zum Klassenkampf von oben nach unten und zur Umverteilung von unten nach oben."[590] Zum einen hatte jedoch bereits die Regierung Schmidt den Wechsel weg von der Expansion und hin zu einer Konsolidierungspolitik eingeleitet.[591] Zum anderen und vor allem aber erstreckten sich die Einsparbemühungen der neuen Regierung im Wesentlichen auf die beiden ersten Jahre bis 1984. Im Unterschied zur FPD setzte nämlich auch die Union, zu deren Wählerschaft große soziale Leistungsempfängergruppen – allen voran die Rentner – gehören, auf einen weit ausgebauten Sozialstaat. Einig war sie sich allerdings mit den Liberalen in der Einschätzung, dass die Wirtschaft durch übermäßige Regulierung und überhöhtes Anspruchsdenken überlastet sei und dass die Staatsfinanzen vor einer hausgemachten Krise stünden.[592]

Die Warnung des Arbeitsministeriums, wonach die Sozialpolitik insgesamt ohne einschneidende Maßnahmen von dem finanziellen Kollaps bedroht war, dürfte jedoch überzogen gewesen sein. Denn auch wenn die Sozialleistungsquote in der Tat stark angestiegen war,[593] hatten viele andere westliche Länder wie Frankreich oder die Niederlande noch höhere Quoten. Diese wurden allerdings nicht zum Vergleich herangezogen, sondern die weltwirtschaftlich besonders einflussreichen Staaten USA und Japan, mit denen man sich im Export messen musste. Da aus Sicht der neuen Regierung die Steigerung der Sozialausgaben zuvor vom Wirtschaftswachstum abgekoppelt worden sei, müsse es nun eine „Atempause" in der Sozialpolitik geben. Bundesarbeitsminister *Norbert Blüm* betonte, dass diese lediglich die Finanzierbarkeit des Systems sichern solle ohne dabei das System selbst zu verletzen. Auf diese Weise solle „aus der Hektik einer sich ständig ändernden Gesetzgebung" ausgestiegen und zunächst ein Überblick „im Tumult der Vorschläge" gewonnen werden. Dann müssten die Sozialversicherungen an veränderte wirtschaftliche Bedingungen angepasst und die Gesellschaft daran gewöhnt werden, dass Fortschritt nicht allein von

---

[588] Vgl. Schmidt 2005b, S. 100.
[589] Vgl. Deutscher Bundestag 1982, Plenarpr. 9/121, S. 7215.
[590] Vgl. Deutscher Bundestag 1982, Plenarpr. 9/121, S. 7236.
[591] Vgl. Schmidt 2005c, S. 65.
[592] Vgl. Schmidt 2005c, S. 63.
[593] Statistisches Bundesamt 2009d, Tab. 7.2.

Wohlstandsmehrung abhängig sei, sondern es vor allem gelte, einmal Erreichtes zu erhalten.[594]

Es ist daher erstens zu konstatieren, dass man sich den Nachteilen der bisherigen ad-hoc-Politik in der Rentenversicherung zunehmend bewusst wurde oder sie zumindest artikulierte. Zweitens erkannte man offensichtlich die Gefahren einer stark wachstumsbasierten Sozialpolitik, was natürlich dadurch begünstigt wurde, dass man diese beziehungsweise deren negativen Folgen der Vorgängerregierung ankreiden und argumentativ gegen die Opposition verwenden konnte.

Eine besonders kritische Situation sah die Koalition in der Rentenversicherung heranwachsen: Deren finanzielle Entwicklung war 1982 geprägt durch die schon länger anhaltende Konjunkturschwäche bei gleichzeitig nur geringen Rücklagen. Die Finanzlage verschlechterte sich zusehends.[595] „Ohne Sofortmaßnahmen könnte die Rentenversicherung ihren Zahlungsverpflichtungen im Jahr 1983 aus eigener Kraft nicht nachkommen. ‚Wende oder Ende' – so laute die Alternative."[596] Zu der proklamierten „Atempause" gehörte dementsprechend die Bremsung der Rentenausgaben. Mangels eines umfassenden Reformkonzepts geschah dies allerdings erneut durch kurzfristig wirksame Sofortmaßnahme, insbesondere mittels Verschiebung der nächsten Rentenanpassung um ein halbes Jahr auf den 1. Juli 1983. Zudem wurde die Beteiligung der Rentner an den Kosten ihrer Krankenversicherung in den folgenden zwei Jahren um jeweils zwei Prozentpunkte angehoben. Die eigentlich erst für den 1. Januar 1984 vorgesehene Beitragssatzerhöhung von 18% auf 18,5% wurde drei Monate vorgezogen.[597] Auch im Budget der Bundesanstalt für Arbeit sollte gespart werden, indem die Beiträge an die Rentenversicherung nur noch nach der Höhe der gewährten Lohnersatzleistung bemessen wurden und nicht mehr, wie es erst 1978 eingeführt worden war, auf der Basis des zugrunde liegenden Arbeiteinkommens. Im Ergebnis wurden damit die Beitragszahlungen um etwa die Hälfte reduziert.[598] Umgesetzt wurden diese Maßnahmen im Rahmen des Haushaltsbegleitgesetzes 1983, das den Bundeshaushalt mit rund 12,3 Mrd. DM entlastete.[599] Für die Rentenversicherung hingegen kam es dadurch zu keiner Entlastung, da den Ausgabenminderungen auch entsprechende Einnahmenreduzierungen gegenüberstanden.[600] Die Defizite in der Rentenversicherung wurden somit nicht bekämpft, sondern vielmehr der Haushalt des Bundes sowie der Bundesanstalt für Arbeit saniert. 38% des gesamten Entlastungsvolumens für den Bundeshaushalt

---

[594] Vgl. Deutscher Bundestag 1982, Plenarpr. 9/123, S. 7419.
[595] Vgl. Schmähl 2005, S. 320.
[596] Schmidt 2005c, S. 63-64.
[597] Vgl. Bundesgesetzblatt, Teil I, 1982, Nr. 54, S. 1857, insb. S. 1888-1889.
[598] Vgl. Schmähl 2005, S. 321.
[599] Vgl. Bundesgesetzblatt, Teil I, 1982, Nr. 54, S. 1857; vgl. dazu Schewe 1983, S. 2.
[600] Vgl. Schewe 1983, S. 2-4.

entfielen auf den Bereich der Rentenversicherung, hier war die Reduzierung der Zahlungen der Bundesanstalt für Arbeit der weitaus wichtigste Einzelposten.[601] Der Sozialbeirat hielt zwar angesichts der sich verschlechterten gesamtwirtschaftlichen Situation Maßnahmen zur kurz- und mittelfristigen Sicherung der Rentenfinanzen für unabweisbar, forderte allerdings wie schon bei Vorhaben der Vorgängerregierung, dass die Rentenversicherung „nicht ständig kurzfristigen, punktuellen Eingriffen ausgesetzt werden darf".[602] Insoweit setzte sich jedenfalls zunächst die ‚alte' Rentenpolitik nach Kassenlage fort.

Bereits Ende 1982 wurde angesichts steigender Finanzierungsprobleme klar, dass weitere Maßnahmen notwendig sein würden.[603] Union wie auch SPD stimmten darüber ein, dass eine neue Rentenformel nötig sei, die sicherstellen könnte, dass die Renten nicht stärker stiegen als die verfügbaren Einkommen der Arbeitnehmer.[604] Damit zeichnete sich allmählich ab, dass der Übergang von einer Bruttolohn- zu einer Nettolohnanpassung der Renten nicht länger ein Tabuthema war.[605] Eine weitere Anpassungsverschiebung wollte die Regierung jedoch vermeiden, weshalb der Bundesarbeitsminister nach der Bundestagswahl im März 1983 den Auftrag erhielt, Vorschläge mit dem gleichen Entlastungseffekt wie eine abermalige Anpassungsverschiebung zu entwickeln. Bundeswirtschaftsminister *Otto Graf Lambsdorf* hielt hingegen eine Verschiebung für unverzichtbar. Ein entscheidendes Problem für die GRV sei der Rentneranstieg nach 1990 und das sinkende Durchschnittsalter beim Rentenzugang. Die FDP plädierte daher dafür, das Renteneintrittsalter anzuheben und einen demographischen Faktor in die Rentenformel einzufügen, mit dessen Hilfe die Belastung gleichmäßig auf Rentner und Beitragszahler verteilt werden solle.[606] Diese Vorschläge fanden jedoch im Haushaltsbegleitgesetz 1984 keinen Eingang.

Bereits in früheren Zeiten hatte sich die zeitverzögerte Rentenanpassung, die grundsätzlich steigende Löhne voraussetzte, als problematisch erwiesen. Daher wurde nun die allgemeine Bemessungsgrundlage so verändert, dass sich die Rentenanpassung nicht mehr nach der durchschnittlichen Entwicklung der Arbeitsentgelte während der letzten drei Jahre richtete, sondern nur nach der des jeweiligen Vorjahres. Infolge der zuletzt deutlich langsamer gestiegenen Löhne fiel die Rentenanpassung entsprechend niedriger aus.

Die schon mehrmals angesprochene Tendenz, die Rentenfinanzen auch über eine Expansion der Beitragspflicht zu sanieren, setzte sich fort. So wurde unter

---

[601] Vgl. Schmähl 2005, S. 322-323.
[602] Vgl. Schmähl 2005, S. 325.
[603] Vgl. Hermann 1990, S. 130.
[604] Vgl. Schmähl 2005, S. 326.
[605] Vgl. Schmidt 2005c, S. 73.
[606] Vgl. Schmähl 2005, S. 327-328.

anderem beschlossen, Einmalzahlungen stärker in die Beitragspflicht einzubeziehen (z.b. Urlaubs- oder Weihnachtsgeld).[607] Eine solche Vorgehensweise
führt dazu, dass das Mehr an Einnahmen und das Mehr an Ausgaben zeitlich
weit auseinander fällt. Mit Hilfe der vertikalen Dimension des Umverteilungssystems konnte auf diese Weise also ein weiteres Mal kurz- und mittelfristig die
Kassenlage aufgebessert werden, während die Folgekosten erst später sichtbar
wurden. Unter anderem die Versicherungsträger kritisierten daher, dass die
Einbeziehung von Einmalzahlungen in die Beitragspflicht die Beitragsbelastung
erhöhe und zu künftigen Mehrausgaben führe. Der VDR hatte anstelle der
Beitragspflichtigkeit von Einmalzahlungen eine Beitragssatzanhebung favori-
siert, aus der keine späteren Rentenansprüche erwachsen würden.[608]

Durch die Neuregelungen sollten sowohl Mehreinnahmen als auch Einsparungen erzielt werden in Höhe von rund 5,5 Mrd. DM in 1984 sowie weiteren
rund 29,5 Mrd. DM bis 1987. Dabei handelte es sich nicht nur um Sparpolitik,
denn die Einnahmeerhöhungen machten mehr als die Hälfte des Gesamtbetrages
aus. Im Unterschied zu dem des Vorjahres führte das Haushaltsbegleitgesetz
1984 allerdings zu einer deutlichen finanziellen Entlastung auch der Rentenversicherung und nicht nur des Bundeshaushaltes. Die von der Öffentlichkeit
kritisch verfolgte Diskussion um eine mögliche Anpassungsverschiebung konnte
so beendet werden.[609]

Das Haushaltsbegleitgesetz 1984 definierte auch die angestrebte Höhe des
Rentenniveaus neu. So hatte das 16. Rentenanpassungsgesetz noch 1973 das
Rentenniveau explizit bestimmt und für seine Höhe eine untere Grenze festgelegt: Hierfür wurde die Rente eines vierzig Jahr lang durchschnittlich verdienenden Versicherten ins Verhältnis gesetzt zum durchschnittlichen Bruttoarbeitsent-
gelt aller Versicherten. Unterschritt dieser Indikator in zwei aufeinander folgenden Jahren 50%, so hatte die Bundesregierung Maßnahmen zur Sicherung des
Rentenniveaus vorzuschlagen. Das Haushaltsbegleitgesetz 1984 ersetzte diese
exakte Regelung durch eine allgemein gehaltene Zielbestimmung: Demnach
solle bei der Rentenanpassung „von dem Grundsatz einer gleichgewichtigen
Entwicklung der Renten und der verfügbaren Arbeitsentgelte ausgegangen
werden." Die Formulierung war somit hinsichtlich der beiden Variablen „Rente"
und „verfügbare Arbeitsentgelte" unscharf gehalten. Darüber hinaus wurde auch

---

[607] Des Weiteren wurden die Anspruchsvoraussetzungen für den Bezug von Berufsunfähigkeits- und
Erwerbsunfähigkeitsrenten verschärft, die Rentenversicherungsbeiträge für Behinderte in Einrichtungen von 90% auf 70% des durchschnittlichen Arbeitsentgelts gekürzt und für Neurentner der
Kinderzuschuss gestrichen (an dessen Stelle tritt das Kindergeld); vgl. Bundesgesetzblatt, Teil I,
1983, Nr. 53, S. 1532; vgl. Schmähl 2005, S. 327-328.
[608] Vgl. Schmähl 2005, S. 331.
[609] Vgl. Schmähl 2005, S. 330-331.

kein unteres Rentenniveau definiert, das einzuhalten war.[610] Im Ergebnis führten die Konsolidierungsmaßnahmen tatsächlich zu einem deutlich niedrigeren Rentenniveau. Dafür waren nicht nur die Eingriffe in die allgemeine Bemessungsgrundlage relevant, sondern auch die Einführung des Krankenversicherungsbeitrags der Rentner.[611] So wäre bei unveränderter Definition der allgemeinen Bemessungsgrundlage das Bruttorentenniveau zwischen 1982 und 1989 um gut 4 Prozentpunkte gestiegen und hätte 54,7% erreicht. Durch die Änderungen sank das Bruttoniveau des Jahres 1989 hingegen auf 46%. Infolge der Einführung des Krankenversicherungsbeitrages fiel das Nettoeckrentenniveau um rund 4,5 Prozentpunkte niedriger aus, als dies ohne den GKV-Beitragsatz der Fall gewesen wäre.[612] Insgesamt wurden durch die Haushaltsbegleitgesetze 1983 und 1984 weniger *Leistungseinschränkungen* vorgenommen als vielmehr *Leistungsverbesserungen* reduziert oder verzögert.[613] Auch in dieser Hinsicht sind die Ähnlichkeiten zur früheren Vorgehensweise offensichtlich, hatte man es doch bereits bei den Sparmaßnahmen Ende der 1960er Jahre vorgezogen, die Zuwächse und nicht den Bestand zu reduzieren. Dies implizierte natürlich die Annahme künftigen Wirtschaftswachstums, da nur so die Voraussetzungen gegeben waren für theoretische Leistungsverbesserungen, die dann wiederum gekürzt werden konnten.

Die Bevölkerung bestätigte die Politik der finanziellen Konsolidierung durch die Bundestagswahl vom 6. März 1983: Die Unionsparteien gewannen 4,3% hinzu, die sozialdemokratische Opposition hingegen, die angekündigt hatte, im Falle einer Regierungsübernahme die meisten Sozialkürzungen zurückzunehmen, verlor 4,7%.[614] Doch obwohl die Einsparmaßnahmen weitergingen als unter der Vorgängerregierung und dementsprechend heftigen Protest hervorriefen, können diese nicht als radikaler Sozialstaatsabbau bezeichnet werden. Insbesondere Bundesarbeitsminister *Norbert Blüm* versuchte von Anfang an die Arbeit der „Sanierer" konzeptionell zu begleiten – für ihn waren Einsparungen vertretbar, wenn sie der Verhältnismäßigkeit von Leistung und Gegenleistung dienten und die Lasten auf viele Schultern verteilten. Gleichwohl erzwang die Sparpolitik Einsparungen, die nach Blüms Ansicht an die Grenze des sozialpolitisch verantwortbaren gingen.[615]

---

[610] Vgl. Schmähl 2005, S. 333-334; Bundesgesetzblatt, Teil I, 1983, Nr. 53, S. 1532.
[611] Vgl. Hermann 1990, S. 132.
[612] Vgl. Schmähl 2005, S. 335.
[613] Vgl. Hermann 1990, S. 131-132.
[614] Vgl. Schmidt 2005c, S. 69.
[615] Vgl. Schmidt 2005c, S. 71-72.

4.2.1.2   Die Phase des Umbaus

Bereits 1984 sprach sich eine Mehrheit der Wähler gegen weitere Kürzungen aus.[616] Mit dem Haushaltsbegleitgesetz 1984 endete die Phase, in der die Sozialgesetzgebung hauptsächlich auf Konsolidierung und Reduktion zielte.[617] Letztlich waren somit vor allem wahlpolitisches Kalkül und der Wunsch des Machterhalts ein wesentlicher Grund dafür, dass die Haushaltskonsolidierung nach dem Regierungswechsel 1982 auf einen relativ kurzen Zeitraum beschränkt blieb. „Und es erklärt, warum nicht entfernt so radikal gekürzt wurde wie von wirtschaftsliberaler Seite erhofft und aus sozialstaatsfreundlicher Perspektive befürchtet worden war."[618] Im Sozialbericht 1983 erklärte die Bundesregierung die Konsolidierungspolitik zum Erfolg,[619] ab 1984 rückte stattdessen die Politik der institutionellen Reformen in den Mittelpunkt der Sozialpolitik.[620] Dabei legte das Bundesarbeitsministerium Wert darauf, dass es sich um *Umbau* des Sozialstaates und nicht um dessen *Abbau* handele.[621] Hierzu gehörte unter anderem die Einführung der Vorruhestandsregelung, die eine Verrentung schon mit dem 58. Lebensjahr möglich machte und von der sich der Gesetzgeber eine Neueinstellung junger Arbeitnehmer versprach.[622] Dabei wurde systemgerecht weitgehend die Bundesanstalt für Arbeit und nicht die Rentenversicherung belastet.[623] Hiervon zu unterscheiden sind Berufsunfähigkeitsrenten, die die Rentenversicherung mit Risiken des Arbeitsmarktes belastete, für die eigentlich die Arbeitslosenversicherung als der speziellere Träger zuständig gewesen wäre.[624]

Die Politik musste zunächst weiter mit Finanzierungsengpässen kämpfen: Der Sozialbeirat hatte noch im Oktober 1983 angenommen, dass die von der Regierung im Haushaltsbegleitgesetz 1984 vorgesehenen Maßnahmen ausreichen würden, „um die Rentenversicherung mittelfristig vor Finanzierungsschwierigkeiten zu bewahren". Aufgrund der Vorausberechnungen bis zum Jahr 1997 biete die Finanzentwicklung auch bei Zugrundelegung von ungünstigeren Annahmen „keinen Anlaß zu akuter Besorgnis".[625] Dennoch trat schon 1984 erneut ein Defizit auf, insbesondere weil sich zwei Rahmenbedingungen anders entwickelten als angenommen: Zum einen fielen die Beitragseinnahmen geringer

---

[616] Vgl. Schmidt 2005c, S. 151-153.
[617] Vgl. Schmidt 2005c, S. 70-71.
[618] Schmidt 2005c, S. 150.
[619] Vgl. Deutscher Bundestag 1983, Drs. 10/842.
[620] Vgl. Schmidt 2005c, S. 70-71.
[621] Vgl. Schmidt 2005c, S. 73.
[622] von Kleist 2006, S. 59.
[623] Vgl. Hermann 1990, S. 136.
[624] Vgl hierzu Ruland 1995.
[625] Deutscher Bundestag 1983, Drs. 10/560, S. 99.

aus als vorausberechnet, zum anderen wurde die Möglichkeit der Beitragserstattung für rückkehrwillige Ausländer weit stärker genutzt als unterstellt worden war. Eine erste, bis 1989 befristete, Beitragssatzerhöhung erfolgte am 1. Januar 1985 von 18,5% auf 18,7%. Um dabei die Gesamtabgabenbelastung nicht zu erhöhen, wurde gleichzeitig der Beitragssatz zur Bundesanstalt für Arbeit um 0,2 Prozentpunkte gesenkt. Ende Januar wandte sich der VDR an den Bundeskanzler, um ihm die Finanzlage der GRV „ganz ungeschminkt" darzustellen und schlug vor, dass der Bund den 1983 gekürzten Bundeszuschuss nachzahlen und die Bundesanstalt an die Rentenversicherung wieder einen Beitragssatz entsprechend dem der Leistung zu Grunde liegenden Bruttoentgelt zahlen solle. Zugleich empfahl er im Interesse eines gleichmäßigen Mittelzuflusses erneut, die Einmalzahlungen nicht der Beitragspflicht zu unterwerfen, sondern stattdessen den Beitragssatz anzuheben. Wie der Sozialbeirat forderte der VDR zudem eine Erhöhung der Mindestrücklage. Daraufhin wurde der Beitragssatz um 0,5 Prozentpunkte auf 19,2% erhöht sowie ein einmaliger Bundeszuschuss von bis zu 1,5 Mrd. DM bereitgestellt für den Fall, dass die Schwankungsreserve eine Monatsausgabe unterschreite.[626]

Als die Wirtschaft ab Mitte der 1980er Jahre wieder stärker wuchs, war die Finanzlage nach Ansicht des VDR zumindest bis 1990 sichergestellt. Gleichzeitig warnten die Rentenversicherungsträger, dass es angesichts der seit Jahren bestehenden Tendenz zu früherem Rentenbeginn und aufgrund der demographischen Entwicklung mit künftig steigenden Rentenausgaben zu rechnen sei. Die bisherigen Maßnahmen würden dem Gesetzgeber daher nur einen zeitlich eng befristeten Aufschub verschaffen, dieser müsse nun eine grundlegende Strukturreform anstreben, sinnvoller Weise im Rahmen eines breiten Konsenses.[627]

Nachdem die Sozialfinanzen zumindest auf kurze Sicht saniert waren, schwenkte die Wirtschafts- und Sozialpolitik in – wenn auch begrenztem Umfang – wieder auf Expansionskurs. Dies bestätigte auch der Sozialbericht 1986. Der Kursschwenk wurde damit begründet, dass das wirtschaftliche Leistungsvermögen und die soziale Absicherung wieder aufeinander abgestimmt seien: „Insgesamt ist es der Bundesregierung gelungen, das soziale Sicherungssystem wieder fest mit einer expandierenden Volkswirtschaft zu verkoppeln."[628] Tatsächlich hatte es jedoch bereits seit 1984 einen erneuten Anstieg der Ausgaben gegeben.

Während die Koalition den Arbeitsmarkt weiter liberalisieren wollte, baute sie die aktive Arbeitsmarktpolitik weiter aus als ihre Vorgängerregierung. Dies beruhte auf der Überzeugung, dass die Sozialfinanzen langfristig nur bei Vollbe-

---

[626] Vgl. Schmähl 2005, S. 345.
[627] Vgl. Schmähl 2005, S. 346.
[628] Deutscher Bundestag 1986, Drs. 10/5810, S. 7.

schäftigung zu finanzieren seien.[629] Darüber hinaus sah Kohl insbesondere in der Familienpolitik einen erheblichen Bedarf an Leistungsausweitungen, so sollten beispielsweise Erziehungsjahre in der Rentenversicherung eingeführt werden.[630] Konträr zur Sozialpolitik der 1980er Jahre stand hingegen die Diagnose des Sachverständigenrates zur Begutachtung der gesamtwirtschaftlichen Entwicklung. Dieser meinte, der Gedanke, „daß der Staat den Sicherungszwang für seine Bürger auf ein bestimmtes unumgängliches Maß begrenzen soll" müsse „wohl neu belebt werden".[631] Insbesondere Blüm widersprach dem während seiner gesamten Amtszeit.[632]

Festzuhalten bleibt somit für die 1980er Jahre, dass entgegen des öffentlichen Eindrucks keine Konsolidierung stattgefunden hat, die zu einem massiven Sozialabbau geführt hätte. „Die Sozialabbau-These (...) hielt seriöser wissenschaftlicher Überprüfung nicht stand. In seriösen Analysen wurden die finanzielle Konsolidierung und der Umbau des Sozialstaats in den achtziger Jahren weithin als ein markanter, aber nicht radikaler Kurswechsel eingestuft (...) Jeder Staat hat in der Sozialpolitik seine ‚heiligen Kühe' (...) in Deutschland [ist dies] die Sozialversicherung."[633] Die Phase der Konsolidierung beschränkte sich auf einen recht kurzen Abschnitt von zwei Jahren. Dabei handelte es sich, ähnlich wie zuvor, um meist kurzfristige und teils hektisch wirkende Maßnahmen. In erheblichem Umfang kam es zu ‚Verschiebebahnhöfen', durch die der Bund zu Lasten der Rentenversicherung seinen eigenen Haushalt entlastete.[634] Darüber hinaus wurden – etwa durch die Berücksichtigung von Einmalzahlungen – für eine gegenwärtig günstigere Kassenlage höhere Kosten in der Zukunft in Kauf genommen. Demographische Veränderungen hingegen spielten bei den immer wieder kurzfristig auftauchenden Engpässen eine untergeordnete Rolle. Soweit Finanzierungsengpässe auf sich verändernde Rahmenbedingungen zurückführbar waren, kam der Arbeitslosigkeit eine weitaus größere Bedeutung zu.

Eine verlässliche Sicherheitsperspektive konnte die Rentenversicherung auch in diesem Zeitabschnitt nur begrenzt bieten. Hierfür kam es erneut zu einer zu hohen Zahl an substantiellen Eingriffen, die auch von der Öffentlichkeit registriert wurden. So musste der Gesetzgeber in „den neun Jahren von 1977 bis 1985 (...) nicht weniger als achtmal in das Rentenrecht eingreifen, um die Zahlungsfähigkeit zu sichern."[635]

[629] Vgl. Schmidt 2005c, S. 75.
[630] Vgl. Hermann 1990, S. 137-138. Zur Diskussion um die Berücksichtigung von Kindererziehung vgl. Hilzenbecher 1985.
[631] Deutscher Bundestag 1983, Drs. 10/669, S. 220, Ziffer 483.
[632] Vgl. Schmidt 2005a, S. 764.
[633] Schmidt 2005a, S. 774.
[634] Vgl. zu ‚Verschiebebahnhöfen' Heine 1990, S. 143-144.
[635] Helberger 1986, S. 13.

4.2.1.3 Das „Rentenreformgesetz 1992"

Weitgehender Konsens bestand dahingehend, dass die bisherigen Maßnahmen viel zu kurz griffen. Insbesondere die Notwendigkeit, die Rentenpolitik zu verstetigen, war angesichts der ständig wiederkehrenden Eingriffe offensichtlich geworden.[636] In der Presse tauchten einmal mehr ausgesprochen negative Berichte auf, in denen von „Finanzklemme" und „Kollaps" die Rede war.[637] Auch, wenn der heftige Streit zwischen Regierungskoalition und SPD sich die ganzen 1980er Jahre hindurch fortsetzte, waren im Falle der Alterssicherung beide Seiten bereit, auf einander zuzugehen. Dies galt in besonderem Maße bei den Vorbereitungen zum Rentenreformgesetz 1992.[638] Der Weg zu dieser Reform war lang, doch zumindest über deren groben Züge bestand schon recht früh Einigung. Bereits Anfang der 1980er Jahre hatten die Parteien ihre Vorstellungen für eine Reform der GRV in Form von Grundkonzeptionen entwickelt. Union, SPD und FDP sprachen sich alle für den Erhalt der Rentenversicherung und die Beitragsbezogenheit aus.

Im Mittelpunkt der Überlegungen stand die Frage, anhand welcher Richtgröße künftig die Rentenanpassung erfolgen sollte. Hier war eine Tendenz zu einer automatischen Nettoanpassung ersichtlich.[639] Dabei wiesen die Argumente für eine Automatik gewisse Parallelen zur Reform von 1957 auf: Damals hatte Adenauer seine Präferenz für eine automatische Anpassung auch der Bestandsrenten damit begründet, dass dadurch die Rentenanpassung dem politischen Druck entzogen werde, was gerade in Wahljahren hilfreich sei, wenn sich die Parteien gegenseitig in ihren Forderungen überbieten würden.[640] Ein Gesetzentwurf, den die Sozialdemokraten Ende 1984 in den Bundestag einbrachten, ging in die gleiche Richtung und sah eine automatische Anpassung per Rechtsverordnung vor. Diese beinhaltete auch eine demographische Komponente: Der Beitragssatz sollte sich als variable Größe nach dem Finanzbedarf richten, seine Höhe aber zugleich mit der Rentenanpassung verschränkt werden. Ziel sei es „ein wesentlich höheres Maß an Selbststeuerung in der Rentenversicherung zu erreichen und dadurch im Normalfall Gesetzesänderungen überflüssig zu machen (...)." Dadurch sollten vor allem „willkürliche politische Eingriffe in das Rentensystem überflüssig" werden."[641] Die CDU hatte noch vor der Bundestagswahl 1983 eine Kommission unter *Heiner Geißler* eingesetzt, deren Aufgabe es war,

---

[636] Vgl. Müller 1988.
[637] Vgl. Maier 1988, S. 386.
[638] Vgl. Stolleis 1989, S. 339.
[639] Vgl. Schmidt 2005c, S. 73.
[640] Vgl. Hockerts 1980, S. 327.
[641] Deutscher Bundestag 1984, Drs. 10/2608, S. 65.

Vorschläge für eine neue Belastungsverteilung zwischen Rentnern, Versicherten und Staat zu machen. Wie bei der SPD war auch hier ein Faktor im Gespräch, der die demographische Entwicklung berücksichtigen sollte sowie eine möglichst automatische Anpassung der Renten, die sich jedoch weiterhin an den Bruttolöhnen orientieren würde.[642]

Vor allem die FDP diskutierte die Rolle des ohnehin gesunkenen Bundeszuschusses, der nur noch „versicherungsfremde Leistungen" ausgleichen sollte.[643] Eine Reduzierung des Bundeszuschusses führt zu einer Verschiebung der Kostenlast vom Steuer- zum Beitragszahler. In Verbindung mit der in den 1980er Jahren stetig sinkenden Lohnquote wäre dies gleichbedeutend mit einer doppelten Verengung der GRV-Finanzierung auf einen kleineren Teil des Volkseinkommens gewesen: Erstens, weil durch die gesunkene Lohnquote die Anknüpfung der lohngebundenen Rentenfinanzierung am Volkseinkommen bereits schwächer geworden war und zweitens, weil durch einen geringeren Bundeszuschuss die ‚Durchbrechung' dieser Finanzierungsbeschränkung auf den lohnbezogenen Teil des Volkseinkommens gemindert wird. Im Gegensatz dazu wollte die SPD den Bundeszuschuss an die Rentenausgaben koppeln. Hierdurch wäre also ein fester Teil der Finanzierung über das allgemeine Steueraufkommen erfolgt.[644]

Im April 1986 legte der Sozialbeirat ein Gutachten zu nötigen Strukturreformen in der Rentenversicherung vor. Die Bruttoanpassung sollte demnach beibehalten, aber modifiziert werden und auch den Beitragssatz zur GRV berücksichtigen. Er sprach sich weiter dafür aus, den Bundeszuschuss deutlich anzuheben und künftig an die Entwicklung der Rentenausgaben zu koppeln. Eine Mehrheit im Sozialbeirat wünschte sich zudem eine Kopplung auch an den Beitragssatz, damit die demographisch bedingten Kostensteigerungen nicht allein von den Versicherten, sondern aus dem allgemeinen Steueraufkommen getragen würden. Langfristig, in über das Jahr 2005 hinausgehender Perspektive, gelte es insbesondere die Folgen der demographischen Entwicklung zu berücksichtigen und zwar am besten durch eine Umkehr des Trends zu immer früheren

---

[642] Vgl. Schmähl 2005, S. 357-359.

[643] Vgl. FDP - Die Liberalen 1986, S. 19-20; Vgl. Schmähl 2005, S. 355. Desweiteren wollte die Partei mehr Wahlfreiheit, eine weitergehende Flexibilisierung der Altersgrenze mit Ab- und Zuschlägen sowie die Einführung einer Teilzeitrente. Die Mindestrücklage sollte drei Monatsausgaben betragen.

[644] Vgl. Schmähl 2005, S. 360. Darüber hinaus sollten sich die Beiträge der Bundesanstalt für Arbeit zur GRV wieder nach der Höhe des Arbeitsentgelts richten, das der Lohnersatzleistung zugrunde lag. Hinsichtlich der Rentenniveausicherung strebte die SPD eine explizite Formulierung an, wie sie vor dem Haushaltbegleitgesetz 1984 bestanden hatte. Weiter legte die SPD einen Schwerpunkt auf die Hinterbliebenenversorgung. Die Rentenversicherung sollte insgesamt ein solidarisch finanziertes Mindestsicherungsniveau bieten (vgl. Deutscher Bundestag 1984, Drs. 10/2608, S. 65-69).

Renteneintritten. Das Renteneintrittsalter sollte deshalb auf lange Sicht angehoben werden, denn eine Erhöhung um ein Jahr entspräche einer Entlastung um knapp 1,5 Beitragsprozentpunkte. Einen Mindestrentenanspruch lehnte der Sozialbeirat hingegen ab. Ohne Änderungen, so errechnete er, sei bis 2005 eine Anhebung des Beitragssatzes auf 24 bis 25 Prozentpunkte nötig.[645]

Eine vom VDR eingesetzte Kommission legte 1987 zur Vorbereitung der Reform ein Gutachten vor, das in eine ähnliche Richtung wies und zur wichtigen Diskussionsgrundlage wurde.[646] Allerdings schlug die VDR-Kommission zur Belastungsverteilung den Übergang zur Nettoanpassung vor. Die Tatsache, dass über die Selbstverwaltung des VDR nun Gewerkschaften und Arbeitgeber gemeinsam die Nettoanpassung empfahlen, gewann für die politische Diskussion erheblich an Bedeutung, denn zuvor hatten sich nur die Arbeitgeber dafür ausgesprochen. Der Bundeszuschuss sollte, wie auch vom Sozialbeirat gefordert, auf mindestens 20% der Rentenausgaben angehoben werden. Angesichts eines Anteils von Fremdleistungen von 25% bis 30% der Rentenausgaben und eines relativen Sinken des Bundeszuschusses, erfülle dieser bis heute nicht die Funktion, die Rentenversicherung von derartigen Fremdlasten zu befreien. Die Versicherungsträger lehnten eine steuerfinanzierte Grundrente ab, ebenso das Konzept einer bedarfsorientierten Mindestsicherung. Laut VDR müsse bei einer Realisierung der von ihm vorgeschlagenen Maßnahmen nicht mehr – wie nach geltendem Recht – mit einer Verdopplung des Beitragssatzes bis 2030 gerechnet werden, sondern nur noch mit einem etwa halb so hohen Beitragsanstieg.[647]

Im Vorfeld des Reformvorhabens war bereits die Grundentscheidung für eine „Reform im System" gefällt worden und damit für die Beibehaltung der Lohnbezogenheit und des Versicherungsprinzips. Nach der Bundestagswahl 1987 veröffentlichten die Spitzenverbände von Arbeitnehmern und -gebern eine gemeinsame Erklärung, wonach die Grundprinzipien der GRV zu erhalten seien. Nur punktuelle Eingriffe des Gesetzgebers seien abzulehnen. Die Lastentragung solle ausgewogen durch Beitragszahler, Rentner und Staat erfolgen, denn alle müssten sich an der steigenden Belastung infolge der demographischen Entwicklung beteiligen.[648] Dieses Argumentationsmuster, also dass die Kosten des Demographischen Wandels auf alle Schultern verteilt werden müssten, tauchte auch danach und bis heute immer wieder auf. Es wird noch darauf zurückzukommen sein, inwieweit die dabei angestrebten Maßnahmen dieser Forderung gerecht werden können.

---

[645] Vgl. Deutscher Bundestag 1986, Drs. 10/5532.
[646] Vgl. Kolb 1989, S. 344.
[647] Vgl. Heine 1990, S. 153-154; Schmähl 2005, S. 366-368.
[648] Vgl. Schmähl 2005, S. 369. Auch sonst stimmten die Spitzenverbände mit den Eckpunkten des Gutachtens des Sozialbeirats und des VDRs überein.

Konzepte für eine steuerfinanzierte und durch eine private Vorsorge zu ergänzende Grundrente, wie sie *Kurt Biedenkopf* oder *Meinhard Miegel* vorschlugen, fanden hingegen keinen Mehrheiten.[649] Auch weitere Ideen, beispielsweise zur Einführung einer Wertschöpfungsabgabe,[650] wie sie die SPD präferierte, wurden verworfen. Durch eine Wertschöpfungsabgabe wäre die Bemessungsgrundlage für die Sozialversicherungsabgaben umgestellt worden von der Lohnsumme auf die Wertschöpfung der Unternehmen. Ziel einer solchen Umstellung wäre es gewesen, den Faktor Arbeit zu entlasten und im Gegenzug den Faktor Kapital zu belasten. Das Ergebnis wäre zwar eine Verbreiterung der Finanzierungsgrundlagen, dies jedoch möglicherweise um den Preis einer verringerten Bildung von Sachkapital gerade in innovativen Branchen sowie außerdem einer Verschlechterung des sich aus Artikel 14 Grundgesetz (GG) ergebenen verfassungsrechtlichen Eigentumsschutzes der Sozialversicherungsansprüche.[651] Ergänzt werden muss, dass es sich um eine Verlagerung der Belastung hin zu *Sach*kapital gehandelt hätte, nicht hingegen zum *Geld*kapital. Insofern wäre die Verbreiterung der Finanzierungsgrundlagen auch in materieller Hinsicht begrenzt gewesen.

Angesichts der bisherigen Erfahrungen bestand Einigkeit hinsichtlich der Notwendigkeit eines Selbstregulierungsmechanismus. Das Ausmaß diskretionärer Eingriffe – vor allem im Falle sich ändernder ökonomischer und demographischer Rahmenbedingungen – sollte reduziert werden, „die GRV in beträchtlichem Maße ‚entpolitisiert' und die Finanzlage stabilisiert werden, sobald das Regelwerk durch politische Entscheidung implementiert wäre."[652] Bei der Grundfrage, wie die Altersgrenzen zu verändern seien, spielten gegensätzliche Motive eine Rolle: Für einen früheren Renteneintritt sprachen angesichts hoher Arbeitslosigkeit vor allem arbeitsmarktpolitische Gesichtspunkte. Ein späterer Renteneintritt hingegen wurde mit Blick auf die demographische Entwicklung und die damit zu erwartende steigende Belastung der Rentenfinanzen befürwortet.[653]

---

[649] Mit der Systemfrage war die Frage nach der Alternative zwischen Umlageverfahren oder Kapitaldeckungsverfahren verknüpft. Insbesondere Vertreter der Wirtschaftswissenschaften postulierten eine eindeutige Überlegenheit der Kapitaldeckung. Diese Vorschläge spielten in der politischen Diskussion jedoch – angesichts sich über Jahrzehnte erstreckenden Übergangsprobleme wie auch Zweifeln an der ökonomischen Überlegenheit der Kapitaldeckung – eine eher untergeordnete Rolle (vgl. Schmähl 2005, S. 347-349).

[650] Die auch als „Maschinensteuer" bezeichnete Wertschöpfungsabgabe ist allerdings keine Idee dieser Zeit, sondern ist schon früher diskutiert worden (vgl. Heubeck 1980; Molitor 1980a).

[651] Vgl. Georgii 1997.

[652] Vgl. Schmähl 2005, S. 353.

[653] Vgl. Kolb 1989, S. 347. Darüber hinaus wurden die bestehenden Regelungen für die Bewertung beitragsloser und beitragsgemeldeter Zeiten als unbefriedigend angesehen, eine Neuregelung sollte jedoch nicht primär aus fiskalischen, sondern vielmehr aus ordnungs- und verteilungspolitischen

1988 setzte zunächst die Konsenssuche zwischen den Koalitionspartnern ein. Relativ rasch einigte man sich bei der Rentendynamik auf die Nettoanpassung, denn schon im Haushaltsbegleitgesetz 1984 war der Grundsatzes einer gleichgewichtigen Entwicklung von Nettorenten und Nettoarbeitsentgelten enthalten gewesen.[654]

Umstritten war hingegen nach wie vor, wie stark der Bundeszuschuss angehoben werden sollte. Es überwog die Auffassung, dass dieser zu niedrig sowie die Form seiner Dynamisierung nicht aufgabengerecht sei. Damit wurde faktisch zugleich darüber diskutiert, ob die Finanzierungsgrundlagen der Rentenversicherung verbreitet werden sollten. Die verwendeten Argumente zielten jedoch nicht, wie dies etwa bei der Diskussion um die Wertschöpfungsabgabe der Fall war, auf eine grundsätzliche Änderung in der Rentenfinanzierung, sondern waren innerhalb der Logik des bestehenden Systems angesiedelt. Aus dieser Perspektive ist der Bundeszuschuss rechtfertigungsbedürftig, da er den Versicherungsgedanken durchbricht. Daher hatte der VDR zum einen auf dessen *Ausgleichsfunktion* hingewiesen, durch die gesamtgesellschaftliche Lasten wie die Unterstützung sozial besonders Bedürftiger vom Beitrags- zum Steuerzahler verlagert werden sollen. Zum anderen müsse der Bundeszuschuss im Rahmen seiner *Sicherungsfunktion* die Kontinuität und Leistungsfähigkeit der Einrichtung garantieren, insbesondere im Falle von sich ändernden demographischen und wirtschaftlichen Rahmenbedingungen. Der VDR unterstrich auf diese Weise, dass die Folgen des Demographischen Wandels nicht alleine von Rentnern und Beitragszahlern zu tragen seien.[655] Nachdem die Koalitionspartner sich zunächst auf keine deutliche Erhöhung hatten einigen können, verständigten sie sich schließlich darauf, den Bundeszuschuss noch vor dem geplanten Inkrafttreten der Reform um 300 Mio. DM in 1990 und 2,3 Mrd. DM in 1991 zu erhöhen.[656] Seine Entwicklung aber sollte nicht – wie es Sozialbeirat und VDR gefordert hatten – an die Entwicklung der Rentenausgaben und des Beitragssatzes, sondern wie bisher an die Entwicklung der Löhne und zusätzlich an die des Beitragssatzes gekoppelt werden. Dies bedeutete somit, dass der Bundeszuschuss zwar einmalig etwas erhöht, sein weiterer Anstieg aber gedämpft werden sollte.[657]

Desweiteren sprach sich das von der FDP geführte Bundeswirtschaftsministerium für eine deutliche Absenkung des Rentenniveaus aus, konnte sich jedoch mit dieser Position nicht durchsetzen. Die Anpassung der Renten sollte sich nun künftig nach den Nettolöhnen richten. Die Altersgrenzen für einen vorzeitigen

---

Gründen erfolgen (vgl. Schmähl 2005, S. 354).
[654] Vgl. Schmähl 2005, S. 351-352.
[655] Vgl. Schmähl 2005, S. 353; Kolb 1989, S. 349-350.
[656] Schmähl 2005, S. 370-375.
[657] Vgl. Heine 1990, S. 159.

Renteneintritt sollten langfristig angehoben werden, wobei ein vorzeitiger Bezug unter Inkaufnahme von Abschlägen möglich bleiben sollte. Eine dauerhafte Einführung der Rente nach Mindesteinkommen wurde abgelehnt.[658] Der Beitragssatz sollte zunächst auf der bisherigen Höhe von 18,7% bleiben.[659]

Nachdem sich die Koalition im November 1988 schließlich auf einen gemeinsamen Entwurf geeinigt hatte, der bereits durch seinen Titel ("Diskussions- und Referentenentwurf eines Rentenreformsgesetzes 1992") Gesprächsbereitschaft mit der Opposition signalisieren sollte,[660] begannen die Konsensverhandlungen mit der SPD. Einig war man sich hinsichtlich der Nettoanpassung und darüber, dass die Anpassung automatisch erfolgen sollte. Während die Koalition beim Bundeszuschuss die für den Bund kostengünstigere Variante vorsah, folgte die SPD den Forderungen von Sozialbeirat und VDR, also eine starke Anhebung und danach Anbindung des Bundeszuschusses auch an den Beitragssatz. Hierzu aber kam es nicht. „Der mehrheitlich vorgetragenen Rüge der Ausschüsse des Bundesrates, daß ‚mit der Erhöhung und geänderten Fortschreibung des Bundeszuschusses der gegenwärtige Anteil des Bundes an den Rentenausgaben nur stabilisiert und nicht … deutlich erhöht' werde (...) hat weder die Mehrheit des Bundesrates noch die des Bundestages Gehör geschenkt."[661] Insoweit fand also auch keine erhebliche Ausweitung der Finanzierungsgrundlagen der Rentenversicherung statt.

Stark umstritten war im Übrigen die Frage der „Lebensarbeitszeit" beziehungsweise des Renteneintrittsalters: Die FDP sprach sich für eine Anhebung der Altersgrenzen bereits ab 1995 aus, während die SPD, der es auf den Zeitpunkt der Anhebung ankam, dies erst ab 2005 wollte. Schließlich einigte man sich auf eine Anhebung der Altersgrenze, dies jedoch später (ab 2001) und langsamer. Die SPD erreichte zudem, dass die Bemessungsgrundlage für Beitragszahlungen im Rahmen von Lohnersatzleistungen geringer abgesenkt wurde als zunächst geplant war und dass die Rente nach Mindesteinkommen befristet fortgeführt wurde. Die Union setzte sich mit der Forderung nach zwei weiteren Kindererziehungsjahren für Geburten ab 1992 durch.[662] Anträge der Grünen, eine bedürftigkeitsorientierte Grundsicherung im Alter einzuführen, erwiesen sich hingegen als nicht mehrheitsfähig.[663]

Da die meisten Streitpunkte zwischen Regierung und Opposition bereits geklärt waren, bevor der Gesetzesentwurf in den Bundestag eingebracht wurde,

---

[658] Vgl. Kolb 1989, S. 345, 348.
[659] Schmähl 2005, S. 375.
[660] Vgl. Kolb 1989, S. 344.
[661] Kolb 1989, S. 168.
[662] Vgl. Ruland 1989, S. 355.
[663] Vgl. Kolb 1989, S. 161.

kam es in der Schlussphase zu keinen grundlegenden Änderungen mehr.[664] Der Diskussionsprozess wie auch das Reformgesetz selbst waren ein klares Bekenntnis zur lohn- und beitragsbezogenen Rentenversicherung, die auf dem Versicherungsprinzip einerseits und dem solidarischen Ausgleich andererseits beruht. Allgemein kam die Befriedigung darüber zum Ausdruck, dass es im Konsens gelungen sei, ein Projekt zum Abschluss zu bringen, „das wohl mit Recht als außergewöhnlich, ja einmalig in der Parlamentsgeschichte der Bundesrepublik Deutschland gelten kann." Auch wenn ein so breiter Konsens in einer auf Parteienkonkurrenz angelegten Demokratie die Ausnahme bleiben müsse, sei er im Falle der Rentenversicherung geboten gewesen, „weil es sich bei der Rentenreform um die Regelung eines der Grundtatbestände des Sozialstaates handelt."[665] Was den breiten Konsens anbelangt, kann allerdings nicht unbedingt von einem einmaligen Vorgang gesprochen werden, denn wie gezeigt erfüllten bereits die Reformen von 1957 und 1972 Merkmale einer Großen Koalition.

> „Nach etwa eineinhalb Jahrzehnten der primär fiskalisch geprägten, kurzfristig orientierten ‚Konsolidierungsmaßnahmen', des Krisenmanagements sozial-liberaler wie neuer Regierungskoalition, das nur in Ansätzen konzeptionelle Weichenstellungen erkennen ließ, wurde mit dem RRG 1992 nun der Versuch gemacht, eine Begrenzung des Ausgabenzuwachses im Rahmen eines Gesamtkonzeptes zu erreichen. Stichworte wie ‚Rentenbetrug' und ‚Verschiebebahnhof' sowie der eingetretene Vertrauensverlust waren den maßgebenden sozialpolitischen Akteuren in vier Bundestagsparteien wie auch den Spitzenverbänden aus Wirtschaft und Verwaltung eine Warnung. Weitere Konsolidierungsmaßnahmen, die mit Blick auf sich abzeichnende strukturelle Veränderungen – vor allem im Altersaufbau der Bevölkerung – für erforderlich gehalten wurden, sollten daher in ein Gesamtkonzept eingebunden werden, um das Vertrauen in die ‚Sicherheit der Renten' zurückzugewinnen."[666]

Ein wesentliches Element, um dieses Vertrauen in die Sicherheit der Renten zurück zu gewinnen, war die Einführung von Selbstregulierungsmechanismen gewesen, durch die die Rentenversicherung aus dem politischen Tagesgeschäft heraus genommen werden sollte. Von herausragender Bedeutung ist hierbei, dass damit nun auch die Anpassung der Bestandsrenten automatisiert worden ist. Seitdem ist nicht mehr Jahr für Jahr ein entsprechendes Gesetz nötig, sondern die Rentenanpassung hat gemäß einer vorgegebenen Formel zu erfolgen, die nur noch im Wege einer Rechtsverordnung anzuwenden ist. Der damit verbundene mögliche Zugewinn an Verlässlichkeit ist insbesondere mit Blick auf die Sicher-

---

[664] In der Schlussphase wurden noch zwei Problemkomplexe abgearbeitet, einerseits zum Fremdrentenrecht, andererseits zur Beamtenversorgung (vgl. Schmähl 2005, S. 380-384).
[665] Dreßler, zitiert nach Schmähl 2005, S. 385.
[666] Schmähl 2005, S. 387-388.

heitsperspektive, welche die Rentenversicherung bieten soll, beachtlich. Unabhängig davon, wie die mit der Reform ebenfalls einhergehenden Leistungsreduzierungen im Einzelnen zu bewerten sind, kann daher gerade mit Blick auf die meist nur punktuell eingreifenden Maßnahmen der vergangenen Jahrzehnte attestiert werden, dass die Reform einen erheblichen Fortschritt darstellte und durchaus als außergewöhnlich bezeichnet werden kann. *Rudolf Dreßler* formulierte im Bundestag die Erwartung, dass damit „für die nächsten zwei Jahrzehnte Korrekturen durch den Gesetzgeber überflüssig" würden.[667] Man kann es als Ironie der Geschichte verstehen, dass nicht einmal eine Stunde, nachdem der Bundestag das Gesetz am 9. November 1989 verabschiedet hatte, der Fall der Berliner Mauer einen grundlegenden Umbruch in den gesellschaftlichen und wirtschaftlichen Rahmenbedingungen einläutete.

4.2.2 Die Folgen der Wiedervereinigung (1989-1995)

Wie nachfolgend zu zeigen sein wird, blieben trotz dieses historischen Ereignisses die Folgen für die Struktur der Rentenversicherung vergleichsweise gering. Die Änderungen der sozialen und wirtschaftlichen Rahmenbedingungen beeinflussten die Finanzlage der GRV zwar nachhaltig, doch unmittelbar ursächlich für spätere Finanzierungsengpässen waren diese nicht.

Für die Sozialpolitik insgesamt bildete die Einheit eine Zäsur: Der begonnen Umbau des deutschen Sozialstaats wurde zurückgestellt, die vorangegangene Tendenz zur Reduktion sozialstaatlicher Leistungen umgekehrt.[668] So erklärte der Sozialbericht 1990 unter anderem die „auf die Verstärkung der Wachstumskräfte gerichtete Wirtschafts- und Finanzpolitik"[669] sowie insgesamt die Phase der Konsolidierung zum Erfolg, wies jedoch darauf hin, dass die Sozialpolitik nach der Konsolidierungspolitik der vergangenen Jahre mit der Ausgestaltung eines Sozialstaats für das vereinte Deutschland vor einer außerordentlich großen Herausforderung stehe.[670] Die Regierungskoalition ließ sich bei ihrer Sozialpolitik von zwei Grundsätzen leiten.

Erstens: Da die soziale Marktwirtschaft auf sozialem Ausgleich und sozialer Absicherung beruht, müsse die Währungs- und Wirtschaftsunion mit der DDR durch eine *Sozialunion* ergänzt werden (hierfür trat insbesondere Bundesarbeitsminister *Norbert Blüm* von Beginn an ein).[671] Damit setzte sich diese

---

[667] Deutscher Bundestag 1989, Plenarpr. 11/174, S. 13108.
[668] Vgl. Ritter 2007a, S. 4-7.
[669] Deutscher Bundestag 1990, Drs. 11/7527, S. 7.
[670] Vgl. Deutscher Bundestag 1990, Drs. 11/7527, S. 6-12.
[671] Vgl. Bäcker 2007, S. 699.

Auffassung gegen die – teilweise auch in der Bundesregierung unterstützte – Tendenz von Wirtschafts- und Finanzkreisen durch, zur Erleichterung des Übergangs von der Plan- zur Marktwirtschaft und zwecks Verbesserung der Wettbewerbschancen der ostdeutschen Wirtschaft erhebliche Abstriche an der Regulierung der Arbeitsverhältnisse und der sozialen Leistungen in Ostdeutschland zuzulassen.

Zweitens: Der westdeutsche Sozialstaat sollte möglichst schnell und vollständig auf den Osten übertragen werden. Damit wiederum wurde einer Vermischung beider Systeme eine Absage erteilt und auch Bestrebungen entgegengetreten, besonders weitreichende Elemente des ostdeutschen Sozialsystems in einen neuen gesamtdeutschen Sozialstaat zu übernehmen. Die Bundesregierung wollte – teils aufgrund gegensätzlicher politischer Konzepte, teils aufgrund Zeitmangels – vermeiden, dass die Wiedervereinigung zum Anlass für einen grundlegenden Umbau des bundesdeutschen Sozialstaats genommen wurde.[672] Die Volkskammerwahlen in der DDR, die späteren Landtagswahlen im Osten sowie die Bundestagswahl 1990 bestätigten die Bonner Regierungskoalition in ihrem Ziel, eine schnelle Einigung herbeizuführen.[673] „Kennzeichnend für die Diskussionen und Entscheidungen der Sozialpolitik der frühen 1990er-Jahre war aber, dass Vorschläge, die auf eine grundsätzliche Änderung des deutschen Sozialstaats und der ihn tragenden Institutionen – vor allem der Sozialversicherung – abzielten, keine echte Chance auf Realisierung hatten und bei aller Flexibilität im einzelnen, Reformen nur pfadabhängig im Rahmen des bestehenden Systems durchgesetzt werden konnten."[674]

Neben der Sozialhilfe war die Rentenversicherung eines der schwächsten Glieder des DDR-Sozialsystems. Dieses bot nicht viel mehr als eine weitgehend nivellierte Grundversorgung auf niedrigem Niveau, das nur aufgrund der hochsubventionierten Güter des Grundbedarfs nicht zur völligen Verarmung führte. Es existierte keine Dynamisierung und damit keine Beteiligung am Wirtschaftswachstum, nur von Zeit zu Zeit gewährte die Staatsführung eine Erhöhung. Auch nach einer erheblichen Rentenerhöhung Ende 1989 lagen die nach Dauer der Versicherungszeit differenzierten Mindestrenten zwischen 330 und 470 Mark monatlich und konnten selbst bei einer fünfzigjährigen Versicherungszeit, während der immer die Höchstbeträge gezahlt worden waren, nur auf 510 Mark erhöht werden. Diese Schwächen hatten Anfang der 1970er Jahre zu der Errichtung einer *Freiwilligen Zusatzrentenversicherung* (FZR) geführt. Doch obwohl schließlich 80% der Erwerbstätigen hier einzahlten, war wegen der langen Anwartschaftszeiten der Einfluss auf das durchschnittliche Niveau der Renten,

---

[672] Vgl. Ritter 2007b, S. 112.
[673] Vgl. Ritter 2007a, S. 22-29.
[674] Ritter 2007b, S. 113.

die 1988 nur knapp 38% des Bruttoarbeitseinkommens erreichten, nicht sehr bedeutend.[675]

4.2.2.1 Die Übertragung des westdeutschen Rentenrechts

Das Ausmaß der Schwierigkeiten bei der Übertragung des westdeutschen Wirtschafts- und Sozialsystems wurde anfangs nicht gesehen. Auf die einzelnen Schritte der Übertragung zunächst auf die DDR und später – nach der Wiedervereinigung – auf die neuen Bundesländer kann hier nur kurz eingegangen werden.

Eines der Hauptprobleme war es, vom Mindestsicherungssystem der DDR auf das leistungsorientierte System der BRD umzustellen und dabei zugleich Bestands- und Vertrauensschutz zu gewährleisten.[676] Die Vorzüge des BRD-Systems, insbesondere das generell höhere Niveau und die Dynamisierung der Renten wurden in der DDR durchaus gesehen, gleichzeitig aber wünschte man sich die Beibehaltung der umfassenden solidarischen Ausgleiche und hier vor allem der Mindestrenten.[677] Im Rahmen der Aushandlung des *Staatsvertrages* zwischen BRD und DDR bestanden nicht nur zwischen den beiden Staaten deutliche Meinungsverschiedenheiten, sondern auch innerhalb der bundesdeutschen Regierung, insbesondere zwischen Finanz- und Arbeitsministerium. So sprach sich das Finanzministerium, unterstützt vom Wirtschaftsministerium, für eine nur schrittweise Anhebung des Rentenniveaus aus, gegen einen Staatszuschuss wie er im westdeutschen Rentensystem gegenwärtig mit 18,8% der Gesamtausgaben bestand und forderte einen Finanzverbund der Rentenversicherung im Westen mit der im Osten. Weiter lehnte der Finanzminister die vom Arbeitsministerium gewünschte Garantie der Höhe der bisherigen Renten ab, da damit de facto das Mindestrentensystem der DDR übernommen werde. Insbesondere hinsichtlich des Rentenniveaus konnten die Differenzen bis zuletzt nicht beigelegt werden. Die Entscheidung fällte schließlich Bundeskanzler *Helmut Kohl* im

---

[675] Vgl. Bäcker 2007, S. 700; Ritter 2007b, S. 114-117.

[676] Weitere grundlegende Probleme bereitete die Einbeziehung der Zusatz- und Sonderversorgungssysteme der DDR, die für zahlreiche Berufsgruppen bestanden und durch die die reguläre Rente entweder ergänzt oder vollständig ersetzt wurde (vgl. Ritter 2007b, S. 117-118).

[677] Die in der DDR ausgearbeitete Sozialcharta stieß in der Bundesrepublik auf grundsätzliche Ablehnung. Mit der Charta sollte die nach den Volkskammerwahlen gebildete neue DDR-Regierung darauf festgelegt werden, soziale Besitzstände der DDR-Bürger zu bewahren und auszubauen. Indirekt war die Sozialcharta damit auch an die Bundesrepublik gerichtet. Die Charta machte allerdings keine Aussagen über die Finanzierungsmöglichkeiten und nahm keine Rücksicht auf die schwere Krise der Wirtschaft und der Finanzen der DDR. Dementsprechend ablehnend reagierte die Bundesrepublik auf die diversen Forderungen, insbesondere hinsichtlich des Rechts auf Arbeit (vgl. Ritter 2007b, S. 132-134).

Sinne des Bundesarbeitsministeriums (BMA): Die Renten sollten sofort auf 70% des durchschnittlichen Arbeitsverdienstes bei 45 Versicherungsjahren angehoben werden. Zugleich sollte es eine Garantie für die Höhe der bisher gezahlten Renten geben. Der Bundeskanzler wollte – „sicher auch aus wahltaktischen Gründen" – die Rentner der DDR möglichst bald an den Vorteilen des westdeutschen Systems teilhaben lassen.[678] Die SPD versuchte sich bei den Verhandlungen zum Staatsvertrag mit eigenen Vorschlägen als „soziales Gewissen der Einheit" und besserer Vertreter der Interessen der DDR-Bürger im anstehenden Bundestagswahlkampf zu profilieren, scheiterte hiermit jedoch. In teilweiser Abstimmung mit der westdeutschen Sozialdemokratie legte die DDR Gegenvorschläge vor und konnte auch Konzessionen erreichen.

Am 18. Mai 1990 wurde der Staatsvertrag schließlich unterzeichnet. Die DDR verpflichtete sich darin, die Organisation des westdeutschen Sozialsystems zu übernehmen, dies geschah mit dem Renten-Angleichungsgesetz der DDR vom 28. Juni 1990. Insgesamt fielen die Regelungen für die DDR-Rentner ausgesprochen günstig aus. Vor allem die „sofort und nicht erst schrittweise vorzunehmende Festsetzung der Bestandsrenten auf ein Netto-Rentenniveau von 70 Prozent des Durchschnittsverdienstes bei 45 Versicherungsjahren bedeutete, ebenso wie die Einführung der Dynamisierung der Renten, vor allem für die Masse der älteren Rentner eine erhebliche Verbesserung ihrer Alterssicherung."[679] Die Renten des Zugangsjahres 1970 oder früher wurden um durchschnittlich 43% angehoben, die des Zugangsjahres 1990 noch um rund 12%.[680] Weiter war vorgesehen, dass Rentner einen *Sozialzuschlag* erhielten, sofern ihre Rente unter 495 DM lag (die Mindestrente der DDR hatte 330 Mark betragen). Der Zuschlag betrug maximal 165 DM und legte damit faktisch eine Mindestrente fest, wie sie das Finanzministerium abgelehnt hatte. Er wurde nicht abgeschmolzen, entgegen der Wünsche der DDR aber auch nicht dynamisiert.[681] Der Sozialbeirat legte Wert auf die Feststellung, dass der Sozialzuschlag systemwidrig sei und deshalb nicht auf Dauer eingeführt werden dürfe.[682] Als Ergebnis der Rentenangleichung wurden etwa 78% der 2,89 Mio. Versichertenrenten um durchschnittlich 141 DM erhöht. Rund 674.000 Rentner erhielten zu ihrer Rente einen Sozialzuschlag in Höhe von durchschnittlich 87 DM. Im Schnitt stiegen die Renten um 30%.[683]

---

[678] Vgl. Ritter 2007b, S. 143-149.
[679] Ritter 2007b, S. 160.
[680] Vgl. Ritter 2007b, S. 175.
[681] Vgl. Bäcker 2007, S. 704; Ritter 2007b, S. 160, 176-177.
[682] Vgl. Schmähl 2007b, S. 586, 597.
[683] Vgl. Ritter 2007b, S. 178.

Die wichtigsten Vereinbarungen zur Zusammenführung der Sozialsysteme waren bereits im Staatsvertrag getroffen worden. Weitere Punkte galt es im Rahmen des *Einigungsvertrages* zu regeln, so die Details der Vertrauens- und Bestandschutzregelungen. Rentenfälle vor dem 30. Juni 1995 mussten mindestens in der Höhe gezahlt werden, die sich am 30. Juni 1990 nach dem Rentenrecht der DDR ergeben hätte.[684] Hinsichtlich des Sozialzuschlags verständigte man sich darauf, ihn bis Ende 1991 neu zu gewähren und als Übergangsbestimmung längstens bis Ende Juni 1995 zu zahlen.

Von grundlegender Bedeutung für die Entwicklung der Rentenfinanzen während der nächsten Jahre sollte sich jedoch ein anderer Streitpunkt erweisen, der nicht mit der DDR, sondern erneut innerhalb der Bundesregierung zwischen Arbeits- und Finanzministerium ausgefochten wurde: Wie bereits oben angesprochen, strebte das Finanzministerium einen Finanzverbund der West- mit der Ostrentenversicherung an, das Bundesarbeitsministerium lehnte diesen hingegen ab.[685] Hintergrund des Streites war, dass die Ostrentenversicherung sich nicht selbst würde tragen können und deshalb massiv auf Mittel von außen angewiesen war. Ein Finanzverbund mit der Rentenversicherung im Westen hätte daher zur Folge, dass die Kosten auf die Solidargemeinschaft abgewälzt und nicht aus Bundesmitteln beglichen würden. Wie das BMA feststellte, bedeutete dies, dass „„die westdeutschen Beitragszahler über das für Zwecke der Sanierung von Strukturmängeln ungeeignete Beitragsverfahren der Sozialversicherung zur Finanzierung herangezogen werden.'" Das aber gefährde die bisherigen Erfolge in der Bundesrepublik, erschwere das kontrollierte Heranführen der Sozialversicherung auf dem Gebiet der DDR an die der Bundesrepublik und unterlaufe die Strategie, über eine getrennte Haushaltsführung für beide Gebiete die Finanzverantwortung klar zuzuordnen. Ein Finanzverbund werde darüber hinaus zu schweren Auseinandersetzungen mit der SPD führen und auf härtesten Widerstand der Selbstverwaltung treffen, auf deren Kooperation man künftig in besonderem Maße angewiesen sei. Ein Finanzverbund dürfe daher erst dann hergestellt werden, wenn sich Löhne und Renten in beiden Teilen Deutschland einander angeglichen hätten.[686]

Das Bundesfinanzministerium (BMF) schaffte es zwar noch nicht, diesen Standpunkt im Einigungsvertrag zu verankern. Wohl aber war bereits vor der Bundestagswahl abzusehen, dass der Finanzverbund kommen würde. „Die Festlegung der Regierung vor der ersten gesamtdeutschen Bundestagswahl, die

---

[684] Der Vertrauensschutz bestand allerdings nicht für Leistungen aus Zusatz- und Sonderversorgungssystemen. Die noch bestehenden Sonderversorgungssysteme wurden mit Regelungen zu deren Überführung zum 1. August 1991 geschlossen.
[685] Vgl. Schmähl 2007b, S. 581.
[686] Vgl. Ritter 2007b, S. 194-195.

Steuern nicht zu erhöhen, war dafür von entscheidender Bedeutung (...)"[687] Nach der Bundestagswahl gelang es dem Finanzministerium im Januar 1991 den Finanzverbund als Teil der Koalitionsvereinbarung festzuschreiben. Es konnte „damit der Solidargemeinschaft der Rentenversicherung – wie der der Arbeitslosenversicherung – einen erheblichen Teil der finanziellen Lasten der deutschen Einheit aufbürden (...)."[688] Der Sozialbeirat lehnte dementsprechend in einer Stellungnahme vom 28. Mai 1991 die Einbeziehung der Rentenversicherung Ost in den Finanzverbund der Rentenversicherung der Arbeiter und Angestellten als ungerechte Belastung der Beitragszahler ab:

> „Es sollte nach Ansicht des Sozialbeirats darauf geachtet werden, daß auch in Zeiten starker finanzieller Anspannungen in den öffentlichen Haushalten lohnbezogene Sozialversicherungsbeiträge nicht zur Finanzierung allgemeiner Umweltverteilungsaufgaben herangezogen werden und dadurch der Sozialversicherungsbeitrag immer mehr zu einem allgemeinen Umverteilungsinstrument wird. (...) Bereits der geplante Finanzverbund zwischen den Rentenversicherungen in West- und Ostdeutschland zum 1. Januar 1992 führt dazu, daß Kosten der deutschen Vereinigung zum nicht unbeträchtlichen Teil aus Sozialversicherungsbeiträgen finanziert werden, angemessen wäre im Zusammenhang mit dem Finanzverbund eine erhöhte Finanzierungsbeteiligung des Bundes."[689]

Das BMA errechnete später, dass der Finanzverbund in 1992 und 1993 zu einer Reduzierung der Rücklagen der GRV um 3,5 Mrd. DM führen würde.[690]

Die Verhandlungen über die rechtlichen Grundlagen der Wiedervereinigung war die Stunde der Exekutive.[691] Die komplexen Konsultations- und Aushandlungsprozesse, die für das bundesdeutsche Regierungssystem in Normalzeiten typisch sind, wurden im Staatsvertrag so gut wie vollständig, im Einigungsvertrag teilweise ausgeschaltet. Abgesehen von dem immensen Zeitdruck unter dem gehandelt werden musste, war der Grund hierfür Artikel 59 Absatz 2 GG, wonach der Abschluss von völkerrechtlichen Verträgen in erster Linie Sache der Exekutive ist und diese von den gesetzgebenden Körperschaften nur en bloc angenommen oder abgelehnt werden kann.[692]

Im Rahmen des *Rentenüberleitungsgesetzes* vom 25. Juli 1991 einigten sich Regierung und Opposition unter anderem darauf, dass der Sozialzuschlag, der als Übergangsbestimmung ursprünglich für neue Renten nur bis Ende 1991 gewährt

---

[687] Schmähl 2007b, S. 588.
[688] Ritter 2007b, S. 195.
[689] Deutscher Bundestag 1991a, Drs. 12/1841; Schmähl 2007b, S. 596.
[690] Vgl. Schmähl 2007b, S. 594.
[691] Vgl. Bäcker 2007, S. 710.
[692] Vgl. Streinz 1999, S. 1264-1266.

werden sollte, nun bis Ende 1993 bewilligt werden konnte und nicht – wie im Einigungsvertrag vorgesehen – Ende Juni 1995 auslaufen, sondern bis längstens Ende 1996 gezahlt würden.[693] Kern des Rentenüberleitungsgesetzes war jedoch vor allem die Neuberechnung der Renten auf der Grundlage der Zahl der Arbeitsjahre und des individuellen Durchschnittseinkommens während der letzten zwanzig Arbeitsjahre. Da das DDR-Recht teilweise Sachverhalte mit einbezog, die sich bei Anwendung des westdeutschen Rentenrechts nicht oder nicht in den selbem Maße rentensteigernd auswirkten (z. B. umfassendere Anrechnung von Kindererziehungszeiten), fiel die individuelle, nun nach den Grundsätzen des SGB VI gebildete Ost-Rente oftmals niedriger aus, als der letzte nach den Grundsätzen des DDR-Rechts gezahlte Betrag. Um dies zu verhindern, wurde die Differenz im Wege so genannter *Auffüllbeträge* ausgeglichen. Diese, für das bundesdeutsche Rentenrecht untypischen Elemente wurden jedoch nicht dynamisiert und mit jeder Rentenanpassung ab dem Jahre 1996 schrittweise abgeschmolzen.[694] Auffüllbeträge erhielten vor allem Frauen, 1992 wurden 91% dieser Renten erhöht. Die durchschnittliche Erhöhung betrug bei Frauen 21,1%, bei Männern 14,8%.[695] Der Sozialbeirat betrachtete die Auffüllbeträge gerade im Hinblick auf den gesamtdeutschen Finanzverbund sehr kritisch: Die als Folge der politisch gewollten Vertrauensschutzklauseln gewährten Auffüllbeträge sollten nach dessen Auffassung aus allgemeinen Haushaltsmitteln bezahlt werden und nicht „stillschweigend" durch Schaffung des Finanzverbundes überwiegend zu Lasten der Beitragszahlenden gehen. Ähnlich wie in den 1970er Jahre teilweise der Bundeshaushalt mittels Stundung des Bundeszuschusses zulasten der Rentenversicherung saniert worden war, wurde nun die Finanzmasse der GRV zur Abfederung vereinigungsbedingter Härten zweckentfremdet. Die Summe der Auffüllbeträge, so der Sozialbeirat, werde 1992 rund 7,2 Mrd. DM betragen und damit fast ein Viertel aller Rentenausgaben im neuen Gebiet verursachen. Auch für die nächsten vier Jahre würde zunächst ein ähnlich hoher Betrag anfallen und die Kosten erst danach schrittweise absinken.[696]

Das BMA errechnete, dass die Maßnahmen bei der Übertragung des Rentenrechts zu Kosten in Höhe von 6,7 Mrd. DM in 1992 und 22,8 Mrd. DM in 1994 führen würden. Fest stand bereits: Je ungünstiger die ökonomische Ent-

---

[693] Vgl. Bäcker 2007, S. 705-706. Besonders kontrovers diskutiert wurde die Überführung der Renten und Anwartschaften aus den Sonder- und Zusatzversorgungssystemen der früheren DDR, deren niedrige Bemessung bei den Betroffenen auf heftigen Widerstand stieß und die durch Gesetzgebung und Rechtsprechung mehrfach erhöht wurde. Politisch heikel war insbesondere die Weitergewährung der so genannten Ehrenpensionen, beispielsweise bei Kämpfern gegen den Faschismus (vgl. Ritter 2007b, S. 256).

[694] Vgl. Bundesgesetzblatt, Teil I, 1991, Nr. 46, S. 1606, S. 1617-1635.

[695] Vgl. Ritter 2007b, S. 256-257.

[696] Vgl. Deutscher Bundestag 1991a, Drs. 12/1841, S. 122-123.

wicklung in Ostdeutschland verläuft, desto höher würde der insgesamt ergebende Transferbedarf ausfallen.[697]

Mit dem Staatsvertrag, dem darauf beruhenden Renten-Angleichungsgesetz der DDR, dem Einigungsvertrag und schließlich dem Rentenüberleitungsgesetz erfolgte die vollständige Übertragung des westdeutschen Rentenrechts auf Ostdeutschland. Die Ostrentner gehörten zu den Gewinnern der Vereinigung: Betrug die Eckerente in Ostdeutschland nach der zum 1. Juli 1990 erfolgten Angleichung erst rund 40%, so war diese fünf Jahre später zum 1. Juli 1995 mit knapp 79% bereits um das fast Doppelte angestiegen. Jenseits dieses standardisierten Rentenfalls glichen sich die tatsächlichen Renten noch erheblich stärker an – die Männerrenten von deutlich unter 50% auf nahezu 100%; die Frauenrenten hatten bereits bei der Angleichung 80% betragen und stiegen im Vergleich zum Westen bis 1995 auf rund 130%.[698]

4.2.2.2 Folgen für die volkswirtschaftlichen Rahmenbedingungen

Die ungünstigen Startbedingungen Ostdeutschlands nach dem Krieg, vor allem aber auch der Verzicht auf Wettbewerb hatten zu einer vergleichsweise sehr unproduktiven Wirtschaftsform geführt. So hatte laut einer Unterrichtung der Bundesregierung von 1995 „die durchschnittliche Produktivität der Volkswirtschaft der DDR Ende der 80er Jahre weniger als 30% des Produktivitätsniveaus der Bundesrepublik" betragen[699] und erreichte trotz intensiver Wirtschaftförderung erst 1998 rund 60% der westdeutschen.[700] Obwohl man sich in der Bundesrepublik bewusst war, dass die DDR ökonomisch weit abgeschlagen war, wurde das Ausmaß dennoch unterschätzt. Eine Konsequenz des dramatischen Umbruchs von der Plan- zur Marktwirtschaft war ein massiver Rückgang der Produktion und ein Verlust von knapp vier Millionen Arbeitsplätzen, die nur zum Teil kompensiert werden konnte.[701]

> „Die ökonomische Situation im Vereinigungsprozess wurde von politischen Entscheidungsträgern in doppelter Hinsicht allzu positiv eingeschätzt, zum einen hinsichtlich der ökonomischen Ausgangslage und des ökonomischen Potentials der DDR, zum anderen hinsichtlich der Bewältigung der Umstellungsprobleme in Folge

---

[697] Vg. Schmähl 2007b, S. 594.
[698] Vgl. Schmähl 2007b, S. 624-625. Zu bedenken ist hier allerdings, dass die ostdeutschen Rentner nicht in gleichem Maße über die privaten Zusatzeinkünfte und Vermögen verfügen wie diejenigen aus den Bundesländern.
[699] Deutscher Bundestag 1995, Drs. 13/2280, S. 90; Vgl. auch Schmidt 2004, S. 75, FN 310.
[700] Vgl. Rehfeld/Grütz 2000, S. 552.
[701] Vgl. Ritter 2007a, S. 66-67.

der Wiedervereinigung. Forschungen zur realen ökonomischen Lage der DDR wurden in der Bundesrepublik seit Jahren kaum betrieben. Manche DDR-Statistiken wurden auch allzu unkritisch aufgenommen und wohl auch abweichende Informationen – weil möglicherweise politisch nicht opportun oder den eigenen Wünschen widersprechend – nicht weiter berücksichtigt. (...) Trügerisch war die vielfach geäußerte Hoffnung auf ein ‚Wirtschaftswunder' wie nach dem Zweiten Weltkrieg durch ein Freisetzen von Marktkräften (...)"[702]

Die übermäßig positive Einschätzung der gegenwärtigen und künftigen ökonomischen Rahmenbedingungen prägte offenbar in erheblichem Maße auch die Vorstellung von einem für nur relativ kurze Zeit notwendigen Transferbedarf in den Sozialversicherungen. Dementsprechend wurden auch die möglichen Folgen bestimmter sozialpolitischer Maßnahmen, beispielsweise hinsichtlich des Finanzverbundes von West- und Ost-GRV, nicht hinreichend berücksichtigt. Insgesamt sahen Bundesarbeitsminister Blüm und seine Berater die Übertragung der bundesdeutschen Wirtschafts- und Sozialordnung weniger als ein ökonomisches als vielmehr ordnungspolitisches Problem und als Frage der sozialen Gerechtigkeit gegenüber den Menschen im Osten an.[703]

Anfangs entwickelte sich die Wirtschaftslage tatsächlich sehr erfreulich: Zwar brach das ostdeutsche BIP nach 1989 um rund 40% ein und erholte sich erst langsam,[704] doch aufgrund des starken Wachstums im Westen wuchs das gesamtdeutsche Bruttoinlandsprodukt 1990 und 1991 um jeweils mehr als 5%.[705] In einer Anhörung am 10. Oktober 1990 zur finanziellen Situation der Sozialversicherung in Ostdeutschland wurde gleichwohl die erhebliche Unsicherheit in der Einschätzung der Arbeitsmarktentwicklung deutlich. Dennoch rechneten die Vertreter der Rentenversicherungsträger 1991 allenfalls mit einem leichten Defizit.[706] Nach diesem vereinigungsbedingten Wirtschaftsboom verschlechterten sich die weiteren Aussichten zusehends. Die Wirtschaftskraft wuchs 1992 langsamer und ging 1993 sogar real um 0,8% zurück.[707] Die Erwerbsbeteiligung in der DDR war typischerweise (befördert durch das Recht auf Arbeit) und gerade auch bei Frauen relativ hoch gewesen war. Die hohe Erwerbsbeteiligung der Vergangenheit führte zu nun ebenfalls hohen Rentenansprüchen in der Gegenwart.[708] Umso wichtiger wäre somit ein kontinuierlich hoher Beschäftigungsstand gewesen. Doch die Entwicklung verlief jetzt entgegengesetzt: Die

---

[702] Schmähl 2007b, S. 646-647.
[703] Vgl. Ritter 2007b, S. 207.
[704] Vgl. Ritter 2007a, S. 72.
[705] Statistisches Bundesamt 2007, Tab. 1.2.
[706] Schmähl 2007b, S. 587.
[707] Statistisches Bundesamt 2007, Tab. 1.2.
[708] Deutscher Rentenversicherung Bund 2007, S. 42.

Zahl der Erwerbstätigen sank in Ostdeutschland zwischen 1991 und 1994 um rund eine Million, die Arbeitslosigkeit stieg. Die Nachfrage nach Gütern und Dienstleistungen in Ostdeutschland lag 1991 rund 75% über dem ostdeutschen Bruttoinlandsprodukt.[709] Der hohe West-Ost-Transferbedarf auch im Bereich der Alterssicherung führte dementsprechend zu einer bis zu doppelt so hohen Sozialleistungsquote im Osten (1992: 27,4% zu 55,5%).[710] Zugleich kam es zu einer raschen Ausweitung von Rentenzugängen wegen Arbeitslosigkeit ab 60 Jahren, insbesondere bei Männern. Die Frühverrentung war in Westdeutschland schon zuvor zunehmend zur Regel geworden, auch insoweit hatte also eine Kostenverschiebung zu Lasten der GRV stattgefunden.[711] Die Frühverrentungen erfolgten zumeist im Rahmen eines Sozialplans, der Arbeitslosengeld und Arbeitslosenhilfe mit einbezog und mit dem Renteneintritt ab dem 60. Lebensjahr in einer Rente wegen Arbeitslosigkeit endete. „Die damit zu Lasten der Arbeitslosen- und Rentenversicherung aus den Betrieben externalisierten Kosten waren immens. Als Faustformel galt, dass 100.000 Bezieher von Arbeitslosengeld die Bundesanstalt für Arbeit rund 2,4 Milliarden DM jährlich kosteten, während ein kompletter Jahrgang von vorzeitig in die Rente gegangenen Personen der Rentenversicherung rund 12 Milliarden DM an Mehrausgaben verursachte."[712]

Die Finanzen der Rentenversicherung litten somit gleich in mehrfacher Hinsicht unter der von vornherein überschätzten Produktivität Ostdeutschlands sowie unter den sich verschlechternden ökonomischen Rahmenbedingungen in beiden Teilen des Landes.

4.2.2.3 Folgen für die demographischen Rahmenbedingungen

Auch in der DDR hatte es zwar seit Ende der 1960er einen Geburtenrückgang gegeben, dennoch war das Reproduktionsniveau höher als im Westen. Der Jugendquotient[713] war in der BRD mit 39,0% in 1990 sehr viel stärker abgesunken als in der DDR, wo dieser noch 48,6% betrug.[714] Soweit der Geburtenrückgang und die Alterung der Gesellschaft für die Rentenversicherung als Problem gesehen werden, hatte die Wiedervereinigung also auch eine entlastende Komponente. Nach der Wiedervereinigung setzte jedoch im Osten Deutschlands ein

---

[709] Vgl. Ritter 2007a, S. 79.
[710] Bundesministerium für Arbeit und Soziales, 2006; Vgl. hierzu auch Bäcker u.a. 2008b, S. 105.
[711] Vgl. Schmähl 2007b, S. 624.
[712] Ritter 2007a, S. 91.
[713] Definiert als Anteil der bis 20jährigen in Relation zu der erwerbsfähigen Generation der 21 bis 59jährigen.
[714] Vgl. Ritter 2007a, S. 92-93.

grundsätzlicher Wandel ein, die Zahl der Geburten fiel zunächst schlagartig von fast 200.000 in 1989 auf 108.000 in 1991 und knapp 79.000 in 1994.[715]

> „Unmittelbar nach der Wiedervereinigung brach die Fertilität stark ein und erreichte 1994 mit einer Gesamtfertilitätsrate von 0,77 den niedrigsten jemals gemessenen Wert. Bevölkerungswissenschaftler sehen im Zusammenwirken mehrerer Faktoren die Ursache für diese drastische Veränderung. So kam es nach dem Fall der Mauer zunächst zu einem ‚demographischen Schockzustand': Zur Reduktion aller generativen Vorgänge (Geburten, Heiraten, Scheidungen) auf Grund der gesellschaftlichen Umbruchsituation."

Bis Ende der 1990er Jahre stieg die Zahl der Geburten zwar wieder langsam an und hat sich seitdem bei rund 100.000 pro Jahr eingependelt, erreichte damit aber bei weitem nicht mehr das Niveau vor der Wiedervereinigung, sondern näherte sich dem Westdeutschlands an.[716] So betrachtet verschaffte die Wiedervereinigung der Bundesrepublik also lediglich einen ‚demographischen Aufschub'. Der Sozialbeirat hatte bereits 1990 mit Blick auf die langfristige Finanzentwicklung der Rentenversicherung festgestellt, dass sich durch die „für Gesamtdeutschland ergebenden demographischen Strukturdaten im Vergleich zu den Erwartungen, die sich für das bisherige Gebiet der Bundesrepublik Deutschland ergeben, nur wenig verändert".[717]

4.2.2.4 Die Entwicklung der Rentenfinanzen

Es ist klar erkennbar, dass die Prioritäten der Bundesregierung – die erste gesamtdeutsche Bundestagswahl 1990 vor Augen – nicht auf einer nachhaltigen Finanzierung der Rentenversicherung lagen, sondern dass diese vielmehr, anderweitigen Mahnungen etwa der Bundesbank zum Trotz,[718] das Wahlversprechen halten wollte, keine Steuern zu erhöhen. Begründet wurde dies mit erheblichen Wachstumshoffnungen, spekulierte die Bundesregierung doch darauf, dass sich die Wiedervereinigung nach einer Anschubfinanzierung durch ein ostdeutsches Wirtschaftswunder selbst tragen werde.[719] Diese Grundsatzentscheidung determinierte auch die spätere Entscheidung über die Herstellung eines gesamtdeutschen Finanzverbundes bei gleichzeitiger Gewährung von Auffüllbeträgen. Eine teilweise Finanzierung der Einheit über die Sozialversicherung, insbesonde-

---

[715] Ritter 2007a, S. 90.
[716] Berlin-Institut für Bevölkerung und Entwicklung.
[717] Deutscher Bundestag 1990, Drs. 11/8504, S. 128.
[718] Vgl. Duisberg 2005, S. 211.
[719] Vgl. Bräuer 2005, S. 151.

re auch der GRV, war weniger offensichtlich als Steuererhöhungen und konnte
weitgehend ‚im Stillen' ablaufen. Insbesondere das Finanzministerium legte
Wert darauf, den Bundeshaushalt unmittelbar zu entlasten. Die günstigere Finanzlage 1990 hatte im Bundesgebiet zunächst zu einem weiteren Anstieg der
GRV-Rücklagen geführt. „Diese Entwicklung dürfte nicht unerheblich gewesen
sein für ein allmählich erkennbar werdendes Umdenken im Kreise der Versicherungsträger hinsichtlich eines Finanzverbundes zwischen Ost und West."[720]
Gerade der Umstand also, dass sich die Finanzlage der Rentenversicherung
kurzfristig günstig darstellte, führte dazu, dass man die mit dem Rentenüberleitungsgesetz beschlossene Belastung der GRV mit den Kosten der Einheit glaubte
verantworten zu können. Und dies trotz der parallel dazu stattfindenden Diskussion über die Schädlichkeit steigender Sozialbeiträge.

Auch die zeitgleich vereinbarte Absenkung des GRV-Beitragssatzes ab April 1991 war aus Sicht des Bundes eigennützig: Da nach dem eineinhalb Jahre
zuvor verabschiedeten Rentenreformgesetz 1992 der künftige Bundeszuschuss
auch an die Entwicklung des Beitragssatzes gekoppelt worden war, wurde der
Bundeshaushalt durch dessen Absenkung in den kommenden beiden Jahren um
insgesamt 20 Mrd. DM entlastet. Der VDR war mit der Beitragssatzsenkung
sogar einverstanden, da es die Intentionen des Rentenreformgesetzes 1992
gewesen sei eine Rücklagenansammlung zu vermeiden.[721] Der Sozialbeirat hatte
hingegen im November 1990 „angesichts der vielen offenen Fragen im Zusammenhang mit der Entwicklung der Rentenversicherung auf dem Gebiet der
ehemaligen DDR" empfohlen, die für das kommende Jahr geplante Senkung des
Beitragssatzes aufzuschieben.[722] Der Beitragssatz wurde gleichwohl zum 1. April
1991 um einen Beitragspunkt auf 17,7% gesenkt.[723]

Bereits 1991 waren die Renten in Ostdeutschland entsprechend der gestiegenen Löhne zweimal – zum 1. Januar und zum 1. Juli – kräftig um jeweils 15%
angehoben worden. Auch 1992 stiegen die Renten dort zwei Mal stark, nämlich
im Januar um 11,65%, im Juli um 12,73%.[724] Dass sich die Finanzlage der GRV
dennoch zunächst günstig entwickelte war zum einen dem oben angesprochenen
Vereinigungsboom geschuldet, zum anderen fielen im Westen die Rentenerhöhungen vergleichsweise moderat aus (3,1% in 1990, 4,7% in 1991 und 2,87% in
1992).[725] Trotz der Beitragssenkung stieg 1991 der Überschuss in der West-GRV
im Vergleich zum Vorjahr daher noch etwas, so dass die Rücklagen zum Jahres-

---

[720] Schmähl 2007b, S. 586-587.
[721] Vgl. Schmähl 2007b, S. 590-591.
[722] Deutscher Bundestag 1990, Drs. 11/8504, S. 127.
[723] Bundesgesetzblatt, Teil I, Nr. 20, S. 790.
[724] Statistisches Bundesamt 2007, Tab. 7.9A.
[725] Statistisches Bundesamt 2007, Tab. 7.9A.

ende mit fast 43 Mrd. DM drei Monatsausgaben betrugen und damit deutlich über der vorgeschriebenen Mindestrücklage von einem Monat lagen. Angesichts der bevorstehenden erneuten starken Rentenerhöhungen im Osten, wies der Sozialbeirat Ende 1991 allerdings darauf hin, dass die Vorausschätzungen „auf höchst unsicherem Fundament" ruhten.[726] Dies betraf unter anderem die statistische Erfassung: Auch 1992 lagen noch keine ausreichenden Daten über die Zahl der Beitragspflichtigen, über die Entgelte sowie über die Höhe der Rentenansprüche derer vor, die demnächst in Rente gehen würden. Modellberechnungen für die Jahre 1993 bis 1996 zeigten, dass das Defizit in Ostdeutschland zwischen 20% und 25% der Ausgaben der Ost-GRV liegen dürfte, das dann stiege, wenn sich die Arbeitsmarktlage ungünstiger als bislang unterstellt entwickle.[727] Die Bundesregierung ging Ende 1991 davon aus, dass als Folge der Rentenüberleitung sowie der 1992 unterstellten weiteren hohen Rentenanpassung die Ost-Rentenausgaben von 1991 auf 1992 um insgesamt über 60% ansteigen würden. War der Rentenversicherungshaushalt in Ostdeutschland 1991 noch ausgeglichen, wurde aufgrund dieses Ausgabenschubs für 1992 ein Defizit von 10,5 Mrd. DM erwartet, das wiederum nur im Rahmen des gesamtdeutschen Finanzverbundes durch den West-Ost-Transfer zu decken war. Die Höhe des Ost-West-Transfers wurde jedoch im Verlauf des Jahres 1991 nach oben korrigiert und Mitte November 1991 vom BMA für 1992 mit insgesamt 19,4 Mrd. DM beziffert. Davon entfielen auf das ostdeutsche Defizit 12,2 Mrd. DM. Dies entsprach einem Beitragsbedarf von 1,7 Prozentpunkten.[728]

Die Finanzlage der GRV entwickelte sich 1992 besser als noch im Jahr zuvor erwartet. Der Sozialbeirat warnte jedoch im Juli 1992 davor, „daß aus der kurzfristig günstigeren Finanzlage der Rentenversicherung im Vergleich zu den Erwartungen des Vorjahres keinesfalls auf eine Verbesserung der Finanzlage in längerfristiger Sicht geschlossen werden darf."[729] Insbesondere hinsichtlich angestrebter Leistungsverbesserungen für Familien sprach sich der Beirat zudem dagegen aus, diese Kosten ebenfalls von den Beitragszahlern tragen zu lassen.[730]

Hatte die Rentenversicherung insgesamt 1992 noch einen Überschuss zu verzeichnen, kehrte sich 1993 der Trend um. Nun zeigte sich die Belastung der Rentenversicherung mit den Kosten der Einheit besonders deutlich: Glichen sich die Einnahmen und Ausgaben im Westen gerade noch aus, kam es in Deutschland insgesamt aufgrund der hohen Ausgaben im Osten zu einem erheblichen Defizit. Wesentlicher Grund dafür war der unerwartet starke Beschäftigungs-

---

[726] Vgl. Deutscher Bundestag 1991b, Drs. 12/1841, S. 117.
[727] Vgl. Schmähl 2007b, S. 618.
[728] Vgl. Schmähl 2007b, S. 601-606.
[729] Deutscher Bundestag 1992, Drs. 12/3111, S. 195.
[730] Vgl. Deutscher Bundestag 1992, Drs. 12/3111, S. 196-197.

rückgang aufgrund der Rezession: die Wirtschaft schrumpfte um 0,8%.[731] Zudem war der Beitragssatz zum 1. Januar 1993 noch einmal um 0,2 Beitragspunkte auf nunmehr 17,5% gesenkt worden[732] – dies war als erneuter Ausgleich für die Anhebung des Beitragssatzes zur BfA gedacht, entlastete jedoch vor allem wiederum den Bundeshaushalt. Der vom Sozialbeirat kritisierte Schritt einer Beitragssenkung war insoweit außerordentlich kurzfristiger Natur, als dass die erneute Anhebung bereits absehbar war. Auch wendete „sich der Sozialbeirat gegen in der Öffentlichkeit bekanntgewordene Überlegungen, die Mindestreserve noch weiter zu reduzieren. Es bestünde sonst die Gefahr von Liquiditätsengpässen. Dies würde in der Öffentlichkeit zu Verunsicherung führen und das Vertrauen der Bevölkerung in das Rentenversicherungssystem beeinträchtigen."[733] Der VDR sprach sich dieses Mal ebenfalls gegen eine weitere Beitragssatzsenkung aus.[734]

Tatsächlich musste der Beitragssatz nur ein Jahr später erheblich um 1,7 Punkte auf 19,2% angehoben werden.[735] Zwar verlief die Entwicklung 1994 etwas günstiger, dennoch fiel das ostdeutsche Defizit mit rund 13 Mrd. DM wie schon im Vorjahr höher aus als der Überschuss im Westen, der angesichts der kräftigen Beitragssatzerhöhung mehr als 8 Mrd. DM erreichte. Die Politik der Regierung war auch danach von dem Ziel bestimmt, die Mindestreserve knapp einzuhalten. Da die Rücklagen immer noch über dem Mindestsoll lagen, konnte dementsprechend zum 1. Januar 1995 der Beitragssatz wieder von 19,2% auf 18,6% gesenkt werden. Bereits im Spätherbst allerdings entschied die Bundesregierung erneut den Beitrag 1996 wieder auf 19,2% anzuheben, um so eine Unterschreitung der Mindestrücklage zu verhindern.[736]

Die fortwährenden Änderungen bei den Beitragssätzen führten zu immer neuen – die Öffentlichkeit verunsichernden – Diskussionen über die Finanzlage der Rentenversicherung. Zudem bestanden Befürchtungen, dass 1995 der Anpassungssatz bei Einhaltung der Rentenanpassungsformel sogar negativ werden könnte und es kamen Forderungen auf, wonach es dann zumindest einen Inflationsausgleich geben solle. Der Sozialbeirat widersprach dem wiederum: Es solle auch dann an der Anpassungsformel festgehalten werden, denn eine „klare und verlässliche Regel ist einem Zustand vorzuziehen, in dem je nach aktueller Situation vom Gesetzgeber eingegriffen wird."[737] Aufgrund der öffentlichen Diskussion über die Zukunft der Rentenversicherung erstellte der Sozialbeirat da-

---

[731] Statistisches Bundesamt 2007, Tab. 2.1.
[732] Statistisches Bundesamt 2007, Tab. 7.7.
[733] Deutscher Bundestag 1993, Drs. 12/5470, S. 250.
[734] Vgl. Pehl 1992, S. 357.
[735] Statistisches Bundesamt 2007, Tab. 7.7.
[736] Statistisches Bundesamt 2007, Tab. 7.7; vgl. Schmähl 2007b, S. 622-623.
[737] Deutscher Bundestag 1994, Drs. 12/8309, S. 172.

rüber hinaus eine bis 2030 reichende Modellberechnung. Dies hatte er zuletzt 1989 getan. Laut der Modellrechnung würde mit rund 27% in 2030 der zu erwartende Beitragssatz unter Berücksichtigung der Rentenreform 1992 nur unwesentlich höher liegen als bereits 1989 vorausberechnet (26,9%).[738] In der öffentlichen Diskussion wurde hingegen teilweise immer noch mit einem Satz von 36% argumentiert und damit in der Höhe, wie sie ohne die Rentenreform zu erwarten gewesen wäre, um daraus die Notwendigkeit eines Systemwechsels abzuleiten.[739] Der Sozialbeirat wand sich „deshalb gegen Forderungen nach einem grundlegenden Systemwechsel – z. B. durch Übergang zu steuerfinanzierten, einheitlichen Altersrenten auf Sozialhilfeniveau –, die damit begründet werden, das Rentenversicherungssystem sei nicht aufrecht zu erhalten."[740] Diesen Äußerungen des Sozialbeirats zum Trotz stieg, befeuert von einer Studie der Weltbank aus dem Jahr 1994 und angesichts der ökonomischen Situation, der Druck, als Weg aus der „Rentenkrise" die GRV durch eine umlagefinanzierte Grundsicherung zu ersetzen und durch eine kapitalgedeckte Eigenvorsorge[741] zu ergänzen.[742]

4.2.2.5 Zwischenresümee

Die Folgen der deutschen Einheit waren nicht vorhersehbar. Regierung und Gesetzgeber mussten rasch handeln und es konnte keine Blaupausen für ein solches monumentales Projekt geben. In der Literatur wird zu Recht festgestellt, dass insgesamt die weitgehend reibungslose Übertragung des westdeutschen Sozialstaats auf den Osten eine Meisterleistung der Verwaltung, aber auch der sozialpolitischen Akteure war. Die Sozialpolitik konnte auf diese Weise dazu beitragen, den Transformationsprozess von der Plan- zur Marktwirtschaft sozialverträglich und damit – trotz aller Kritik und Enttäuschungen – für die Bürger in den neuen Ländern akzeptabel zu gestalten.[743]

Allerdings ist festzustellen, dass darüber die guten Vorsätze des Rentenreformgesetzes 1992, nämlich eine Herauslösung der Rentenversicherung aus der Tagespolitik zu erreichen, in geradezu fulminanter Weise scheiterten. Dies wie-

---

[738] Vgl. Deutscher Bundestag 1994, Drs. 12/8309, S. 172-173.
[739] Schmähl 2007b, S. 623.
[740] Deutscher Bundestag 1994, Drs. 12/8309, S. 173.
[741] Oehler 2009 merkt unabhängig von den Argumenten für oder gegen eine solche Privatrente an, dass der medial geprägte Begriff der „Eigenvorsorge" zweifelhaft ist: „Dies als Eigenvorsorge zu bezeichnen, erscheint kontraintuitiv, weil auch mit den Beiträgen zum Umlagesystem Leistungsansprüche erworben werden".
[742] Vgl. Schmähl 2007b, S. 624; Ritter 2007b, S. 259.
[743] Vgl. Ritter 2007b, S. 281-282.

derum kann nur begrenzt den unvorhersehbaren Folgen der deutschen Einheit und noch weniger – wie insbesondere ab Mitte der 1990er Jahre geschehen – der allgemeinen demographischen Entwicklung zugeschrieben werden.

Erstens stehen erneut andere Ursachen im Vordergrund, die zu Mindereinnahmen beziehungsweise Mehrausgaben geführt haben. Auf der Einnahmeseite ist hier vor allem die infolge von steigender Arbeitslosigkeit und stagnierenden Reallöhnen sinkende Lohnquote zu nennen. Diese war nach der Wiedervereinigung kurzfristig von ihrem bisherigen Tiefststand von 65% in 1990 sprunghaft auf 68% angestiegen – auch dies eine Folge der niedrigeren Arbeitsproduktivität in Ostdeutschland. Nach 1993 sank die Lohnquote jedoch binnen fünf Jahre wieder auf den gleichen Wert ab.[744] Zugleich fielen nach 1991 die Wachstumsraten der Volkswirtschaft insgesamt deutlich niedriger aus als erwartet. Gegenläufig dazu ist der an den Beitragsatz gekoppelte Bundeszuschuss zwar angehoben worden, doch wenn der absolute Anstieg des Bundeszuschusses betrachtet wird (von 1993 bis 1997 um knapp 14 Mrd. DM[745]), zeigt sich, dass die einheitsbedingten Zusatzausgaben um ein Vielfaches höher waren. So wurde, wie oben dargestellt, der West-Ost-Transfer alleine für das Jahr 1992 mit 19,4 Mrd. DM beziffert. Während es somit einerseits auf der lohnbezogenen Einnahmenseite zu einer Verengung der Finanzierungsgrundlage kam, wurden der Rentenversicherung gleichzeitig auf der Ausgabenseite insbesondere durch die über den gesamtdeutschen Finanzverbund finanzierten Auffüllbeträge und den Sozialzuschlag sowie durch die Tendenz zur Frühverrentung erhebliche zusätzliche Lasten aufgebürdet. Auch auf der Ausgabenseite spielte damit nicht etwa der Demographische Wandel eine wesentliche Rolle, sondern die politisch gewollte Verschiebungen einigungsbedingter Lasten. Die Phase der Wiedervereinigung stellt insoweit einen Sonderfall dar, da ein Großteil der zusätzlich anfallenden Kosten nicht nur in keinem Zusammenhang mit der Demographie standen, sondern überhaupt nichts mit sich verändernden sozialen oder wirtschaftlichen Rahmenbedingungen zu tun hatten und als eine Abwälzung von eigentlich gesamtgesellschaftlichen Lasten vom Bundeshaushalt auf die GRV zu charakterisieren sind. Die volkswirtschaftlichen Rahmenbedingungen kamen lediglich insoweit ins Spiel, als dass diese Lasten umso höher ausfielen, je schlechter die ökonomische Entwicklung im Osten verlief. Durch dieses Vorgehen wurde daher die in vorherigen Zwischenresümees immer wieder dargestellte, ohnehin bestehende Abhängigkeit der Rentenversicherung vom Wirtschaftswachstum zusätzlich verschärft.

Zweitens zeigt sich gerade auch im Rahmen der Wiedervereinigung wie sehr unrealistische, weil politischen Wünschen entgegenkommende Annahmen

---

[744] Statistisches Bundesamt 2008b, Tab. 9.7.
[745] Deutsche Rentenversicherung (Hg.), 2009a; eigene Berechnungen.

zu kurzfristigen Finanzierungsengpässen führten. So liefen die – entgegen ausdrücklicher Mahnungen des Sozialbeirats – in rascher Folge immer wieder veränderten Beitragssätze diesem Ziel diametral entgegen, wurde doch die Bevölkerung dadurch verunsichert. Zwar muss man der Regierung und dem Gesetzgeber zugestehen, dass angesichts der grundlegenden sozialen und wirtschaftlichen Veränderungen vor denen Gesamtdeutschland stand, bei den Vorausschätzungen der Rahmenbedingungen weit größere Irrtümer möglich waren als unter normalen Bedingungen. Gerade dieses Umstandes aber konnte man sich bewusst sein und ihn – wie der Sozialbeirat forderte – entsprechend einkalkulieren. Das Gegenteil war jedoch der Fall: „Diese hektisch wirkenden Beitragsausschläge waren auch das Resultat einer Beitragssatzfestlegung, bei der unter Berücksichtigung der unterstellten ökonomischen, demographischen, leistungs- und finanzierungsrechtlichen Annahmen (gerade) die Mindestreserve von einer Monatsausgabe eingehalten wird, was bei Abweichungen der tatsächlichen von der unterstellten Entwicklung eine Neujustierung des Beitragssatzes erfordert."[746] Die Politik stellte die von ihr zu verantwortenden raschen Änderungen jedoch nicht als Ergebnis der eigenen auf kurze Sicht angelegten Vorgehensweise, sondern als Folge sich rasch verändernder Rahmenbedingungen dar. Gegen diese Abwälzung der politischen Verantwortung wandte sich der Sozialbeirat nachdrücklich:

„Der Sozialbeirat hatte auch die zum 1. Januar 1993 wirksam gewordenen Maßnahmen hinsichtlich ihrer verteilungs- und beschäftigungspolitischen Konsequenzen kritisiert. Zugleich beklagte er mit Blick auf die – durch den für 1994 zu erwartenden höheren Beitragssatz – wieder angeheizte öffentliche Diskussion die damit verbundene Verunsicherung der Bevölkerung: Ohne die zweimalige Beitragssatzsenkung in der GRV hätte der Satz von 18,7 Prozent bis 1997 gereicht und damit länger als bei Verabschiedung des RRG 1992 im Jahre 1989 (für Westdeutschland) unterstellt. Diese Beitragsanhebung sei folglich kein Indiz für neuerlich notwendige Maßnahmen oder demographisch bedingten Finanzbedarf, wie dies in der öffentlichen Diskussion – verbunden wieder einmal mit der Forderung nach einem Systemwechsel zur Grundsicherung – dargestellt werde."[747]

Gerade am Beispiel des Beitragssatzes wird die Schädlichkeit der ständig wiederkehrenden Eingriffe für die Finanzlage der Rentenversicherung und damit zugleich für die der Öffentlichkeit zu vermittelnde Sicherheitsperspektive in eindrucksvoller Weise deutlich: Trotz der ganz grundlegenden Änderungen der sozialen und wirtschaftlichen Rahmenbedingungen, die die Wiedervereinigung mit sich brachte und trotz deren teilweisen Finanzierung über die Rentenversi-

---

[746] Schmähl 2007b, S. 623.
[747] Schmähl 2007b, S. 621.

cherung, hätte der zuletzt 1987 geänderte Beitragssatz über zehn Jahre hinweg stabil bleiben können. Eine solche Kontinuität in tendenziell unsicheren Zeiten wäre ein starkes Signal für die Verlässlichkeit der Rentenversicherung gewesen. Stattdessen haben die ausgesprochen kurzfristigen Beitragssatzänderungen des Gesetzgebers zu einem ständigen, sich selbst bedingenden Korrekturbedarf geführt, so dass der Beitragssatz in diesem Zeitraum fünf Mal verändert und zudem 1997 ein sechstes Mal auf 20,3% stark angehoben werden musste.[748] Indem der Gesetzgeber dann wiederum die Verantwortung für dieses verwirrende Auf und Ab von sich wies und – wie mit der demographischen Entwicklung – exogene, und damit nicht in seinem Einflussbereich liegende Faktoren dafür verantwortlich machte, erzeugte er den Eindruck, die Gesetzliche Rentenversicherung könne unter den gegenwärtigen Umständen keine verlässlichen Zukunftsperspektiven mehr bieten.

Die Rentenpolitik in der Zeit der Wiedervereinigung gibt damit ein gegensätzliches Bild ab: Wie dargestellt, federte sie einerseits den grundlegenden ökonomischen Wandel in Ostdeutschland erheblich ab. Andererseits aber belastete sie die Rentenversicherung aus politischem Kalkül heraus übermäßig mit den Kosten der Einheit. Alleine im Jahr 1997 wurden über die GRV 17,6 Mrd. DM in die neuen Bundesländer transferiert, in den folgenden Jahren stieg dieser Beitrag weiter an und belastet die GRV-Kassen bis heute.[749] Dieser Umstand stieß bereits zum damaligen Zeitpunkt auf vielfache Kritik. Überraschend ist jedoch, dass die GRV diese erheblichen Kosten, auch wegen der zunächst günstigen ökonomischen Entwicklung, jahrelang ohne Beitragssatzanhebungen hätte tragen können. Zu den erheblichen Schwankungen und dem schließlich starken Beitragsanstieg kam es lediglich, weil die Kalkulationen der Politik exakt ‚auf Kante genäht' waren und deshalb jede geringe Abweichung von den unterstellten Rahmenbedingungen eine – der Entwicklung zwangsläufig hinterherhinkende – Korrektur erforderlich machte. Die der Öffentlichkeit als Erklärung angebotene demographische Entwicklung dürfte dagegen in ihren Auswirkungen erneut absolut nachrangig gewesen sein und scheint hier wie bereits in früheren Zeiten lediglich eine Möglichkeit zur ‚Externalisierung' der politischen Verantwortung geboten zu haben.

4.2.3   Die letzte Phase der Regierung Kohl (1995-1998)

Die Gesetzesänderungen von Mitte der 1990er Jahre bis zum Regierungswechsel 1998 waren vor allem von Einsparbemühungen gekennzeichnet. So sollte die

---

[748] Statistisches Bundesamt 2007, Tab. 7.7.
[749] Vgl. Palik 1997, S. 373.

Frühverrentung durch Altersteilzeit beschränkt werden. Hierzu wurde 1996 die Altersgrenze wegen Arbeitslosigkeit, die durch das Rentenreformgesetz 1992 (RRG 1992) ab dem Jahre 2001 und bis 2013 schrittweise auf 65 Jahre steigen sollte, bereits ab 1997 und binnen drei Jahre auf 63 Jahre angehoben. Die weitere Anhebung auf 65 Jahre sollte dann, wie im RRG 1992 geplant, bis 2013 erfolgen.[750] Noch im selben Jahr kam es aber im Rahmen des *Wachstums- und Beschäftigungsförderungsgesetzes* zu einer erneuten Änderung, die eine weitere Beschleunigung vorsah und die dazu geführt hat, dass die Anhebung auf 65 Jahre bereits 2002 vollständig abgeschlossen wurde. Parallel dazu wurde auch die Anhebung der Altersgrenze für Frauen und langjährige Versicherte erheblich beschleunigt: Statt bis zum Jahre 2013 (Altersrente für Frauen) beziehungsweise 2007 (Altersrente für langjährige Versicherte) sollte die Anhebung jeweils bereits bis zum Jahre 2005 beziehungsweise 2002 abgeschlossen sein.[751] Zugleich wurden die Rentenansprüche der Bezieher von Arbeitslosengeld beziehungsweise -hilfe sowie von Krankengeld gekürzt[752] sowie Ausbildungszeiten und die Mindestbewertung der ersten Versicherungsjahre geringer bewertet.[753]

1997 verabschiedete die Regierungskoalition unter scharfem Protest der Opposition das *Rentenreformgesetz 1999* (RRG 1999).[754] Anders als bei allen anderen großen Reformen zuvor kam es somit zu keinem parteiübergreifenden Konsens. Erklärtes Ziel des RRG 1999 war zum einen die Entlastung des Faktors Arbeit durch Absenkung der Lohnnebenkosten und damit die „Erhaltung der Wettbewerbsfähigkeit des Standortes Deutschland" in einer globalisierten Welt, zum anderen die Bewältigung der Auswirkungen aus dem sich ändernden Altersaufbau durch „Gemeinsame Tragung der zusätzlichen Belastungen durch Rentner, Beitragszahler und Bund."[755] Kern des Gesetzes war eine Änderung der Rentenformel, durch welche die bereits seit langem diskutierte demographische Komponente – im Gesetz bezeichnet als „demographischer Faktor" – aufgenommen wurde, die die steigende Lebenserwartung der jeweils 65jährigen folgendermaßen berücksichtigen sollte: Steigt deren Lebenserwartung im Ver-

---

[750] Bundesgesetzblatt, Teil I, 1996, Nr. 38, S. 1078, S. 1082-1084.

[751] Bundesgesetzblatt, Teil I, 1996, Nr. 48, S. 1461, S. 1462.

[752] Bundesgesetzblatt, Teil I, 1996, Nr. 48, S. 1461, S. 1462.

[753] Bundesgesetzblatt, Teil I, 1996, Nr. 48, S. 1461, S. 1462-1463. Des Weiteren wurden mit Wirkung ab 1996 Hinzuverdienstgrenzen bei einer Berufsunfähigkeits- oder Erwerbsunfähigkeitsrente eingeführt (Bundesgesetzblatt, Teil I, 1995, Nr. 66, S. 1824, S. 1826-1827) sowie bei den Renten wegen verminderter Erwerbsfähigkeit zur sog. „abstrakte Betrachtungsweise" übergegangen, bei der es im Gegensatz zur „konkreten Betrachtungsweise" nicht darauf ankommt, ob die Arbeitsmarktlage für eine erwerbsgeminderten Person auch tatsächlich eine Anstellung hergibt, sondern nur darauf, ob der Betroffene theoretisch noch einsatzfähig wäre (Bundesgesetzblatt, Teil I, 1996, Nr. 24, S. 659).

[754] Einen umfassenderen Überblick bietet Palik 1997.

[755] Deutscher Bundestag 1997, Drs. 13/8011, S. 1.

gleich zum Vorjahr um einen bestimmten Prozentsatz an, beispielsweise um 1%, so sollte dies der Faktor jeweils zur Hälfte berücksichtigen, das Rentenniveau also um 0,5% mindern. Der Demographiefaktor sollte allerdings nicht zur Anwendung kommen, wenn dadurch die Renten im Vergleich zum Vorjahr real gesenkt oder das Nettorentenniveau auf unter 64% fallen würde.[756] Zudem wurden die Renten wegen Berufs- und Erwerbsunfähigkeit abgeschafft und durch eine teilweise und volle Erwerbsminderungsrente ersetzt, die keinen Berufsschutz mehr vorsah.[757] Weitere Änderungen betrafen die Anhebung der Altersgrenze für Schwerbehinderte[758] und die langfristige (bis 2012) Abschaffung der Altersrenten wegen Arbeitslosigkeit, nach Altersteilzeit oder für Frauen.[759]

4.2.4 Die Regierung Schröder (1998-2005)

Nach dem Regierungswechsel Ende 1998 wurde das RRG 1999 von der neuen rot-grünen Bundesregierung publikumswirksam und noch vor seinem Inkrafttreten durch das *Gesetz zu Korrekturen in der Sozialversicherung und zur Sicherung der Arbeitnehmerrechte* in weiten Teilen rückgängig gemacht beziehungsweise ausgesetzt. Davon betroffen waren auch der Demographiefaktor, die Renten wegen verminderter Erwerbsfähigkeit und die Anhebung der Altersgrenze für Schwerbehinderte.[760] Damit lösten SPD und Grüne ein Wahlversprechen ein und wollten zugleich ein Zeichen setzen, dass unter ihrer Regierung kein „Sozialabbau" betrieben werde.[761] Doch bereits im Jahre 2000 schaffte die Regierungskoalition in ähnlicher Weise sowohl die Renten wegen verminderter Erwerbsfähigkeit ab als auch hob sie die Altersgrenze für Schwerbehinderte an, wie es die alte Regierung gut zwei Jahre zuvor beschlossen hatte.[762]

Ganz oben auf der rot-grünen Agenda stand allerdings die Einführung einer kapitalgedeckten Privatvorsorge unter der Federführung von Bundesarbeitsmi-

---

[756] Bundesgesetzblatt, Teil I, 1997, Nr. 85, S. 2998, S. 3002-3003.

[757] Bundesgesetzblatt, Teil I, 1997, Nr. 85, S. 2998, S. 3000-3001, 3005-3006.

[758] Bundesgesetzblatt, Teil I, 1997, Nr. 85, S. 2998, S. 3000-3009.

[759] Bundesgesetzblatt, Teil I, 1997, Nr. 85, S. 2998, S. 3010-3011. Eine befristete Leistungsausweitung wurde für Familien beschlossen, die Entgeltpunkte, die ein Elternteil für Kindererziehungszeiten in den ersten drei Lebensjahren jedes Kindes erhält, sollten zwischen Juli 1998 und bis Juli 2000 von bisher 0,75 Entgeltpunkte auf 1 Entgeltpunkt pro Jahr angehoben werden (Bundesgesetzblatt, Teil I, 1997, Nr. 85, S. 2998, S. 3003, 3013).

[760] Bundesgesetzblatt, Teil I, 1998, Nr. 85, S. 3843, S. 3843-3844.

[761] so Rudolf Dreßler am 02.04.1998 im Bundestag (vgl. Deutscher Bundestag 1998, Plenarpr. 13/227, S. 20814). Vgl. auch die erste Regierungserklärung von Bundeskanzler Gerhard Schröder am 10.11.1998: Deutscher Bundestag 1998, Plenarpr. 14/3, S. 47-67.

[762] Bundesgesetzblatt, Teil I, 2000, Nr. 57, S. 1827, S. 1828-1833.

nister *Walter Riester*, auf den auch die Bezeichnung als *Riester-Rente* zurückgeht.

4.2.4.1 Die Einführung der kapitalgedeckten privaten Altersvorsorge („Riester-Rente")

Hauptziel des *Altersvermögensgesetzes* und des *Altersvermögensergänzungsgesetz* war die teilweise Ersetzung der umlagefinanzierten Sozialversicherung durch eine kapitalgedeckte Privatvorsorge und damit der Einstig zu einem grundlegenden Umbau der deutschen Alterssicherung:

> „Es ist wohl unstrittig, dass es [das Altersvermögensgesetz, Anm. d. Verf.], wie auch immer man es inhaltlich bewerten mag, die Weichen für die Zukunft des Sozialstaates neu gestellt hat. Statt des traditionellen Rentensystems wird es in Zukunft eine zweistufige Konstruktion aus Umlagesystem und kapitalgedeckter Zusatzsicherung geben. Zwar sind die quantitativen Auswirkungen zunächst verhältnismäßig gering. Aber man kann sicher sein, dass auf dem eröffneten Weg weitere Schritte folgen werden und dass auf lange Sicht das umlagefinanzierte Basissystem tendenziell zurück- und dafür das kapitalgedeckte Zusatzsystems ausgebaut werden wird."[763]

Doch auch, wenn dies tatsächlich eine grundlegende Weichenstellung war, handelte es sich dabei dennoch nicht um ein völlig neues Konzept. Bereits die Gegner der Rentenreform 1957 hatten für eine reine Grundsicherung gestritten, die durch private Vorsorge ergänzt werden sollte. Und selbst die beiden Schlüsselfiguren Schreiber und Jantz hatten – rund zehn Jahre nach der Reform – die Möglichkeit vor Augen, dass die dynamische Rentenversicherung in Zukunft einmal von einer Grundsicherung mit weiterreichender Privatvorsorge abgelöst werden könnte (siehe 3.5, S. 128).

Im Rahmen des Gesetzes wurde die Rentenanpassungsformel grundlegend verändert: So ist erstens die 1992 beschlossene Nettolohnanpassung wieder aufgegeben worden. Stattdessen orientieren sich die Renten seitdem erneut an der Bruttolohnentwicklung. Anstelle der Gesamtabgabenlast wird dafür nun aber die Entwicklung des GRV-Beitragssatzes berücksichtigt: steigt der Beitragssatz, so fällt die Rentenanpassung niedriger aus und umgekehrt. Eine Veränderung in der Höhe der Steuern sowie der anderen Sozialabgaben hat hingegen keinen Einfluss mehr auf das Rentenniveau. Zweitens sah die Reform weitere schrittweise Änderungen der Anpassungsformel vor. Bis zum Jahr 2010 sollten demnach

---

[763] Ebert 2001, S. 182.

folgende Regelungen gelten: Mit Wirkung ab 2002 wurde ein *Altersvorsorgeanteil* (AVA) von 0,5% eingeführt, der bis einschließlich 2008 jährlich um weitere 0,5% steigen soll, so dass der AVA ab 2009 dann 4% beträgt.[764] Während seines Anstiegs mindert der AVA die Rentenanpassung zusätzlich und erhöht zugleich schrittweise die Empfindlichkeit der Anpassungsformel für Änderungen im Beitragssatz. Ab 2011 sollte dann folgendes gelten: Der AVA bleibt konstant bei 4%, allerdings wird zudem noch ein *Ausgleichsfaktor* mit dem Wert 0,9 in die Formel aufgenommen. Der Ausgleichsfaktor hat ähnlich wie der AVA die Wirkung, dass steigende Beitragssätze stärker auf die Rentenanpassung drücken.[765]

Um dem sinkende Rentenniveau entgegenzuwirken, werden GRV-Pflichtversicherte seit 2002 beim Aufbau einer zusätzlichen kapitalgedeckten Altersvorsorge unterstützt. Die staatliche Förderung wird in Zwei-Jahres-Schritten zwischen 2002 und 2008 aufgebaut. Seit 2008 erhält jeder Förderungsberechtigte eine Grundzulage von jährlich 154 Euro sowie eine Kinderzulage von 185 Euro für jedes Kind mit Kindergeldanspruch. Um voll gefördert zu werden, sind Mindesteigenbeiträge notwendig. In der Regel soll die Summe aus eigenen Beiträgen und staatlicher Förderung in Prozent des beitragspflichtigen Bruttoentgelts 1% ab 2002, 2% ab 2004, 3% ab 2006 und 4% ab 2008 betragen. Gefördert werden Sparanlagen oder Versicherungen, aus denen frühestens ab dem vollendeten 60. Lebensjahr oder vom Beginn einer Altersrente an eine lebenslange, mindestens gleich bleibende monatliche Rente fließt. Dabei muss der Anbieter sicherstellen, dass zumindest die eingezahlten Prämien wieder ausgezahlt werden und zwar nominal, also nur die Beträge ohne Verzinsung. Dies bedeutet, dass beispielsweise der Kaufkraftverlust durch die jährliche Preissteigerung nicht garantiert werden muss.[766]

Die ‚Riester-Rente' weist ein erhebliches Maß an Unstimmigkeiten auf. So war der ‚Altersvorsorgeanteil' ursprünglich argumentativ mit der – in früheren Entwürfen zudem als obligatorisch konzipierten[767] – Privatvorsorge verknüpft, er sollte der Belastung durch die zusätzlichen Beiträge zur privaten Altersvorsorge Rechnung tragen. „Im Ergebnis ist der AVA aber völlig unabhängig vom tatsächlichen Ausmaß der privaten Altersvorsorge; er dient einzig einer Minderung des Leistungsniveaus in der GRV."[768] Auch der ‚Ausgleichsfaktor', der die Renten differenziert nach Rentenzugangsjahrgängen mindern sollte, weil jünge-

---

[764] Bundesgesetzblatt, Teil I, 2001, Nr. 13, S. 403, S. 410-411.
[765] Bundesgesetzblatt, Teil I, 2001, Nr. 13, S. 403, S. 410-411.
[766] Bundesgesetzblatt, Teil I, 2001, Nr. 31, S. 1310, S. 1315-1326. Seit 2005 sind die Anbieter einer „Riester-Rente" verpflichtet, dem Verbraucher bereits vor Vertragsabschluss die effektive Gesamtrendite seiner Anlage zu nennen (Bundesgesetzblatt, Teil I, 2004, Nr. 33, S. 1427, S. 1443).
[767] Vgl. Ebert 2001, S. 183-183.
[768] Wagener 2001, S. 188.

ren Versicherten mehr Zeit für eine zusätzliche Kapitalvorsorge blieb, ist im Vergleich zu seiner ursprünglichen Form verändert. Faktisch hat er nun eine ähnliche Wirkung wie der bereits von der Vorgängerregierung eingeführte und noch vor dessen Inkrafttreten wieder ausgesetzten „Demographiefaktor".[769] Dadurch wurde zum einen „die ursprüngliche klare Logik durchbrochen", durch welche die Korrektur des Rentenniveaus mit dem Aufbau des Kapitalstocks für die Zusatzvorsorge verknüpft war. Die Folge ist, dass die ältere Generation stärker belastet wird, weil sie nicht mehr ausreichend Zeit hat, eine private Vorsorge aufzubauen.[770]

Insgesamt wird deutlich, dass den Bezeichnungen der neuen Formelelemente eher argumentative als inhaltliche Bedeutung zukommt. Zu Recht kritisiert daher Ebert 2001, dass es der Rentenformel an Plausibilität fehle. Diese dürfe nämlich „nicht nur Ausdruck ergebnisorientierten Rechnens sein, sondern muss eine nachvollziehbare Fairnessregel für die Verteilung des Wohlstandszuwachses auf die Generationen erkennen lassen; andernfalls verfehlt sie ihre wichtige Funktion, Konsens und Kompromiss zwischen den Jungen und den Alten zu stiften."[771] Diesen Anforderungen aber genügte die neue Formel gleich in dreierlei Hinsicht nicht:

> „Erstens ist es inhaltlich nicht gerechtfertigt, zum Zweck der Rentenanpassung den vollen Rentenversicherungsbeitrag statt den hälftigen Arbeitnehmerbeitrag vom Bruttolohn abzuziehen. Zweitens verstößt es gegen die Regeln der Fairness, den Zusatzvorsorgebeitrag, der für die Arbeitnehmer nur freiwillig ist, den Rentnern so anzurechnen als sei es ein Pflichtbeitrag. Drittens gibt es für den Faktor 0,9 bzw. 0,86 in der ab 2011 geltenden Formel keine sachliche Begründung; er soll lediglich bewirken, dass Beitragssatzerhöhungen den Rentenanstieg stärker mindern, als wenn sie auf 100% des Bruttolohnes bezogen würden. All das hat nur deswegen Eingang in das Gesetz gefunden, weil es zu niedrigeren Anpassungssätzen führt. Eine andere Logik, als nur um jeden Preis das gewollte zahlenmäßige Resultat produzieren zu wollen, ist nicht erkennbar."[772]

Zudem sind die Berechnungen der Bundesregierung zum künftigen Rentenniveau allenfalls vordergründig korrekt. Demnach führt die veränderte Rentenanpassung dazu, dass das Nettorentenniveau der GRV nur mäßig von 69,0% in 2001 auf 67,9% in 2030 sinkt.[773] Dabei werden jedoch unterschiedliche Berechnungsgrundlagen zugrunde gelegt: Die Bundesregierung hat nämlich bei ihrer Progno-

---

[769] Vgl. Ebert 2001, S. 182-183.
[770] Ebert 2001, S. 182-183.
[771] Ebert 2001, S. 183.
[772] Ebert 2001, S. 182.
[773] Deutscher Bundestag 2001, Drs. 14/5146, S. 6.

se für das Jahr 2030 – nicht hingegen beim aktuellen Wert – eine Neudefinition vorgenommen: Das Nettorentenniveau errechnete sich bislang, indem die Höhe der aktuellen Standardrente ins Verhältnis zu dem durchschnittlichen Nettoeinkommen aller Versicherten gesetzt wird. Im Rahmen der neuen Berechnungsmethode werden nun von diesem durchschnittlichen Nettoeinkommen aller Versicherten noch einmal pauschal 4% für die lediglich empfohlene, aber nicht verpflichtende Privatvorsorge abgezogen.[774] Auf diese Weise schrumpft der Vergleichswert, das Nettorentenniveau fällt damit – rein rechnerisch – höher aus. Nach der herkömmlichen Definition hingegen, wie sie in einer früheren Bundestagsdrucksache zur selben Rentenreform auch noch zur Anwendung kam, sinkt das Rentenniveau nicht nur auf 67,9%, sondern auf 64,4%.[775]

Auch das Gesamtkonzept wurde kritisiert, nämlich dass mit der Riesterrente das Sicherungsziel, welches die deutsche Rentenpolitik zumindest im öffentlichen Bewusstsein lange Zeit dominierte, durch das Ziel der Beitragsstabilität ersetzt wurde und die GRV insgesamt an Vertrauen der Bevölkerung und damit an Legitimation verlöre:

„Folgten bisher die Beitragssätze dem Finanzbedarf (sprich: dem Leistungsniveau) der GRV, so wird in Zukunft das Leistungsniveau der Kassenlage folgen. (...) Für den Einzelnen wird der Nexus zwischen eigener Beitragsleistung und zukünftiger eigener Rente verwässert. Beiträge zur GRV werden nicht mehr als der eigenen Altersvorsorge dienend betrachtet, sondern zunehmend als pure Transferleistungen an die Alten. Hierdurch sinkt die Akzeptanz der GRV, während der Anreiz zur Beitragsvermeidung steigt. Lässt sich der eigene Beitrag nicht mehr verlässlich oder nicht mehr so verlässlich wie bisher in eine zukünftig zu erwartende Rente hochrechnen, gewinnt die Beitragsleistung zunehmend den Charakter einer Spekulation; die Altersvorsorge über die GRV hat nicht nur wie bisher eine niedrige, sondern zudem aus ex-ante Sicht eine hoch volatile Rendite. Hängt die Rentenhöhe von der Kassenlage der Rentenversicherung ab, so sind Rentner in stärkerem Ausmaß als bisher den Schwankungen der Bemessungsgrundlage der (fixen) Beiträge und damit der Volatilität der konjunkturellen Entwicklung unterworfen. (...) Insgesamt sprechen diese Aspekte dafür, dass durch die Riesterreform die erste Säule des deutschen Alterssicherungssystems nicht nur dünner, sondern zudem instabiler und schlechter kalkulierbar geworden ist. Die im Bewusstsein der Bevölkerung ohnehin angeschlagene Sicherheit der Rente dürfte damit weiter abbröckeln."[776]

---

[774] Bundesgesetzblatt, Teil I, 2001, Nr. 13, S. 403, S. 408-409.
[775] Deutscher Bundestag 2000, Drs. 14/4595, S. 3. Für den Fall, dass das so neu definierte Nettorentenniveau auf unter 64% absinken oder die Beiträge bis 2030 auf über 23% ansteigen sollten, sieht das Gesetz vor, dass die Bundesregierung den gesetzgebenden Körperschaften „geeignete Maßnahmen" vorzuschlagen hat (vgl. Bundesgesetzblatt, Teil I, 2001, Nr. 13, S. 403, S. 408-409).
[776] Wagener 2001, S. 188.

Kritisiert wurde im übrigen auch der Einfluss von Interessengruppen der Finanzdienstleistungsbranche, die ein starkes Interesse an der Einführung einer staatlich
geförderten privaten Altersvorsorge hatten: „In Deutschland stellte die vergleichsweise umfassende Bedeutung der umlagefinanzierten GRV eine relative
Beschränkung für das Wachstum der Finanzdienstleistungsbranche dar. Diese
Beschränkung wird überwunden, wenn durch eine Senkung des Sicherungsni-
veaus des staatlichen, umlagefinanzierten Rentensystems – und durch die damit
herbeigeführten ‚Versorgungslücken' – die Nachfrage auf dem Markt für private
Altersvorsorge steigt"[777]

Bereits unmittelbar nach der Verabschiedung der Gesetze äußerten Kritiker
– und zwar auch solche, die einen partiellen Systemwechsel im Grundsatz
befürworteten – die Befürchtung, dass die Reform aufgrund „fauler Kompromisse" nicht lange Bestand haben werde: „Das Vertrauen in die Altersversorgung
wurde auf diese Weise wohl kaum zurück gewonnen. Nach all dem ist zu be-
fürchten, dass sich die unselige Kette von Reparaturversuchen auch in Zukunft
fortsetzen wird."[778]

4.2.4.2 Das RV-Nachhaltigkeitsgesetz

Tatsächlich überdauerte die, von ihrem Konzept her eigentlich langfristig angelegte Rentenreform nur zwei Jahre. In einem ersten Schritt kam es 2003 zu
kurzfristigen Sofortmaßnahmen, um zunächst einmal die Finanzierung der
Rentenversicherung für das kommende Jahr sicherzustellen. Zu diesem Zweck
wurde die Rentenanpassung komplett ausgesetzt („Nullrunde"), die bereits
mehrfach reduzierte Schwankungsreserve von 0,5 auf nur noch 0,2 Monatsausgaben reduziert und eine erst kurz zuvor im selben Jahr vorgenommene Reduzierung des Bundeszuschusses um 2 Mrd. Euro[779] wieder zurückgenommen.[780]
Ebenfalls 2003 wurde schließlich auch noch der Auszahlungszeitpunkt der Rente
bei Neurenten ab April 2004 vom Monatsanfang auf das Monatsende verschoben.[781]

Im Rahmen des *Gesetzes zur Sicherung der nachhaltigen Finanzierungsgrundlagen der gesetzlichen Rentenversicherung* (RV-Nachhaltigkeitsgesetz) ist

---

[777] Wehlau 2009, S. 17.

[778] Ebert 2001.

[779] Bundesgesetzblatt, Teil I, 2003, Nr. 68, S. 3076, S. 3091.

[780] Bundesgesetzblatt, Teil I, 2003, Nr. 68, S. 3013, S. 3014-3017.

[781] Bundesgesetzblatt, Teil I, 2003, Nr. 67, S. 3019, S. 3019-3020. Dadurch ergeben sich prognosti-
zierte Einsparungen von ca. 750 Mio. Euro jährlich bis etwa zwanzig Jahre später der gesamte
Rentenbestand die Renten am Monatsende erhält, danach entstehen keine Einsparungen mehr (vgl.
Deutscher Bundestag 2003, Drs. 15/1831, S. 2.)

dann 2004 die Anpassungsformel erneut grundlegend geändert worden. „Noch deutlicher als bereits bisher wurde in dem von der Bundesregierung vorgelegten Gesetzentwurf, daß der Höhe des Beitragssatzes und der Einnahmeentwicklung alles untergeordnet wird, vor allem das Leistungsniveau der GRV."[782] Den Vorschlägen der *Rürup-Kommission* entsprechend erweiterte der Gesetzgeber die Formel um einen *Nachhaltigkeitsfaktor*, der zukünftig parallel zu dem 2001 beschlossenen ‚Altersvorsorgeanteil' wirken soll. Der Nachhaltigkeitsfaktor berücksichtigt Veränderungen des *Rentnerquotienten*, also das Verhältnis von Rentenempfängern und Beitragszahlern. Dieses Verhältnis wird sich künftig zuungunsten der Beitragszahler verschieben und dadurch das Rentenniveau auf lange Sicht zusätzlich senken. Schmähl 2004 kritisiert hierbei zu recht eine erneute gewisse Beliebigkeit was die Bezeichnung des neuen Formelelements anbelangt:

> „Betrachtet man jedoch die Formel, so zeigt sich, daß diese Begründung eher als ein ‚Verkaufsargument' anzusehen ist. Denn die Wirkung des Faktors wird maßgebend bestimmt durch einen Gewichtungsfaktor (‚alpha'). Er wird im Gesetz mit 0,25 spezifiziert und dient allein dazu, den vorgegebenen Beitragssatz in der GRV (z.B. 22% im Jahre 2030) unter Berücksichtigung der sonstigen zugrunde gelegten Annahmen zu erreichen. Dieser Gewichtungsfaktor ist also eine reine Steuerungsgröße. Man hätte folglich auch mit nahezu beliebig anders definierten Faktoren das gleiche Ergebnis mit einem dann jeweils anderen Gewichtungsfaktor erreichen können. (Nur um die Beliebigkeit zu illustrieren: So könnte die Einhaltung des Beitragsziels auch auf der Basis eines Faktors erfolgen, der z.B. auf der Zahl von Geburten oder von Störchen basiert.)"[783]

Eine Schutzklausel verhindert, dass es zu einer Minusanpassung kommt, die allein auf der Wirkung des Nachhaltigkeitsfaktors oder des 2001 eingeführten Formelelements zur Berücksichtigung der aktuellen Beitragslast beruht.[784] Der drei Jahre zuvor eingeführte Ausgleichsfaktor ist hingegen wieder gestrichen worden, da das Rentenniveau durch das neue Formelelement in Verbindung mit dem Altersvorsorgeanteil bereits in dem erwünschten Umfang gedämpft wird.[785] Die Rentenanpassung insgesamt orientiert sich weiterhin an der Bruttolohnentwicklung. Dabei wird allerdings nicht mehr die gesamte volkswirtschaftliche Lohnentwicklung zugrunde gelegt, sondern nur noch die Entwicklung des beitragspflichtigen Bruttolohns.[786] Dies bedeutet, dass die Rentner von steigen-

---

[782] Schmähl 2004, S. 210.
[783] Schmähl 2004, S. 214.
[784] Bundesgesetzblatt, Teil I, 2004, Nr. 38, S. 1791, S. 1792-1796.
[785] Vgl. Deutscher Bundestag 2003, Drs. 15/2149, S. 23.
[786] Bundesgesetzblatt, Teil I, 2004, Nr. 38, S. 1791, S. 1792-1796.

den Löhnen oberhalb der Beitragsbemessungsgrenze, also insbesondere im Falle einer stärkeren Lohnspreizung, nicht mehr profitieren.

Eine weitere wichtige Änderung betrifft erneut die Definition des Rentenniveaus selbst: Um dieses zu ermitteln, wird die Bruttostandardrente nach Abzug der Sozialbeiträge ins Verhältnis gesetzt zum durchschnittlichen Bruttolohn, ebenfalls nach Abzug der Sozialbeiträge (sog. *steuerbereinigtes Nettorentenniveau*).[787] Mit der Umstellung wurde auch das Sicherungsziel eines Nettorentenniveaus von 64% aufgegeben und ersetzt durch ein Mindestsicherungsniveau vor Steuern von 43% bis 2030.[788] Ein Bruttorentenniveau sagt allerdings nichts darüber aus, welche Mittel für die Finanzierung des Lebensunterhalts tatsächlich zur Verfügung stehen.[789] Um dennoch einen Vergleich zu ermöglichen, errechnete der Verband Deutscher Rentenversicherungsträger, was dies für das Nettorentenniveau bedeuten wird. Dieses wird demnach auf voraussichtlich 58,5% sinken.[790]

Ingesamt beruhte die Rentenpolitik erneut auf zu optimistischen Annahmen insbesondere hinsichtlich der Lohnsteigerungen. Der Sozialbeirat stellte dazu Ende 2004 fest:

> „Vor dem Hintergrund der Langfristigkeit der in diesem Jahr abgeschlossenen Tarifverträge, bei denen der Erhalt von Arbeitsplätzen bei geringen Lohnerhöhungen beziehungsweise Lohnverzicht im Vordergrund stand, hält der Sozialbeirat die Annahmen bezüglich der Entwicklung der Bruttolohn- und -gehaltsumme für sehr ambitioniert. Diesbezügliche Bedenken werden noch verstärkt, wenn berücksichtigt wird, dass seit geraumer Zeit sich die Differenz zwischen die Effektivlöhne und Tariflöhne [sic] (negativer Lohndrift) verringert. Vor diesem Hintergrund regt der Sozialbeirat an, in den Jahren bis 2008 geringere Lohnzuwachsraten zugrunde zu legen.“[791]

---

[787] Wie drei Jahre zuvor beschlossen, wird der zugrunde gelegte Durchschnittslohn darüber hinaus pauschal um 4% gemindert, wodurch das Rentenniveau rein rechnerisch höher ausfällt.
[788] Bundesgesetzblatt, Teil I, 2004, Nr. 38, S. 1791, S. 1792-1796.
[789] Vgl. Schmähl 2004, S. 212.
[790] Verband Deutscher Rentenversicherungsträger (VDR) 2004. Eine solche Berechnung setzt natürlich Annahmen zur künftigen Abgabenbelastung voraus und kann somit nur näherungsweise sein.
[791] Sozialbeirat 2004, S. 6.

4.2.5 Die Große Koalition unter Merkel (seit 2005)

4.2.5.1 Das RV-Altersgrenzenanpassungsgesetz

Im Jahr 2005 trat das RV-Nachhaltigkeitsgesetz in Kraft, doch bereits 2006 wurde abweichend von der gerade erst geänderten Rentenanpassungsformel die Anpassung erneut einmalig außer Kraft gesetzt und eine weitere Nullrunde beschlossen.[792]

Ein weiteres Jahr später kam es mit dem *Gesetz zur Anpassung der Regelaltersgrenze an die demografische Entwicklung und zur Stärkung der Finanzierungsgrundlagen der gesetzlichen Rentenversicherung* (RV-Altersgrenzenanpassungsgesetz) zu der dritten grundlegenden Rentenreform innerhalb von nur sieben Jahren.[793]

Kernpunkt des Gesetzes war zum einen, wie es bereits dessen Name sagte, die Anhebung des Renteneintrittsalters. Schon zuvor waren, angefangen mit dem RRG 1992, diverse Altersgrenzen angehoben beziehungsweise abgeschafft worden. Das RRG 1992 hatte auch die Altersgrenze der *Altersrente für langjährige Versicherte* von 63 auf 65 Jahren angehoben. Diese Altersgrenze wurde nun zusammen mit der Regelaltersgrenze für die ‚klassische Altersrente' mit Wirkung für die Rentenzugänge ab 2012 schrittweise auf 67 Jahre angehoben, so dass die Anhebung bis 2029 abgeschlossen sein würde. Ein vorzeitiger Renteneintritt ist maximal vier Jahre früher unter Inkaufnahme von dann 14,4% möglich.[794] Die Altersgrenze der Altersrente für Schwerbehinderte wird bis ebenfalls 2029 von 63 auf 65 Jahre angehoben. Allein besonders langjährige Versicherte, die 45 Pflichtbeitragsjahren vorweisen können, dürfen im Rahmen der neu eingeführten *Altersrente für besonders langjährige Versicherte* weiterhin mit 65 Jahren in Rente gehen.[795] Weitere Änderungen betrafen die Renten wegen verminderter Erwerbsfähigkeit[796] und die Hinterbliebenenrente.[797]

---

[792] Bundesgesetzblatt, Teil I, 2006, Nr. 27, S. 1304, S. 1304.

[793] Ausführlicher mit dem Gesetz beschäftigt sich etwa Reimann 2007, allerdings nicht mit den zugrunde gelegten Annahmen.

[794] Die im RRG 1999 für die Jahrgänge ab 1948 vorgesehene Absenkung des frühest möglichen Rentenbeginns von 63 auf 62 Jahre wurde rückgängig gemacht.

[795] Bundesgesetzblatt, Teil I, 2007, Nr. 16, S. 554, S. 555-556.

[796] Renten wegen verminderter Erwerbsfähigkeit werden nun bis zum Erreichen der Regelaltersgrenze von 67 Jahren gezahlt. Das Referenzalter wird von 63 auf 65 Jahre angehoben: Für jeden Monat der Inanspruchnahme vor dem vollendeten 65. Lebensjahr wird ein Abschlag von 0,3% pro Monat fällig. Für jeden Rentenbezug vor dem vollendeten 62. Lebensjahr ist dieses maßgebend, damit wird ein maximaler Abschlag von 10,8% für jeden Rentenbezug vor dem vollendeten 62. Lebensjahr (bisher 60. Lebensjahr) fällig (Bundesgesetzblatt, Teil I, 2007, Nr. 16, S. 554, S. 556-557).

[797] Die Altersgrenze für den Bezug einer großen Witwen- / Witwerrente ist ebenfalls um zwei Jahre von 45 auf 47 Jahre heraufgesetzt worden. Entsprechend der Anhebung des Referenzalters wegen

Auch die Rentenanpassungsformel selbst war einmal mehr Gegenstand der Reform: Die mit dem RV-Nachhaltigkeitsgesetz 2004 beschlossene und seit 2005 geltende Schutzklausel sollte verhindern, dass es zu einer Minusanpassung kommt, die allein auf der Wirkung des im selben Jahr eingeführten ‚Nachhaltig-keitsfaktors' oder des seit 2001 geltenden Formelelements zur Berücksichtigung der aktuellen Beitragslast beruht. Diese Schutzklausel erwies sich aufgrund des stagnierenden Lohnniveaus allerdings – wie die Bundesregierung in ihrem Gesetzentwurf zum RV-Altersgrenzenanpassungsgesetz betont – als weitaus wirksamer als vom Gesetzgeber erwartet:

> „Der Gesetzgeber ist im Jahr 2004 davon ausgegangen, dass die Dämpfungswirkung dieser Faktoren voll zum Tragen kommt und nicht durch die Schutzklausel begrenzt wird. Unter dieser Voraussetzung wurden in den Finanzberechnungen die gesetzlich festgelegten Beitragssatzziele eingehalten. Entgegen dieser Erwartung hat die Schutzklausel jedoch erhebliche Bedeutung erlangt, und zwar bereits bei der erstmaligen Anwendung des Nachhaltigkeitsfaktors im Jahr 2005. Die Löhne waren im Jahr 2004 z. B. in den alten Bundesländern um lediglich 0,12 Prozent gestiegen, die Dämpfungsfaktoren wirkten hingegen mit insgesamt -1,23 Prozent. Im Ergebnis hätten die Renten in den alten Bundesländern also um 1,11 Prozent gekürzt werden müssen. Allein aufgrund der Schutzklausel blieben die aktuellen Rentenwerte unverändert. Im Jahr 2006 wäre es bei Anwendung der Anpassungsformel ohne Schutzklausel wiederum zu einer Rentenkürzung gekommen."[798]

Vereinfacht ausgedrückt war der Rentenanstieg infolge zu geringer Lohnzuwächse nicht stark genug, um ihn wiederum im vorgesehenen Umfang kürzen zu können. Diese Entwicklung schlug sich auch in einer seit 2003 noch einmal rapide gesunkenen Lohnquote nieder.[799] Die Probleme, so stellte die Bundesregierung weiter fest, würden sich fortsetzen:

> „Es ist absehbar, dass auf der Grundlage des geltenden Rechts auch in den kommenden Jahren an sich notwendige Anpassungsdämpfungen wegen der Schutzklausel nicht realisiert werden können. Auf der Basis der aktuellen Schätzung der Finanzentwicklung ergeben sich bis zum Jahr 2008 insgesamt nicht realisierte Negativanpassungen im Westen in Höhe von -3,14 Prozent und im Osten in Höhe von -2,11

---

verminderter Erwerbsfähigkeit (siehe FN 796) wird auch das Referenzalter für Hinterbliebenenrenten von 63 Jahre auf 65 Jahre angehoben: Stirbt der Versicherte vor dem 65. Lebensjahr, so werden für jeden Monat der Inanspruchnahme vor dem vollendeten 65. Lebensjahr ein Abschlag von 0,3% pro Monat fällig. Für jeden Rentenbezug vor dem vollendeten 62. Lebensjahr ist dieses maßgebend, damit wird ein maximaler Abschlag von 10,8% für jeden Rentenbezug fällig, wenn der Versicherte vor dem vollendeten 62. Lebensjahr (bisher 60. Lebensjahr) gestorben ist (Bundesgesetzblatt, Teil I, 2007, Nr. 16, S. 554, S. 555-557).

[798] Deutscher Bundesrat 2007, Drs. 2/07, S. 76.

[799] Statistisches Bundesamt 2008b, Tab. 9.7.

Prozent. Damit gehen Mehrausgaben in Höhe von jährlich rund 6 Mrd. Euro einher, die von den Beitragszahlern getragen werden müssen. Der finanzielle Mehrbedarf würde dazu führen, dass die gesetzlichen Beitragssatzziele von höchstens 20 Prozent bis 2020 und 22 Prozent bis 2030 nicht eingehalten werden können.[800]"

Mit dem RV-Altersgrenzenanpassungsgesetz wurde daher beschlossen, dass ab 2011 seit 2005 unterbliebene Anpassungsdämpfungen nachgeholt werden sollen, dies jedoch erneut unter der Voraussetzungen, dass dann aufgrund der Lohnentwicklung entsprechende Rentensteigerungen möglich sind.[801]

4.2.5.2 Weitere Eingriffe in die Rentenanpassungsformel

Bereits im Jahr darauf wurde wiederum deutlich, dass mit dem schrittweise steigenden ‚Altersvorsorgeanteil' noch ein weiteres Formelelement zur Dämpfung der Rentenanpassung aufgrund der zu geringen Lohnanstiege zu niedrigeren Rentensteigerungen führen würde als politisch gewünscht. Die Bundesregierung stellte daher 2008 in ähnlicher Form wie im Jahr zuvor fest:

„Der geringe Anstieg der Löhne und Gehälter im vergangenen Jahr von nur 1,4 Prozent reicht nach geltendem Recht nicht aus, um zum 1. Juli 2008 mehr als eine geringe Rentenerhöhung in Höhe von 0,46 Prozent zu bewirken. Dies beruht vor allem auf der Berücksichtigung des Altersvorsorgeanteils in der Rentenanpassungsformel. Dieses Formelelement, das den Anstieg der Aufwendungen für die zusätzliche Vorsorge bis 2011 in gleichmäßigen Stufen unabhängig von der Lohnentwicklung berücksichtigt, mindert die Rentenanpassung im Jahr 2008 um 0,64 Prozentpunkte. Eine Rentenerhöhung um 0,46 Prozent ist aber zu gering, um auch die Rentnerinnen und Rentner angemessen am Wirtschaftsaufschwung zu beteiligen."[802]

Aus diesem Grund beschloss der Gesetzgeber unter Abweichung von der Riester-Reform, dass die Erhöhung des Altersvorsorgeanteils für die Jahre 2008 und 2009 unterbleiben soll.[803] Die Folgekosten für den Zeitraum bis 2011 bezifferte die Bundesregierung mit rund 9,7 Mrd. Euro.[804] Die Bundesregierung betonte jedoch, dass die unterbliebene Dämpfung der beiden Jahre – wie bereits zur Kompensierung der durch die Schutzklausel unterbliebenen Kürzungen geplant –

---

[800] Deutscher Bundesrat 2007, Drs. 2/07, S. 76-77.
[801] Bundesgesetzblatt, Teil I, 2007, Nr. 16, S. 554, S. 556, 563.
[802] Deutscher Bundestag 2008, Drs. 16/8744, S. 1.
[803] Bundesgesetzblatt, Teil I, 2008, Nr. 26, S. 1076.
[804] Deutscher Bundestag 2008, Drs. 16/8744, S. 3.

nachgeholt werden sollen und zwar in den Jahren 2012 und 2013. Daher könnten auch die anvisierten künftigen Beitragsobergrenzen eingehalten werden:

> „Dadurch ergibt sich im Jahr 2008 eine um 0,64 Prozentpunkte und im Jahr 2009 eine um 0,63 Prozentpunkte höhere Rentenanpassung. Dies kann ohne Beitragssatzanhebung finanziert werden, weil aufgrund der verbesserten Wirtschafts- und Arbeitsmarktsituation eine Stabilisierung der Rentenfinanzen eingetreten ist. Da es sich um eine zeitliche Verschiebung und nicht um die Abschaffung eines Elements der Anpassungsformel handelt, werden auch die langfristigen gesetzlichen Beitragssatzobergrenzen von 20 Prozent bis 2020 und 22 Prozent bis 2030 eingehalten."[805]

4.2.6 Zwischenresümee: Die Reformen seit Mitte der 1990er Jahre

4.2.6.1 Steigende Reformgeschwindigkeit

Die Jahre ab 1995 offenbaren in eindrucksvoller Weise, dass sich die mit dem Rentenreformgesetz 1992 verknüpfte Hoffnung, der Gesetzgeber könne nun für die nächsten zwanzig Jahre auf tief greifende Korrekturen verzichten,[806] nicht im Ansatz erfüllt hat. An keinem Beispiel wird dies besser deutlich als an dem Kernelement der dynamischen Rentenversicherung, der Rentenanpassung: Diese war zwar, so wurde es in diesem Kapitel gezeigt, niemals frei von diskretionären Eingriffen des Gesetzgebers, die den eigentlich langfristig angelegten Verteilungsmechanismen der GRV zuwider liefen. Dennoch stellen die seit Mitte der 1990er Jahre vorgenommenen Eingriffe in qualitativer wie auch insbesondere quantitativer Hinsicht eine neue Phase dar. Diese ist besonders deutlich zu erkennen im Vergleich mit den Anfängen der dynamischen Rente ab 1957: Obwohl die Anpassung der Bestandsrenten ausdrücklich im Ermessen des Gesetzgebers lag, entwickelten die Indikatoren, an denen sich dieser dabei zu orientieren hatte, eine so starke politische Bindungskraft, dass erstmals in der Wirtschaftskrise am Ende der 1970er Jahre (nachdem Regierung und Opposition zuvor mit der Rentenreform 1972 Mehrkosten in Höhe von über 200 Mrd. DM beschlossen hatten) von diesen Indikatoren abgewichen wurde. Zudem betrug der Abstand zwischen zwei ‚großen' Rentenreformen, die gezielt eine Änderung der Rentenanpassungsformel mit sich brachten, rund sechzehn Jahre. Zwischen 1956 und 2000 sind drei solcher Reformen in Kraft getreten – und damit genauso viele wie allein in den sieben Jahren zwischen 2000 und 2007. Seit dem RRG 1992 ist die Rentenanpassung automatisiert. Das sinnvolle Ziel war es gewesen,

---

[805] Deutscher Bundestag 2008, Drs. 16/8744, S. 1.
[806] Vgl. Deutscher Bundestag 1989, Plenarpr. 11/174, S. 13108.

damit die Anpassung dem politischen Alltag zu entziehen. Tatsächlich hätte man annehmen können, dass mit der Anpassungsautomatik die Bindungskraft der zugrunde liegenden Indikatoren noch weitaus größer geworden ist. Doch bereits der Reformabstand von mittlerweile gerade einmal drei Jahren läuft dem Prinzip von auf Dauer angelegten Verteilungsschlüsseln diametral entgegen. Hinzu kommt allerdings noch, dass selbst in den wenigen Jahren zwischen den Reformen die Anpassungsformel immer wieder außer Kraft gesetzt wurde. So wurde 1999 aus Kostengründen bestimmt, dass für die Jahre 2000 und 2001 die Anpassung nur entsprechend der Preissteigerung erfolgen sollte.[807] Als sich im Jahr darauf jedoch zeigte, dass ein Inflationsausgleich aufgrund aktuell niedriger Lohnzuwächse sogar noch höher ausfallen würde, kehrte man kurzfristig für 2001 zur Nettolohnanpassung zurück.[808] In den Jahren 2002 und 2003 erfolgte die Anpassung dann tatsächlich entsprechend der neuen Formel der Riester'schen Rentenreform, 2004 hingegen wurde die Anpassung ausgesetzt ('Nullrunde').[809] 2005 trat das RV-Nachhaltigkeitsgesetz mit einer neuen Anpassungsformel in Kraft,[810] doch bereits im nächsten Jahr wurde diese schon wieder außer Kraft gesetzt und eine weitere Nullrunde eingeschoben.[811] Insgesamt wurde die Formel des RV-Nachhaltigkeitsgesetzes bislang nur im Jahr 2007 wie geplant angewendet, da in allen anderen Jahren entweder eine eigentlich als Ausnahmebestimmung gedachte Schutzklausel die (volle) Wirkung des 'Nachhaltigkeitsfaktors' verhinderte oder aber der Gesetzgeber selbst eingriff. So hat dieser für 2008 und 2009 beschlossen, von der Anpassungsformel abzuweichen und den 'Altersvorsorgeanteil' zeitweise außer Kraft zu setzen.[812] Da außerdem gesetzlich bestimmt ist, die jeweils unterlassenen Dämpfungen in den Jahren 2011 bis 2013 möglichst nachzuholen, sind weitere Eingriffe bereits vorprogrammiert. Es ist daher festzustellen, dass angesichts ihrer nur ausnahmsweisen Anwendung seit dem Jahr 2000 jedenfalls politisch – und faktisch auch in rechtlicher Hinsicht – keine verbindliche Anpassungsformel mehr existiert.

Ein weiteres Beispiel für einen immer hektischer und kurzfristiger agierenden Gesetzgeber ist die *Schwankungsreserve*: Schon in früheren Zeiten hat der Gesetzgeber sie schrittweise auf nur noch eine Monatsausgabe reduziert. Seit 1997 werden bei der Festsetzung des Beitragssatzes alle Mittel der Schwankungsreserve berücksichtigt, also nicht wie bisher nur die liquiden.[813] Faktisch wurde die Schwankungsreserve bereits damit gesenkt. 2002 wurde sie zunächst

---

[807] Bundesgesetzblatt, Teil I, 1999, Nr. 58, S. 2534, S. 2543.
[808] Deutscher Bundestag 2001, Drs. 14/5146, S. 405.
[809] Bundesgesetzblatt, Teil I, 2003, Nr. 67, S. 3013.
[810] Bundesgesetzblatt, Teil I, 2004, Nr. 38, S. 1791, S. 1792-1796.
[811] Bundesgesetzblatt, Teil I, 2006, Nr. 27, S. 1304.
[812] Bundesgesetzblatt, Teil I, 2008, Nr. 26, S. 1076.
[813] Bundesgesetzblatt, Teil I, 1996, Nr. 48, S. 1461, S. 1463.

auf 0,8 Monatsausgaben reduziert,[814] im darauf folgenden Jahr auf 0,5[815] und 2004 schließlich auf 0,2 Monatsausgaben.[816] 2005 wurde sie dann in „Nachhaltigkeitsrücklage" umbenannt.[817] Die Schwankungsreserve anzugreifen ist für den Gesetzgeber ein verführerischer Weg, da sie eine Art eiserne Reserve darstellt und durch eine Reduzierung entsprechend Mittel frei werden, ohne dass die Beitragssätze angehoben oder Rentenausgaben beschnitten werden müssen. Doch da ein solches Vorgehen nur zu Einmaleffekten führt, können damit auch nur kurzfristig Beitragssatzsteigerungen verhindert werden. Gleichzeitig kann die GRV aber bei bereits immer kleineren Beitragsschwankungen in Liquiditätsnöte geraten, weshalb außer dem Sozialbeirat[818] auch die Rentenversicherungsträger[819] und der Bundesrechnungshof[820] immer wieder gegen ein solches Vorgehen protestiert haben. In die gleiche Richtung geht die oben angesprochene Verschiebung des Auszahlungszeitpunktes der Rente von Neurentnern auf den Monatsende.[821]

4.2.6.2 Die unterstellten Rahmenbedingungen

Vor dem Hintergrund einer so stark angestiegenen Reformgeschwindigkeit kann es nicht verwundern, wenn auch die Wirkungsprognosen keinen Bestand haben. So ging die Bundesregierung im Gesetzentwurf der Rentenreform 2001 davon aus, dass mit Hilfe der Reform bis 2030 der Anstieg des Beitragssatzes ausgehend von 19,1% auf 22,0% begrenzt werden könne.[822] Drei Jahre später war die Prognose hinfällig: „Die ökonomischen und demografischen Grundannahmen der Reform 2001 sind in der Kommission für die Nachhaltigkeit in der Finanzierung der Sozialen Sicherungssysteme unter Leitung von Prof. Bert Rürup eingehend diskutiert worden. Dabei ist deutlich geworden, dass diese Grundannahmen im Lichte neuer wissenschaftlicher Erkenntnisse teilweise revidiert werden müssen." Trotz der Rentenreform 2001 könne der Beitragssatzanstieg daher nicht

---

[814] Bundesgesetzblatt, Teil I, 2001, Nr. 75, S. 4010.

[815] Bundesgesetzblatt, Teil I, 2002, Nr. 87, S. 4637, S. 4639.

[816] Bundesgesetzblatt, Teil I, 2003, Nr. 67, S. 3013, S. 3014.

[817] Bundesgesetzblatt, Teil I, 2004, Nr. 38, S. 1791, S. 1796.

[818] 2001 stimmte der Sozialbeirat hingegen trotz Bedenken diesem Vorgehen zu (vgl. Deutscher Bundestag 2001, Drs. 14/7639, S. 134-136).

[819] Vgl. Deutscher Bundestag 2001, Drs. 14/7598, S. 5.

[820] Vgl. Pragal/Szent-Ivanyi, in: Berliner Zeitung v. 8.10.2003, S. 1.

[821] Bundesgesetzblatt, Teil I, 2003, Nr. 67, S. 3019, S. 3019-3020. Dadurch ergeben sich prognostizierte Einsparungen von ca. 750 Mio. Euro jährlich bis etwa zwanzig Jahre später der gesamte Rentenbestand die Renten am Monatsende erhält, danach entstehen keine Einsparungen mehr (vgl. Deutscher Bundestag 2003, Drs. 15/1831, S. 2).

[822] Deutscher Bundestag 2001, Drs. 14/5146, S. 6.

wie vorgesehen begrenzt werden, deshalb seien weitere Reformen notwendig geworden.[823] Dabei liest sich die Wirkungsprognose zum RV-Nachhaltigkeitsgesetz von 2004 wie eine Wiederholung: Erneut wird damit gerechnet, dass der Beitragssatz nun bis 2030 bei 22% gehalten werden kann.[824]

Die angesprochene so genannte *Rürup-Kommission*, eine Expertenrunde unter der Leitung des Wirtschaftsprofessors *Bert Rürup*, war Ende 2002 von der Bundesregierung mit dem Auftrag eingesetzt worden, Vorschläge zur Reform der Sozialversicherung zu erarbeiten. Knapp ein Jahr später übergab sie ihren Bericht. Als Konkurrenz dazu beauftragte die Union ein als *Herzog-Kommission* bekannt gewordenes Gremium unter der Leitung von Altbundespräsident *Roman Herzog*, die 2003 ebenfalls Reformvorschläge erarbeitete.

Tabelle 14: Gegenüberstellung der Rentenreformkonzepte von Rürup- und Herzogkommission

	Rürup – Kommission	**Herzog – Kommission**
Grundsatz	Festhalten am bisherigen System, dieses aber stark umgestalten	Festhalten am bisherigen System, dieses aber stark umgestalten
angestrebter Beitragssatz	max. 22% (erwartet ohne Reform: 24%)	„nicht wesentlich über 20 Prozent" = 21,1% (erwartete Höhe ohne Reform: 24,8%)
Renteneintrittsalter	Anhebung von 65 auf 67 Jahre	Renteneintritt mit 63 bis 67 Jahren durch Verlängerung der Lebensarbeitszeit um 4 Jahre
Rentenanpassung	verlangsamt durch sog. „Nachhaltigkeitsfaktor", wenn sich das Verhältnis von Rentnern und Beitragszahlern zuungunsten der Beitragszahler verschiebt	verlangsamt durch sog. „Demographiefaktor", wenn sich das Verhältnis von Rentnern und Beitragszahlern zuungunsten der Beitragszahler verschiebt
erwartetes Bruttorentenniveau 2030	sinkt von 48% auf 40% (ohne Reform: 42%)	sinkt von 48,3% auf 37,3% (ohne Reform: 41,9%)

---

[823] Deutscher Bundestag 2003, Drs. 15/2149, S. 1-2.
[824] Deutscher Bundestag 2003, Drs. 15/2149, S. 35.

Grundzüge der Reformvorschläge	• Anhebung des Renteneintrittsalters von 65 auf 67 Jahre • früherer Renteneintritt ab 64 Jahren möglich bei Abschlägen von 0,3% monatlich (= -3,6% / Jahr) • keine Ausnahmen mehr für z.B. langjährige Versicherte • Einführung der „abstrakten" Betrachtungsweise • langfristig entfällt Altersrente für Schwerbehinderte	• Verlängerung der Lebensarbeitszeit um vier Jahre • faktisches Renteneintrittsalter dem rechtlichen annähern, weniger Frühverrentungen • Reform in Verbindung mit großer Steuerreform • steuerfinanzierte Basisrente einführen • mehr Entgeltpunkte für Kindererziehung • private und betriebliche Altervorsorge stärken • Hinterbliebenenversorgung reformieren
Die Kommission lehnt es ab...	• Grundrente aus Steuermitteln einzuführen • Kindererziehung stärker zu berücksichtigen • Renten von Besserverdienenden zu kürzen • Beitragsbemessungsgrenze anzuheben • Zins- und Mieteinkünften zu berücksichtigen • Versichertenkreis auf Beamte auszuweiten	Versichertenkreis auf Selbständige und Beamte auszuweiten

Datenquelle: Bundesministerium für Gesundheit und Soziale Sicherung 2003; Kommission "Soziale Sicherheit" 2003; eigene Darstellung.

Im Kern hatten sich die Reformvorschläge beider Kommissionen stark geähnelt: Beide wollten im Grundsatz an dem bestehenden System festhalten und beide empfahlen das Renteneintrittsalter anzuheben (die Rürup-Kommission durch Anhebung der Altersgrenze, die Herzog-Kommission durch Verlängerung der Lebensarbeitszeit). In beiden Fällen sollte die Rentenanpassung durch eine Ergänzung der Anpassungsformel (im einen Fall durch einen „Nachhaltigkeitsfaktor" im anderen durch einen „Demographiefaktor") verlangsamt werden. Mit dem RV-Nachhaltigkeitsgesetz folgte die rot-grüne Regierungskoalition weitgehend den Vorschlägen der Rürup-Kommission.

Für den zu erwartenden Beitragssatzes einerseits und das prognostizierte Rentenniveau andererseits sind die von den Kommissionen unterstellten ökonomischen und demographischen Rahmenbedingungen von grundlegender Bedeutung. Hier setzt sich eine ‚Tradition' fort, die bereits bei der Präsentation früherer

Reformvorhaben zu beobachten war: Während die Politik stets die Kernelemente ihrer Konzeptionen herausstellt, werden die dabei zugrunde gelegten Annahmen und Vorausberechnungen nur am Rande oder implizit erwähnt – obgleich deren Qualität letztlich darüber entscheidet, ob das Konzept aufgeht oder nicht. Auch in diesen beiden Konzepten werden die unterstellten demographischen und insbesondere ökonomischen Entwicklungen nur beiläufig beziehungsweise im Anhang erwähnt. So geht die Rürup-Kommission davon aus, dass die Reallöhne bis 2030 durchschnittlich um 1,5% jährlich wachsen: „Auch nach 2010 sinkt das Bruttorentenniveau aufgrund des steigenden Beitragssatzes weiter ab. Zu beachten ist aber, dass unter den Annahmen der Kommission die Renten nicht gekürzt werden, sondern lediglich langsamer als die Löhne wachsen. So steigt die um die Preissteigerung bereinigte Standardrente bei einer unterstellten Reallohnsteigerung von 1,5% von heute rund 1.170 €/Monat bis zum Jahr 2030 auf 1.500 €/Monat an."[825] Die Herzog-Kommission kalkuliert mit 1,3% Reallohnsteigerung pro Jahr, äußert sich jedoch von vornherein nur bis zum Jahr 2010.[826] Erneut wurde also versucht, absolute Rentenkürzungen zu vermeiden und stattdessen – unter Verweis auf künftiges wirtschaftliches Wachstum – lediglich Rentensteigerungen zu dämpfen. Beide Kalkulationen sind jedoch insoweit bemerkenswert, als dass sie im Widerspruch zu den Erfahrungswerten der vorherigen zehn Jahre stehen: Im Schnitt legten die realen Bruttolöhne jährlich um nur rund 0,2% zu, die realen Nettolöhne waren sogar rückläufig.[827]

Wie oben dargestellt stiegen nach der Verabschiedung des RV-Nachhaltigkeitsgesetzes im Jahr 2004 die Löhne und Gehälter dann tatsächlich langsamer als vom Gesetzgeber angenommen, die Lohnquote sank bis 2007 auf einen Tiefststand von 62,2%.[828] Dies hatte erstens zur Folge, dass die als Ausnahmebestimmung gedachte Schutzklausel oftmals eine volle Dämpfung verhinderte und bewegte zweitens den Gesetzgeber dazu, die Regelungen zum Altersvorsorgeanteil für die Jahre 2008 und 2009 auszusetzen. Wenn jedoch bereits in wirtschaftlich überdurchschnittlich günstigen Jahren wie 2006 und 2007 die Lohnsteigerungen nicht ausreichen, um (zeitversetzt) zu entsprechend hohen Rentenanpassungen zu führen, so erscheint es unwahrscheinlich, dass dies unter anderen Umständen möglich ist. Dies gilt umso mehr, als dass der Gesetzgeber die Dämpfungen nicht abgeschafft hat, sondern sie in den Jahren ab 2011 – noch zusätzlich zu den dann vorgesehenen ‚regulären' Einschränkungen – nachholen will.

Ein solches Vorgehen wird begünstigt durch die Fortsetzung eines weiteren schlechten ‚Brauchs' in der Rentenpolitik: Immer wieder hat der Gesetzgeber

---

[825] Bundesministerium für Gesundheit und Soziale Sicherung 2003.
[826] Kommission „Soziale Sicherheit" (Hg.) 2003.
[827] Statistisches Bundesamt 2009d, Tab. 1.12, 1.15, 9.16; eigene Berechnungen.
[828] Statistisches Bundesamt 2008b, Tab. 9.7.

den Zeitraum seiner veröffentlichten Vorausberechnungen der unterstellten Rahmenbedingungen genau so gewählt, dass sie zu einem möglichst günstigen Zeitpunkt abbrachen – so beispielsweise im Rahmen der Rentenreform 1957 bei der Vorausberechnung der Rentnerzahl, die bis zur Mitte der 1980er Jahre reichte und damit bis zu einem Zeitpunkt als ihre Zahl im Sinken begriffen war. Ähnlich wurde auch im Rahmen der Rentenreform 2001 vorgegangen, hier anlässlich des im Laufe des Aushandlungsprozesses veränderten ‚Ausgleichsfaktors'. Durch den Umbau des ursprünglichen Konzepts ging „rund die Hälfte des langfristigen Konsolidierungseffektes" verloren und es erschien somit bereits damals nicht möglich, langfristig ein Nettorentenniveau von 67% mit einem Beitragssatz von 22% zu finanzieren. „Der Öffentlichkeit blieb dies nur verborgen, weil die offiziellen Rechnungen nur just bis zu diesem Jahr reichen."[829]

4.2.6.3 Zusammenfassung

Wurde bereits in früheren Jahren gewarnt, dass ein ständig wiederkehrendes Eingreifen des Gesetzgebers schädlich sei, so erscheint diese Mahnung noch nie so berechtigt gewesen zu sein wie in den vergangenen zehn Jahren. In bis dahin beispielloser Weise wurden in kürzester Zeit umfassende Reformen durchgeführt, die auch die Rentenanpassungsformel als Kernelement der dynamischen Rente änderten. Darüber hinaus wurde die Anpassungsformel nicht mehr nur ausnahmsweise, sondern regelmäßig ausgesetzt. Oben wurde daher bereits die These aufgestellt, dass faktisch derzeit überhaupt keine Rentenanpassungsformel existiert: Letztlich wird von Jahr zu Jahr unter Opportunitätsgesichtspunkten entschieden, ob nun eine Anpassung gemäß der Lohnentwicklung, entsprechend der Inflation, auf der Basis einer befristet modifizierten Anpassungsformel oder aber gar keine erfolgt. Für jede dieser Optionen lassen sich in den letzten Jahren Beispiele finden. Zugleich begründet der Gesetzgeber die Notwendigkeit für dieses Vorgehen zumeist nicht mit eigenen handwerklichen Fehlern, sondern mit einer unerwarteten Entwicklung der seiner Kontrolle entzogenen Rahmenbedingungen sowie der Rentenfinanzen. Es liegt auf der Hand, dass dies das Vertrauen in die Rentenversicherung nachhaltig beeinträchtigen muss. Dies gilt umso mehr, wenn der Staat parallel zu derartigen ad-hoc-Anpassungen den Eindruck vermittelt, sich aus der Verantwortung für die Alterssicherung seiner Bürger zurückzuziehen. Unabhängig von der Frage, inwieweit daher eine Ergänzung der privaten Altersvorsorge befürwortet wird, stellte deren Einführung und enge Kopplung mit der GRV jedenfalls einen grundlegenden Richtungswechsel in der Alterssi-

---

[829] Ebert 2001, S. 183.

cherung dar: Für die Gesetzliche Rentenversicherung steht nicht mehr die Lebensstandardsicherung im Vordergrund, sondern die Beitragssatzstabilität.[830] Der Einzelne wird darauf verwiesen, die Sicherungslücke selbst zu schließen. In einer solchen, zwangsläufig mit Unsicherheiten behafteten Phase wäre es umso wichtiger gewesen, den Versicherten verlässliche Perspektiven zu bieten, welchen Lebensstandard ihm ein solches Kombinationsmodell einmal bieten wird. Das Element der Unsicherheit liegt jedoch geradezu in der Natur einer privaten, kapitalgedeckten Altersvorsorge. Und anders als in der gesetzlichen Rentenversicherung existiert hier auch keine Bundesgarantie, die einspringen könnte, wenn die aus der Privatvorsorge resultierenden Erträge nicht den Erwartungen entsprechen. Der Staat kann somit eine verlässliche, langfristige Sicherheitsperspektive nur durch die GRV bieten. Dies allerdings ist in den vergangenen Jahren weniger der Fall gewesen als jemals zuvor.

Die unzutreffenden Vorausberechnungen betreffen dabei erneut weniger die Demographie als vielmehr makroökonomische Kenngrößen. Dafür spricht bereits wieder die grundsätzliche Feststellung, dass – ähnlich wie in der Phase im Anschluss an die Rentenreform 1957 – die Finanzierungsengpässe derart rasch auftreten, dass dies kaum im Zusammenhang mit den langfristigen demographischen Vorausberechnungen stehen kann. Anders verhält es sich mit der Lohnentwicklung. Hier können Abweichungen binnen kürzester Zeit zu Lücken in den Rentenfinanzen führen. Und tatsächlich erscheinen die den Reformen zugrunde liegenden Annahmen zur Lohnentwicklung angesichts der Erfahrungswerte der letzen fünfzehn Jahre unrealistisch. Hierzu passt, dass im Anschluss an die Reformen der Gesetzgeber selbst die Notwendigkeit seines erneuten Einschreitens mit einer unerwartet schlechten Lohnentwicklung begründet hat.

---

[830] Vgl. etwa Wehlau 2009, S. 16.

5 Gesamtbetrachtung

Die letzten beiden Kapitel brachten das Ergebnis, dass die bisherige Rentenpolitik von Anfang an nur sehr begrenzt in der Lage gewesen ist, mittels auf Dauer angelegter Verteilungskriterien nicht nur die gegenwärtige, sondern auch die künftige Umverteilung im Rahmen des Rentensystems zu regeln. Bevor nun zusammenführend die These dieser Arbeit überprüft wird, wonach es für weite Teile der bisherigen Finanzierungsengpässe andere Ursachen als den Demographischen Wandel gab, soll betrachtet werden, ob das Rentensystem seine ihm zugedachte ökonomische Funktion, nämlich Sicherung des Lebensstandards und Vermeidung von Altersarmut, bislang hat erfüllen können.

5.1 Funktionstüchtigkeit des Rentensystems?

Auf den ersten Blick mag das starke Absinken des Rentenniveaus in den Folgejahren der Rentenreform 1957 ins Auge fallen (siehe Abbildung 2): Bei unterstellten 45 Versicherungsjahren sank dieses von 57,3% in 1957 auf 49,1% in 1962. Und dies, obwohl doch die dynamische Anpassung gerade dazu führen sollte, dass sich die Rente „in der Nachbarschaft zu den Löhnen und Gehältern bewegt". Hierbei ist zunächst und vor allem zu beachten, dass die ab 1957 vorliegenden Daten nicht die sofortige und erhebliche Anhebung des allgemeinen Rentenniveaus durch die Rentenreform (im Vergleich zu 1956) widerspiegeln. Dennoch kann das bis Anfang der 1960er Jahre weiter stark absinkende Niveau irritieren. Zurückzuführen ist dies auf die teils um zweistellige Prozentraten gestiegenen Löhne und Gehälter,[831] während gleichzeitig die Renten aufgrund der verzögerten Anpassung zwar ebenfalls erhebliche Zuwächse erfuhren, aber dennoch zunächst deutlich hinter dem Lohnniveau zurückblieben.[832] Das anfangs fallende Rentenniveau veranschaulicht daher, wie sehr die Rentenkasse gerade in ihren ersten Jahren von den hohen Wachstumsraten profitieren konnte, ohne dass dem bereits entsprechend steigende Rentenausgaben gegenüberstanden. Dass die Rentenversicherung nicht, wie schon ab 1958 auch von der Bundesregierung selbst befürchtet, sofort wieder reformbedürftig war, ist unter anderem diesem Absinken des Bruttorentenniveaus zu verdanken.

---

[831] Entwicklung der Bruttoarbeitnehmerentgelte: 1958: +8,0%; 1959: +7,5%; 1960: +11,9%; 1961: +12,8%; 1962: +10,6% (Statistisches Bundesamt 2009d, Tab. 1.12).
[832] Rentenanpassungen: 1958: k. A.; 1959: +6,1%; 1960: +5,9%; 1961: +5,4%; 1962: +5,0%; 1963: +6,6% (Verband Deutscher Rentenversicherungsträger (VDR) 1997, S. 208).

Abbildung 2:   Bruttorentenniveau in Westdeutschland (1957-2009)

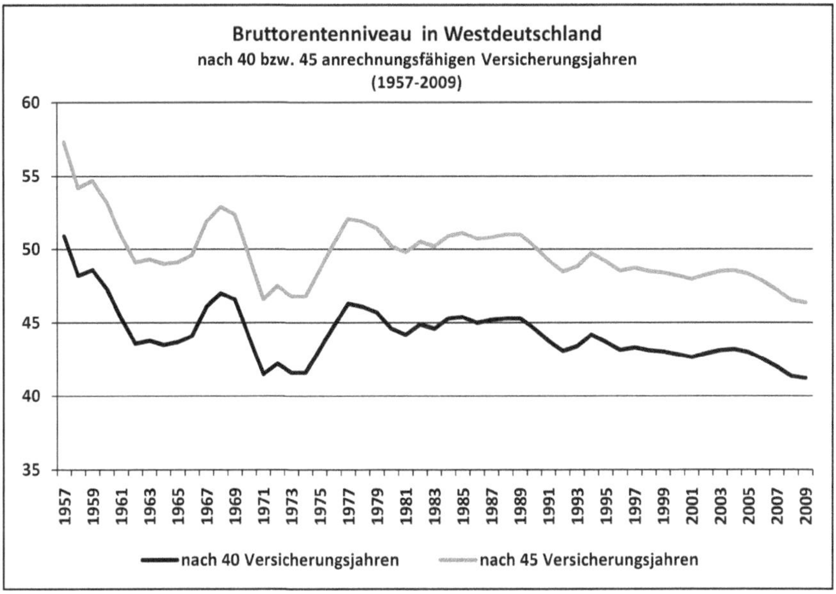

Bruttorentenniveau in Westdeutschland
nach 40 bzw. 45 anrechnungsfähigen Versicherungsjahren
(1957-2009)

━━ nach 40 Versicherungsjahren   ┈┈┈ nach 45 Versicherungsjahren

Datenquelle: Statistisches Bundesamt 2009d, Tab. 7.10.

Auch danach wirkte die Gesetzliche Rentenversicherung antizyklisch: Erst ab Mitte der 1960er Jahre schlugen sich die vormals hohen Lohnsteigerungen in entsprechenden Rentensteigerungen nieder, die in Verbindung mit der ersten leichten Rezession 1967 zu einem entsprechenden Anstieg des Rentenniveaus führten. Als die Wirtschaft Ende des Jahrzehnts erneut stark wuchs und die Renten zunächst nur langsam folgten, sank das Rentenniveau zum zweiten Mal erheblich ab. Zu beachten ist, dass der antizyklische Effekt zwar durchaus vom Gesetzgeber gewollt war, dies jedoch nur eines der beiden Hauptmotive für die Einführung der verzögerten Rentenanpassung gewesen ist. Wie dargestellt, war der zweite Grund der damit mögliche Einspareffekt, der allerdings nur so lange zum Tragen kommen konnte, wie die Lohnzuwächse nicht einbrachen oder dauerhaft absanken. Genau dies geschah jedoch ab Mitte der 1970er Jahre: Während die Wachstumsraten nun über einen langen Zeitraum hinweg stets unter den Erwartungen blieben, kam es zeitverzögert von 1973 an vier Jahre lang zu einmalig hohen Rentensteigerungen von jeweils gut 11%. Das steigende Rentenniveau illustriert, wie die Renten an der allgemeinen Lohnentwicklung ,vorbeischossen' und binnen gerade einmal sechs Jahren um zwei Drittel angestiegen sind. In der so genannten Konsolidierungsphase der 1980er Jahre blieb das Rentenniveau dann weitgehend konstant, wohingegen es seit etwa 1989 im Sinken begriffen ist. Ein wesentlicher Grund hierfür ist zunächst die seit 1992 geltende Bruttolohnanpassung sowie die – durch spätere Reformen immer wieder beschleunigte – Anhebung der Altersgrenzen. Die drei ‚großen' Reformen seit 2001 wiederum zielten ausdrücklich auf eine Absenkung des Rentenniveaus, was durch die staatlich geförderte private Altersvorsorge ausgeglichen werden soll.

Betrachtet man die Gesamtausgaben der GRV gemessen am BIP, so zeigt sich, dass diese bei kontinuierlich ansteigendem Rentenbestand bis etwa 1974 fast konstant geblieben sind (siehe Abbildung 3). Danach wurde zum einen die Rentenreform 1972 voll wirksam, vor allem aber schlugen inmitten der sich abschwächenden Konjunktur die immensen Rentensteigerungen infolge der verzögerten Rentenanpassung zu Buche.

Abbildung 3:   Rentenausgaben in Prozent des BIP / Rentenbestand (1960-2008)

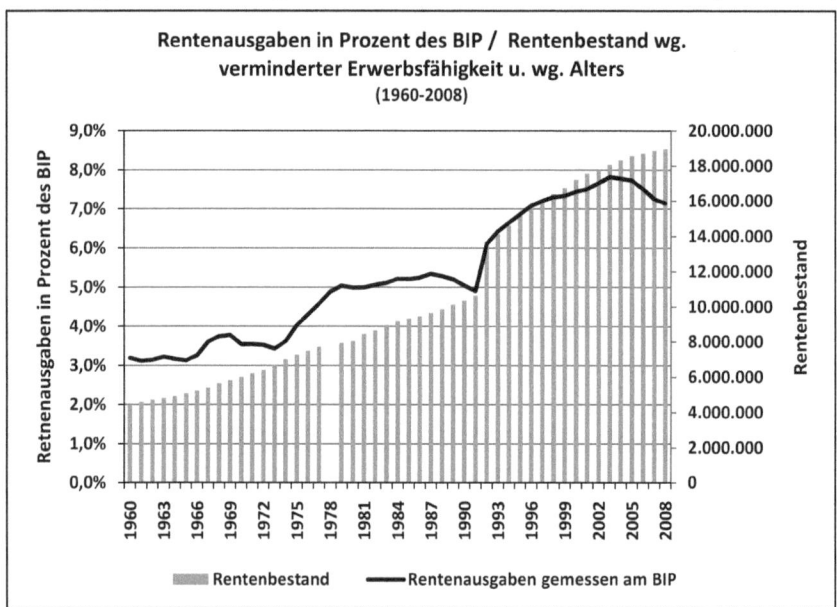

Datenquelle: Deutsche Rentenversicherung 2009c; Deutsche Rentenversicherung 2009b; Statistisches Bundesamt 2009d; eigene Berechnungen.

Bis zur Wiedervereinigung wuchsen die relativen Rentenausgaben in den 1980er Jahren trotz weiter steigender Rentnerzahl nur gering an und gingen schließlich sogar wieder leicht zurück. Die Wiedervereinigung führte, insbesondere aufgrund der wirtschaftlichen Schwäche der neuen Bundesländer, zu einem sprunghaften Anstieg der Kosten gemessen am gesamtdeutschen Bruttoinlandsprodukt. Bis etwa 2002 wuchsen die Ausgaben weiter, um seitdem wieder deutlich zu sinken. Zu beachten ist dabei, dass sich der Rentenbestand seit 1960 in etwa vervierfacht hat (siehe Abbildung 4). Betrachtet man daher die Ausgaben je 1 Million Rentner (wegen verminderter Erwerbsfähigkeit oder wegen Alters) gemessen am BIP, so zeigt sich, dass diese erheblich zurückgegangen sind und sich nahezu halbiert haben. Dieser Rückgang kann nur teilweise als Folge der Gewährung zusätzlicher und im Regelfall relativ niedriger Renten interpretiert werden.[833] Dies gilt insbesondere nicht für den Rückgang, der seit Ende der 1980er Jahre zu beobachten ist und der mit einem sinkenden Rentenniveau einherging.

Abbildung 4:   Ausgaben je 1 Mio. Rentner gemessen am BIP (1960-2008)

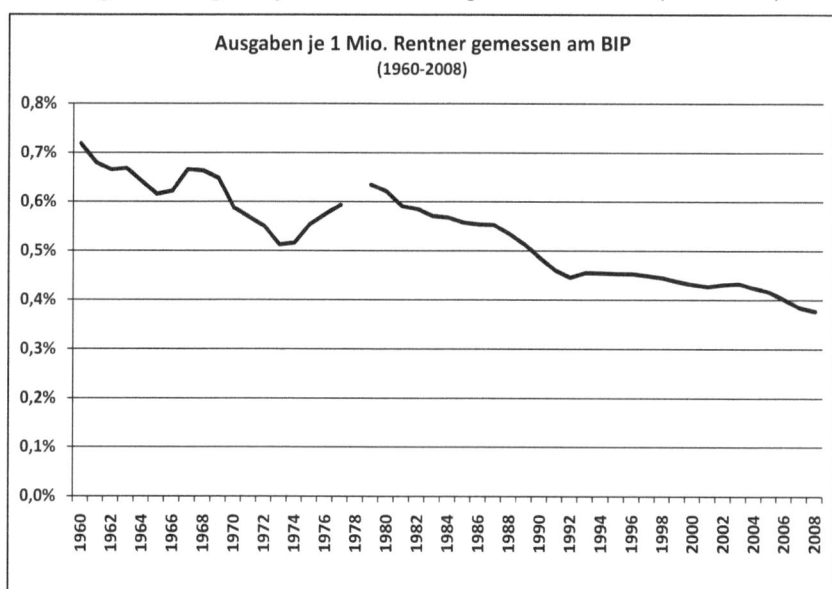

Datenquelle: Deutsche Rentenversicherung 2009c; Deutsche Rentenversicherung 2009b; Statistisches Bundesamt 2009d; eigene Berechnungen.

---

[833] Vgl. Wieting 1999, S. 105, der dies so interpretiert.

Wenn sich daher die relativen Ausgaben pro Rentner halbiert haben, ist dies gleichbedeutend mit einem geringeren Anteil des einzelnen Rentners am gesamtgesellschaftlichen Wohlstand. Unten wird noch darauf zurückzukommen sein, wie dieses Resultat zu interpretieren ist und auch, wie der Widerspruch zu dem nicht annähernd ähnlich stark gesunkenen Rentenniveau erklärt werden kann.

Die Frage, inwieweit die Gesetzliche Rentenversicherung in der Vergangenheit dennoch ihr wohl wichtigstes ökonomisches 'Minimalziel', nämlich die Vermeidung von Altersarmut, erreichen konnte, lässt sich eindeutig beantworten: Die Armutsquote der Rentner lag über viele Jahrzehnte hinweg und liegt auch heute immer noch unter der durchschnittlichen Quote der Bevölkerung.[834] Rentner konnten ihren im Laufe des Arbeitslebens erreichten Standard weitgehend erhalten. Dabei werden diese – anders als bei einer bedürftigkeitsabhängigen Steuerleistung – nicht in die Rolle eines Bittstellers gebracht, sondern können ihren Lebensunterhalt selbstbewusst aus einer Versicherungsleistung sichern. Dies ist ein zusätzliches Merkmal nicht der Quantität sondern der Qualität: Nicht nur die Höhe der Leistung, sondern auch welcher Natur diese ist, hat erheblichen Einfluss auf die persönliche Lebensqualität. Damit ist die Rentenversicherung zugleich als ein zentrales Element zur Sicherung des sozialen Friedens in Deutschland zu sehen. Insoweit kann davon gesprochen werden, dass die GRV von ihrem Ergebnis her betrachtet ein Erfolgsmodell gewesen ist.

Da das Rentensystem von seiner *Ausgabenseite* her gesehen also bislang weitgehend seine Funktion erfüllen konnte, rückt bei Betrachtung der bisherigen Entwicklung einmal mehr die Suche nach den Gründen für zunehmende Probleme auf der *Einnahmenseite* in den Vordergrund. Es wäre nämlich zu kurz gegriffen, die Finanzierungskrisen der Rentenversicherung im Sinne einer 'Outcome-Legitimation' als zweitrangig zurückzustellen: Diese Studie geht von der Prämisse aus, dass die Vermittlung langfristiger Sicherheitsperspektiven für die Gesetzliche Rentenversicherung von derart grundlegender Bedeutung ist, dass dies als schlechthin konstituierend für deren Legitimität bezeichnet werden kann. Für die Generation der Leistungsempfänger sind solche Sicherheitsperspektiven existentiell, denn die öffentlich-rechtliche Rente stellt für die meisten von ihnen die Haupteinnahmequelle dar und ein Ausfall derselben würde daher zwangsläufig in die Armut führen. Doch auch die Beitragszahler sind auf Sicherheitsperspektiven angewiesen, denn nur wenn diese eine als glaubwürdig empfundene Zusage erhalten, für ihre Beitragsleistungen später auch selbst einmal ein angemessenes Alterseinkommen zu erhalten, werden sie auf Dauer bereit sein, in eine Rentensozialversicherung einzuzahlen. Diese notwendige Sicherheitsperspektive

---

[834] Vgl. Boeckh/Huster/Benz 2006, S. 278; Bäcker u.a. 2008a, S. 467-468.

manifestiert sich zentral in der Rentenformel, die nicht nur die gegenwärtige Umverteilung eines Teils des Volkseinkommens regeln soll, sondern insbesondere auch die künftiger Perioden. Indem dies in einer grundsätzlich auf Dauer angelegten Formel festgeschrieben ist, soll für jeden erkennbar sowohl zum Ausdruck kommen, dass die Umverteilung langfristig bestimmt und damit dem kurzfristigen politischen Alltagsgeschäft entzogen ist, als auch, dass so eine Objektivierung der Verteilung stattfindet und somit für jede Generation die grundsätzlich gleichen Bedingungen gelten. Wenn aber die Rentenformeln als das fiskalische Herzstück des Generationenvertrags aufgrund immer häufiger auftretender Finanzierungskrisen auch immer häufiger verändert werden und mit dem Demographischen Wandel zugleich eine Ursache benannt wird, auf die die Politik keinen direkten Einfluss hat, so muss diese Sicherheitsperspektive ins Wanken geraten.

Dies gilt umso mehr, als dass sich diese Finanzierungskrisen offensichtlich verschärfen und mit den Reformen seit dem Jahr 2001 zugleich das Prinzip der Lebensstandardsicherung aufgegeben worden ist. So sorgte Anfang 2008 ein Bericht der Sendung „Monitor" für heftige Diskussionen, laut dem die Deutsche Rentenversicherung in einem internen Papier errechnet hat, dass ein Durchschnittsverdiener künftig 32 Jahre durchgängig in die GRV eingezahlt haben müsste, um damit das Niveau der Grundsicherung im Alter zu erreichen.[835] Bereits jetzt ist die Zahl der von Grundsicherung abhängigen Rentner seit ihrer Einführung in 2003 jedes Jahr angestiegen (von rund 258.000 in 2003 auf 410.000 in 2008).[836] Daher kann ab einem bestimmten Punkt auch das Ergebnis nicht mehr garantiert werden, nämlich den Lebensstandard der Rentner abzusichern oder zumindest Altersarmut zu vermeiden.

Erschwerend kommt hinzu, dass dies auch in Kombination mit möglicher Privatvorsorge gilt. So hat eine Studie des von deutschen Banken getragenen „Instituts für Altersvorsorge" ergeben, dass aufgrund der stark ungleichen Vermögensverteilung sowie ihres Sparverhaltens deutlich mehr als die Hälfte aller deutschen Haushalte (59%) die Versorgungslücke, welche durch die sinkende Gesetzliche Rente entsteht, nicht wird ausgleichen können.[837] Zugleich ‚lohnt' es sich für Haushalte mit einem dauerhaft niedrigen Einkommen unter Umständen nicht, private Altersvorsorge zu betreiben. Soweit diese nämlich nicht noch über zusätzliche Einkommen oder Vermögen verfügen, werden sie wahrscheinlich –

---

[835] Vgl. Kinkel 2008.
[836] Statistisches Bundesamt 2009a.
[837] Vgl. Börsch-Supan/Essig/Wilke 2005, S. 35-40: Rein rechnerisch kann der mittlere Haushalt zwar die Rentenlücke sogar überkompensieren, doch vor allem aufgrund der sehr ungleich verteilten Vermögenswerte sind „diese Mittelwerte (...) gravierend irreführend" (S. 38); Vgl. auch Ehrentraut 2006, S. 75, 127-144.

gleichgültig ob nun mit oder ohne Riester-Rente – nicht das Niveau der Grundsicherung erreichen, somit in jedem Fall bedürftig werden und damit im Ergebnis über das gleiche Alters-Einkommen verfügen.[838] Die Diagnose, dass viele Haushalte nicht über ausreichende Mittel für eine Privatvorsorge verfügen, ist allerdings keine neue Erkenntnis. Vielmehr ist bereits lange vor Einführung der ‚Riester-Rente' darauf hingewiesen worden, dass bei Reformen der Alterssicherung die ungleiche Vermögensverteilung berücksichtigt werden müsse.[839]

Die These der vorliegenden Untersuchung geht davon aus, dass es für einen Großteil der bisherigen Finanzierungskrisen andere Ursachen neben dem Demographischen Wandel gab. In der Einleitung wurde diese These hierzu in zwei Einzelaspekte aufgeteilt.

Erstens sollte untersucht werden, inwieweit nicht nur der inhaltliche Teil einer Reform, sondern auch die notwendigerweise zugrunde liegenden Vorausberechnungen der sozialen und wirtschaftlichen Rahmenbedingungen ein Bestandteil der Kompromissfindung sind. Hierbei gilt zunächst einmal die – beinahe banale – Feststellung, dass Sozialpolitik stets von Interessensgegensätzen geprägt ist sowie von dem grundsätzlichen Streben nach einer möglichst niedrigen finanziellen Belastung bei gleichzeitig möglichst hohen sozialpolitisch erwünschten Leistungen. Doch auch wenn dies für jedwede Art von Sozialpolitik gilt, zeichnet sich die Rentenpolitik durch zwei Besonderheiten aus. Zum einen wird die Altersvorsorge sowohl hinsichtlich ihrer Bedeutung für die Versicherten als auch mit Blick auf ihren ökonomischen Umfang zu recht als ein ‚neuralgischer Punkt' der Gesellschaft gesehen. Die Interessensgegensätze und Zielkonflikte sind hier, wie in Kapitel 2 gezeigt wurde, daher besonders hoch. Zum anderen handelt es sich bei der Rentenversicherung um ein Umverteilungssystem mit einer zusätzlichen zeitlichen Dimension. Diese vertikale Umverteilungsachse wiederum eröffnet eine Möglichkeit, die hohen Interessensgegensätze zu reduzieren und die Kompromissfindung zu erleichtern. Denn anders als bei anderen Umverteilungssystemen muss hier nicht nur ein Ausgleich zwischen *vorhandenen* (oder zumindest unmittelbar absehbaren) Einnahmen und Ausgaben hergestellt werden, sondern auch zwischen *künftigen* Einnahmen und Ausgaben. Sind die Entscheidungsträger somit sonst weitgehend gezwungen, die fiskalische Realität zugrunde zu legen und davon ausgehend eine bestimmte Politik zu konzipieren und auszuhandeln, besteht hier umgekehrt in erheblichem Umfang die Möglichkeit, zunächst über die politischen Vorhaben zu entscheiden und

---

[838] Vgl. Pfeiffer/Braun 2003, S. 91-92. Die Deutsche Rentenversicherung hat die Berechnungen zwar nicht bestritten, die Aussage von „Monitor" aber gleichwohl als „irreführend" bezeichnet, gerade weil hierbei andere mögliche Einnahmen im Alter neben der gesetzlichen Rente nicht beachtet würden (vgl. Deutsche Rentenversicherung 2008).
[839] So etwa Schlomann 1992.

anschließend – über den Umweg entsprechend vorausberechneter Rahmenbedingungen – die Realität gewissermaßen den jeweiligen Konzepten ‚anzupassen'. Durch Kompromisse auf einer solchen ‚Erwartungsebene' (siehe 2.4.4, S. 68) können die Interessensgegensätze zum Zeitpunkt einer Reform reduziert werden, erscheint doch eine deutlich konfliktärmere Umverteilung der finanziellen Mittel möglich: Wird etwa von einem starken Wachstum der Wirtschaft oder einer günstigen Entwicklung der Demographie ausgegangen, ist zu erwarten, dass beispielsweise die Beitragzahler einschließlich ihrer Arbeitgeber entlastet werden, während dennoch gleichzeitig die Generation der Rentner auf hohe Alterseinkünfte hoffen kann. Zudem ermöglicht es die vertikale Dimension des ‚Umverteilungssystem Rentenversicherung', dass Nutzen und Kosten einer bestimmten Reformmaßnahme zeitlich weit auseinander fallen. So führt etwa eine Ausweitung des Versichertenkreises unmittelbar zu einer starken Zunahme auf der Einnahmeseite, während die damit verbundenen Rentenansprüche größtenteils erst Jahrzehnte später wirksam werden. Daher, so die Annahme, haben rentenpolitische Vorausberechnungen die Tendenz zu optimistisch auszufallen. Im Ergebnis führt dies dazu, dass die künftigen Einnahmen zu hoch und / oder die Ausgaben zu niedrig angesetzt werden. Als Hauptgrund für überschätzte Einnahmen haben sich dabei übersteigerte Erwartungen an die künftige Wirtschaftskraft und an die Höhe der Löhne erwiesen, als Hauptgrund für unterschätzte Ausgaben hingegen eine zu niedrig kalkulierte Zahl an Rentenberechtigten. In dieser Studie wurde deshalb untersucht, welche Rolle die Vorausschätzungen und Prognosen der exogenen Rahmenbedingungen bei Rentenreformen gespielt haben und ob diese tatsächlich typischerweise und nicht nur ausnahmsweise zu positiv ausfielen mit der Folge, dass diese zu meist kurz- oder mittelfristig auftretenden Finanzierungslücken und damit zu einem wiederkehrenden Reformbedarf geführt haben.

Zweitens sollte betrachtet werden, inwieweit durch die Ausgestaltung als Sozial*versicherung* – auch dies das Ergebnis eines Kompromisses – weitere Prämissen mit einflossen, die auf lange Sicht ebenfalls immer weniger von den Rahmenbedingungen gedeckt sind. Da sich das Verhältnis von Beitragszahlern und Rentenempfängern verschiebt, gelten Änderungen in der Bevölkerungszusammensetzung gemeinhin als Hauptursache für zunehmende und wiederkehrende Finanzierungsprobleme der Rentenversicherung. Demgegenüber lautete der zweite Teil der These, dass die demographische Entwicklung zwar unbestreitbar die Rentenfinanzen beeinflusst, sie aber gleichwohl in vielen Fällen als Erklärung für Finanzierungskrisen herhalten muss, die in keinem oder zumindest nicht unmittelbaren Zusammenhang mit dieser Entwicklung stehen. Um dies zu überprüfen, wurde nicht nur diskutiert, inwieweit Veränderungen im Bevölkerungsaufbau im Rahmen von realistischen Vorausberechnungen absehbar gewesen wären, sondern auch, welche weiteren – insbesondere makroökonomischen – Entwicklungen stattgefunden haben, durch die ebenfalls die Finanzierungsgrundlagen des Rentensystems schmaler geworden sind.

5.2 Sich selbst bedingender Reformbedarf

5.2.1 Das Prinzip eines sich selbst bedingenden Reformbedarfs

Es konnte gezeigt werden, dass die Reformen der Gesetzlichen Rentenversicherung regelmäßig auf der Basis wenig belastbarer Prognosen und Annahmen erfolgten. Versucht man eine grobe Einordnung hinsichtlich der Verantwortlichkeit für fehlerhafte Vorausberechnungen, so sind im Wesentlichen drei Möglichkeiten denkbar.

Erste Möglichkeit: Die sich später als unzutreffend erweisenden Berechnungen betrafen Veränderungen *im System* und damit solche, auf die die Politik Einfluss hatte beziehungsweise die sie durch eigene Maßnahmen erst herbeigeführt hat. Ein Beispiel für solch eine aktuarisch unsolide Berechnung ist die politisch verursachte und auch gewollte Ausweitung des Versichertenkreises mit den damit verbundenen sofort verfügbaren Einnahmesteigerungen, ohne dass jedoch gleichzeitig auf der vorausberechneten Ausgabenseite die damit einhergehende, um Jahrzehnte verzögerte Ausweitung der Anspruchsberechtigten angemessen einkalkuliert wurde.

Demgegenüber sind zweitens Veränderungen der *Rahmenbedingungen* denkbar, die nicht oder zumindest nicht in dieser Weise vorhersehbar gewesen sind und denen auch nicht durch entsprechende Sicherungsmaßnahmen vorgebeugt werden konnte. Beispiele hierfür sind der in den 1970er Jahren verstärkt einsetzende Strukturwandel, eine auch infolgedessen sprunghaft ansteigende Arbeitslosenquote oder – am offensichtlichsten – der grundlegende ökonomische und gesellschaftliche Umbruch infolge der Wiedervereinigung.

Die Mehrzahl der hier aufgezeigten unzutreffenden Prognosen und Annahmen hingegen dürften sich drittens in einer Schnittmenge zwischen diesen beiden Varianten bewegen: Es handelt sich dabei einerseits um Veränderungen der exogenen Rahmenbedingungen, auf die die Politik tatsächlich keinen oder nur sehr begrenzten Einfluss hat. Gleichzeitig konnte andererseits belegt werden, dass Wissenschaftler und Institutionen, die (zumindest weitgehend) regierungsunabhängig sind, die Regierungen jeweils auf Schwächen in ihren diesbezüglichen Vorausberechnungen hingewiesen hatten. Hier sind nach 1957 insbesondere die Berichte und Stellungnahmen des Sozialbeirats zu nennen.

Damit aber gestaltete es sich schwierig, die Ursachen für Finanzierungsengpässe klar zuzuordnen. Führten also tatsächlich Vorausberechnungen, die typischerweise überoptimistisch ausfallen, zu Krisen in der Rentenfinanzierung oder
waren schlicht sich ungünstig verändernde Rahmenbedingungen der Grund?
Unstrittig ist eine Korrelation feststellbar zwischen sich verschlechternden
exogenen Rahmenbedingungen und der Notwendigkeit erneuter Korrekturmaß-
nahmen im Sinne von: je ungünstiger die Rahmenbedingungen, desto mehr
Eingriffe sind nötig. Eine Kausalität begründet dies allerdings noch nicht. Betrachtet man die Entwicklung der GRV in den letzten fünfzig Jahren unter dem
speziellen Aspekt der Geeignetheit der verwendeten Annahmen und Prognosen,
so kann nämlich nicht nur argumentiert werden, dass die sich ungünstig entwickelnden Rahmenbedingungen eine Reform *nötig* machten, sondern dass umgekehrt die Rahmenbedingungen immer weniger in der Lage waren, die typischerweise vorhandenen Mängel in den Vorausberechnungen *auszugleichen*.

Um Belege für diese Vermutung zu finden, sind die Anfänge der dynamischen Rente in Gestalt der Rentenreform von 1957 sowie die anschließenden
zehn Jahre besonders eingehend untersucht worden. Wesentlicher Teil des in
späteren und heutigen politischen Diskussionen gezeichneten Bildes von der
Gesetzlichen Rentenversicherung ist nämlich, dass die dynamische Rente in
ihren Anfangsjahren gut funktionierte und es erst später, etwa ab Mitte der
1970er Jahre, zu finanziellen Engpässen kam, als sich insbesondere die demographischen Rahmenbedingungen deutlich verschlechtert hatten. Wenn dies
jedoch zutreffend wäre, müsste im Umkehrschluss davon ausgegangen werden
können, dass die Finanzierung der Rentenversicherung zumindest während einer
sowohl wirtschaftlich („Wirtschaftswunder", Vollbeschäftigung, hohe Lohnsteigerungen) wie auch demographisch (Gastarbeiter, Flüchtlingsstrom) außerordentlich günstigen Periode gesichert war. Bei oberflächlicher Betrachtung
scheint diese Einschätzung auch tatsächlich zutreffend zu sein: Nach 1957 blieb
das Rentenrecht fünfzehn Jahre lang nahezu unangetastet und als es dann
schließlich zur Rentenreform von 1972 kam, war dies gerade keine Reaktion auf
Finanzierungsschwierigkeiten mit entsprechenden Leistungseinschränkungen,
sondern im Gegenteil wurden die Leistungen der Gesetzlichen Rente massiv
ausgebaut.

Die nähere Betrachtung allerdings hat dieses Bild einer zunächst gut funkti-
onierenden Rentenversicherung, die auf eine gesicherte Finanzgrundlage aufbau-
en konnte, geändert. Denn bereits unmittelbar im Anschluss an die Reform
offenbarten sich Fehlannahmen grundsätzlicher Art. Nicht nur viele zeitgenössische Wissenschaftler, sondern auch die Bundesregierung selbst hielt die Finanzierung der GRV für derart gefährdet, dass sie im Sozialbericht 1958 mit Ausnahme der unmittelbar anstehenden Rentenerhöhung in der Angestelltenversi-

cherung keine weiteren Anpassungen im gesamten Deckungsabschnitt bis 1967 für möglich erachtete. Gerade die Rentendynamik aber war ein Kernelement der Reform gewesen, ein Aussetzen derselben wäre einem Scheitern gleichgekommen. In den nachfolgenden Berichten wiederholte sich diese Prognose um jeweils ein Jahr versetzt – stets bezweifelte die Bundesregierung, ob außer der aktuellen noch eine weitere Rentenerhöhung möglich sein würde. Die Rentenversicherung, so urteilten Kritiker, befand sich daher in einer Phase, in welcher „von der Hand in den Mund gewirtschaftet" werde.[840] Als Ursache für diese missliche und alles andere als sichere Perspektive wurden die Berechnungen der Bundesregierung identifiziert. Die Störung komme daher nicht von außen, sondern aus den dem Gesetz zugrunde liegenden Vorausberechnungen selbst,[841] welche in Kapitel 3 ausführlich dargestellt worden sind.

Während sich die Rentenversicherung daher gewissermaßen von Jahr zu Jahr hangeln musste und fortwährend die Unterschreitung der Mindestrücklage drohte, wurde angesichts der drohenden Engpässe schon wenige Jahre später über eine „Reform der Reform" diskutiert. Auch *Wilfrid Schreiber* kritisierte 1963, die Finanzierungsschwierigkeiten seien bereits 1956 bekannt gewesen und somit keineswegs eine Überraschung, die „ein Versagen des neuen Rentensystems enthüllt."[842] Später dachte er, der häufig als ‚Vater der dynamischen Rente' gehandelt wird, sogar öffentlich darüber nach, ob in Zukunft die Dynamisierung ausgesetzt und höchstens noch ein Inflationsausgleich vorgesehen werden sollte.[843] Und auch *Kurt Jantz*, der Generalsekretär des Generalsekretariats für die Sozialreform im Bundesministerium für Arbeit gewesen und als solcher dafür eingetreten war, dass sich die Renten „in der Nachbarschaft des jetzigen Lohnempfängers" aufhalten sollten,[844] sprach mittlerweile davon, die Rente solle nicht mehr als eine „Grundsicherung" bieten.[845]

Dass die dynamische Rentenversicherung ihre Anfangsjahre dennoch ohne eine neue Rentenreform überstehen konnte und damit im Rückblick erfolgreich startete, war einer Aneinanderreihung außergewöhnlicher Umstände zu verdanken. Angesprochen wurden in diesem Zusammenhang erstens die äußerst hohen Zuwachsraten der Wirtschaftsleistung, die auch als „Wirtschaftswunder" bezeichnet werden. Ab 1960 gab es Vollbeschäftigung, die Löhne wuchsen mit zweistelligen Prozentraten. Hinzu kamen zweitens die Beitragszahlungen von schließlich mehreren Millionen Gastarbeitern, ohne die die Rentenversicherung

---

[840] Wagnitz 1960a, S. 293-294.
[841] Vgl. etwa Lesca 1959, S. 318.
[842] Schreiber 1963, S. 39-40.
[843] Vgl. Schreiber, zitiert nach: HM 1966, S. 289.
[844] Jantz 1959, S. 411-412.
[845] Vgl. Meenzen 1965, S. 112.

bereits ihr Vermögen hätte angreifen müssen. Drittens brachte der insgesamt erweiterte Versichertenkreis zusätzliche Beitragseinnahmen, denen ebenfalls zunächst keine höheren Rentenausgaben gegenüberstanden. Viertens schließlich fielen Beitragseinnahmen und Rentenausgaben kurzfristig infolge der verzögerten Rentenanpassung auseinander. Die Regierung selbst zeigte sich daher von den hohen Beitragseinnahmen überrascht.[846] Die oben angesprochene Gegenthese, nämlich dass die reformfreie Anfangszeit der GRV eine Bestätigung dafür sein könnte, dass tatsächlich erst die sich rund zwanzig Jahre später verschlechternden Rahmenbedingungen Hauptursache für Finanzierungsengpässe waren, konnte somit nicht belegt werden. Vielmehr kam es in weitem Umfang zu Fehlkalkulationen, die offenbar in engem Zusammenhang mit dem Bemühen um die Zustimmung für die Einführung einer dynamischen Rente standen.

Die Vermutung, dass nicht sich ungünstig entwickelnde Rahmenbedingungen eine Reform nötig machten, sondern umgekehrt die Rahmenbedingungen immer weniger in der Lage waren, Mängel in den Vorausberechnungen auszugleichen, wurde durch die Untersuchung der Rentenreform 1972 bestärkt. In der Art und Weise, wie mit Annahmen und Prognosen umgegangen wurde, ähnelt diese der Reform von 1957 stärker als das spätere Finanzierungsdesaster vermuten lässt.

In beiden Fällen lagen den Reformen überoptimistische Vorausberechnungen zugrunde. Der Unterschied war jedoch zum einen, dass die Zukunftserwartungen Anfang der 1970er Jahre noch deutlich positiver waren als dies fünfzehn Jahre vorher der Fall gewesen ist. Vor allem aber wurde die Wirtschaft als etwas Steuerbares begriffen. Die Globalsteuerung, so die Vorstellung, ermögliche immerwährendes Wirtschaftswachstum und verschaffe dem Staat damit eine grundsätzlich unbegrenzt sprudelnde Finanzierungsquelle. Auch wenn daher bereits die Rechengrundlagen der Rentenreform 1957 wenig belastbar gewesen waren, sind der Umfang und die Qualität der Fehlannahmen dieser Zeit wohl nur vor dem Hintergrund eines solchen Machbarkeitsoptimismus verständlich. Die Pflicht zur vorausschauenden Planung verlor darüber vollständig ihre Funktion, durch Vorausberechungen eine nachhaltige Finanzierung zu ermöglichen. Wie gezeigt, scheint sie im Gegenteil eher die Funktion eines *Verstärkers* eingenommen zu haben. Ursache hierfür war erneut die zusätzlich vertikale Dimension des Umverteilungssystems der Rentenversicherung: Aufgrund der Mehrdimensionalität des Rentensystems kam es nämlich scheinbar auch zu einer Mehrdimensionalität des verfügbaren Budgets – die Politik sah sich in die vermeintliche Lage versetzt, über die Summe der Haushalte mehrerer Zeitperioden auf einmal verfügen zu können. Aus Sicht der damaligen Entscheidungsträger war die

---

[846] Deutscher Bundestag 1962, Plenarprotokoll, S. 2121-2122, 2124.

systembedingt tatsächlich notwendige Berücksichtigung der künftigen Kassenlage daher nicht mehr ein *begrenzendes*, sondern im Gegenteil ein *potenzierendes* Element. Binnen nur zweier Jahre, zwischen 1970 und 1972, verdreißigfachte sich nahezu der unterstellte Spielraum für Mehrausgaben auf schließlich rund 185 Mrd. DM. Viele Konflikte konnten also von vornherein vermieden werden, da keine Seite schmerzhafte Zugeständnisse machen musste. Selbst als der theoretische Finanzierungsspielraum bereits erschöpft war, konnte die Opposition im Bundestag noch Vorhaben mit einem Volumen von weiteren 20 Mrd. DM durchsetzen. Dieser Vorgang zeigte besonders deutlich, welche Rolle die Instrumentalisierung der unterstellten Rahmenbedingungen bei der Konsensbildung spielte: Um die zusätzlichen Ausgaben in Einklang mit dem errechneten Finanzierungsspielraum zu bringen, minderte das Bundesarbeitsministerium – trotz unveränderter Bedingungen – die unterstellte Inanspruchnahme der flexiblen Altersgrenze, wodurch sich die errechneten Kosten des Gesamtpakets wieder um rund 20 Mrd. DM reduzierten. In anderen Fällen, in denen das ungünstige Ergebnis der Vorausschätzungen hingegen unbestreitbar gewesen wäre, wurde auf sie von vornherein verzichtet.

Der Hauptunterschied zur Rentenreform 1957 aber bestand zum anderen darin, dass in den 1970er Jahren kein für alle unerwartetes Wirtschaftswunder einsetzte und nicht Millionen sozialversicherungspflichtige ‚Gastarbeiter' in das Land strömten, durch die die überoptimistischen Annahmen hätten ausgeglichen werden können. Im Gegenteil kam es 1974 und 1975 zur Rezession, während gleichzeitig die Renten aufgrund der verzögerten Anpassung rasant anstiegen. Ähnlich wie bereits zuvor ist dabei zu beobachten, dass in dem Moment, in dem sich die Aussichten eintrüben oder die vorherigen Annahmen als unzutreffend erweisen, die Politik nur verzögert reagiert. Auch hier spielen die unterstellten Rahmenbedingungen eine zentrale Rolle: So, wie diese in Zeiten positiver Zukunftsaussichten als Rechtfertigung für Ausgabensteigerungen herangezogen werden, ist die Politik umgekehrt in Zeiten ungünstiger Aussichten bemüht, den auf sie lastenden Reaktionsdruck zu minimieren. Dies geschah ab Mitte der 1970er Jahre erneut sowohl durch Relativierung als auch Manipulierung der Annahmen und Prognosen. Um eine *Relativierung* handelte es sich, weil – ähnlich wie im Vorfeld der Rentenreform 1957 von einem ‚Rentenberg' die Rede war und damit hervorgehoben werden sollte, dass es sich um eine nur *zeitweise* ungünstige Entwicklung handele – auch die neue Bundesregierung unter *Helmut Schmidt* bis zur Bundestagswahl 1976 darauf beharrte, dass es sich es bei den Finanzengpässen in der GRV um nur „kurzfristige" Probleme handele, die durch die Auflösung von Rücklagen überbrückt werden könnten. Erst nach der Wahl räumte der Bundesarbeitsminister im Rahmen der Koalitionsverhandlungen die Finanzierungskrise in ihrer ganzen Tragweite ein und erklärte, dass man bis 1990 mit einem Defizit von rund 600 Mrd. DM rechnen müsse. Von einer *Manipulierung* kann gesprochen werden, weil ungünstige Prognosen zur kurz- und mittelfristigen Finanzentwicklung, die das Erfordernis einer Beitragserhöhung offenkundig gemacht hätten, entgegen der bisherigen Praxis nicht im Rentenanpassungsbericht aufgeführt wurden. Dadurch kam es zu einer Vielzahl von Einzelmaßnahmen, denen kein Gesamtkonzept zugrunde lag und die sich stets aufs Neue als unzureichend erwiesen.

Die Zeit nach der Wiedervereinigung konnte aufgrund ihrer Einmaligkeit ebenfalls zur Beantwortung der Frage beitragen, in welchem Verhältnis unbelastbare Vorausberechnung und sich unerwartet ändernde Rahmenbedingungen stehen. Einleitend zu diesem Kapitel wurde die Wiedervereinigung als das wohl beste Beispiel von solchen Veränderungen exogener Rahmenbedingungen genannt, die nicht vorhersehbar gewesen sind, weshalb daraus resultierende Finanzierungskrisen auch nicht unrealistischen Vorausberechnungen angelastet werden können. Tatsächlich kam es bis Mitte der 1990er Jahre zu besonders starken Schwankungen im Beitragssatz. Frappierender Weise gelangte jedoch der Sozialbeirat zu dem Ergebnis, dass die Engpässe in der Rentenfinanzierung nicht auf die Wiedervereinigung zurückzuführen seien. Denn trotz des grundlegenden sozialen und wirtschaftlichen Umbruchs und obwohl die Kosten der Wiedervereinigung teilweise über die Rentenversicherung finanziert worden sind, wäre diese in der Lage gewesen, die damit verbundenen Belastungen zu schultern. Demnach hätte der vor dem Mauerfall geltende Beitragssatz noch bis 1997 stabil bleiben können und hätte auch danach nur mäßig angehoben werden müssen, wenn der Gesetzgeber diesen nicht zuvor auf der Basis von vom Sozialbeirat als unrealistisch kritisierten Annahmen gesenkt hätte. So aber musste der Beitragssatz im selben Zeitraum fünf Mal geändert und schließlich 1997 besonders stark angehoben werden. Damit war genau das Gegenteil von dem eingetreten, was die 1989 verabschiedete Rentenreform 1992 eigentlich beabsichtigt hatte, nämlich die Rentenversicherung dem politischen Alltag möglichst stark zu entziehen.

5.2.2 Verschärfung des sich selbst bedingenden Reformbedarfs

Die Zahl der Eingriffe in das Rentensystem hat seit Mitte der 1990er Jahre massiv zugenommen. Hierfür gibt es mehrere Gründe.

Erstens sind – ähnlich wie in der Vergangenheit – die Vorausberechnungen selbst wenig belastbar. Als Beispiel können die Konzepte der Rürup- wie auch der Herzog-Kommission genannt werden, deren Annahmen insbesondere zur künftigen Reallohnentwicklung in klarem Widerspruch zu den Erfahrungswerten

der jüngeren Vergangenheit standen. Dementsprechend stiegen nach Verabschiedung des RV-Nachhaltigkeitsgesetzes, das auf dem Konzept der Rürup-
Kommission basierte, die Löhne und Gehälter deutlich langsamer als vom
Gesetzgeber angenommen und dies obwohl die Wirtschaftsleistung in 2006 und
2007 überdurchschnittlich hohe Wachstumsraten aufweisen konnte. Gleichwohl
darf nicht übersehen werden, dass sich die Rahmenbedingungen langfristig
tatsächlich immer negativer entwickelt haben und dies natürlich unrichtige
Annahmen begünstigt. Um welche Rahmenbedingungen es sich hierbei handelt
und insbesondere welche Rolle der Demographische Wandel spielt, wird unten
zu besprechen sein.

Zweitens hat der Gesetzgeber die Empfindlichkeit der Rentenfinanzen für
seine regelmäßig überoptimistischen Annahmen zusätzlich erhöht: Das Ab-
schmelzen der Schwankungsreserve (seit 2005: „Nachhaltigkeitsrücklage")
führte zu Einmaleffekten weshalb die Politik schon früh auf diese Möglichkeit
zurückgriff. Bereits zwischen 1973 und 1982 war sie von ehemals über neun auf
rund zwei Monatsausgaben reduziert worden. Als Grund für die nach der Wiedervereinigung hektisch veränderten Beitragssätze benannte der Sozialbeirat
unrealistische Annahmen in Verbindung mit einer zu geringen Schwankungsreserve. Folge war nämlich, dass die Rentenfinanzierung ‚exakt auf Kante genäht'
und dementsprechend anfällig waren für Fehlkalkulationen. Diese Entwicklung
setzte sich fort: 2001 wurde die Schwankungsreserve auf 0,8 Monatsausgaben
gesenkt,[847] um so kurzfristig – laut Gesetzesbegründung – einen Beitragsanstieg
von 0,3 Prozentpunkten zu verhindern.[848] 2002 wurde die Reserve weiter reduziert auf 0,5[849] und 2003 auf 0,2 Monatsausgaben.[850] Mit jedem dieser Schritte
wurden zwar einmalig Mittel frei, doch gleichzeitig sank die Flexibilität der
Rentenfinanzen. „Die inzwischen auf ein unzureichend anzusehendes Minimum
reduzierte Mindestrücklage in der GRV führt dazu, daß bereits leichte Abweichungen zwischen den (ökonomischen) Annahmen, auf denen die Festlegung des
Beitragssatzes beruhte, und den tatsächlich realisierten Werten immer wieder
Diskussionen über die Finanzierbarkeit der GRV zur Folge haben. Die perma-
nente Diskussion über die Finanzierung der GRV (und die ‚Sicherheit' der
Renten) untergräbt immer weiter die Akzeptanz dieses Systems (...)".[851] Die
Verkleinerung der Schwankungsreserve respektive Nachhaltigkeitsrücklage ist
daher im Zusammenhang mit der These eines sich selbst bedingenden Reform-
bedarfs von besonderer Bedeutung: In der Vergangenheit erlaubte es dieses

---

[847] Bundesgesetzblatt, Teil I, 2001, Nr. 75, S. 4010, S. 4010.
[848] Vgl. Deutscher Bundestag 2001, Drs. 14/7284, S. 1.
[849] Bundesgesetzblatt, Teil I, 2002, Nr. 87, S. 4637, S. 4639.
[850] Bundesgesetzblatt, Teil I, 2003, Nr. 67, S. 3013, S. 3014.
[851] Schmähl 2004, S. 215.

Finanzpolster zumindest in gewissem Umfang unrichtige Vorausberechnungen auszugleichen und damit kurzfristig notwendig werdende Eingriffe zu vermeiden. Durch dessen Reduzierung hat die Politik – zugespitzt ausgedrückt – das Rentensystem ausgerechnet für die Art von Fehlern besonders verwundbar gemacht, die sie typischerweise begeht.

Drittens ist der Gesetzgeber seit 2005 dazu übergegangen, eigentlich fest eingeplante, aber aufgrund gegenwärtig ungünstiger Rahmenbedingungen unterlassene Einsparungen nachholen zu wollen. Ein derartiges Nachholen zusätzlich zu den für den jeweiligen Abschnitt ohnehin schon vorgesehenen Einsparungen würde jedoch natürlich besonders günstige Rahmenbedingungen erfordern, die die ohnehin überoptimistischen Annahmen noch einmal übertreffen müssten. Damit zeigt sich ein Vorgehen nach folgendem Muster: Wie in früheren Zeiten möchte die Politik vermeiden, aktuell Leistungen zu kürzen und setzt stattdessen darauf, die anvisierten Einsparungen zu erreichen, indem künftige Leistungssteigerungen (und seien es auch nur nominale) geringer ausfallen. Anders als es beispielsweise aber in der Vergangenheit noch der Fall war, offenbart sich mittlerweile regelmäßig, dass die Lohnzuwächse nicht ausreichen, um überhaupt Leistungssteigerungen zu ermöglichen, die wiederum gekürzt werden könnten. Als Reaktion darauf wird jedoch nicht diese Methode der Einsparbemühungen aufgegeben, sondern nur jeweils die aktuelle Einsparung ausgesetzt. Ein solches Vorgehen wird mit der (bereits in früheren Zeiten verwandten) Begründung gerechtfertigt, dass es sich bei den ungünstigen Rahmenbedingungen um ein vorübergehendes Ausnahmeereignis handele auf das man kurzfristig reagieren müsse und auch könne. Diese Einschätzung eröffnet zugleich einen Ausweg aus dem Dilemma zwischen grundsätzlichem Einsparbestreben und jeweils punktuellem Zurückrudern angesichts der Auswirkungen: Die Politik kann postulieren, dass der langfristige Konsolidierungskurs dennoch nicht verlassen werde, weil die nun – nur ausnahmsweise – unterbliebenen Leistungskürzungen unter den ungleich günstigeren künftigen Rahmenbedingungen nachgeholt werden könnten. Damit aber bekommt der in dieser Untersuchung identifizierte Mechanismus eines sich selbst bedingenden Reformbedarfs aufgrund typischerweise überoptimistischer Vorausberechnungen eine neue Dynamik: Nicht mehr nur setzt der Gesetzgeber darauf, dass seine *bisherigen* Konsolidierungsmaßnahmen unter bestimmten angenommenen Rahmenbedingungen das gewünschte Ergebnis in der Zukunft erzielen, sondern darüber hinaus wird bereits systematisch einkalkuliert, dass die Entwicklung der Rahmenbedingungen noch *zusätzliche künftige* Einsparmaßnahmen möglich macht.

Es konnte somit gezeigt werden, dass die für das Rentensystem spezifische, nämlich vertikale Dimension der Umverteilung im politischen Aushandlungsprozess regelmäßig zu überoptimistischen Annahmen führt, die einen ständigen

Korrekturbedarf auslösen. Dies geschieht zunächst einmal unabhängig davon, ob die jeweilige Reform in einer Phase günstiger oder ungünstiger Rahmenbedingungen stattfindet, denn im einen Fall wirken die Vorausberechnungen wie ein Verstärker und führen zu zusätzlichen Ausgabensteigerungen, im anderen Fall reagieren die Entscheidungsträger nur verzögert und unzureichend. Wie bereits die Gedankenspiele von Schreiber zu einer möglichen Aussetzung der Rentendynamik zeigten, stand die rentenpolitische Wirklichkeit damit von Anfang in einem unüberbrückbaren Widerspruch zum Selbstverständnis der Politik, ein dauerhaftes System zu schaffen, das von sich verändernden Rahmenbedingungen weitgehend unabhängig ist und das der Tagespolitik entzogen ist. Vielmehr wird durch den sich selbst bedingenden Reformbedarf der Verteilungsmechanismus des Rentensystems derart flexibel gehandhabt, dass dies faktisch einem ständigen Neuaushandeln der Verteilungsfrage nahe kommt. Dies aber steht im Gegensatz zur Vermittlung jener langfristigen Sicherheitsperspektive, die für die Gesetzliche Rentenversicherung doch eigentlich von geradezu konstituierender Bedeutung ist.

5.3 Verschmälerte Basis der Rentenfinanzierung

Die Quantität wie auch die Qualität der Eingriffe ist somit gestiegen. Mögliche Ursachen insbesondere für kurz- und mittelfristig auftretende Finanzierungsengpässe wurden soeben benannt. Unabhängig von einem solchen sich selbst bedingenden Reformbedarf mit entsprechenden *kurzfristigen* Folgen ist jedoch zu konstatieren, dass sich die Finanzierungsgrundlagen tatsächlich *langfristig* betrachtet verschlechtert haben. Während daher zunächst gefragt worden ist, inwieweit sich die Rahmenbedingungen geradezu zwangsläufig ungünstiger als erwartet entwickelt haben, soll in einem zweiten Schritt im Sinne eines ‚selbstwenn-nicht' geklärt werden, welche grundsätzlichen Veränderungen neben dem Bevölkerungsaufbau stattgefunden haben. Erweist sich also die bekannte ‚Fehlannahme' von *Konrad Adenauer* („Kinder bekommen die Leute immer"[852]) als verhängnisvoll für die Rentenversicherung oder gibt es noch eine zweite Entwicklungslinie makroökonomischer Natur, durch die sich die Basis der Rentenfinanzierung langfristig verkleinert hat?

---

[852] zitiert nach Rothgang/Preuss 2008, S. 39.

5.3.1 Rentenpolitik auf der Basis exponentiellen Wirtschaftswachstums

Bereits für die Rentenreform 1957 konnte gezeigt werden, dass auf Kritik bei-spielsweise hinsichtlich einer möglicherweise ungünstig verlaufenden demogra-phischen Entwicklung regelmäßig mit dem Verweis auf die ausgleichende Wirkung einer stetig steigenden Wirtschaftskraft reagiert wurde. Schon *Wilfrid Schreiber* kalkulierte ein fortgesetztes Wirtschaftswachstum ein, obwohl er stets bekundet hatte, sein Modell berücksichtige lediglich eine Steigerung der Wirt-schaftskraft, sei aber nicht darauf angewiesen. Die Diskussion im Vorfeld der Reform illustriert, dass eine ständige, „wahrscheinlich progressive Zunahme des Sozialproduktes" unterstellt wurde, was es ermöglichen sollte, in der Sozialpoli-tik einen „Wechsel auf die Zukunft" auszustellen.[853] Die älteren Menschen könnten ohne „beängstigende" Folgen für die Beitragzahler mitfinanziert werden,[854] das Problem der Überalterung der deutschen Bevölkerung verliere an ökonomischer Bedeutung.

Ganz im Sinne von Mackenroth kann daher das folgende Zitat als Kernaus-sage dieser Vorstellung begriffen werden: Gleichgültig mit welchem System die Alterssicherung finanziert werde, entscheidend sei allein das „Verhältnis zwi-schen der Größe des Sozialproduktes und der Bevölkerungsgröße".[855] Bedenken hiergegen seien nur „sehr zaghaft" geäußert worden, vor allem auch, weil man nach langen und aufreibenden Diskussionen dankbar war, dass die Aussicht auf künftiges Wirtschaftswachstum einen Ausweg aus dem Dilemma bot.[856] Pointiert ausgedrückt kam somit der Annahme einer um mehr oder minder konstante Prozentraten steigenden Wirtschaftsleistung die Funktion eines ‚Jokers' zu, durch den eine ungünstige Entwicklung beispielsweise der Bevölkerungszusam-mensetzung ausgeglichen werden könnte. In die Reform 1957 war die Annahme einer nicht nachlassenden Steigerung der Wirtschaftskraft und der Löhne dann auch fest integriert worden. Die unter anderem als Kostenbremse gedachte ver-zögerte Anpassung der Renten konnte ihre Einspar-Funktion nur so lange erfül-len, wie die prozentualen Lohnzuwächse nicht zurückgingen. Im Kabinett wurde hierüber zwar diskutiert, Bedenken jedoch von Kanzler Adenauer mit Blick auf die politische Konkurrenz zurückgestellt. Wie gezeigt waren es tatsächlich unter anderem die enormen Zuwachsraten der Wirtschaftsleistung, welche Fehlannah-men an anderer Stelle ausgleichen konnten und das neue Rentensystem über dessen erste Dekade retteten.

---

[853] t.z. 1956, S. 177.
[854] Vgl. S.F. 1956, S. 3.
[855] Hankel/Zweig 1956b, S. 7-8.
[856] Vgl. Köhrer 1956, S. 73.

Seine Rolle als oftmals ausgleichender ‚Joker' für sich andernorts ungünstig entwickelnde Rahmenbedingungen und generell als Grundlage der Rentenpolitik hat das Wirtschaftswachstum über die Jahrzehnte beibehalten: Nach der kurzen Rezession Ende der 1960er Jahre wurde es im Zeichen der Globalsteuerung noch stärker als schon zuvor zur unabdingbaren Voraussetzung für ein funktionstüchtiges Rentensystem. Die großen Finanzierungslücken ab der Mitte der 1970er Jahre waren zu einem erheblichen Teil das Ergebnis übersteigerter Wachstumserwartungen, die überhaupt erst die Basis für die Rentenreform 1972 und die daraus resultierende Expansion des Rentensystems darstellten. Zwar wurde Wirtschaftswachstum seit den 1970er Jahren insbesondere unter ökologischen Aspekten kritischer gesehen, doch dies führte in erster Linie zu einer Debatte über eine umweltverträglichere Art des Wachstums („qualitatives Wachstum") sowie über die Mittel und Wege, dieses zu erreichen. Von dem Wachstumsziel als solchem hat sich die Politik hingegen niemals verabschiedet.

Dies gilt bis heute: Vor der letzten Bundestagswahl 2009 stritten die Parteien zwar weiter darüber, wie die besten Voraussetzungen für Wachstum zu erreichen seien, über das Ziel als solches herrschte hingegen Einigkeit: „CDU und CSU sind optimistisch, dass die Menschen in unserem Land – wenn wir unsere Wachstumspolitik fortsetzen – in den nächsten Jahren wieder nachhaltiges Wirtschaftswachstum schaffen werden. Wir können auch in Zukunft Wachstum in Deutschland erreichen", hieß es etwa im Wahlprogramm der Union.[857] „Wir wollen einen politischen Rahmen, der Innovation und Wachstum fördert", kündete die FDP an.[858] Ein zentrales Konzept der SPD lautete: „Nachhaltiges Wachstum und Stabilität – Eine Wirtschaftspolitik, die das Ganze in den Blick nimmt".[859] Die Grünen strebten Wachstum zwar angesichts der ökologischen Konsequenzen nicht primär an, wiesen aber auf positive wirtschaftliche Nebeneffekte einer grünen Politik hin: „Umweltschutz ist ein globaler Wachstumsmarkt."[860] Die Linkspartei zeigte sich dem Wachstumsziel gegenüber vergleichsweise reserviert („Kapitalistisches Wirtschaftswachstum sollte nachhaltigen Lebensstilen und sozialökologischem Wirtschaften weichen."[861]), gleichwohl hielt sie Wachstum durchaus für wünschenswert, dieses werde durch das derzeitige Wirtschaftssystems allerdings behindert: „Wirtschaftsunternehmen, die selbst im Aufschwung Löhne drücken, Stellen vernichten sowie Investitionen

[857] CDU/CSU, 2009, S. 13-14.
[858] FDP - Die Liberalen, S. 77.
[859] SPD 2009, S. 19.
[860] Die Grünen 2009, S. 30.
[861] Die Linke 2009, S. 14.

und Forschungsausgaben reduzieren, um ihren Anteilseignern möglichst hohe Summen auszuschütten, verringern Wachstum und verteilbaren Reichtum."[862]
    Die Kanzlerkandidaten von SPD und Union äußerten sich ebenfalls deutlich: *Frank-Walter Steinmeier* überschrieb das Hauptkapitel seines in den Medien als „Deutschlandplan" bezeichneten Konzeptes mit „Wachstum, Wohlstand und Arbeit in einer solidarischen Gesellschaft".[863] Im Rahmen eines „Chancen-Atlas" versuchte er, die Wachstumspotentiale der deutschen Volkswirtschaft zu identifizieren. Damit ähnelte das Konzept den Wahlprogrammen der meisten Parteien, die nahezu übereinstimmend das Gesundheitswesen, den Tourismussektor, Umwelttechnologien oder die Kreativ- und Kulturwirtschaft als potentielle und förderungswürdige Wachstumsbranchen bezeichnet hatten. Mit Blick auf das Konzept Steinmeiers hatte *Angela Merkel* betont: „Die CDU braucht nicht immer neue Papiere von 60 oder 70 Seiten, sondern kann das, was Deutschland braucht, in einem Satz sagen: Wachstum schafft Arbeit."[864] Und nach der Bundestagswahl, aus der Union und FDP als Sieger hervorgingen, beschloss das Bundeskabinett als eine ihrer ersten Amtshandlungen das mittlerweile verabschiedete „Wachstumsbeschleunigungsgesetz",[865] welches angesichts des enormen Haushaltsdefizits allerdings kritisiert wurde, so etwa vom Sachverständigenrat zur Beurteilung der gesamtwirtschaftlichen Entwicklung.[866]
    Auch wenn die neue Bundesregierung angesichts der Finanz- und Wirtschaftskrise und dem Einbruch der Wirtschaftsleistung besonders stark um Wachstum bemüht sein mag, fügen sich die aufgeführten Zitate nahtlos in die Wortwahl des vorherigen Bundestagswahlkampfes und der vergangenen Jahre ein.[867] Wachstum gilt insbesondere auch als Grundvoraussetzung zur Lösung

---

[862] Die Linke 2009, S. 5.

[863] Steinmeier 2009.

[864] Mit welchen Rezepten, in: Focus v. 17.08.09.

[865] Vgl. Beschlossen: Kabinett verabschiedet „Wachstumsbeschleunigungsgesetz", in: Hamburger Abendblatt v. 10.11.2009; Das Gesetz wurde am 04.12.2009 vom Bundestag verabschiedet, der Bundesrat stimmte am 18.12.2009 zu (vgl. Deutscher Bundesrat 2009, Drs. 865/09).

[866] Dieser übte ungewöhnlich scharfe Kritik: „Steuersenkungsversprechen ohne solide Gegenfinanzierung, wie sie sich im Koalitionsvertrag finden, sind unseriös" (Sachverständigenrat zur Begutachtung der gesamtwirtschaftlichen Entwicklung 2009, S. 165).

[867] So hieß es vor der Bundestagswahl 2005 etwa: „Wachstum und Arbeitsplätze haben absolute Priorität. Denn ohne das ist vieles nur wenig wert" (Angela Merkel in Süddeutsche Zeitung v. 24.05.05, S. 4); „Ohne Wachstum geht es nicht" (Peter Müller in Süddeutsche Zeitung v. 08.09.05, S. 20); „Wir brauchen ein kräftiges, wirtschaftliches Wachstum, das wir bisher noch nicht haben – deutlich oberhalb von 2 Prozent. Darauf muss alles ausgerichtet werden" (Wolfgang Clement in Manager Magazin TV v. 08.01.05); „Wachstum ist die Antwort auf die soziale Frage" (Guido Westerwelle in Die Welt v. 12.09.05, S. 4). Dementsprechend lauteten die Wahlprogramme bzw. -slogans: Angela Merkel antwortet in Die Welt v. 13.07.05, S. 3, auf die Frage, ob sie das 38-seitige Regierungsprogramm der CDU/CSU auf einen Satz bringen könne: „Deutschland, es geht um Wachstum"; die SPD kandidierte mit dem Slogan „Wir stehen für mehr Wachstum" (vgl. SPD-

sozialpolitischer Probleme, sei es auf nationaler oder internationaler Ebene. So hieß es im Dritten Armuts- und Reichtumsbericht der Bundesregierung:

> „Grundbedingungen für mehr Teilhabe- und Verwirklichungschancen sind wirtschaftliches Wachstum und die damit einhergehenden Beschäftigungsmöglichkeiten. Nur eine leistungsfähige und eine im globalen Wettbewerb erfolgreiche Wirtschaft kann dauerhaft Wohlstand für alle sichern. Die Politik der Bundesregierung hat in den vergangenen Jahren die Rahmenbedingungen für das Wachstum der Wirtschaft durch strukturelle Reformen verbessert."[868]

Ähnliches gilt im Rahmen der Europäischen Union, hier spielt eine Steigerung der Wirtschaftskraft im Rahmen der *Lissabon-Strategie für Wachstum und Beschäftigung* eine herausragende Rolle. Diese wurde 2005 überarbeitet, seitdem wird noch deutlicher der Zusammenhang zwischen stärkerem Wirtschaftswachstum, mehr Beschäftigung und größerem sozialen Zusammenhalt hervorgehoben.[869] Wachstum wird somit nicht nur als Voraussetzung zur Lösung vieler Probleme verstanden, sondern umgekehrt werden Reformen auch jenseits der Wirtschaftspolitik schon lange mit Blick auf deren wachstumspolitische Wirkung bewertet und so auch (zusätzlich) legitimiert. Dies gilt für die Bildungspolitik („Wissen schafft Wachstum")[870] oder Familienpolitik („Weniger Kinder, weniger Wachstum")[871] ebenso wie für die Rentenpolitik. Im Rentenversicherungsbericht 2007 etwa hieß es dementsprechend: Die Anhebung der Altersgren-

---

Flugblatt „Kaufkraft stärken! Wachstum fördern!"); die FDP formulierte in ihrem Wahlprogramm: „Nur durch Steuerentlastung kann Wachstum entstehen – nur durch Wachstum gibt es mehr Beschäftigung – nur durch mehr Beschäftigung ist dauerhaft Haushaltskonsolidierung möglich" (vgl. FDP-Bundestagswahlprogramm 2005, S. 7); Die Grünen betonten nach einem Verweis auf ihre „wachstumskritisch[e] Tradition", dass eine Überwindung der drückenden Arbeitslosigkeit, die finanzielle Sicherung des Sozialstaats und der Abbau der Staatsschulden ohne Wachstum nicht möglich sei (vgl. Bündnis 90/Die Grünen Bundestagswahlprogramm 2005, S. 22).

[868] Bundesregierung der Bundesrepublik Deutschland 2008.

[869] Im Mittelpunkt steht die Frage, wie einerseits Sozialpolitik zu stärkerem Wachstum und mehr Beschäftigung beitragen kann (sog. „feeding in") und andererseits wie das Ziel, stärkeres Wachstum und mehr Arbeitsplätze zu erreichen, den sozialen Zusammenhalt stärken kann (sog. „feeding out"), vgl. hierzu Frazer/Marlier 2008.

[870] Vgl. etwa Vöpel/Uehlecke 2009.

[871] „Weniger Kinder, weniger Wachstum", 2003; vgl. auch Leitner 2008, insbesondere S. 68: „Betrachtet man den öffentlichen Diskurs zur neuen Familienpolitik, so fällt auf, dass dieser in erster Linie mit ökonomischen Argumenten geführt wird: Ziel sei es, den Übergang von der Industriegesellschaft in eine Wissensgesellschaft ohne Einbruch der Geburtenrate zu schaffen, das wirtschaftliche Wachstum und die Wettbewerbsfähigkeit Deutschlands hingen von der erfolgreichen Bewältigung dieses Übergangs ab. Die getroffenen Maßnahmen nutzten allesamt dieser Zielsetzung: Angesichts der niedrigen Geburtenrate werde mit dem Elterngeld ein bevölkerungspolitischer Anreiz gesetzt, um ‚den demografiebedingten Bremseffekten auf Wachstum und Wohlstand entgegenzuwirken'."

ze sei „Teil einer langfristigen Strategie mit dem Ziel, (...) über ein höheres Wirtschaftswachstum die Sicherung und Steigerung des Wohlstands zu erreichen."[872] Evers/Heinze 2008b merken hierzu an:

> „Inzwischen ist es jedoch in der Sozialpolitik selbstverständlich geworden, hier auch wirtschaftlichen und wirtschaftspolitischen Erwägungen Raum zu geben. Das betrifft die Frage der wirtschaftlichen Effekte von Reformen der Alterssicherungssysteme ebenso wie die wirtschaftspolitischen Effekte bestimmter Familienpolitiken oder die Diskussion des Gesundheitssystems als sozialpolitischem Garanten und wirtschaftlichem Wachstumsfaktor. Die Grenzen zwischen Sozialpolitik und anderen öffentlichen Politiken, speziell die Grenzziehungen zwischen Sozial- und Wirtschaftspolitik scheinen immer durchlässiger zu werden."[873]

Sozialpolitik steht somit zunehmend unter einem ‚Wachstumsvorbehalt' und kann zusätzliche – teils wohl auch entscheidende – Zustimmung dadurch gewinnen, dass sie das Wachstumsziel unterstützt oder zumindest nicht gefährdet. Auch wenn es sich dabei um eine neuere Tendenz zu handeln scheint, bringt nach wie vor vielleicht am besten ein Ausspruch von *Karl Schiller*, dem einstigen Wirtschaftsminister der SPD, auf den Punkt, welche Bedeutung wirtschaftlichem Wachstum beigemessen wird: „Wachstum ist nicht alles, aber ohne Wachstum ist alles nichts."[874]

Je niedriger die Steigerung der wirtschaftlichen Leistungskraft ausfällt, desto stärker scheint das Wachstumsziel in den Vordergrund zu rücken und dabei andere Politiken in die zweite Reihe zu verdrängen. Soweit aber ein ‚konstantes' Wirtschaftswachstum angestrebt beziehungsweise gefordert wird, ist damit regelmäßig ein konstant-prozentuales Wachstum gemeint. Eine solche konstante prozentuale Zunahme erfordert allerdings ein *exponentielles Wachstum*. Je stärker die Volkswirtschaft eines Landes bereits ist, desto höher muss also der absolute Zuwachs sein, um das gleiche prozentuale Wachstum zu erreichen: 1955 betrug das deutsche BIP knapp 400 Mrd. Euro.[875] Um damals eine Zunahme von 3% zu erreichen, wäre ein Zuwachs von 12 Mrd. Euro ausreichend gewesen. Im Jahre 2003 lag das preisbereinigte BIP hingegen bei rund 2.000 Mrd. Euro.[876] Für eine Zunahme von 3% wäre nun ein absoluter Zuwachs von 60 Mrd. Euro nötig gewesen, also das Fünffache des Wertes von 1955. Für ein konstant-prozentuales Wachstum reicht es somit nicht aus, wenn die Wirtschaftskraft jedes Jahr gleichmäßig ansteigt. Vielmehr muss, in absoluten Euro-

---

[872] Bundesregierung der Bundesrepublik Deutschland 2007.
[873] Evers/Heinze 2008b, S. 9.
[874] zitiert nach Herz, in: Die Zeit.
[875] Statistisches Bundesamt 2003, S. 656.
[876] Statistisches Bundesamt 2004, S. 729.

beträgen gerechnet, der Zuwachs selbst jedes Jahr größer ausfallen. Es war dieses exponentielle Wirtschaftswachstum, das in den 1970er Jahren vom *Club of Rome* als ökologisch nicht vertretbar kritisiert worden ist. In dem damals viel beachteten Buch „Die Grenzen des Wachstums" spielt es die Schlüsselrolle und die Autoren veranschaulichen mit ihrem Computermodell *World3* wie dramatisch Ressourcenverbrauch und Umweltbelastung ansteigen, wenn die Volkswirtschaften weiterhin exponentiell wüchsen.[877] Damals wie heute wurde zwar selten von exponentiellem Wachstum gesprochen und es erst recht nicht ausdrücklich als Ziel genannt, wohl aber *implizit* eingefordert, wenn – wie beispielsweise im Rahmen der europäischen Lissabon-Strategie vorgesehen – ein konstantes jährliches Wachstum von 3% angestrebt wird.

Ein solches exponentielles Wirtschaftswachstum ist allerdings empirisch nicht belegbar und zwar weder in Deutschland noch in den meisten anderen entwickelten Volkswirtschaften. Vielmehr weisen diese regelmäßig einen linearen Trend auf. So ist die westdeutsche Volkswirtschaft von 1950 an inflationsbereinigt in jedem Jahrzehnt um etwa 300 Mrd. Euro gewachsen. Ein solches *lineares* Wirtschaftswachstum aber führt zwangsläufig zu sinkenden Wachstumsraten, wie Abbildung 5 anhand der bundesdeutschen Entwicklung verdeutlicht: Zu erkennen ist, dass das Bruttoinlandsprodukt einer Geraden folgt, mit nur wenigen Abweichungen nach oben und unten (ab 1991 für Gesamtdeutschland). Aus der linearen Entwicklung folgt, dass die jährlichen Wachstumsraten trotz starker, hauptsächlich konjunkturbedingter Ausschläge im Trend sinken. Was 8% Wachstum in den 1950er Jahren waren, entspricht im laufenden Jahrzehnt einem Wachstum von nur noch 1,3% – deutlich weniger als beispielsweise das europäische Wachstumsziel.

---

[877] Vgl. Meadows 1972; Meadows/Meadows/Randers 1993, S. 35-67.

Abbildung 5:   Bruttoinlandsprodukt / Wachstumsraten (real) von Deutschland
                 1950-2008

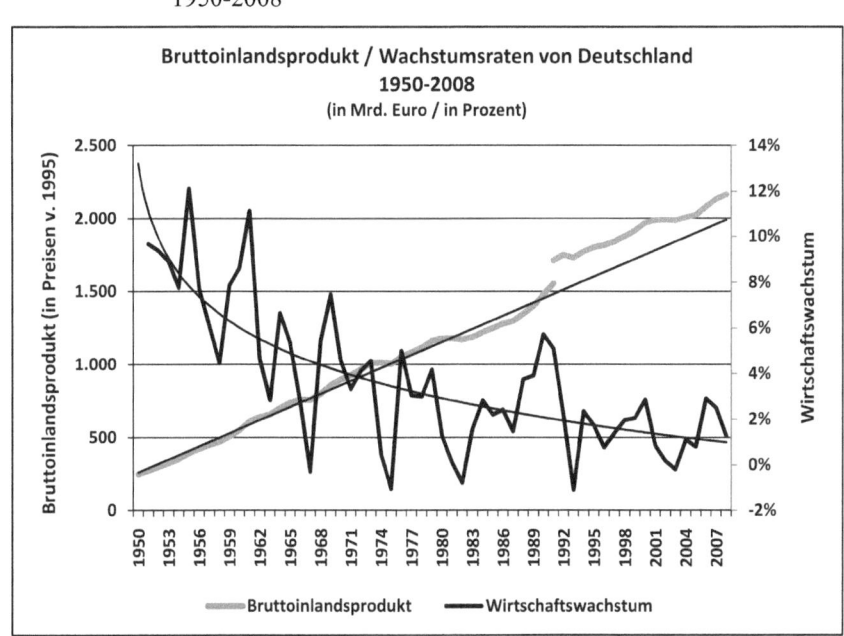

Datenquelle: Statistisches Bundesamt 2002, S. 632-633; Statistisches Bundesamt 2003, S. 656-657; Statistisches Bundesamt 2004, S. 729; Statistisches Bundesamt 2009e, S. 627; eigene Berechnungen.

Auf die Rentenfinanzierung wirkt sich das ‚nur' lineare Wirtschaftswachstum in zweierlei Hinsicht aus.

Erstens und offensichtlicher sind die *direkten* Auswirkungen: Die erste Unterthese dieser Untersuchung geht davon aus, dass die Entwicklung der Rahmenbedingungen und damit auch der wirtschaftlichen Leistungsfähigkeit, typischerweise zu positiv eingeschätzt werden. Wenn, wie gerade gezeigt, darüber hinaus die Prognosen auf der Annahme basieren, dass unter Normalbedingungen ein konstant-prozentuales Wachstum möglich ist, spricht noch ein weiterer Grund dafür, dass es zu wiederkehrenden Abweichungen kommt. Beides kann sich zudem ergänzen. Denn selbst, wenn (wie dies beispielsweise nach dem Regierungswechsel 1982 der Fall war) aus der bisherigen Erfahrung Schlüsse dahingehend gezogen werden, dass die Wachstumsraten in der Vergangenheit zu hoch eingeschätzt worden sind und die künftigen Erwartungen entsprechend revidiert werden sollten, führt dies unter Umständen zu neuen Fehlerwartungen auf einem dann lediglich niedrigeren Niveau. Wird also das projizierte Wachstum niedriger angesetzt, dabei aber weiterhin davon ausgegangen, die Raten könnten auf diesem Niveau konstant bleiben, muss es bei einem linearen Wirtschaftswachstum und den daraus resultierenden fallenden Raten zwangsläufig erneut zu Fehlkalkulation kommen.

Es wurde bereits angesprochen, dass auch die Rentenreform 1972 auf unrealistisch hohen Wachstumserwartungen beruhte. Seit Inkrafttreten des *Stabilitäts- und Wachstumsgesetzes* ist die Bundesregierung verpflichtet, die Grundannahmen, auf denen ihre mittelfristige Finanzplanung fußt, jährlich im Rahmen der *Finanzpläne des Bundes* zu veröffentlichen. Diese Wachstumsprojektionen sind von zentraler Bedeutung, da so der Haushaltsplan und damit die gesamte Bandbreite der (Finanz-)Politik in einen Mehrjahreszeitraum eingebettet werden soll. Die Pläne umfassen insbesondere auch das erwartete Wachstum der volkswirtschaftlichen Leistungsfähigkeit und eröffnen somit zugleich eine Möglichkeit, den Umfang der Fehlannahmen systematisch zu beziffern. In Abbildung 6 werden daher die Wachstumsprojektionen von Anfang der 1970er Jahre bis heute mit dem tatsächlich eingetretenen Wachstum verglichen.

In den Finanzplänen wird das erwartete durchschnittliche Wirtschaftswachstum fortlaufend und damit gleitend für den Zeitraum der jeweils folgenden fünf Jahre publiziert. Zum Vergleich wurde daher auch das tatsächliche Wirtschaftswachstum für den jeweiligen Fünf-Jahres-Zeitraums gemittelt.[878] Hierbei spiegelt die schwarze Linie das erwartete und die graue Linie das tatsächliche Wachstum wider. Die Balken zu jedem Zeitraum stellen die Abweichung zwischen beiden Werten dar. Der Vergleich zeigt, dass der Bund das erwartete künftige Wachstum tatsächlich regelmäßig deutlich zu hoch ansetzte: Blendet man diejenigen Projektionen aus, die durch die (in den 1980er Jahren natürlich nicht vorhersagbaren) Effekte der Wiedervereinigung überholt wurden, so fiel das tatsächliche Wachstum in nur 3 von 28 Fällen in etwa wie erwartet beziehungsweise in einem Fall geringfügig höher aus. 24 Mal hingegen schätzten die Projektionen das Wachstum um mindestens 0,5 Prozentpunkte zu hoch ein, im Schnitt lag es jeweils 1,0 Prozentpunkte niedriger als erwartet.

---

[878] Soweit in den Finanzplänen eine von-bis-Projektion angegeben wurde (z.B. „2 1/2 bis 3 Prozent") wurde der Durchschnitt gebildet, soweit der Angabe das Wort „knapp" vorangestellt war (z.B. „knapp 3 Prozent"), wurde die Angabe um ein Zehntel Prozent gemindert. Zwecks gleichmäßiger Darstellung wurde auch dann ein 5-Jahres-Abschnitt gewählt, wenn die Finanzpläne im Einzelfall einen größeren Zeitraum umfassten.

Abbildung 6:   Vergleich der Wachstumsprojektionen der Finanzpläne des
Bundes mit dem tatsächlichen Wachstum (1971-1975 / 2003-
2007)

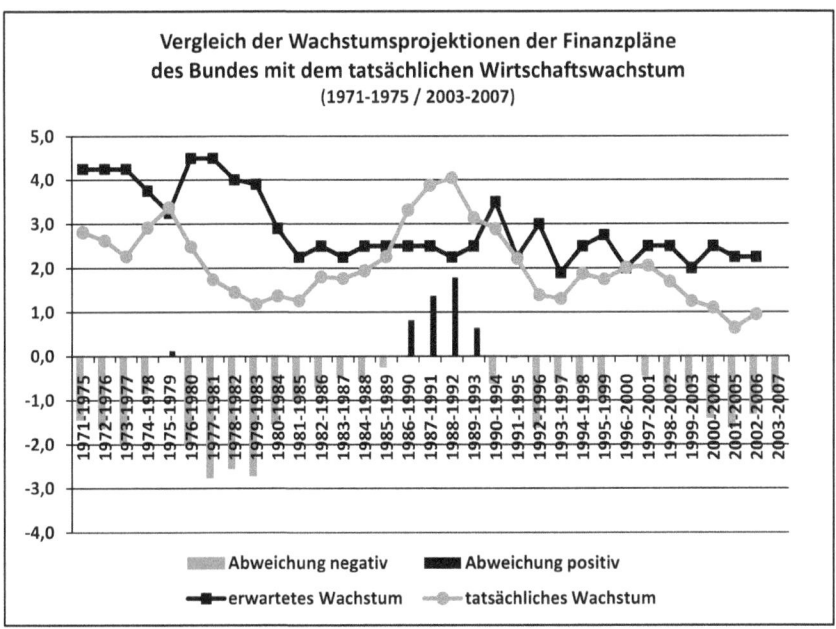

*Datenquelle: Bundesministerium der Finanzen 1971-2003; Statistisches Bundesamt 2008b,
Tab. 1.2; eigene Auswertung und Berechnung.*

Die so fehlgegangenen Wachstumserwartungen durchkreuzen in umfassender
Weise die allgemeine Finanzplanung des Staates. Darüber hinaus aber wirken sie
sich auch auf die Rentenfinanzen aus, denn gemäß § 154 Abs. 2 SGB VI ist die
Einschätzung der mittelfristigen Wirtschaftsentwicklung die Grundlage für
wiederum die jährlichen Prognose im Rentenversicherungsbericht zur finanziel-
len Entwicklung der Rentenversicherung während der nächsten fünf Jahre.
Fehlgehende Wachstumsprognosen wirken sich daher in Form von überschätzten
Beitragseinnahmen unmittelbar auf die Solidität der Rentenfinanzen aus.

Neben diesen direkten fiskalischen Auswirkungen hat das trendmäßig lineare Wirtschaftswachstum im Zusammenhang mit der Lohnbindung der Rentenversicherung zweitens auch erhebliche *indirekte* Auswirkungen auf deren Finanzierungsgrundlagen, auf die nachfolgend eingegangen wird.

5.3.2 Die Lohnbindung der Rentenversicherung

Das Hauptargument Schreibers für den Verzicht auf einen Kapitalstock war, dass anders als bei einzelnen privatwirtschaftlich arbeitenden Versicherungen die Geschäftsgrundlage einer Volksversicherung – das Volk – niemals schrumpfen werde. Die auf den Demographischen Wandel gestützten Bedenken zielen aber genau darauf, nämlich dass die Geschäftsgrundlage der Gesetzlichen Rentenversicherung sinkt, weil die Zahl der Versicherten abnimmt. Dieses Argument ist zwar durchaus stichhaltig, bedarf jedoch einer Relativierung beziehungsweise Präzisierung.

Die Mackenroth-These besagt nicht nur, dass das Volkseinkommen die einzige mögliche Finanzierungsquelle für jeglichen Aufwand sei, sondern impliziert auch umgekehrt, dass zunächst einmal das *gesamte* Volkseinkommen Gegenstand der Umverteilung sein kann. Schreiber setzte entsprechend die Geschäftsgrundlage der Rentenversicherung, nämlich die versicherten Arbeitnehmer, mit dem (wachsenden) Volkseinkommen gleich. Diese Einschätzung aber ist unpräzise: Aus dem Versicherungsgedanken, der selbst Ergebnis eines Kompromisses ist (siehe 2.4, S. 43), ergibt sich von vornherein eine Beschränkung der Rentenfinanzierung auf nur einen Teil des Volkseinkommens, nämlich die Lohneinkommen. Zu einer Zeit, als die Arbeitseinkommen noch als die „neuen Königseinkommen"[879] gesehen werden konnten, weil ihr Anteil am Volkseinkommen im Steigen begriffen war, musste diese Gleichsetzung unproblematisch erscheinen. Damit aber wird zugleich deutlich, weshalb die Geschäftsgrundlage der Rentenversicherung noch aus einem zweiten Grund kleiner werden kann: Nicht nur, wenn das Volk selbst, oder genauer: die Zahl der Beitragszahler schrumpft, sondern auch, wenn deren Anteil am Volkseinkommen zurückgeht. Daher ist für die Finanzierung der Rentenversicherung die Entwicklung der Primärverteilung von grundlegender Bedeutung.

Wie insbesondere von Seiten der Gewerkschaften bemängelt wird,[880] ist die *bereinigte Lohnquote* seit etwa Mitte der 1970er Jahre gesunken und zwar seit ihrem Höchststand von 71,4% in 1974 auf 62,5% in 2008 (siehe Abbildung 7).[881] Begünstigt wurde diese Entwicklung wohl auch von dem Übergang zu einer stärker angebotsorientierten Wirtschaftspolitik, die ab Ende der 1970er Jahre zu nur langsamer steigenden Löhnen führte.

---

[879] Schreiber 1955, S. 23.
[880] Vgl. etwa ver.di – Vereinte Dienstleistungsgewerkschaft e.V. 2008; Deutscher Gewerkschaftsbund (DGB) 2008.
[881] Statistisches Bundesamt 2009d, Tab. 9.7.

Abbildung 7: Bereinigte Lohnquote 1960-2008

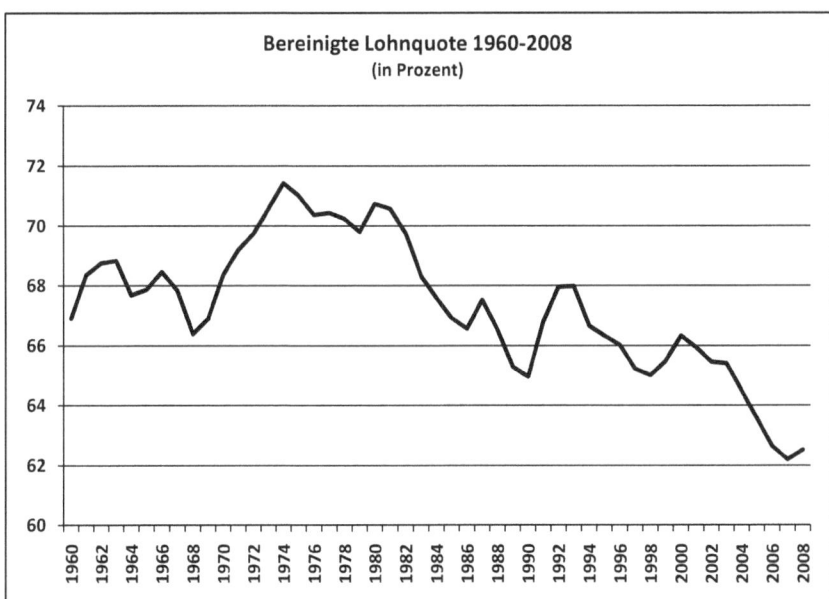

Datenquelle: Statistisches Bundesamt 2009d, Tab. 9.7.

Als Spiegelbild zur Lohnquote wird die *Gewinnquote* verstanden, die entsprechend in den letzten Jahrzehnten gestiegen ist. Allerdings verdeckt diese Aufteilung in nur zwei sich gegenüberstehende volkswirtschaftliche Kenngrößen eine dahinter liegende Entwicklung: So unterteilt die Volkswirtschaftslehre beispielsweise auch in die *Arbeitseinkommen* auf der einen und die *Kapitaleinkommen* auf der anderen Seite. Die Arbeitseinkommen wiederum unterteilen sich in die *Selbständigeneinkommen* und die *Arbeitnehmerentgelte.* Das Statistische Bundesamt liefert ab 1980 einheitliche Daten, die differenziert Aufschluss geben über die Entwicklung dieser drei Kenngrößen. Diese dürfen nicht dahingehend missverstanden werden, dass sie insgesamt das Volkseinkommen ergeben würden: Einerseits erhalten zwar viele Arbeitnehmer und Selbständige neben ihren Arbeitseinkommen auch Zinsen. Doch genauso wie sich Geldvermögen und -verschuldung in einer Volkswirtschaft insgesamt die Waage halten müssen, gilt dies auch für die daraus resultierenden Einkommen. Deshalb zahlen andererseits Arbeitnehmer und Selbständige aus ihren Einkommen auch entsprechende Zinslasten. Im Volkseinkommen schlagen sich dementsprechend nur die per Saldo aus dem Ausland empfangenen Vermögenseinkommen nieder. Dennoch können diese Kenngrößen, wenn sie wie in Abbildung 8 ins Verhältnis zueinander gesetzt werden, einen Anhaltspunkt geben, wie sich die Relationen verschoben haben.

Abbildung 8:   Entwicklung des Verhältnisses von Nettobetriebsüberschuss / Selbständigeneinkommen, Arbeitnehmerentgelten und Vermögenseinkommen (1980-2008)

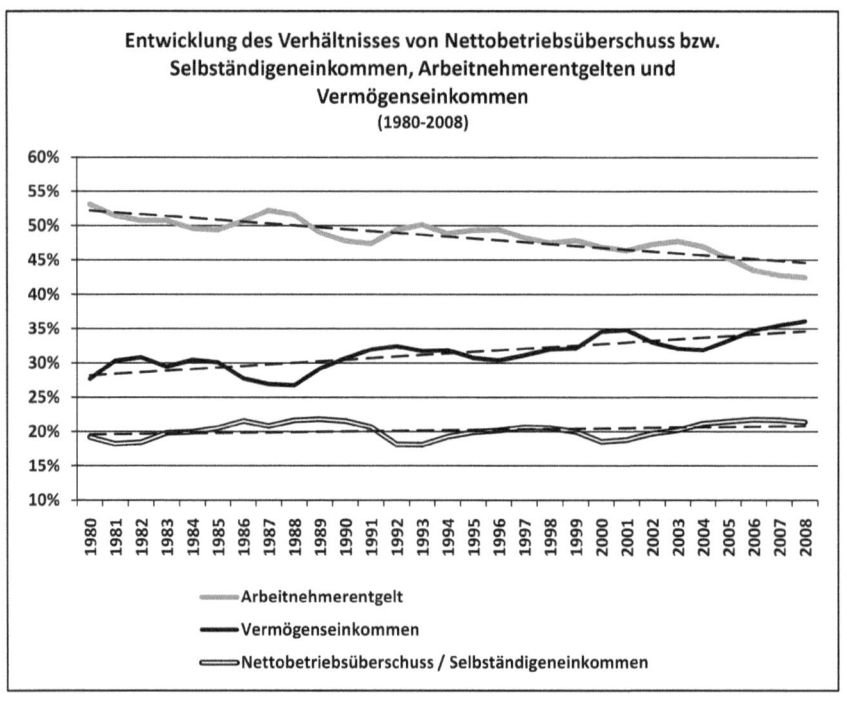

Datenquelle: Statistisches Bundesamt 2009b; eigene Berechnungen.

Betrachtet man die Entwicklung über einen Zeitraum von 28 Jahren, so fallen drei Trends auf: Der Anteil der Arbeitnehmerentgelte ist von 53,1% auf 42,5% deutlich zurückgegangen. Dies bedeutet somit auch, dass die Löhne immer weniger vom wirtschaftlichen Wachstum profitieren und ab einem bestimmten Punkt sogar real rückläufig werden könnten. Die Selbständigeneinkommen hingegen sind über die letzten drei Jahrzehnte nahezu konstant geblieben (leichter Anstieg von 19,2% auf 21,4%), konnten also jedenfalls im Durchschnitt proportional am wirtschaftlichen Wachstum partizipieren. Einzig die Vermögenseinkommen sind, wenn auch mit einigen Schwankungen, erheblich von 27,7% auf 36,1% angestiegen und profitierten daher auch weit überproportional vom Wirtschaftswachstum.

Der überproportionale Anstieg der Gewinneinkommen ist ebenfalls im Zusammenhang mit dem Absinken der Wachstumsraten infolge der linearen Entwicklung zu sehen: Wie erwähnt, steht der Summe aller Guthaben eine entsprechende Verschuldung an anderer Stelle der Volkswirtschaft gegenüber, regelmäßig verbunden mit der Verpflichtung, Zinsen zu zahlen. Belastet von Krediten sind dabei nicht nur die Kreditnehmer selbst, sondern auch Konsumenten und der Steuerzahler. So sind erstens in den Preisen der Konsumgüter die Kosten für die Zinslasten der Unternehmen enthalten, die diese über den Preis an die Konsumenten weiterreichen. Entsprechendes gilt zweitens für Steuern, mit denen der Staat unter anderem seinem Schuldendienst nachkommt.[882] Je größer die Schulden beziehungsweise die Guthaben in einer Volkswirtschaft sind, umso mehr Geld wird von den *Arbeitseinkommen* der Arbeitnehmer und Selbständigen zu den *Kapitaleinkommen* transferiert. Werden die Zinserträge von den Kreditgebern nicht vollständig entnommen, sondern ihrerseits wieder angelegt, so wachsen ihre Vermögen durch die Zinseszinsen exponentiell. Tatsächlich sind die Einlagen bei Banken in Deutschland von etwa 22% des nominalen BIP in 1950 auf etwa 123% im Jahr 2000 angestiegen und sind somit etwa fünfeinhalb Mal so stark gewachsen wie die Wirtschaftsleistung.[883] Der direkte Vergleich der Geldvermögen mit dem Bruttoinlandsprodukt ist zwar insoweit nur begrenzt aussagekräftig, als dass es sich bei den Vermögen um eine sich ansammelnde Bestandsgröße handelt, wohingegen das BIP eine sich jährlich erneuernde Flussgröße ist. Doch da die wachsenden Geldvermögen mit Zinsen bedient werden müssen, steigen auch die Zinserträge überproportional.[884]

Zu fragen ist nun, ab welchem Zeitpunkt sich die Kapitaleinkommen überproportional entwickeln. Wie hoch diese ausfallen, bestimmt sich nicht nur durch die Höhe der Vermögen, sondern hängt natürlich maßgeblich davon ab, wie hoch deren Verzinsung ist. Gleichzeitig bestimmt der Zins, wie schnell die Vermögen im Zeitablauf wachsen, wenn die Zinserträge nicht entnommen werden. Damit kommt der Höhe des Zinssatzes die eigentliche Schlüsselrolle zu. Einen Anhaltspunkt für die optimale Höhe des Zinssatzes bietet die so genannte „Goldene Regel der Akkumulation" von *Edmund Phelps*, wonach dann eine optimale Sparquote erreicht wird, *wenn der Zinssatz der Wachstumsrate entspricht*.[885] Wird dies zugrunde gelegt und werden die Geldvermögen fortwährend mit der

---

[882] Vgl. Senf 2007, S. 180.
[883] Deutsche Bundesbank 2009b; Statistisches Bundesamt 2009d, Tab. 1.2; eigene Berechnungen.
[884] So argumentiert etwa auch der „Zinskritiker" Creutz 2004, S. 258-260.
[885] Vgl. Bontrup 2004, S. 575-577.

gleichen Rate verzinst wie das Bruttoinlandsprodukt wächst, so würden Bruttoinlandsprodukt, Geldvermögen und Zinserträge im Gleichschritt ansteigen. Unter
dieser Voraussetzung kommt es auch nicht zu überproportional steigenden
Kapitaleinkommen beziehungsweise einer Benachteiligung der Arbeitseinkommen. Liegt das Wachstum hingegen unter dem Zinssatz, so steigen die Vermögen und die Kapitalerträge relativ zum BIP gesehen exponentiell an.

Es ist daher zu untersuchen, wie sich Zinssätze und Wirtschaftswachstum in
der Bundesrepublik entwickelt haben. Aufschluss hierüber kann eine Gegenüberstellung geben von einerseits der Umlaufrendite, die das Zinsniveau auf dem Kapitalmarkt widerspiegelt, und andererseits dem nominalen Wirtschaftswachstum.

Abbildung 9:   Entwicklung der Umlaufrendite und des nominalen Wirtschafts-
                   wachstums (1955-2008)

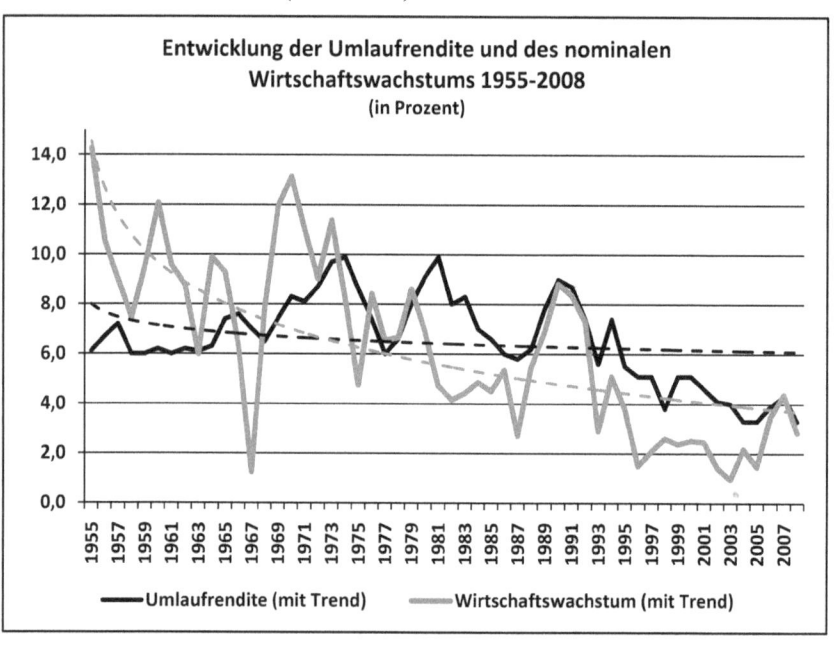

*Datenquelle: Deutsche Bundesbank 2009a; Statistisches Bundesamt 2000, Tab. 1.2;
Statistisches Bundesamt 2009d, Tab. 1.2; eigene Berechnungen.*

Wie Abbildung 9 zeigt, ist hier eine grundlegende Änderung erkennbar: Über
eine lange Zeit hinweg schwankte die Umlaufrendite (schwarze Linie) zwischen
6% und 10%. Das Wirtschaftswachstum (graue Linie) aber sank aufgrund der –

für entwickelte Volkswirtschaften typischen – nur linearen Entwicklung kontinuierlich ab. Die jeweiligen Trends (gestrichelte Linien) illustrieren, wie das durchschnittliche Wirtschaftswachstum in den 1970er Jahren unter das durchschnittliche Zinsniveau sinkt.

Ein direkter Vergleich der Höhe des Wirtschaftswachstum und der Umlaufrendite zeigt ebenfalls, dass seit etwa Mitte bis Ende der 1970er Jahre das Wirtschaftswachstum regelmäßig unterhalb des Zinsniveaus liegt (siehe Abbildung 10). Seitdem sind die Zinserträge überproportional gestiegen: Ihr Anteil am Bruttoinlandsprodukt hat dementsprechend fortlaufend zugenommen (siehe Abbildung 11).

Abbildung 10: Höhe des Wirtschaftswachstums im Vergleich zur Umlaufrendite (1955-2008)

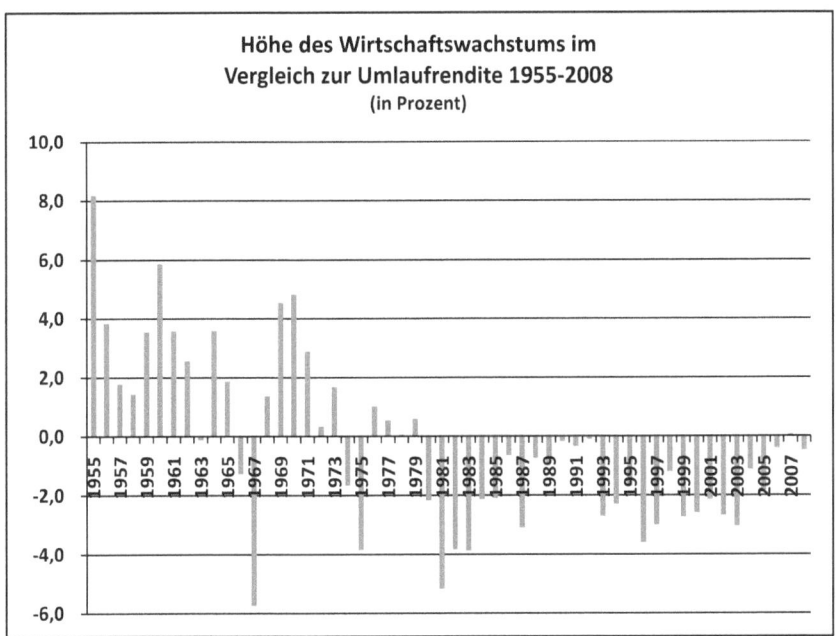

Datenquelle: Deutsche Bundesbank 2009a; Statistisches Bundesamt 2009d; eigene Berechnungen.

Abbildung 11: Zinserträge der deutschen Kreditinstitute (1968-2008)

Datenquelle: Deutsche Bundesbank 2009c; Statistisches Bundesamt 2000, Tab. 1.1.; Statistisches Bundesamt 2005, Tab. 1.1; Statistisches Bundesamt 2009d, Tab. 1.1, Tab. 1.2; eigene Berechnungen.

1968 betrugen die Zinserträge noch 5,5% des Bruttoinlandsprodukts, bis 2001 stiegen sie auf 18,1%. Dann platzte die Spekulationsblase im Technologiesektor und löste eine Krise an den Aktienmärkten aus.[886] Insbesondere hierdurch brachen die Zinserträge absolut wie auch relativ ein,[887] erst nach 2004 legten sie wieder zu. Die internationale Finanzkrise hat nun erneut dazu geführt, dass die der Wirtschaftskraft vorauseilenden Zinserträge vorübergehend zurückgehen. An dem grundsätzlichen Trend der Kapitaleinkommen, in der Tendenz deutlich schneller zu wachsen als das Bruttoinlandsprodukt, ändert dies jedoch nichts.[888]

---

[886] Der Deutsche Aktienindex sank gegenüber seinem Höchststand am 7. März 2000 mit 8.136 Punkten auf einen Tiefststand von 2.203 Punkten am 12. März 2003 ab (vgl. Spiegel-Online).

[887] Vgl. Deutsche Bundesbank 2003, S. 15-32.

[888] Wie bei dem linearen Wachstumstrend selbst, handelt es sich auch bei dieser Entwicklung offenbar nicht um einen deutschen Sonderfall. Studien kommen vielmehr zu dem Ergebnis, dass ein Auseinanderfall von Zinsniveau und Wachstum auch in anderen großen Industrieländern zu beobachten ist (vgl. etwa Schulmeister 1995).

Da die Finanzierung der Sozialversicherungen im Allgemeinen und die der Rentenversicherung als größtem Sozialversicherungszweig im Speziellen an den Einkommen der Arbeitnehmer sowie an den Einkommen rentenversicherter Selbständiger ansetzen, verkleinert sich deren Grundlage. Im Verhältnis zwischen Arbeitnehmern und -gebern wiederum hat eine Verschiebung der Beitragslast zuungunsten der Arbeitnehmer stattgefunden. Dies schlägt sich auch in der Finanzierung des Sozialbudgets nieder (siehe Abbildung 12).

Abbildung 12: Beitrag der Versicherten zum Sozialbudget im Verhältnis zum Beitrag der Arbeitgeber (1960-2008)

Datenquelle: Statistisches Bundesamt 2008b, Tab. 7.3; Statistisches Bundesamt 2009d, Tab. 7.3; eigene Berechnungen.

In der Zusammenschau ergibt sich somit folgendes Bild: Der Gesamtanteil der Arbeitseinkommen am Volkseinkommen ist in den letzten drei Jahrzehnten aufgrund der überproportional gestiegenen Kapitaleinkommen massiv gesunken. Zusätzlich dazu hat sich innerhalb der Arbeitseinkommen die Finanzierungslast zuungunsten der Gruppe verschoben, die immer weniger am Volkseinkommen teilhaben, nämlich den abhängig Beschäftigten. Wie groß der Druck auf deren Einkommen geworden ist, lässt sich daran erkennen, dass die realen Bruttolöhne in den letzten fünfzehn Jahren kaum noch gewachsen sind und in den letzten Jahren – trotz zwischenzeitlicher Hochkonjunktur – teils sogar zurückgingen.[889]

Zu betonen ist jedoch, dass hier nicht die Frage der *Einkommensgerechtigkeit* innerhalb der Bevölkerung behandelt wird, sondern die der *Finanzierungsgrundlagen* der Rentenversicherung. Deshalb kann beispielsweise auch die Frage dahingestellt bleiben, inwieweit die Lohnquote ein vollständiges Bild der Einkommensverteilung zu vermitteln vermag, etwa weil auch Lohnempfänger Einkünfte aus Kapitalerträgen erzielen. Und ebenso wenig ist in diesem Zusammenhang das mögliche Gegenargument relevant, dass es eine weit größere personale Schnittmenge zwischen den Beziehern von Selbständigen- und Kapitaleinkommen gibt als zwischen abhängig Beschäftigten und Kapitaleigentümern. Unabhängig davon also, inwieweit die überproportional steigenden Kapitaleinkommen unter einkommensverteilungspolitischen Gesichtspunkten problematisch sein könnten, ist jedenfalls im Zusammenhang mit den Rentenfinanzen zu konstatieren, dass hier die sinkende Lohnquote durchaus ein objektives Bild von einer enger werdenden Finanzierungsbasis zu zeichnen vermag. Denn gleichgültig, wer im Einzelnen über Kapitaleinkommen verfügt, werden daraus jedenfalls keine Beiträge an die Rentenkasse abgeführt. Die Schlussfolgerung aus dem zuvor Dargestellten ist somit: Da die Rentenfinanzierung an die Löhne gekoppelt ist, die Löhne aufgrund der überproportional steigenden Kapitaleinkommen real aber immer stärker zur Stagnation tendieren, bedeutet dies, dass die Rentenfinanzen *strukturell* vom wirtschaftlichen Wachstum abgekoppelt werden.

An vielen Stellen dieser Untersuchung wurde gezeigt, wie sehr die Sozialpolitik im Allgemeinen als auch die Rentenpolitik im Speziellen auf fortwährendem Wachstum aufbaut. Damit wird auch deutlich, warum eine Abkopplung der Rentenversicherung vom wirtschaftlichen Wachstum weitreichende und zunehmend intensivere Folgen für deren Finanzierung haben muss. Die strikte Lohnbindung wird allerdings durch ein Element der Rentenfinanzierung durchbrochen: den Bundeszuschuss.

5.3.3 Der Bundeszuschuss

Über den Bundeszuschuss kann ein Teil der Finanzierung wieder an dem gesamten Steueraufkommen und damit grundsätzlich auch am gesamten (wachsenden) Volkseinkommen anknüpfen. Die Höhe des Bundeszuschusses hat über die

---

[889] Vgl. Frick/Grabka 2008, S. 558-559; Brenke 2009, S. 550; EU-Info.Deutschland 2009.

letzten fünfzig Jahre betrachtet stark geschwankt. Ausgehend von einer Beteiligung an den Gesamteinnahmen von 24% in 1957 wurde er insbesondere ab Ende der 1960er Jahre gesenkt und die Belastung auf den Beitragszahler verlagert. Dies hatte zumindest zunächst keine dramatischen Auswirkungen, da zu diesem Zeitpunkt die Lohnquote im Steigen begriffen war. Über einen langen Zeitraum, insbesondere während der ganzen 1980er Jahre, blieb der Bundeszuschuss bei rund 15% konstant. Erst im Rahmen der Rentenreform 1992 einigte man sich wieder auf eine Erhöhung. Bis Mitte der 1990er Jahre stieg der Bundeszuschuss auf rund 18%. Zu einer strukturellen Veränderung kam es dann 1998 mit der schrittweisen Einführung der Ökosteuer, die die Basis für die Finanzierung der Rentenversicherung verbreiterte. Seitdem fließen Steuern auf den Energieverbrauch unmittelbar an die GRV. Laut Auskunft der Bundesregierung entsprach dies im Jahr 2005 rund 1,7 Beitragspunkten.[890] Seit 2002 beträgt der steuerfinanzierte Anteil der Rentenfinanzierung ähnlich wie zuvor 1957 wieder rund 24%.[891]

Der Anstieg des Bundeszuschusses seit der Wiedervereinigung hat die Finanzierung der GRV wieder auf eine breitere Grundlage gestellt und die Beitragssatzanhebungen gemindert. Dennoch ist die Finanzierungsgrundlage unter drei Gesichtspunkten erheblich schmaler geworden: Dies gilt erstens im direkten Vergleich mit 1957. Damals war der Anteil des Bundeszuschusses genauso groß, die Lohnquote aber deutlich höher und in der Folgezeit im Steigen begriffen. Es gilt zweitens in besonderem Maße für den Zeitraum seit spätestens 2003, denn seitdem blieb der Bundeszuschuss nahezu konstant, während gleichzeitig die Lohnquote noch einmal deutlich von 65,4% auf 62,5% abgesunken ist.

Drittens und vor allem aber hat sich auch die Finanzierungsgrundlage des Bundeszuschusses selbst, nämlich das Steueraufkommen, verengt. Besonders deutlich wird dies an der Entwicklung der Lohnsteuer. Setzt man zum Zwecke der Veranschaulichung vereinfachend den Anteil der Steuerarten am allgemeinen Steueraufkommen mit deren anteiliger Finanzierung des Bundeszuschusses gleich, so zeigt sich, dass der Anteil der Lohnsteuer von 11,8% in 1960 auf heute 28,1% gestiegen ist.[892] Der Teil des Bundeszuschusses, der direkt über Löhne finanziert wird, hat sich somit um das knapp 2,5fache erhöht. Damit wird bereits klar, warum der Bundeszuschuss nicht zwangsläufig die Finanzierungsbasis auszudehnen vermag, denn diese ist ja gerade aufgrund der geringeren Partizipation der Löhne am Volkseinkommen schmaler geworden. Vom Ergebnis her aber bleibt es sich natürlich gleich, ob aus dem Lohnaufkommen nun Mittel in Form von *Beiträgen* oder aber als *Steuern* an die Rentenversicherung fließen.

---

[890] Vgl. Deutscher Bundestag 2005, Drs. 15/5212, S. 6.
[891] Deutsche Rentenversicherung; eigene Berechnungen.
[892] Schäfer 2004, S. 51.

Dieser Umstand ist nicht nur mit Blick auf die Lohnsteuer relevant: Der zweitwichtigste Posten im allgemeinen Steueraufkommen sind die Umsatzsteuer und sonstige Verbrauchssteuern. Deren Anteil hat sich seit 1960 ebenfalls deutlich erhöht und zwar von 21,7% auf 35,7%.[893] Betracht man nun, wie sich wiederum das Mehrwertsteueraufkommen in etwa auf die unterschiedlichen Haushaltstypen verteilt, so ist festzustellen, dass davon 32,7% auf Angestellten- und 18,2% auf Arbeiterhaushalte entfallen. Weitere 29,6% tragen Rentnerhaushalte bei (in 2003).[894] Die Rentnerhaushalte können an dieser Stelle den Löhnen zugerechnet werden, denn ebenso wenig, wie es hier um die Einkommensgerechtigkeit geht, soll die Generationengerechtigkeit betrachtet werden. Betrachtet werden soll vielmehr alleine, an welchen Teil des Volkseinkommens die Rentenfinanzen anknüpfen. Da die Renten aber hauptsächlich von den Beitragszahlern finanziert werden, entspringen die daraus bezahlten Steuern ebenfalls dem Lohnteil des Volkseinkommens.[895] Einschränkend muss bei der Umsatzsteuer berücksichtigt werden, dass – anders als dies bei den Sozialbeiträgen und der Lohnsteuer der abhängig Beschäftigten der Fall ist – auch noch angespartes Vermögen und daraus resultierende Kapitaleinkommen eine Rolle spielen. Dennoch finanzieren sich insbesondere Arbeitnehmerhaushalte zum allergrößten Teil über die Löhne und die Rentnerhaushalte weiterhin zum weit überwiegenden Teil über Rentenzahlungen.[896] Zusammengenommen werden daher auch etwa drei Viertel des Mehrwertsteueraufkommens direkt oder indirekt aus den Lohneinkommen gespeist.

Spiegelbildlich zur Lohn- und Umsatzsteuer ist der Anteil der Gewinnsteuern, die auch die Steuern der überproportional am Wirtschaftswachstum partizipierenden Kapitaleinkommen beinhalten, am Gesamtsteueraufkommen seit 1960 signifikant zurückgegangen von ehemals insgesamt 34,7% auf 20,7%.[897]

Berücksichtigt man nun die Lohnsteuer selbst sowie den lohnbezogenen Anteil des Mehrwertsteueraufkommens und bezieht dies auf deren jeweils erheblich gestiegene Bedeutung am Gesamtsteueraufkommen, so zeigt sich bei überschlägiger Berechnung, dass sich der Finanzierungsanteil der Lohneinkommen am Bundeszuschuss von etwa 28% in 1960 auf heute etwa 55% nahezu verdoppelt hat. Hierbei sind weitere Lohn-Anteile in sonstigen Steuern wie Energie- oder Kfz-Steuern noch nicht berücksichtigt. Damit dürfte deutlich werden, dass selbst ein wieder (auf frühere Werte) angestiegener Bundeszuschuss diese starke

---

[893] Schäfer 2008, S. 592.
[894] Bach 2005.
[895] Bei genauer Betrachtung werden die Renten natürlich auch zu rund einem Viertel aus dem Bundeszuschuss bezahlt, dessen Finanzierungsquellen hier jedoch gerade betrachtet werden sollen.
[896] Bundesministerium für Arbeit und Soziales 2008, S. 98, 185; Statistisches Bundesamt 2009c.
[897] Schäfer 2008, S. 592; vgl. Eißel 2006.

Verschiebung der Steuerbelastung hin zu den Löhnen nicht auszugleichen vermag.

Um wieder an die obige, für diese Betrachtung ursächliche Analyse anzuknüpfen: Wenn heute der überwiegende Teil des Bundeszuschusses auf weitgehend stagnierende Lohneinkommen zurückzuführen ist, bedeutet dies zugleich, dass der überwiegende Teil des Bundeszuschusses weitgehend nicht mehr an der steigenden Wirtschaftsleistung partizipiert. Die Kapitaleinkommen hingegen sind trotz steigender Partizipation am Volkseinkommen immer weniger an der Finanzierung des Bundeszuschusses beteiligt. Daher ändert sich an der oben festgestellten, strukturellen Abkopplung der Rentenfinanzierung vom Wirtschaftswachstum nichts, sondern es ist im Gegenteil zu konstatieren, dass sich diese bei Berücksichtigung des Bundeszuschusses sogar noch verschärft.

5.4 Schlussfolgerungen

Bereits zu Anfang des Kapitels 3 (siehe 3.1.1, S. 74) wurde gezeigt, dass ein steigendes Durchschnittsalter der Bevölkerung seit nunmehr fast einem Jahrhundert mit häufig ausgesprochen düsteren Szenarien verbunden wird. Nur beispielhaft für die heutige Zeit sei das populärwissenschaftliche Buch „Das Methusalem-Komplott" von *Frank Schirrmacher* erwähnt.[898] Autoren wie Etzemüller 2007 beklagen daher eine geradezu traditionell negative Sichtweise („Die Lage ist also dramatisch – und zwar schon lange!"[899]) und kritisieren, dass demographische Veränderungen bereits unabhängig von deren sozialen oder ökonomischen Folgen als etwas Bedrohliches wahrgenommen werden.[900] Umgekehrt beschreiben Schroeder/Kerschbaumer 2005, wie manche Autoren versuchen, den Demographischen Wandel als einen „Mythos" zu entlarven, der lediglich einen Vorwand für Sozialabbau liefere.[901]

Der Demographische Wandel muss somit weniger als bevölkerungswissenschaftlicher Fachbegriff denn als politisches Schlagwort verstanden werden. Damit besteht bei allen Analysen die Gefahr einer ideologiegeleiteten Vorgehensweise. Bei den in dieser Arbeit vertretenen Thesen ging es darum, Mechanismen und Entwicklungslinien aufzuzeigen, die unabhängig von demographischen Veränderungen zu Finanzierungslücken führen können. Hieraus resultiert

---

[898] Vgl. Schirrmacher 2004.
[899] Etzemüller 2007, S. 9.
[900] Vgl. Etzemüller 2007, S. 83-153. In seinem Buch „Ein ewigwährender Untergang" zeigt Etzemüller unter anderem auf, welche Realitäten durch die verwendeten Begriffe („Bevölkerungsurne") und die graphische Darstellung der vorausberechneten weiteren Entwicklung geschaffen werden.
[901] Vgl. Schroeder/Kerschbaumer 2005, S. 10-11.

ebenfalls zwangsläufig die Gefahr einer einseitigen Betrachtungsweise. Dieser zu begegnen erweist sich als nicht ganz einfach: Insbesondere die These eines sich selbst bedingenden Reformbedarfs konnte nur durch einen im Kern qualitativen Ansatz überprüft werden, der es schon mangels ausreichender Trennschärfe nicht erlaubt, die Höhe der damit erklärten Finanzierungslücken präzise zu benennen. Doch nur, weil keine exakte, in Euro-Beträgen bezifferte Gegenüberstellung der Auswirkungen von Demographischem Wandel einerseits und der hier identifizierten Ursachen andererseits möglich ist, bedeutet dies nicht, dass jedwede Zusammenschau der Thesen und der Bevölkerungsentwicklung nutzlos ist. Vielmehr kann – zumindest in groben Zügen – auf der gleichen analytischen Ebene auch die sich verändernde Bevölkerungszusammensetzung berücksichtigt werden. Im Rahmen der nachfolgenden Schlussfolgerung und des anschließenden Ausblicks soll daher unter anderem versucht werden, das Verhältnis der hier vertretenen Thesen zum Demographischen Wandel zu beleuchten.

5.4.1 *Finanzierungskrisen jenseits des Demographischen Wandels*

In der Vergangenheit kam es auf zwei Ebenen zu umfassenden Finanzierungslücken, deren Ursachen jeweils in keinem unmittelbaren Zusammenhang mit der Demographie stehen.

Erstens: Was die *langfristige* Verschlechterung der Finanzlage anbelangt, wird häufig argumentiert, dass die Urheber der Rentenreform von 1957 die Verschiebungen im Bevölkerungsaufbau nicht haben voraussehen können,[902] daher habe Bundeskanzler Adenauer, als er sagte, Kinder bekämen die Leute immer, „damals niemand widersprochen".[903] Doch bereits diese Behauptung hat sich als unzutreffend herausgestellt. Wie gezeigt war der Geburtenrückgang, als die Rentenreform 1955 in Angriff genommen wurde, bereits seit über 40 Jahren ein vieldiskutiertes Thema. Ende des 19. Jahrhunderts ist im Rahmen des „ersten demographischen Übergangs" eine grundlegende Veränderung eingetreten: Zwischen 1890 und 1915 sank die Geburtenziffer[904] deutlich von 4,7 auf 2,9.[905] Zugleich ist die Lebenserwartung[906] zwischen 1871 und 1950 von etwa 39 Jahren bei

---

[902] Vgl. etwa pressetext.europa 2009.

[903] Kruse 2008.

[904] Die „zusammengefasste Geburtenziffer" ist die Summe aller 35 altersspezifischen Geburtenziffern der Altersjahre 15 bis 49 für ein Kalenderjahr. Sie gibt an, wie viele Kinder je Frau geboren würden, wenn für ihr ganzes Leben die altersspezifischen Geburtenziffern des jeweils betrachteten Jahres gelten würden und es keine Sterblichkeit gäbe.

[905] Statistisches Bundesamt 2008a, S. 36-37.

[906] Die Lebenserwartung gibt die durchschnittliche Anzahl an Lebensjahren an, die ein neugeborenes Kind erwarten kann.

Männern und 42 Jahren bei Frauen auf 71 beziehungsweise 78 Jahren angestiegen.[907] Die Politik konnte infolgedessen auf umfassende bevölkerungswissenschaftlicher Literatur und trotz vermeintlichen ‚Pillenknicks' auch auf erstaunlich genaue Prognosen zurückgreifen. Dementsprechend wurde der damaligen Bundesregierung durchaus widersprochen und sie für ihre Annahmen scharf kritisiert (siehe 3.1, S. 73).

Dennoch sind die eingetretenen Veränderungen umfassend: In der Zeit zwischen 1965 und 1975 erlebte Deutschland wie andere Länder auch einen zweiten Geburtenrückgang, bei dem die Zahl der Geburten je Frau auf etwa 1,4 Kinder gesunken ist.[908] Ohne einen entsprechenden Zuwanderungsüberschuss wäre die Bevölkerungszahl von Deutschland bereits ab 1970 gesunken.[909] Gleichzeitig hat sich die Lebenserwartung weiter erhöht. Dies gilt insbesondere, wenn die Berechnungen auf der Basis von Generationensterbetafeln erfolgt, die den langfristigen Sterblichkeitstrend mitberücksichtigen.[910] Demnach kann ein im Jahr 2004 geborener Junge damit rechnen, knapp 82 Jahre alt zu werden, ein im selben Jahr geborenes Mädchen knapp 88 Jahre.[911] Der Bevölkerungsaufbau insgesamt hat sich deutlich verändert: So lag 1960 der Anteil der Bevölkerung unter 20 Jahren bei 28%, der Anteil der ab 65jährigen bei 12%. Bis 2006 schließlich hat sich der Anteil beider Altersgruppen angeglichen und betrug jeweils 20%.[912] Unabhängig von der Frage, ob die Politik genauere Vorausschätzungen hätte verwenden können, wenn sie es denn gewollt hätte, ändert dies also zunächst nichts an der Feststellung, dass die sich verändernde Bevölkerungszusammensetzung jedenfalls nicht ausreichend berücksichtigt worden ist.

Die Nichtberücksichtigung des Demographischen Wandels also als Kardinalfehler der Gesetzlichen Rentenversicherung? Diese Argumentation übersieht, dass die dynamische Rente auf einer zweiten wesentlichen Grundannahme

---

[907] Vgl. Statistisches Bundesamt 2006b; Statistisches Bundesamt 2006c.

[908] Statistisches Bundesamt 2008a, S. 36-37; In der DDR stiegen bis Ende der 1970er und 1980er Jahre infolge Nachholeffekten und Familienpolitik die Geburtenzahlen kurzzeitig nochmals an. Nach der deutschen Wiedervereinigung kam es in Ostdeutschland dann zu einem bisher nie da gewesenen Tiefstand. Nach 1995 stieg die Geburtenhäufigkeit wieder und hat sich mittlerweile den Westdeutschlands angeglichen (vgl. Statistisches Bundesamt 2008a, S. 24-26).

[909] Vgl. Statistisches Bundesamt 2008a, S. 12-13.

[910] Die Lebenserwartung ergibt sich üblicherweise aus Periodensterbetafeln, die die durchschnittliche Lebenserwartung der gesamten Bevölkerung während bestimmter Kalenderjahre abbildet. Das Statistische Bundesamt hat jedoch neue Modellrechnungen auf der Basis von Generationensterbetafeln vorgelegt, die – anders als Periodensterbetafeln – Veränderungen der Sterblichkeitsverhältnisse in der Zukunft unterstellen. Wird daher die künftige Lebenserwartung unter Fortschreibung des langfristigen Sterblichkeitstrends seit 1871 kalkuliert, so fällt die geschätzte Lebenserwartung deutlich höher aus (für den Zeitraum 2002/2004 um etwa 6 Jahre).

[911] Vgl. Statistisches Bundesamt 2006b; Statistisches Bundesamt 2006c.

[912] Statistisches Bundesamt 2006a, S. 34-46; Statistisches Bundesamt 2008a, S. 28.

beruht: Schon im Vorfeld der Reform hatten Politik und Wissenschaft das insgesamt steigende Volkseinkommen in den Mittelpunkt ihrer Betrachtung gerückt. Dabei wurde nicht der mögliche Konflikt gesehen zwischen einerseits dem grundsätzlich zutreffenden volkswirtschaftlichen Postulat einer fortwährend wachsenden Wirtschaftsleistung und andererseits der systembedingt, weil auf dem Versicherungsgedanken beruhenden, nur an einen Teil des Volkseinkommens anknüpfenden Rentenversicherung. Ein auf Wirtschaftswachstum basierendes Rentensystem muss aber in Schwierigkeiten geraten, wenn nicht nur das Wachstum selbst weitaus weniger dynamisch ausfällt als erwartet (nämlich linear statt exponentiell), sondern wenn die Rentenfinanzen darüber hinaus sogar von diesem schwächeren Wachstum zunehmend abgekoppelt wurden und mittlerweile nahezu vollständig abgekoppelt sind.

Es ist nicht möglich, die Bedeutung dieser Abkopplung in exakte Relation zu den Auswirkungen des Demographischen Wandels zu setzen. Dennoch kann eine einfache Berechnung die ‚Dimension' der jeweils verursachten finanziellen Ausfälle beziehungsweise Belastungen veranschaulichen. Betrachtet wird hierbei der Zeitraum seit dem Jahr 2000, in dem sich die Finanzierungsengpässe außerordentlich zugespitzt haben. Der Rentnerquotient, also das Verhältnis von Rentenempfängern zu Beitragszahlern, des Jahres 2000 hatte nach Börsch-Supan/Ludwig/Sommer 2003a einen Wert von 0,5169. Bis 2008 ist dieser – mit einem zwischenzeitlichen Hoch von 0,5487 – auf 0,5329 angestiegen.[913] Dies entspricht einer gestiegenen Belastung der Rentenfinanzen um 3%. Im selben Zeitraum ist das deutsche Bruttoinlandsprodukt real um 10% angestiegen (siehe Tabelle 15). An diesem Wachstum aber hat die Rentenversicherung nahezu überhaupt nicht partizipiert. Anders ausgedrückt: Trotz des nur linearen Wirtschaftswachstums und der daher im Vergleich mit der Vergangenheit niedrigeren relativen Zuwächse, war der durch die Abkopplung vom Wirtschaftswachstum entstandene Einnahmenausfall weitaus höher als die zusätzliche Belastung der Rentenkasse infolge des gestiegenen Rentnerquotienten.

Tabelle 15: Vergleich Entwicklung Rentnerquotient[a] und reales Bruttoinlandsprodukt (2000-2008)

Jahr	Rentnerquotient	Rentnerquotient (2000 = 100)	Bruttoinlandsprodukt (2000=100)
2000	0,5169	100,0	100,0
2001	0,5247	101,5	101,2
2002	0,5321	102,9	101,2

---

[913] Bundestags-Drs. 242/05; Bundestags-Drs. 280/07; Bundestags-Drs. 380/09.

2003	0,5320	102,9	101,0
2004	0,5450	105,4	102,2
2005	0,5487	106,2	103,0
2006	0,5446	105,4	106,1
2007	0,5397	104,4	108,7
2008	0,5329	103,1	110,1

[a] Der Rentnerquotient gibt das Verhältnis zwischen der Anzahl der Rentner und Beitrags-zahler der Gesetzlichen Rentenversicherung an.

Datenquelle: Börsch-Supan/Ludwig/Sommer 2003a; Bundestags-Drs. 242/05; Bundestags-Drs. 280/07; Bundestags-Drs. 380/09; Statistisches Bundesamt 2009e, S. 627; eigene Ber.

Zu betonen ist erneut, dass diese Daten nicht dahingehend fehlinterpretiert werden dürfen, dass sie einen exakt bezifferbaren Vergleich der Auswirkungen von einerseits steigendem Durchschnittsalter der Bevölkerung und andererseits fehlender Beteiligung an den Wohlstandszuwächsen ermöglichen. Dies hat mehrere Gründe. So wird der Rentnerquotient auch von der Arbeitsmarktsituation beeinflusst, da hiervon die Zahl der Beitragszahler abhängig ist. Dementsprechend kann der starke Anstieg bis 2004 teilweise auf die steigende Arbeitslosigkeit zurückgeführt werden, das gleiche gilt im umgekehrten Fall ab 2005. Längerfristige Projektionen, die derartige arbeitsmarktbedingte Schwankungen nicht berücksichtigen, gingen für das Jahr 2008 von einem Rentnerquotienten von 0,5584 aus.[914] Doch selbst wenn dieser weitaus pessimistischere Wert zugrunde gelegt wird, bedeutet dies mit einem Anstieg von etwa 8% seit 2000, dass der durch die Abkopplung vom Wirtschaftswachstum entstandene Einnahmeausfall mit 10% immer noch schwerer wiegt als die demographiebedingt höhere Belastung der Rentenkasse.

Desweiteren kann nicht einfach davon ausgegangen werden, dass sich bei entsprechender Partizipation der Rentenversicherung am Wirtschaftswachstum die Rentenfinanzen in gleichem Umfang verbessert hätten. Wären beispielsweise die Löhne im Gleichschritt mit der allgemeinen Wirtschaftsleistung gestiegen, so wären bei entsprechender Anwendung der Rentenanpassungsformel auch die Ausgaben der GRV gestiegen. Trotz der diversen Formelelemente, die den Rentenanstieg dämpfen sollen, hätten nämlich die steigenden Löhne in gewissem Umfang auch zu steigenden Renten geführt. Damit ist allerdings nur festgestellt, dass die zusätzlichen, dem Wirtschaftswachstum entsprungenen Einnahmen nicht zwangsläufig als ,Reingewinn' für die Rentenkasse verstanden werden dürfen. Gleichwohl: Bei einer dem Wirtschaftswachstum entsprechenden Betei-

---

[914] So Börsch-Supan/Ludwig/Sommer 2003a.

ligung am allgemeinen Wohlstandszuwachs hätten dem ‚Umverteilungssystem GRV' im Jahr 2008 tendenziell mehr Mittel zur Verfügung gestanden als im Jahr Jahre 2000 – trotz dieser zusätzlichen Belastung.

Zum anderen und mit entgegengesetzter Bedeutung verbietet sich gerade bei längerfristiger Betrachtung eine einfache Gleichsetzung von demographischen Veränderungen und steigenden Rentnerzahlen. So ist die Zahl der Rentner nicht nur gestiegen als eine Folge des Demographischen Wandels, sondern auch, weil Finanzierungsschwierigkeiten in der Vergangenheit immer wieder mit einer Ausweitung der Versicherungspflicht begegnet worden ist. Hinzu kommen noch Renten von mehreren Millionen früherer Gastarbeiter. Die damit verbundenen höheren Einnahmen trugen damals dazu bei, die Rentenkasse zu finanzieren und führten teils erst jetzt (wie Sachs bereits 1967 kritisch vorhersagte[915]) zu einem entsprechend höheren Rentnerquotienten und höheren Rentenansprüchen. Vor allem aus diesem Grund stand die Enquête-Kommission des Bundestages „Demographischer Wandel" dem Vorschlag einer weiteren Ausweitung des Versichertenkreises zum Zwecke der Sanierung der Rentenkasse auch sehr kritisch gegenüber.[916] Ebenfalls eine Rolle spielen schließlich (insbesondere aufgrund der hohen Frauenerwerbsquote in der DDR) die zusätzlichen Rentenansprüche nach der Wiedervereinigung.

Einerseits ist somit der Einfluss der sich verändernden Bevölkerungszusammensetzung auf die Rentenfinanzen evident. Andererseits aber illustrieren derartige Rechenbeispiele – den genannten Einschränkungen zum Trotz –, dass die Wachstumsabkopplung in ihrer Konsequenz in einem wohl noch deutlich grundlegenderen Widerspruch zu den 1957 getroffenen Annahmen steht als dies beim Demographischen Wandel der Fall ist. Oder, um es pointiert auszudrücken: Nicht Adenauers „Kinder bekommen die Leute immer" war der Kardinalfehler von 1957, sondern Schreibers „die Arbeitseinkommen sind die neuen Königseinkommen".

Zweitens: Während die Abgrenzung zum Demographischen Wandel bei der sich langfristig verschlechternden Finanzlage schwierig ist, erscheint dies bei der Vielzahl der *kurzfristig* auftauchenden Finanzierungsengpässe einfacher. Diese können, außer bei vordergründiger Betrachtung, nicht als Ergebnis von sich ungünstig entwickelnden demographischen Rahmenbedingungen gesehen werden. So erklären auch solche Autoren, die die Finanzierungsengpässe im Wesentlichen als Symptom des sich verändernden Altersaufbaus sehen, dass die damit verbundenen Probleme nicht durch eine Beeinflussung der Bevölkerungszusammensetzung selbst gelöst werden können. Begründet wird dies damit, dass „es sich bei demografischen Veränderungen um äußert langwierige und ‚träge'

---

[915] Sachs 1967b, S. 186.
[916] Deutscher Bundestag 2002, Drs. 14/8800, S. 157.

Prozesse handelt, (...)" und daher „eine kurzfristige Beeinflussung derselben – wenn man einmal von Schocks absieht – quasi ausgeschlossen [ist]."[917] Diese Feststellung ist zwar zutreffend, allerdings führt sie nicht zu entsprechenden Überlegungen, wie solche „äußert langwierige[n] und ‚träge[n]' Prozesse" überhaupt zu derart enormen kurzfristigen Finanzierungsengpässen führen können. Soweit diese mit ungünstigen Rahmenbedingungen erklärbar sind, erscheinen auf kurze Sicht eine ansteigende Arbeitslosigkeit und mittelfristig die sich insgesamt verändernden Arbeitsverhältnisse hin zu mehr Teilzeit und geringfügiger Beschäftigung weitaus einleuchtender.[918]

Hinsichtlich der kurzfristig auftauchenden finanziellen Engpässe konnte zudem gezeigt werden, welche große Bedeutung dem identifizierten Mechanismus eines sich selbst bedingenden Reformbedarfs aufgrund typischerweise überoptimistischer Vorausberechnungen zukommt. Dieser hat sich, parallel zur schmaler werdenden Finanzierungsbasis der GRV, in den letzten Jahren weiter verschärft. So etwa, weil mit der Kürzung der Schwankungsreserve das System insgesamt anfälliger geworden ist für unzutreffende Vorausberechnungen oder weil die Politik dazu übergegangen ist, in der Gegenwart unterlassene, weil mit den aktuellen Rahmenbedingungen nicht zu vereinbarende Einschnitte in der Zukunft nachholen zu wollen.

In diesem Zusammenhang ist mit Blick auf die Vermittlung von Sicherheitsperspektiven der beharrliche Verweis auf den Demographischen Wandel als Hauptursache für Finanzierungsengpässe besonders bedenklich. Keineswegs ausschließlich, aber am treffendsten ist dies wohl anhand der Beitragssatzänderungen nach der Wiedervereinigung zu sehen: Die hektisch wirkenden Manöver des Gesetzgebers lösten eine breite Diskussion um die Sicherheit der Rente aus, im Mittelpunkt der Debatte stand die Demographie. Gegen diese Abwälzung von politischer Verantwortung wandte sich der Sozialbeirat ausdrücklich als er mit Blick auf die öffentliche Diskussion die damit verbundene Verunsicherung der Bevölkerung beklagte. Wie oben angesprochen, hatte er vorgerechnet, dass ohne die vorherigen Senkungen der geltende Beitragssatz noch bis 1997 gereicht hätte und damit sogar länger, als bei Verabschiedung des Rentenreformgesetzes im Jahre 1989 unterstellt worden war. Dementsprechend sei die Beitragsanhebung auch kein Indiz für einen demographisch bedingten Finanzbedarf.[919] Äußerungen wie diese werden jedoch von der Öffentlichkeit offenbar kaum wahrgenommen und spielen in der politischen Debatte auch nur eine geringe Rolle.

Indem die Politik zunächst durch eigenes Handeln Lücken in der Finanzierung herbeiführt, die politische Verantwortung dafür aber anschließend *externa-*

---

[917] Ehrentraut 2006, S. 153.
[918] Vgl. hierzu Micheel 2005.
[919] Schmähl 2007b, S. 621.

lisiert, entsteht in der Öffentlichkeit nicht nur immer wieder neu der Eindruck, das Rentensystem stehe kurz vor dem finanziellen Kollaps, sondern dies sei auch einer Entwicklung geschuldet, die dem Einfluss der Politik entzogen und die damit zumindest tendenziell unbeherrschbar ist. Diese Kombination aus immer wiederkehrenden Finanzierungskrisen einerseits und zur Schau getragener politischer Hilflosigkeit hinsichtlich deren Ursachen andererseits scheint in besonderem Maße geeignet, das Vertrauen in die Gesetzliche Rentenversicherung zu untergraben.

5.4.2 Konstruktion einer rentenpolitischen Alternativlosigkeit

Auch wenn Konzepte des (Sozial-)Konstruktivismus kein Gegenstand dieser Studie sind, soll dennoch kurz darauf eingegangen werden, inwieweit der sich selbst bedingende Reformbedarf, die Externalisierung der politischen Verantwortung und die sich auch dadurch weitgehend monokausal auf den Demographischen Wandel zuspitzende Diskussion über die erodierenden Rentenfinanzen den Eindruck einer gewissen rentenpolitischen *Alternativlosigkeit* hervorrufen können. Dieses Element der Alternativlosigkeit betrifft sowohl die Frage, *wo* angesetzt werden muss als auch *wie*.

Indem die Politik für sich reklamiert, sie begegne mit ihren Konzepten den Auswirkungen des Demographischen Wandels, ist die Frage, wo angesetzt werden muss, bereits beantwortet. Denn da es sich bei dieser Ursache der Probleme um eine Entwicklung handelt, die dem politischen Einfluss weitgehend entzogen und damit unabänderlich ist, bleibt nur noch mit den gegebenen Auswirkungen umzugehen. Es wurde jedoch gezeigt, dass ein wesentlicher Grund für die Finanzierungsengpässe ist, dass die Rentenversicherung einerseits auf Wirtschaftswachstum angewiesen ist, andererseits aber zunehmend von diesem abgekoppelt wird. Diesem Widerspruch zu begegnen mag zwar durchaus ein schwieriges Unterfangen sein, anders als beim Demographischen Wandel handelt es sich dabei aber keineswegs um eine der Politik entzogene Entwicklung und wäre es somit auch nicht undenkbar, unmittelbar bei den Ursachen anzusetzen.

Das gleiche gilt daher auch für das ‚Wie': Typischerweise werden Beitragszahler auf der einen und Rentenempfänger auf der anderen Seite einander gegenübergestellt.[920] Im Rahmen von Rentenreformen wird dann die Losung ausgegeben, die Lasten müssten auf alle Schultern gleichmäßig verteilt werden. Gemeint ist, dass ein fairer Ausgleich zwischen Erwerbstätigen, Rentnern und Steuerzahlern erfolgen muss. Doch unabhängig davon, dass eine solche Forderung mit

---

[920] Vgl. etwa Schmid 2001, S. 233; Ehrentraut 2006, S. 2.

Blick auf die Generationengerechtigkeit durchaus ihre Berechtigung haben kann, stellt das dabei implizit oder explizit vermittelte Bild von ‚auf alle Schultern verteilten Lasten'[921] die Situation unvollständig dar. Bereits bei oberflächlicher Betrachtung erscheint es widersinnig, wenn einerseits – den zurückgehenden relativen Wachstumsraten zum Trotz – das Volkseinkommen fast in jedem Jahr zunimmt, andererseits aber ‚alle' Seiten (mittlerweile auch absolut betrachtet) Abstriche hinnehmen sollen. Und tatsächlich hat sich die Finanzierungsbasis der Rentenversicherung immer weiter verengt und zwar sowohl hinsichtlich der abhängig Beschäftigten, der Rentner wie auch der Steuerzahler. Ohne dass damit bestimmte verteilungspolitische Präferenzen ausgesprochen werden sollen, ist jedenfalls festzuhalten, dass auch hier von einer Alternativlosigkeit keine Rede sein kann.

Begünstigt wird die als alternativlos wahrgenommene Politik durch ein offenbar fehlendes ‚rentenpolitisches Langzeitgedächtnis'. Wie Hegelich 2006 zu recht bemerkt, unterstellen, wenn über das Rentensystem diskutiert wird, sowohl die Politik wie auch die Öffentlichkeit, dieses „sei viel zu lange unverändert geblieben und müsse daher jetzt (endlich) umfassend reformiert werden."[922] So erklärte Bundeskanzler *Gerhard Schröder* bei seiner zweiten Regierungserklärung im März 2003: „Die Struktur unserer Sozialsysteme ist seit 50 Jahren praktisch unverändert geblieben".[923] Angesichts der Tatsache, dass sich seit der Einführung der dynamischen Rentenversicherung 1957 noch jede Regierung mit dem Rentensystem auseinandergesetzt und Änderungen vorgenommen hat und es zu jahrelangen teils heftigen Diskussionen gekommen ist, erscheint diese Einschätzung wenig begründet. Doch nicht nur wird im jeweiligen Rückblick unter Ausblendungen der bisherigen Reformen erklärt, es müssten nun endlich ernsthafte Schritte unternommen werden, sondern gleichzeitig wird die jeweils aktuelle Reform auch zum entscheidenden Wendepunkt erhoben. So hatte es sich, wie gezeigt, die Rentenreform 2001 zum Ziel gesetzt, weitere Reformen bis 2030 hinaus unnötig zu machen. Die Reform, so die Bundesregierung, stünde „am Ende eines gesellschaftlichen Diskussionsprozesses über die demographische Entwicklung".[924] Nur drei Jahre später wurde die nächste Rentenreform verabschiedet. Und wieder waren danach zwei Drittel der Bundesbürger der Meinung, es sei nun endlich eine „ernsthafte" Reform der Gesetzlichen Rentenversicherung nötig.[925] „Obwohl also rückblickend die Leistungen des deutschen

---

[921] So etwa Kurt Biedenkopf (Deutschlandfunk 1997) oder Friedrich Merz (rp-online.de, 2000); vgl. auch Schmid 2001, S. 233.
[922] Hegelich 2006, S. 12.
[923] Deutscher Bundestag 2003, Plenarpr. 15/32, S. 2481.
[924] Deutscher Bundestag 2002, Drs. 14/9503, S. 5.
[925] Hegelich 2006, S. 14; Vgl. Börsch-Supan/Heiß/Winter 2004, S. 36.

Rentensystems positiv hervorgehoben werden, wird seine konkrete Verfasstheit durchweg kritisch beurteilt."[926] Betrachtet man die zeitgenössische Literatur, die sich meist auf den jeweils engeren Zeitraum bezieht, nicht isoliert, sondern in einer Gesamtschau, so zeigt sich, dass die Rentenfinanzen zu keinem Zeitpunkt seit Einführung der dynamischen Rente mehr als zwei oder maximal drei aufeinander folgende Jahre als nicht gefährdet bewertet worden sind.

Erst das fehlende rentenpolitische Langzeitgedächtnis beseitigt in der Wahrnehmung einer alternativlosen Politik die gewissermaßen letzten Unstimmigkeiten. Denn nur wenn in der Vergangenheit unter optimalen exogenen Rahmenbedingungen das Rentensystem als funktionstüchtig erinnert wird und vermeintlich bislang gleichzeitig keine nennenswerten Reformen durchgeführt worden sind, um dieses an die gewandelten Umstände anzupassen, kann ein derart langsamer Prozess wie der Demographische Wandel überhaupt als Haupterklärung für auftretende Finanzierungsengpässe einleuchtend vermittelt werden.

5.4.3 Das Entfallen der Sicherheitsperspektive

Es gab in der Geschichte der bundesdeutschen Rentenversicherung eine Vielzahl von Ereignissen, die geeignet waren, die doch so wichtige Sicherheitsperspektive zu beschädigen. Zwar sind Zweifel am künftigen Bestand der Institution „Rente" nichts neues, sondern haben, wie gerade mit dieser Arbeit gezeigt werden sollte, die dynamische Rentenversicherung seit ihrer Geburtsstunde im Jahre 1957 begleitet. Jede Form von Alarmismus sollte daher vermieden und berücksichtigt werden, dass die jeweils gegenwärtige Situation von Politik und Wissenschaft oftmals als besonderes zeitliches Ereignis oder gar als Wendepunkt bezeichnet wird. Doch bei aller Relativierung kann nicht übersehen werden, dass sich aus den analysierten Gründen die Quantität wie auch Qualität der Reformen erhöht hat. Kritisierte der Sozialbeirat bereits in früheren Jahren, dass ein ständig wiederkehrendes Eingreifen des Gesetzgebers schädlich für das Vertrauen in die Gesetzliche Rente sei, so erscheint diese Mahnung daher noch nie so berechtigt gewesen zu sein wie in den vergangenen zehn Jahren. Dies gilt besonders im Hinblick auf die Rentenanpassungsformel: Begreift man diese weiterhin über ihre Funktion als einen grundsätzlich unbefristeten und also auf Dauer angelegten sowie gleichzeitig auf objektiven Kriterien fußenden intergenerationellen Verteilungsmechanismus, so muss festgestellt werden, dass faktisch seit etwa dem Jahr 2000 keine solche Rentenanpassungsformel mehr existiert. Wie bereits angesprochen, wurde seitdem letztlich von Jahr zu Jahr mit Blick auf die jeweili-

---

[926] Hegelich 2006, S. 14.

ge Kassenlage und unter Opportunitätsgesichtspunkten entschieden, ob eine Anpassung gemäß der Lohnentwicklung, entsprechend der Inflation, auf der Basis einer befristet modifizierten Anpassungsformel oder gar keine erfolgte. Eine solche Vorgehensweise erscheint in der Tat als Novum, fühlte sich doch der Gesetzgeber über Jahrzehnte hinweg der Anpassungspraxis verpflichtet, obwohl lange Zeit die zugrunde liegenden Indikatoren rechtlich nicht bindend waren, sondern lediglich als Richtwert dienten. Von dieser Selbstbindung ist nunmehr trotz – theoretisch – automatisiertem Anpassungsverfahren nichts mehr zu sehen, der Gesetzgeber scheint spätestens Ende der 1990er Jahre in dieser Hinsicht jedwede ‚Hemmung' verloren zu haben. Im politischen Alltag ist die damit einhergehende Relativierung der Sicherheitsperspektive längst angekommen. Hatte noch *Norbert Blüm* in seiner Funktion als Bundessozialminister immer wieder und mit dem Anspruch der Allgemeingültigkeit betont, die Rente sei sicher, formulierte Bundeskanzler *Gerhard Schröder* im Jahre 2002: „Die Renten sind so sicher, wie die wirtschaftliche Lage es zulässt."[927]

Der vorläufig letzte Eingriff ist im Frühjahr des Wahlkampfjahres 2009 erfolgt: War man zuvor noch bemüht gewesen, zumindest auf dem Papier durch zunehmend komplexer werdende Mechanismen zwischen den Interessen der Beitragszahler und Rentenempfänger zu vermitteln, hat der Gesetzgeber nun im Rahmen einer so genannten „Rentengarantie" die Rentenanpassungsformel dauerhaft umgangen und bestimmt, dass die Renten in Zukunft (nominal) niemals sinken dürfen. Der Umstand, dass dies außerhalb der Anpassungsformel geregelt wurde, lässt Rückschlüsse auf den Stellenwert dieses zunehmend nur noch theoretisch wirksamen Verteilungsschlüssels zu. Der neue Vorsitzende des Sozialbeirats der Bundesregierung, *Franz Ruland*, kritisierte dementsprechend, die Rentenpolitik habe durch die Rentengarantie „an Verlässlichkeit verloren". Auf diese Weise werde der Eindruck erweckt, „dass die Anpassung der Renten politisch relativ beliebig ist."[928]

Tatsächlich scheinen die Rentenformeln heute nicht mehr in der Lage zu sein, für einen gerechten Ausgleich zwischen Jung und Alt zu sorgen. „Dahinter stand der neue Leitgedanke, dass die Arbeitnehmer nicht mehr nur während der Zeit ihrer Arbeitsleistung (über den Lohn), sondern auch für die Zeit ihres Ruhestandes (über die Renten) am Wirtschaftswachstum teilhaben sollten" – so beschreibt Hockerts die Motivation für die Einführung der dynamischen Rente in den 1950er Jahren.[929] Das Sozialkabinett etwa hatte sich mit dieser Begründung für eine entsprechende Dynamik ausgesprochen.[930] Die Beteiligung der Rentner

---

[927] Zitiert nach Heller.
[928] Sozialbeirat kritisiert Rentengarantie, in: Weser-Kurier v. 24.8.2009.
[929] Hockerts 1980, S. 423.
[930] Vgl. Kabinettsbeschluss v. 13.12.1055, zitiert nach Jantz 1977, S. 110.

am wirtschaftlichen Wachstum war ein nachvollziehbarer Gedanke und die Umverteilungsmechanismen des auf dem Versicherungsgedanken fußenden Rentensystems auch ein geeignetes Mittel, um dieses Ziel zu erreichen. Doch wenn heute bereits die Löhne (so wie alle Arbeitseinkommen) kaum mehr am Wirtschaftswachstum teilhaben, so entspricht es lediglich einer ebenso konsequenten Anwendung des Systems, wenn auch die Einkommen der Rentner zunehmend stagnieren. Damit wird zugleich deutlich, weshalb die Rentengarantie einen derart fundamentalen Bruch mit dem ursprünglichen System darstellt und zugleich als Paradebeispiel verstanden werden kann für die nur symptomatische Bekämpfung von Finanzierungsengpässen: Ursache ist die mangelnde Partizipation der Löhne am Wirtschaftswachstum, das Absinken der Renten hingegen ist ein unter Anwendung des Versicherungsprinzips zwangsläufig damit einhergehendes Symptom. Die Politik hat ihre Aufmerksamkeit vor der Bundestagswahl auf dieses Millionen von Wähler betreffende Symptom gerichtet und versucht, es kurzfristig per diskretionärem Eingriff zu bekämpfen, anstelle sich langfristig den zugrunde liegenden Ursachen zuzuwenden. Dieser Eingriff aber hat weitreichende Nebenwirkungen. Durch die einseitige Aufhebung der Rentendynamik wird nämlich faktisch die Entwicklung der Rentenausgaben entkoppelt von der Entwicklung der Finanzierungsquelle des Systems. Auch wenn damit oft nicht erfolgreich, war es in früheren Zeiten zumindest das Bemühen der Politik gewesen, ein sich möglichst selbst regulierendes System im Sinne einer (immer wieder neu diskutierten) Balance zwischen Einnahmen und Ausgaben zu schaffen. Durch die Rentengarantie hingegen können sich Einnahmen und Ausgaben nun unabhängig voneinander entwickeln, damit sind Finanzierungslücken also bereits auf institutioneller Ebene vorprogrammiert. Es ist absehbar, dass schon im Jahr 2010 diese Klausel zur Anwendung kommen wird.

Berücksichtigt man nun einerseits die sehr umfangreich gewordenen Regelungen zur Rentenanpassung und andererseits die unrealistischen Vorausberechnungen zu den Rentenfinanzen, so ist ein nachgerade absurd anmutendes Auseinanderfallen von komplexer Theorie und simpler Praxis festzustellen: Die jüngst immer wieder ergänzte Rentenanpassungsformel besteht mittlerweile aus einer Vielzahl von Formelelementen, die zwar auf unterschiedliche Weise wirken, die aber dem gemeinsamen Zweck dienen, die Rentenerhöhung zu bremsen. Wie bereits angesprochen setzt ein Bremsen der Erhöhung jedoch voraus, dass die Renten aufgrund wachsender Löhne ausreichend steigen würden, um überhaupt wiederum gemindert werden zu können. Damit aber ist klar, dass jedes dieser in die Rentenanpassungsformel neu aufgenommenen Elemente auf dem von der Politik favorisierten ‚Konsolidierungsprinzip Wachstum' basiert: Nicht das derzeitige Leistungsniveau soll verschlechtert, sondern künftige Leistungssteigerungen sollen verringert werden. Gerade solche Leistungssteigerungen aber sind nicht möglich, wenn die Rentenversicherung – wie gezeigt – strukturell vom Wachstum abgekoppelt wird. Diesen Widerspruch kann keine noch so ausgeklügelte Formel auflösen, einer auf Wachstum basierenden Konsolidierungspolitik fehlt schlicht ihre ökonomische Grundlage.

Interessant ist nun, welchen unbeabsichtigten ‚Aggregatzustand' dadurch die Rentenanpassungsformel annimmt. Diese verliert nämlich ihre Funktion, jedes Jahr von neuem die jeweiligen ökonomischen und demographischen Realitäten zu berücksichtigen, auf der Grundlage der zuvor politisch gesetzten Vorgaben einen Ausgleich herzustellen und die aktuelle Rentenanpassung zu bestimmen. Es ist diese *Flexibilität*, die der eigentliche Sinn der Anpassungsformel und aller ihrer Elemente ist, doch stattdessen verfällt diese nun im Zusammenspiel mit der Rentengarantie in einen Zustand, der wohl am treffendsten mit *Erstarrung* umschrieben ist: Zumindest von ihrem Ansatz her mag zwar jedem der erwähnten Formelelemente für sich betrachtet eine eigene verteilungspolitische Logik zukommen. Zusammengenommen aber üben sie einen starken Druck auf die Rentenanpassung aus, der – anders als der Gesetzgeber unterstellt hat – mangels ausreichender Lohnzuwachsraten oftmals die Anpassung ins Minus gerückt hätte. Eine solche Minusanpassung aber wiederum wurde für die Formelelemente des Nachhaltigkeitsfaktors und des Faktors zur Berücksichtigung der Beitragslast durch die spezielle Schutzklausel ausgeschlossen und wird jetzt für die Anpassungsformel insgesamt durch die „Rentengarantie" verhindert. In den kommenden Jahren nun wird der Druck noch größer, da in der Vergangenheit unterbliebene Dämpfungen künftig noch zusätzlich nachgeholt werden sollen. Das rechnerische Ergebnis einer solchen stets zur Minusanpassung tendierenden aber unabhängig von der Größe des Negativwerts bei der Nulllinie gekappten Anpassungsformel wird dann regelmäßig auf das exakt gleiche hinauslaufen: Stagnation. Weder Rentenerhöhung noch Rentensenkung – von ihrer verbliebenen Wirkung her betrachtet könnte diese bislang komplexeste Formel in der Geschichte der GRV daher, pointiert formuliert, auch komplett gestrichen werden.

Bereits mit Blick auf die in der Zukunft noch nachzuholenden Dämpfungen hat die Deutsche Rentenversicherung im November 2009 verlautbaren lassen, dass die Rentner jedenfalls in den kommenden sieben Jahren mit Nullrunden oder bestenfalls sehr gering ansteigenden Altersbezügen rechnen müssten.[931] Dies steht in deutlichem Widerspruch zu dem von der neuen Bundesregierung kurz darauf beschlossenen Rentenversicherungsbericht 2009, laut dem bis zum Jahr 2023 Rentensteigerungen von durchschnittlich gut 1,6% jährlich zu erwarten seien.[932] Dass die Bundesregierung hierbei Lohnsteigerungen von jährlich

---

[931] Vgl. Öchsner, in: Süddeutsche Zeitung v. 11.11.2009, S. 1.
[932] Bundesministerium für Arbeit und Soziales 2009, S. 12.

2,3% zwischen 2011 und 2013 zugrunde legt und danach bis „zum Jahr 2020 (...)
von einer Steigerung der jährlichen Zuwachsraten auf 3 % ausgegangen" wird,[933]
erscheint angesichts der nominalen Bruttolohnsteigerungen von im Schnitt 1,2%
während der vergangenen zehn Jahre unrealistisch.[934] Wird daher der dargestellte
Sachverhalt eines vom Wachstum abgekoppelten Rentensystems berücksichtigt,
erscheint es auch auf längere Sicht als höchst unwahrscheinlich, dass es auf der
Basis der derzeitigen Rentenanpassungsformel noch zu nennenswerten Rentenerhöhungen kommen kann.

Auf die Rentenfinanzen wird sich dies in zweierlei Hinsicht auswirken. Erstens wird das langfristig angelegte Konzept eines auf Wachstum basierenden
Konsolidierungskurses nicht aufgehen können, wenn die rechnerisch vorgesehenen Kürzungen immer wieder von eigentlich als Ausnahme gedachten Schutz-
klauseln abgeschnitten werden. Bereits aus diesem Grund sind die Rentenfinanzen also gefährdet. Hinzu kommt zweitens, dass nicht nur Kürzungen, sondern
auch jahrelange Nullrunden politisch kaum durchhaltbar sind, zumal dies aufgrund des Kaufkraftverlustes auf reale Einbußen hinauslaufen würde. Es erscheint daher sehr wahrscheinlich, dass der Gesetzgeber, genauso wie er es
bereits in den vergangenen Jahren getan hat, eingreifen und die Renten diskretionär erhöhen wird. Dadurch aber werden die Rentenfinanzen noch zusätzlich
unter Druck geraten.

Die oben ausgearbeiteten Teilthesen von einerseits ohnehin typischerweise
unrealistischen Vorausberechnungen bei Rentenreformen und andererseits einer
strukturellen Abkopplung der Rentenfinanzen vom gesamtwirtschaftlichen
Wachstum konnten zunächst unabhängig von einander gesehen werden. Beides
waren Ursachen für im einen Fall eher kurz- und mittelfristig, im anderen Fall
eher langfristig auftretende Finanzierungsengpässe, die jeweils weitgehend unabhängig von demographischen Veränderungen zu sehen sind. Mittlerweile jedoch
geht beides Hand in Hand: Weil die Rentenfinanzen immer stärker vom Wirtschaftswachstum abgekoppelt werden, erweisen sich die ihnen zugrunde liegenden ohnehin tendenziell zu optimistischen Annahmen besonders schnell und
besonders umfassend als unzutreffend. Und weil die weitgehende Abschaffung
der Schwankungsreserve oder die Aufnahme von Wachstum voraussetzende
Konsolidierungselemente in die Rentenformel das System besonders abhängig
vom Eintreffen der Vorausberechnungen gemacht haben, sind die Renten noch
stärker auf Wachstum angewiesen.

Eingangs zu diesem Punkt wurde vor Alarmismus gewarnt. Der gebühren-
den Vorsicht zum Trotz scheint die Zukunft der Rentenfinanzen noch nie so
gefährdet gewesen zu sein wie heute. Grund hierfür sind allerdings nicht die

---

[933] Bundesministerium für Arbeit und Soziales 2009, S. 11.
[934] Statistisches Bundesamt 2009d, Tab. 1.12; eigene Berechnungen.

langfristigen Folgen des Demographischen Wandels, sondern das Fehlen einer unter den gegebenen Umständen auch nur kurzfristig funktionstüchtigen Rentenanpassungsformel. Da mit Einführung der privaten Altersvorsorge die Beitragsstabilität in den Vordergrund gerückt worden ist beziehungsweise Versorgungslücken ausdrücklich einkalkuliert werden, kann anders als früher auch nicht mehr davon ausgegangen werden, dass künftige Finanzierungskrisen zumindest tendenziell unter dem Gebot einer den Lebensstandard sichernden Gesetzlichen Rente aufgelöst werden. Die sie legitimierende Sicherheitsperspektive der Rentenversicherung droht damit vollständig zu entfallen.

5.5 Ausblick

Zukünftig kann somit nicht mehr damit gerechnet werden, dass trotz zweifelhafter Verfahren, die nur bedingt geeignet sind, eine langfristige Sicherheitsperspektive zu vermitteln, sich die Rentenversicherung zumindest von ihrem Ergebnis her als weiter funktionstüchtig erweisen wird. Dementsprechend stellt sich die Frage nach möglichen Lösungsansätzen. Solche Ansätze können entweder innerhalb des Rentensystems greifen oder sich außerhalb auf die makroökonomischen Rahmenbedingungen beziehen. Bereits aus der Grundsätzlichkeit, mit der sich die aufgezeigten Probleme stellen, ergibt sich, dass die nachfolgenden Ansätze lediglich in groben Zügen gezeichnet werden können. Ein Teil der in diesem Umfeld geführten Diskussionen muss mangels unmittelbarer Relevanz für die Thesen von vornehrein ausgeblendet werden, so etwa, wie es um die politische Prämisse bestellt ist, dass steigende Beitragssätze in jedem Fall schädlich und daher zu vermeiden sind.[935]

Zumindest berücksichtigt werden muss aber, *wie lange* sich die demographiebedingten Probleme überhaupt verschärfen. So vermitteln viele Diskussionen zur künftigen Bevölkerungszusammensetzung den Eindruck, als handele es sich um eine ständig ungünstiger verlaufende Entwicklung. Die Belastung durch die ältere Generation scheint dann immer weiter anzusteigen, ohne dass ein Ende in Sicht wäre. Tatsächlich geht die 11. koordinierte Bevölkerungsvorausberechnung in einer mittleren Variante davon aus, dass der Anteil der unter 20jährigen

---

[935] Zumindest die Selbstverständlichkeit, mit der niedrigere Sozialversicherungsbeiträge mit einem höheren Beschäftigungsstand gleichgesetzt werden, erscheint fragwürdig. So zweifeln selbst Autoren wie Marquardt 1999, die ansonsten eine komplette Aufgabe des umlagefinanzierten Rentensystems befürworten, einen solchen Zusammenhang an: „In allen behandelten Szenarien, von der Lohnsetzung einer Gewerkschaft aus Kapitel 5 bis hin zu den behandelten Effizienzlohnmodellen in kurzer und langer Frist, haben sich keine Fälle gefunden, in denen die Rentenbeiträge der Arbeitgeber einen negativen Einfluß auf die Beschäftigung gezeigt hätten. Dies deckt sich mit den Ergebnissen einiger empirischer Studien zu Lohnsteuern, wie z.B. die OECD Job Study" (S. 112).

bis 2030 auf 16% und bis 2050 auf 15% sinken wird. Parallel dazu wird mit einem Anstieg der ab 65jährigen auf 29% in 2030 und 33% in 2050 gerechnet.[936] Gleichzeitig handelt es sich bei der Alterung der Gesellschaft jedoch offenbar um eine Phase, die bereits um 2030 weitgehend abgeschlossen ist.[937] Mögliche Lösungsansätze sollten also nicht auf der Annahme basieren, dass die Alterssicherung gewissermaßen bis in alle Zeiten der Entwicklung ‚hinterher laufen' müsse.

Konzepte, die einen zumindest teilweisen Übergang zu einer kapitalgedeckten Rentenversicherung vorsehen, dürften der mit Abstand häufigste Ansatz sein. Daher soll zunächst darauf eingegangen werden, inwieweit ein solcher Übergang im Lichte der hier dargestellten Erkenntnisse tatsächlich erfolgsversprechend sein kann.

5.5.1 Exkurs: Ausweg private kapitalgedeckte Altersvorsorge?

Wie Äußerungen von *Hans Achinger*, *Wilfrid Schreiber* oder *Kurt Jantz* im Rahmen der Rentenreform 1957 gezeigt haben, ist das Konzept einer zusätzlichen privaten Altersvorsorge keineswegs neu. Allerdings wurde diese unter anderen Vorzeichen diskutiert. Schreiber etwa hatte zehn Jahre nach der Reform davon gesprochen, dass die Menschen in 25 oder 30 Jahren aufgrund ihrer höheren Realeinkommen möglicherweise nach zusätzlicher Privatvorsorge streben würden, jedenfalls seien sie dazu fähig.[938] Heute aber besteht das Problem der Gesetzlichen Rentenversicherung gerade darin, dass die Reallöhne weitgehend stagnieren. Dies wird – der hohen relativen Bezuschussung von niedrigen Einkommen zum Trotz – auch bei der Finanzierung einer privaten Altersvorsor-

---

[936] Statistisches Bundesamt 2006a, S. 34-46; Statistisches Bundesamt 2008a, S. 28. Der Vorausberechnung liegen folgende Annahmen zugrunde: Die Geburtenhäufigkeit bleibt annähernd konstant. Die Lebenserwartung Neugeborener beträgt im Jahre 2050 für Jungen 83,5 Jahre, für Mädchen 88,0 Jahre. Der jährliche Wanderungssaldo liegt bei 100.000 Personen (Statistisches Bundesamt 2006a, S. 30).

[937] So hat zwar die seit nunmehr rund vierzig Jahren geringe Geburtenziffer von 1,4 Kindern je Frau zur Folge, dass die Kindergeneration immer um etwa ein Drittel kleiner ist als die vorausgegangene Elterngeneration. Dies führt zu einer Alterung der Bevölkerung und insgesamt zu einem Bevölkerungsrückgang. Der besonders starke Anstieg der Rentnerzahlen bis etwa 2030 aber ist ein zeitlich begrenztes Ergebnis der so genannten „Babyboomer-Generation". Damit sind die rund 15 sehr geburtenstarken Jahrgänge zwischen etwa 1950 und 1965 gemeint, bevor die Geburtenziffer auf das bis heute weitgehend konstant niedrige Niveau gesunken ist. Folge davon ist eine so genannte demographische Welle im Altersaufbau, die sich im Laufe der Zeit in ein immer höheres Lebensalter verlagert. „Das Altern wird vor allem deshalb stattfinden, weil es bereits im Altersaufbau der heutigen Bevölkerung angelegt ist" (Statistisches Bundesamt 2008a, S. 11).

[938] Vgl. HM 1966, S. 291.

ge zu einem Problem, die als Kompensation für die sinkende gesetzliche Rente fungieren soll: „Ein ausreichendes Altersvorsorgevermögen wird allein durch eine Erhöhung der Sparquote nur unter hohem Konsumverzicht zu erwirtschaften sein."[939]

Eine im Dezember 2009 veröffentlichte Studie, die vom Bundesverband der Verbraucherzentralen in Auftrag gegeben worden war, hat zudem kritisiert, dass staatliche Fördergelder vielfach nicht bei den Förderberechtigten, sondern aufgrund der Kosten der Versicherungsprodukte bei den Anbietern ankämen. So kommen die Autoren in einer Modellrechnung zu dem Ergebnis: „Mehr als 75% bei 45-Jährigen und ganze 90% bei 30-Jährigen der staatlichen Zulagen werden durch die Kosten ‚aufgefressen'."[940] Darüber hinaus müssen die staatlichen Zuschüsse noch aus einem weiteren Grund kritisch gesehen werden. Diese haben nämlich nicht nur ebenfalls die Funktion einer Art ‚individuellen Bundeszuschusses', sondern für sie gilt auch das gleiche hinsichtlich ihrer Finanzierungsgrundlage: Einen Großteil ihrer Bezuschussung bezahlen die abhängig Beschäftigten selbst oder aber diese wird – in Form von Staatsverschuldung, die weitere Zinslasten mit entsprechender Umverteilungswirkung[941] mit sich bringt – den nachfolgenden Generationen aufgebürdet. Sowohl was die Finanzierung der privaten Altersvorsorge durch die Prämien der Versicherten betrifft als auch was die steuerfinanzierte Förderung durch den Staat angeht, ist daher festzustellen, dass die Wachstumsabkopplung auf der Finanzierungsseite weitgehend auch hier besteht. Wenn dann auch noch die Bezuschussung zum weitaus größten Teil für die Kosten der Versicherungsprodukte aufgewendet werden muss, sind diese für den Versicherten ‚verloren' und wirken eher wie eine Subvention der Versicherungswirtschaft.

Grundsätzlich muss ein Konzept, das entstehende Versorgungslücken durch privates Sparen ausgleichen will, die immer größere Konzentration der Vermögen berücksichtigen, welche wiederum im Zusammenhang mit der dargestellten ‚Zins-Wachstums-Schere' stehen. So ist Berechnungen des DIW zufolge zwischen den Jahren 2002 bis 2007 ausschließlich das Vermögen des obersten Zehntel der Bevölkerung größer geworden, das Vermögen von 90% der Bevölkerung hingegen stagnierte oder ging – gerade in den unteren Segmenten –

---

[939] Pfeiffer/Braun 2003, S. 119.
[940] Oehler 2009.
[941] Vgl. dazu etwa Burkhardt 1985, S. 64.

zurück.[942] Mehr als zwei Drittel der Bevölkerung besaßen im Jahr 2007 kein oder nur ein sehr geringes Nettovermögen.[943]

Es besteht zudem weitgehender Konsens, dass auch ein Kapitaldeckungssystem nicht immun ist gegen demographische Veränderungen. Umstritten ist allerdings, wie stark der Einfluss ist.

Relativ klar sind die *unmittelbaren* Folgen auf eine private Rentenversicherung. Hier spielt allerdings nicht die sinkende Geburtenrate, sondern nur die steigende Lebenserwartung eine Rolle: „Steigt die Lebenserwartung, so bestehen bei ihr nur zwei Möglichkeiten: Entweder werden die monatlichen Leistungen in der Rentenphase verringert oder der Beitragssatz während der Erwerbstätigenzeit wird angehoben. Genau die gleichen Alternativen gibt es in Form eines geringeren Rentenniveaus bzw. eines höheren Beitragssatzes auch bei der umlagefinanzierten Rentenversicherung"[944]

Komplexer sind die *mittelbaren* Folgen eines sich insgesamt verändernden Bevölkerungsaufbaus: Auf die Diskussion um die so genannten „Asset Meltdown"-Hypothese" soll hier mangels weitgehender Relevanz für die These nur kurz eingegangen werden: Im Kern besagt die Asset-Meltdown-Hypothese, dass bei Eintritt einer großen Bevölkerungsgruppe in den Ruhestand diese vermehrt ihre Kapitalanlagen verkaufen und es dadurch zu einem Verkaufsüberhang mit entsprechend fallenden Preisen komme. Damit aber verlören die Rentner einen mehr oder minder großen Teil ihrer Altersvorsorge. Bereits jetzt werden einbrechende Aktienkurse damit in Zusammenhang gebracht. Hiergegen wenden etwa Börsch-Supan/Ludwig/Sommer 2003b durchaus nachvollziehbar ein, dass die Gründe für bisherige Krisen bei den Aktienmärkten nicht bei der Demographie zu suchen seien, denn „Verschiebungen in der Altersstruktur einer Bevölkerung sind langsame und langfristige Veränderungen, die in ihren Auswirkungen auf die Kapitalmarktrenditen derzeit von weitaus stärkeren, kurzfristigen Einflüssen (...) überlagert werden."[945] Dies passt zu einem Argumentationsmuster, das oben

---

[942] Frick/Grabka 2009, S. 59. Bereits 1992 wies Schlomann 1992 darauf hin, dass angesichts der Analyse der bisherigen Vermögensverhältnisse in Deutschland davon ausgegangen werden müsse, dass auch künftig ein großer Teil der Bevölkerung im Alter weitgehend vermögenslos bleiben wird. Dies wiederum müsse bei einer Reform der Alterssicherung mit bedacht werden.

[943] Frick/Grabka 2009, S. 57.

[944] Fasshauer 2005, S. 69.

[945] Börsch-Supan/Ludwig/Sommer 2003b, S. 2. Weitere Gegenargumente der Asset-Meltdown-Hypothese lauten erstens, dass ältere Menschen bisher ihre Vermögenswerte nicht drastisch abbauen würden. Die Hypothese setze daher eine starke Verhaltensänderung der Menschen voraus, die bislang nicht beobachtbar sei. Zweitens laufe der Alterungsprozess international nicht einheitlich ab, daher könne das Kapital in jüngere Länder fließen, eine isolierte Betrachtung der demographischen Entwicklung nur in stark alternden Ländern sei unzutreffend. Drittens benötige eine alternde Gesellschaft mehr Produktivkapital, um die Kapitalrendite zu erhöhen und die niedrigere Beschäftigung auszugleichen (vgl. Börsch-Supan/Ludwig/Sommer 2003b, S. 2-3). Auf das dritte Gegenargu-

bereits am Beispiel eines Zitats von Ehrentraut 2006 deutlich gemacht worden ist: Auf der ‚Diagnoseseite' werden bisherige Finanzierungskrisen der gesetzlichen Rentenversicherung weitgehend pauschal als Beleg für die Folgen demographischer Veränderungen verwendet.[946] Auf der Seite der Lösungsvorschläge hingegen wird etwa der Kritik, auch das Kapitaldeckungssystem sei demographieanfällig, entgegengehalten, dass die in diesem Zusammenhang angeführten Symptome (beispielsweise Krisen an den Aktienmärkten) nicht vom Demographischen Wandel verursacht sein könnten, da es sich bei diesem um „langsame und langfristige Veränderungen" handele. Es bleibt somit der Widerspruch unaufgelöst, wie dieselben langsamen Veränderungen im einen Fall kurzfristige Krisen hervorrufen können und im anderen Fall nicht.

Auf der Ausgabenseite argumentieren Befürworter kapitalgedeckter Rentenmodelle insbesondere mit höheren Renditeerwartungen solcher Anlageformen.[947] Abgesehen davon, dass es aus verteilungspolitischen Gründen zumindest diskussionswürdig ist, wenn die künftige ‚Rendite' der Gesetzlichen Rentenversicherung bereits aufgrund der Wachstumsabkopplung immer niedriger ausfallen muss und der Einzelne darauf verwiesen wird, seine Partizipation am gesamtgesellschaftlichen Wachstum nun individuell über Investitionen in Finanzanlagen herzustellen, sind die Renditeaussichten solcher Kleinanleger keineswegs gesichert. Angesichts des dargestellten linearen Wachstumstrends der meisten Volkswirtschaften erscheint es zweifelhaft, dass Rechenmodelle, die von einer konstant hohen Verzinsung ausgehen (die Bundesregierung kalkuliert hier mit 4% pro Jahr),[948] realistische Annahmen zugrunde legen. Vielmehr sind die Wachstumsraten praktisch aller entwickelten Volkswirtschaften in den vergangenen fünfzig Jahren beständig gesunken.[949] Gleichwohl spielt die Feststellung des typischerweise linearen Wachstums bislang eine untergeordnete Rolle. Insoweit kann es nicht überraschen, wenn auch in den einzelnen Unternehmen, den Banken und an den Aktienmärkten weiterhin implizit ein exponentielles Wachstum erwartet und einkalkuliert wird. Da die Realwirtschaft – im Durchschnitt – keine konstant-prozentualen Wachstumsraten bieten kann und damit den Erwartungen nicht mehr gerecht wird, hat sich der Schwerpunkt der Geldanlagen zunehmend auf die im Vergleich stetig lukrativer werdende Finanzwirtschaft verlagert. So stiegen bis Anfang der 1980er Jahre die Bruttoeinkommen deutscher Unternehmen parallel zu ihren Investitionen. Seitdem aber sind die Investi-

---

ment wird unten noch zurückzukommen sein.
[946] So etwa auch Krieger 2007, S. 35-39.
[947] Vgl. etwa Marquardt 1999, S. 2, 24.
[948] Bundesministerium für Arbeit und Soziales 2009, S. 38; vgl. etwa auch Becker 1997, S. 130.
[949] Vgl. hierzu Bourcarde/Herzmann 2006.

tionen deutlich hinter den Gewinnen zurückgeblieben.[950] Vereinfacht ausgedrückt partizipiert das Geldkapital also zwar deutlich überproportional am Wirtschaftswachstum, erwartet wird aber eine noch höhere Rendite. Die so der Realität vorauseilende Entwicklung ist aber aufgrund der dargestellten ‚Zins-Wachstums-Schere' immer weniger durch real erwirtschaftete Güter abgesichert. Die in der Finanzwirtschaft gehandelten Produkte werden infolgedessen in ihrem Wert zunehmend aufgebläht. Genau diese Finanzprodukte sind es nun, die im Rahmen einer kapitalgedeckten Altersvorsorge zur Absicherung im Alter dienen sollen.

Zu voreiligen Schlussfolgerungen kann dabei führen, dass die Konsequenzen unter Umständen erst verzögert sichtbar werden. Denn das Kapitaldeckungsverfahren knüpft an die Finanzwirtschaft an, deren Erträge vielfach lediglich Erwartungen an die künftige Entwicklung der Realwirtschaft widerspiegeln, nicht aber deren Ist-Zustand. Erst wenn sich diese Erwartungen dauerhaft nicht erfüllen und sich damit auch die weiteren Zukunftserwartungen eintrüben, kommt es zu einem ‚reinigen Gewitter'. Die aktuelle Finanzkrise hat gezeigt, wie dann binnen kürzester Zeit Geldkapital vernichtet werden kann, weil es sich zuvor in seiner Entwicklung immer mehr von der Realwirtschaft gelöst hatte.[951] „Die Industrieländer sollten eigentlich beschämt darüber sein, daß ausgerechnet zwei aufstrebende Länder – Chile und Argentinien – ihnen zeigen, wie unhaltbar gewordene umlagefinanzierte Systeme der Alterssicherung im Wege der Privatisierung durch das zukunftsweisende System der Kapitaldeckung ersetzt werden können."[952] So urteilte 1997 der Nobelpreisträger für Wirtschaftswissenschaften *Gary Becker*. Das chilenische Rentensystem aber hat seinen Versicherten zwischen 2007 und 2008 Verluste von bis zu 17% beschert[953] und Argentinien hat sein privates Rentensystem Ende 2008 wieder verstaatlicht, nachdem sich der Staat bereits sieben Jahre zuvor während der damaligen argentinischen Finanzkrise der Rentenkassen bedient hatte.[954] Die privaten Rentenfonds der OECD-Staaten verloren in der Krise insgesamt rund 5,4 Billionen Dollar.[955] Deutschland mit seinem immer noch größtenteils auf das Umlageverfahren setzende Alterssicherungskonzept hingegen hatte mit die geringsten Verluste zu verzeichnen.[956]

Diese Feststellungen sind im Zusammenhang mit Kritik an der Mackenroth-These auch von grundsätzlicher Relevanz. Die Kritik richtet sich im Wesentli-

---

[950] Vgl. Hinze/Kirchesch 1999.
[951] Zu den Verlusten kapitalgedeckter Rentensysteme infolge der Wirtschaftskrise vgl. etwa OECD 2009b, S. 25-53.
[952] Vgl. Becker 1997, S. 130.
[953] Vgl. wharton.universia.net.
[954] Vgl. Goerdeler, in: Die Presse.com v. 23.11.2008.
[955] OECD 2009c, S. 1.
[956] Vgl. OECD 2009a.

chen gegen die verabsolutierende Aussage Mackenroths, dass aus volkswirt-schaftlicher Sicht kein Sparen möglich sei. Sparen wird hierbei von Mackenroth als reiner Konsumverzicht verstanden. Der These wird allerdings zu Recht ent-gegengehalten, dass Sparen auf der Verwendungsseite des Volkseinkommens auch zu Investitionen führen kann. Investitionen wiederum erlauben es, den Kapitalstock (Bruttoanlagevermögen) einer Volkswirtschaft zu vergrößern. Anders als eine gesamtgesellschaftlich angesparte Summe aber kann dieser vergrößerte Kapitalstock durchaus von einer Generation an die nächste weiterge-reicht werden. Ökonomisch wirksam wird er in Gestalt eines höheren Bruttoin-landsprodukts, also in Form von Wirtschaftswachstum. Aus dem zusätzlichen Volkseinkommen können dann die Renten finanziert werden. Darüber hinaus ist es auch denkbar, Teile des Kapitalstocks selbst zu ‚entsparen', insbesondere indem Ersatzinvestitionen unterbleiben und die so frei werdenden Mittel zu Konsumzwecken genutzt werden.[957]

Zum einen ist allerdings umstritten, ob in einer Volkswirtschaft ein auf dem Kapitaldeckungsverfahren beruhendes Rentensystem tatsächlich zu einer höhe-ren Sparquote führt.[958] Selbst wenn dem jedoch so sein sollte, erscheint es zum anderen im nächsten Schritt zweifelhaft, jedwedes Sparen von vornherein als wachstumsförderlich zu begreifen.[959] Wie gerade gezeigt, führt das angesparte Geld nicht zwangsläufig auch zu höheren *Real*investitionen. Vielmehr ist es ja gerade ein wesentliches Ergebnis der das Wirtschaftswachstum übersteigenden Zinssätze, dass Anlagen in Geldkapital im Vergleich lukrativer sind. Derartige Anlagen aber erhöhen auch nicht zwangsläufig den Kapitalstock einer Volks-wirtschaft, wenn sie sich, wie zunehmend geschehen, von der Realwirtschaft gelöst haben. Je eher also in Geldkapital statt in Realkapital investiert wird, desto mehr trifft die Mackenroth-These zu. Damit wird die ‚Zins-Wachstums-Schere', die genau diese Entwicklung zur Folge hat, für ein kapitalgedecktes Rentensys-tem zwar aus einem anderen Grund zu einem Problem wie für die umlagefinan-zierte Rentenversicherung, in seinen Auswirkungen ist dies aber ebenfalls gravierend.

---

[957] Vgl. Lueg/Ruprecht/Wolgast 2003, S. 4-6; Burkhardt 1985, S. 69-70.
[958] Vgl. Rürup 1999. Burkhardt 1985, S. 111 weist zudem darauf hin, dass es fraglich ist, ob künftige Generationen akzeptieren würden, dass sie zwar stärker belastet seien, dafür aber dank der Realkapi-talbildung der vorherigen Generation auf ein höheres Sozialprodukt zugreifen können.
[959] So setzen etwa Krieger 2007, S. 67-69 oder Börsch-Supan/Ludwig/Sommer 2003b, S. 3 Sparen mit mehr Produktivkapital beziehungsweise Wirtschaftswachstum gleich.

5.5.2 Ansätze hinsichtlich des sich selbst bedingenden Reformbedarfs

Der identifizierte Mechanismus eines sich selbst bedingenden Reformbedarfs aufgrund typischerweise überoptimistischer Vorausberechnungen könnte in der Annahme gipfeln, dass auch völlig unabhängig von der schmaler werdenden Finanzierungsbasis keine langfristige und auf Dauer angelegte Umverteilungspolitik möglich ist.

Tatsächlich spricht einiges dafür, dass die politischen Aushandlungsprozesse mit einer weiteren vertikalen, nämlich zeitlichen Dimension der Verteilung überfordert sind. Dies wurzelt möglicherweise bereits im Selbstverständnis der Politik: Gerade weil Verteilungspolitik in aller Regel in dem Sinne eindimensional ist, als dass sie nur horizontal innerhalb der heutigen Bevölkerung umverteilen muss, nicht aber vertikal zwischen der heutigen und einer zukünftigen Bevölkerung, konzentriert sich die Aufmerksamkeit auf die Konsequenzen nur der horizontalen Umverteilung. Bei allen anderen Fragen der Verteilungspolitik mag es auch völlig legitim sein, jedes Problem zu seiner Zeit zu lösen. Die grundlegende Ausgestaltung der Rentenversicherung ist hier jedoch ein Sonderfall, dem, wenn man hinsichtlich der ‚Regelungsherausforderung' nach einem weiteren Beispiel sucht, noch am nächsten der Vorgang einer demokratischen Verfassungsgebung kommt. Auch eine verfassungsgebende Versammlung erhebt für sich den Anspruch (und muss diesem auch genügen), ein Regelungswerk zu schaffen, dass einerseits nicht nur die derzeit lebende, sondern eine zunächst einmal unbegrenzte Zahl von Generationen bindet, dass diese andererseits aber auch nicht unzumutbar in ihrer Entscheidungsfreiheit einschränkt und deren Bedürfnissen gerecht wird. Während es also bei jeder anderen Verteilungspolitik zulässig ist, das Augenmerk auf die gegenwärtigen Konsequenzen zu richten, gilt dies für die Errichtung eines dynamischen Rentensystems nicht. Die Ausarbeitung einer Verfassung findet zwangsläufig außerhalb der normalen Verfahren statt, da sie diese durch ihr Inkraftsetzen ja erst schaffen soll. Die Frage ist, ob dies im übertragenen Sinne nicht auch für die Ausarbeitung eines Generationenvertrages gilt, jedoch ohne dass sich die Beteiligten dieser besonderen Umstände voll bewusst sind.

Ist also tatsächlich gewissermaßen in Fortschreibung der Mackenroth-These zu postulieren, dass nicht nur ökonomisch betrachtet – wie Mackenroth erklärt hat – der einer Verteilungspolitik zugrunde liegende Sozialaufwand lediglich aus dem Volkseinkommen der laufenden Periode gedeckt werden kann, sondern dass darüber hinaus auch Verteilungspolitik selbst nur für eine bestimmte Periode möglich ist? Angesichts der Beständigkeit, mit der der Mechanismus eines sich selbst bedingenden Reformbedarfs in der Vergangenheit zu beobachten war, ist dieser Gedanke naheliegend. Dennoch erscheint es unangebracht, hier von einer

Gesetzmäßigkeit zu sprechen, wenn doch die wesentliche Ursache ist, dass die Verhandlungsprozesse nicht ausreichend den besonderen Bedingungen von Rentenreformen Rechnung tragen. „Voraussetzung für die wohlfahrtstheoretische Effizienz und die demokratietheoretische Legitimität (...) ist die grundsätzliche Kongruenz von Beteiligten und Betroffenen."[960] Gerade diese Kongruenz ist jedoch beim Rentensystem nicht in dieser Weise gegeben: Selbst unter der Annahme, dass die Parteien die Interessen der zum Zeitpunkt der Reform betroffenen Erwerbstätigen und Rentner angemessen vertreten, gilt dies nicht für künftige Generationen, die gleichwohl Betroffene heutiger Reformen sein werden. Bildlich ausgedrückt könnte man daher sagen, dass Rentenreformen auch vom politischen Selbstverständnis her zwar sehr viel mit der Zukunft zu tun haben, die Zukunft aber nicht mit am Verhandlungstisch sitzt.

Zu fragen ist, wie diesem Manko begegnet werden kann. Innerhalb der Reformen manifestiert sich die Zukunft vor allem in Gestalt der Prognosen und Annahmen. Von deren Verlässlichkeit hängt es maßgeblich ab, ob nicht nur die gegenwärtige sondern auch die zukünftige Umverteilung als gerecht wahrgenommen werden wird. Die negativen Auswirkungen wenig belastbarer Vorausberechnungen können hier ironischerweise zugleich als politische ‚Chance' gesehen werden: Da sich der Abstand zwischen Finanzierungsengpässen und den damit verbundenen Reformnotwendigkeiten immer weiter verkürzt haben, sind mittlerweile von fehlerhaften Rechengrundlagen nicht mehr nur zukünftige Generationen betroffen, sondern bereits die heutige Generation lediglich wenige Jahre später. Insoweit könnten Beteiligte und Betroffene wieder deckungsgleich werden, wenn es um die Frage geht, wer Interesse hat an einer verlässlichen Zukunftsperspektive der Rentenversicherung. Damit ist zu überlegen, an welchen Stellen hier angesetzt werden kann.

An dem hohen Kompromissdruck und den starken Zielkonflikten, die typisch sind für Rentenreformen, ist kaum etwas zu ändern. Möglicherweise verhindert werden könnte aber, dass diese Interessengegensätze zu Kompromissen auf der Erwartungsebene führen. Dazu wäre es allerdings nötig, die einer Reform zugrunde liegenden Rahmbedingungen, die bislang ein Schattendasein führen, ins ‚Scheinwerferlicht' des Aushandlungsprozesses zu rücken. Die Rentenanpassungsformel kann nur dann ihre Funktion der Objektivierung und Verstetigung der künftigen Verteilung erfüllen, wenn auch die Annahmen hinsichtlich der in diese Formel jeweils einzusetzenden Werte objektiviert werden. Eine solche Versachlichung der Prognosen und Annahmen wäre wiederum nur möglich, wenn diese aus dem politischen Aushandlungsprozess herausgelöst würden. Prognosen und Annahmen dürften somit nicht mehr Teil

---

[960] Benz/Scharpf/Zintl 1992, S. 11-12.

des Aushandlungsprozesses sein, sondern einen *Ausgangspunkt* desselben darstellen. Wie eine solche Herauslösung allerdings erfolgen sollte, ist völlig unklar, denn schließlich ist der Gesetzgeber zunächst einmal frei darin zu entscheiden, welche Berechnungen er seinen Reformen zugrunde legt. Eine Einschränkung dieses Handlungsspielraums wäre überhaupt nur durch eine verfassungsrechtliche Verpflichtung möglich. Ähnlich wie der Spielraum des einfachen Gesetzgebers bei der Staatsverschuldung beschränkt ist, wäre theoretisch eine Verpflichtung zu einer nachhaltigen Sozialpolitik denkbar. Konkret hieße dies, dass bei einer Reform, die nicht nur die gegenwärtige, sondern auch kommende Generationen in umfassender Weise bindet, besondere Sorgfaltsmaßstäbe anzulegen sind. Diese könnten dann auch die einer Reform zugrunde liegenden Vorausberechnungen einschließen. Hierbei ist jedoch zu bedenken, dass der Ruf nach Verfassungsänderungen wohl bereits zu häufig bei dem Versuch laut wird, den Gesetzgeber zu einem verantwortungsbewussten politischen Handeln zu zwingen, zu dem er eigentlich ohnehin verpflichtet ist. Daneben spielen ganz praktische Erwägungen eine Rolle, so etwa, ob es tatsächlich Instanzen gibt, die ausreichende ‚Regierungsferne' aufweisen, um in objektiver Weise die nötigen Vorausberechnungen der relevanten Faktoren anzustellen. Wie hierbei konkret vorgegangen würde, also ob etwa – wie vielfach üblich und auch sinnvoll – unter Zugrundelegung verschiedener Annahmen Alternativvorausberechnungen angestellt werden, ist dann bereits eine Detailfrage.

Unabhängig von der Überlegung, wie eine solche Verpflichtung oder Selbstbindung des Gesetzgebers aussehen soll, wäre jedenfalls ein möglichst hohes Maß an Transparenz wünschenswert. Hierzu gehört, dass die einer Reform zugrunde liegenden Vorausberechnungen in regelmäßigen Abständen mit der tatsächlichen Entwicklung verglichen und über Abweichungen wie auch über das Ausmaß der möglicherweise daraus resultierenden finanziellen Schlechterstellung der GRV diskutiert werden. Zwar werden etwa in den jährlichen Rentenversicherungsberichten (früher: Rentenanpassungsberichten) der Bundesregierungen die auf den Annahmen des interministeriellen Arbeitskreises „Gesamtwirtschaftliche Vorausschätzungen" basierenden Vorausberechnungen dargestellt,[961] doch eine publikumswirksame Diskussion findet nicht statt. Eine solche wäre aber nicht nur der Kontrolle durch die Öffentlichkeit dienlich, sondern würde zugleich auf einer nachgelagerten Ebene verhindern, dass – wie bisher – die politische Verantwortung für etwaig auftretende Finanzierungsengpässe oftmals externalisiert wird.

---

[961] Vgl. etwa Bundesministerium für Arbeit und Soziales 2009.

5.5.3 Ansätze hinsichtlich der sich verschmälernden Finanzierungsbasis

Ansätze sind schließlich auch denkbar innerhalb der makroökonomischen Dimension der Finanzierungsengpässe, also der oben angesprochenen Verschiebung des Anteils der Arbeits- und Kapitaleinkommen am Volkseinkommen und der daraus resultierenden Abkopplung des Rentensystems vom Wirtschaftswachstum. Lösungsansätze, die hier greifen sollen, stehen allerdings in einem größeren Politikzusammenhang, der weit über die Belange der GRV oder auch der Sozialversicherungen insgesamt hinausreicht. Dementsprechend kann dabei auch nicht mehr von Rentenpolitik im engeren Sinne gesprochen werden, vielmehr wären grundlegende wirtschafts- und finanzpolitische beziehungsweise auch ordnungspolitische Reformen nötig. Da eine solche Diskussion allerdings den gesetzten Rahmen dieser Studie bei weitem sprengen würde, kann nur in groben Zügen auf Punkte Bezug genommen werden, die in unmittelbarem Zusammenhang mit den angesprochenen Thesen stehen. So beinhaltet, wie angedeutet, die ‚geschaffene' sozialpolitische Wirklichkeit auch einen finanzpolitischen Aspekt, durch den die Suche nach und die Diskussion über Lösungsansätze stark eingeschränkt wird.

Viele sozialpolitische Diskussionen zeichnen sich dadurch aus, dass zwar inhaltlich über die Finanzierungslasten innerhalb des gegebenen Rentensystems gestritten wird, dabei aber gleichzeitig der Anschein entsteht, es würden sämtliche und damit auch über das System hinausgehende Möglichkeiten in Betracht gezogen. Das gilt umso mehr, als dass mit der Einführung einer kapitalgedeckten Privatrente dies partiell auch tatsächlich geschehen ist. Der Eindruck von Zwangsläufigkeit, der hierbei geschaffen wird, kann beispielhaft an einer Umfrage von Börsch-Supan/Heiß/Winter 2004 zu „Akzeptanzproblemen bei Rentenreformen" deutlich gemacht werden: In ihrer Auswertung kommen die Autoren zu dem Ergebnis, dass die Zustimmung der Bevölkerung zu Reformen wie der Riester-Rente steigt, je besser sie über die Kosten des gegenwärtigen Systems informiert ist, je höher also „das Krisenbewusstsein ist".[962] Die gestellten Fragen zielten darauf ab, ob einer Anhebung des Rentenalters beziehungsweise Absenkung des Rentenniveaus zuzustimmen sei, wenn dafür die Beiträge sinken. Auf diese Weise werden grundsätzlich zutreffende, weil sich aus dem Rentensystem als lohngekoppelte Versicherung ergebende Zusammenhänge von etwa Renteneintrittsalter und Beitragssatz argumentativ so gewendet, als seien auch die daran anknüpfenden Lösungswege zwingend und damit alternativlos. Die Umfrage etwa impliziert, dass die Beiträge nur gesenkt werden können, wenn das Rentenniveau sinkt und die Eigenvorsorge verstärkt wird. Dementsprechend kann eine –

---

[962] Börsch-Supan/Heiß/Winter 2004, S. 79.

im Sinne der Autoren – die ‚Fakten' kennende Person bei logischer Schlussfolgerung auch nur zu einem bestimmten Ergebnis kommen. Im Umkehrschluss wiederum können sich nur diejenigen gegen ein höheres Maß an Eigenvorsorge aussprechen, die über die Tatsachen nicht ausreichend informiert sind.

Tatsächlich jedoch ist der Zusammenhang – wie gezeigt – keineswegs derart zwangsläufig: Nicht nur die Gegenüberstellung von Arbeitnehmern und Arbeitgebern, auf die sich das verfügbare Volkseinkommen aufteilt, bildet die Realität angesichts überproportional steigender Kapitaleinkommen unzureichend ab, sondern ebenso eine Gegenüberstellung von Erwerbstätigen auf der einen und Rentnern auf der anderen Seite. Wie angedeutet, entsteht der Eindruck, es würde gleichsam über eine ‚Gesamtsumme' gestritten, die auf beide Seiten im Wege der Sozialpolitik aufzuteilen ist. Die Frage, welcher Gruppe der Zuwachs zum Bruttoinlandsprodukt von im Schnitt 30 Mrd. Euro jährlich zugute kommt, wenn doch gemäß dem politischen Tenor alle Seiten verzichten sollen, ist nicht als rhetorische zu verstehen. Denn natürlich darf nicht verkannt werden, dass die Primäreinkommen zunächst einmal aus dem Marktgeschehen resultieren und einer anschließenden Umverteilung durch den Staat gewisse Grenzen gesetzt sind. Dennoch ist die häufig vermittelte politische Alternativlosigkeit zweifelhaft, wenn eine Gegenüberstellung der am System Beteiligten erfolgt und zu allseitigem Verzicht aufgefordert wird, weil die Rentenleistung die Staatsfinanzen „in nicht mehr akzeptablen Umfang [belasten]".[963] Faktisch wird hierbei nur über die Verteilung innerhalb eines durch die gegenwärtige Struktur des Rentensystems vorgegebenen Teils des Volkseinkommens debattiert. Anders ausgedrückt geht es darum, wie innerhalb eines zwar großen, aber nichts desto trotz *von den allgemeinen Wohlstandszuwächsen abgeschnittenen Sub-Systems* eine mittlerweile nahezu stagnierende Gesamtsumme zwischen Beitragszahlern und Rentner verteilt wird. Damit erklärt sich auch, weshalb das an den Löhnen bemessene Rentenniveau lange Zeit nur geringfügig rückläufig gewesen ist (Vergleich *innerhalb* des bestehenden Finanzierungssystems), während zugleich die um die Rentnerzahl bereinigten Ausgaben gemessen am Bruttoinlandsprodukt gesunken sind (Vergleich mit einer Bezugsgröße *außerhalb* des Finanzierungssystems).[964] Unter diesem Gesichtspunkt nun wird der Demographische Wandel in der Tat relevant, weil sich hier – zwar langsam aber stetig – die Lasten verschieben. Dass eine Partizipation am Wirtschaftswachstum aber nötig sein wird, um diese Folgen auszugleichen ist keine neue Feststellung, sondern wurde so bereits vor der Rentenreform 1957 artikuliert.

---

[963] Krieger 2007, S. 35.
[964] Vgl. zu Theorien einer nur klasseninternen Umverteilung etwa Boeckh/Huster/Benz 2006, S. 467-468.

Aus diesem Grund wäre es von entscheidender Bedeutung, dass zunächst einmal die Wachstumsabkopplung der Rentenversicherung sowie des Sozialversicherungssystems insgesamt diskutiert wird. Aufgrund der inhaltlichen Nähe besteht dabei allerdings das Risiko, dass diese Argumente lediglich als ‚Steigbügel' für die Diskussion um sinkende Lohnquote versus steigende Gewinnquote herhalten. Forderungen, die sich in steigenden Löhnen erschöpfen, würden daher zu kurz greifen, übersehen sie dabei doch, dass auch eine sinkende Lohnquote lediglich als Symptom betrachtet werden muss. Tatsächlich ist dies zumindest hauptsächlich keine Frage von Verteilungskämpfen zwischen Arbeitnehmern und Arbeitgebern, sondern eine Folge des Auseinanderfallens von Arbeitseinkommen auf der einen und Vermögenseinkommen auf der anderen Seite. So lange dieses Kernproblem nicht angegangen wird, erscheint es ausgesprochen schwierig, der Wachstumsabkopplung der Rentenversicherung zu begegnen.

Nicht damit getan wäre es jedenfalls, alte Konzepte einfach wieder zu beleben. Die Wertschöpfungsabgabe beispielsweise, die insbesondere von der SPD im Rahmen der Rentenreform 1992 angestrebt worden war, würde die Finanzierungsgrundlagen nur unzureichend erweitern. Diese nämlich würde nur am Sachkapital anknüpfen und damit tendenziell zulasten des Produktivitätsfortschritts gehen, wohingegen gerade das überproportional wachsende Geldkapital nach wie vor nicht zur Rentenfinanzierung herangezogen wird.

Ähnlich verhält es sich mit einer Erhöhung des Bundeszuschusses, zumindest so lange, wie sich dieser zum überwiegenden Teil aus der Lohnsteuer finanziert, während der Bundeshaushalt gleichzeitig mit jährlich rund 40 Mrd. Euro an Zinszahlungen belastet wird.[965]

5.5.4 Schluss

Laut Schroeder/Kerschbaumer 2005 lassen sich drei relevante Haltungen zum Demographischen Wandel identifizieren: Erstens die „Dramatisierer", die die demographische Entwicklung als Bedrohung werten und erklären, der Sozialstaat sei so nicht mehr finanzierbar. Zweitens die „Mythenknacker", welche negieren, dass der Demographische Wandel überhaupt Veränderung im Sozialsystem nach sich ziehen muss. Und drittens die „Gestalter", welche sich zwischen beiden Extrempositionen einordnen.[966] Die vorliegende Studie hatte nicht das Ziel zu dramatisieren, doch ebenso wenig sollten die unbestreitbaren demographischen Veränderungen und ihr Einfluss auf das Rentensystem als Mythos entlarvt

---

[965] Bundesrepublik Deutschland - Finanzagentur GmbH 2009.
[966] Vgl. Schroeder/Kerschbaumer 2005, S. 9-12.

werden. Insoweit würde der Autor für sich in Anspruch nehmen wollen, am ehesten in die Gruppe der „Gestalter" eingeordnet zu werden.

Ziel war es, Ursachen für die Finanzierungskrisen im Rentensystem zu finden. Hinter dem Begriff des Demographischen Wandels verbergen sich unbestreitbare und reale Vorgänge, doch jedenfalls die bisherigen Finanzierungsschwierigkeiten sind weitgehend ungeeignet, um als Beleg für die Folgen der demographischen Veränderungen herangezogen zu werden. Dieses Ergebnis ist allerdings nicht nur interessant im Hinblick auf die Vergangenheit. Auch für die Analyse, welche zukünftigen Reformen nötig sind, ist es von entscheidender Bedeutung, wie die gegenwärtige Situation interpretiert wird: Diese kann sich so darstellen, dass die Rentenfinanzen aufgrund der sich verändernden Bevölkerungszusammensetzung schon seit geraumer Zeit höchst labil sind und trotz des ständigen Eingreifens der Politik immer knapp vor dem ‚demographischen Abgrund' stehen. Eine solche – die denkbar schlechteste – Ausgangslage erfordert ein völlig anderes Vorgehen als eine eigentlich robuste Rentenversicherung, die Ereignisse wie die Wiedervereinigung oder die internationale Wirtschaftskrise verkraften kann und die bislang hauptsächlich deshalb von einem Finanzierungsengpass in den nächsten geraten ist, weil erstens die Politik von Anfang an dazu neigte, ihren Reformen unzutreffende Vorausberechnungen zugrunde zu legen und weil zweitens die Rentenversicherung entgegen der ursprünglichen Konzeption vom wirtschaftlichen Wachstum abgekoppelt wird.

Die Debatte um den Demographischen Wandel ist aufgrund der hier vertretenen Thesen somit keineswegs entbehrlich. Es ist aber nötig, dessen Bedeutung auf das richtige Maß zurückzuschrauben. Für die Politik mag das unbequem sein, bietet die Demographie doch bislang sowohl eine angenehme Möglichkeit, politische Verantwortung für Fehlkalkulationen von sich zu weisen als auch ein äußerst schlagkräftiges Argument für eine scheinbar alternativlose Rentenpolitik. Dies ist jedoch kein legitimer Grund dafür, dass die Rentenversicherung nicht mehr die ihr zugedachte Aufgabe erfüllen kann: eine glaubwürdige Sicherheitsperspektive zu vermitteln.

Verzeichnis der Tabellen

Verzeichnis der Abbildungen

Literaturverzeichnis

Achinger, Hans (1955): Neuordnung der sozialen Leistungen. Denkschrift auf Anregung des Herrn Bundeskanzlers, Köln.

Aldermann, Freimut (1956): Die Neuordnung der Rentenversicherung von einer Sackgasse?, in: Arbeit und Sozialpolitik, Nr. 11, 1956, S. 349–351.

Arendt, Walter (1972): Fortschrittlicher Ausbau des sozialen Rechtsstaates, in: Zeitschrift für Sozialreform, Nr. 5, 1972, S. 257–264.

Auerbach, Walter u.a. (1957): Sozialplan für Deutschland. Auf Anregung des Vorstandes der Sozialdemokratischen Partei Deutschlands vorgelegt, 3. Auflage, Berlin; Hannover.

Bach, Stefan (2005): Mehrwertsteuerbelastung der privaten Haushalte.

Bäcker, Gerhard (2000): Band 2: Gesundheit und Gesundheitssystem, Familie, Alter, soziale Dienste, 3. Auflage, Wiesbaden.

Bäcker, Gerhard (2007): Der deutsche Sozialstaat und die Wiedervereinigung, in: Deutsche Rentenversicherung, Nr. 11-12, 2007, S. 696–715.

Bäcker, Gerhard / Bispinck, Reinhard / Hofemann, Klaus / Naegele, Gerhard / Neubauer, Jennifer (2008a): Sozialpolitik und soziale Lage in Deutschland. Band 2: Gesundheit Familie Alter und Soziale Dienste, 4. Auflage, Wiesbaden.

Bäcker, Gerhard / Naegele, Gerhard / Bispinck, Reinhard / Hofemann, Klaus / Neubauer, Jennifer (2008b): Sozialpolitik und soziale Lage in Deutschland. Band 1: Grundlagen, Arbeit, Einkommen und Finanzierung, 4. Auflage, Wiesbaden.

Bartholomäi, Reinhart (1977): Sozialpolitik nach 1945. Geschichte und Analysen; [Ernst Schellenberg zum 70. Geburtstag], Bonn-Bad Godesberg.

Becker, Gary S. (1997): Die Sozialversicherung entstaatlichen, in: Frankfurter Institut - Stiftung Marktwirtschaft und Politik, Rentenkrise. Und wie wir sie meistern können (Kleine Handbibliothek, Band 21), Bad Homburg, S. 129–134.

Becker, Joachim (2001): Transfergerechtigkeit und Verfassung. Die Finanzierung der Rentenversicherung im Steuer- und Abgabensystem und im Gefüge staatlicher Leistungen (Ius publicum, Band 68), Tübingen.

Benz, Arthur / Scharpf, Fritz W. / Zintl, Reinhard (1992): Horizontale Politikverflechtung. Zur Theorie von Verhandlungssystemen (Schriften aus dem Max-Planck-Institut für Gesellschaftsforschung Köln, Band 10), Frankfurt/Main [u.a.].

Berger, Ralph (1999): Reform der Alterssicherung. Bedarf und Chancen einer Reform der staatlichen Alterssicherung, Leipzig.

Berlin-Institut für Bevölkerung und Entwicklung: Ostdeutschland, URL: http://www.berlin-institut.org/index.php?id=25&type=98

Beschlossen: Kabinett verabschiedet „Wachstumsbeschleunigungsgesetz", in: Hamburger Abendblatt v. 10.11.2009, S. 1.

Beyme, Klaus von (2004): Das politische System der Bundesrepublik Deutschland. Eine Einführung, 10. Auflage, Wiesbaden.

Bisher nur Thesen und Leitlinien der Parteien (1980), in: Arbeit und Sozialpolitik, Nr. 1, 1980, S. 6–7.

Boeckh, Jürgen / Huster, Ernst-Ulrich / Benz, Benjamin (2006): Sozialpolitik in Deutschland. Eine systematische Einführung, 2. Auflage, Wiesbaden.

Bontrup, Heinz-J (2004): Volkswirtschaftslehre. Grundlagen der Mikro- und Makroökonomie, 2. Auflage, München.

Bontrup, Heinz-Josef (2008): Lohn und Gewinn. Volks- und betriebswirtschaftliche Grundzüge, 2. Auflage, München [u.a.].

Börsch-Supan, Axel / Essig, Lothar / Wilke, Christina B. (2005): Rentenlücken und Lebenserwartung. Wie sich die Deutschen auf den Anstieg vorbereiten, Köln.

Börsch-Supan, Axel / Heiß, Florian / Winter, Joachim (2004): Akzeptanzprobleme bei Rentenreformen. Wie die Bevölkerung überzeugt werden kann, Köln.

Börsch-Supan, Axel / Ludwig, Alexander / Sommer, Mathias (2003a): Daten zu den Abbildungen in der Publikation „Demographie und Kapitalmärkte", URL: http://www.dia-vorsorge.de/kapitalmaerkte/abb_inhalt.htm

Börsch-Supan, Axel / Ludwig, Alexander / Sommer, Mathias (2003b): Demographie und Kapitalmärkte. Die Auswirkungen der Bevölkerungsalterung auf Aktien- Renten- und Immobilienvermögen, Köln.

Bourcarde, Kay / Herzmann, Karsten (2006): Normalfall exponentielles Wachstum ?, in: Zeitschrift für Wachstumsstudien, Nr. 2, 2006, S. 4–10, online verfügbar unter: http://www.wachstumsstudien.de/Inhalt/Zeitschrift /Heft2/Normalfall_exponentielles_Wachstum.pdf

Brackert, Thorsten (2000): Wachstumswirkungen von Alterssicherungssystemen. Eine theoretische Analyse unter Berücksichtigung von endogenem Bevölkerungswachstum Humankapitalbildung und finanzieller Entwicklung, Ulm.

Bräuer, Christian (2005): Finanzausgleich und Finanzbeziehungen im wiedervereinten Deutschland, Wiesbaden.

Brenke, Karl (2009): Reallöhne in Deutschland über mehrere Jahre rückläufig, in: DIW-Wochenbericht, Nr. 33, 2009, S. 550–560.

Brück, G. W. (1967): Vorrangig: Wachstum und Sicherung der Arbeitsplätze, in: Sozialer Fortschritt, Nr. 2, 1967, S. 25–27.

Buchheim, Christoph (1997): Einführung in die Wirtschaftsgeschichte, München.

Bulletin des Presse- und Informationsamtes der Bundesregierung. Nr. 202, Pressemitteilung vom 25.10.1956.

Bundesministerium der Finanzen (1971-2003): Finanzpläne des Bundes 1971-2003, Bonn.

Bundesministerium der Finanzen (1976): Finanzplan des Bundes 1976, Bonn.

Bundesministerium für Arbeit und Soziales (2006): Entwicklung der Sozialleistungsquote 1975 - 2003, URL: http://www.sozialpolitik-aktuell.de/datensammlung/2/ab/abb II1b.pdf

Bundesministerium für Arbeit und Soziales (2008): Alterssicherungsbericht 2008. Ergänzender Bericht der Bundesregierung zum Rentenversicherungsbericht 2008 gemäß § 154 Abs. 2 SGB VI., URL: http://www.bmas.de/portal/29492/property= pdf/2008__11__19__alterssicherungsbericht__2008.pdf

Bundesministerium für Arbeit und Soziales (2009): Rentenversicherungsbericht 2009.

Bundesministerium für Arbeit und Soziales und Bundesarchiv (2001): Grundlagen der Sozialpolitik. Unter Mitarbeit von Hans Günter Hockerts (Geschichte der Sozialpolitik in Deutschland seit 1945, Band 1), Baden-Baden.

Bundesministerium für Arbeit und Soziales und Bundesarchiv (2005): 1982-1989. Bundesrepublik Deutschland. Finanzielle Konsolidierung und institutionelle Reform. Unter Mitarbeit von Manfred G. Schmidt (Geschichte der Sozialpolitik in Deutschland seit 1945, Band 7), Baden-Baden.

Bundesministerium für Arbeit und Soziales und Bundesarchiv (2006): 1966-1974. Bundesrepublik Deutschland. Eine Zeit vielfältigen Aufbruchs. Unter Mitarbeit von Hans Günter Hockerts (Geschichte der Sozialpolitik in Deutschland seit 1945, Band 5), Baden-Baden.

Bundesministerium für Arbeit und Soziales und Bundesarchiv (2007a): 1957-1966. Bundesrepublik Deutschland. Sozialpolitik im Zeichen des erreichten Wohlstandes. Unter Mitarbeit von Michael Ruck und Marcel Boldorf (Geschichte der Sozialpolitik in Deutschland seit 1945, Band 4), Baden-Baden.

Bundesministerium für Arbeit und Soziales und Bundesarchiv (2007b): 1989-1994. Bundesrepublik Deutschland. Sozialpolitik im Zeichen der Vereinigung. Unter Mitarbeit von Gerhard A. Ritter (Geschichte der Sozialpolitik in Deutschland seit 1945, Band 11), Baden-Baden.

Bundesministerium für Arbeit und Soziales und Bundesarchiv (2008): 1974-1982. Bundesrepublik Deutschland. Neue Herausforderungen, wachsende Unsicherheiten. Unter Mitarbeit von Martin H. Geyer (Geschichte der Sozialpolitik in Deutschland seit 1945, Band 6), Baden-Baden.

Bundesministerium für Gesundheit und Soziale Sicherung (2003): Nachhaltigkeit in der Finanzierung der Sozialen Sicherungssysteme, URL: http://www.bmas.de/coreme dia/generator/538/property=pdf/nachhaltigkeit__in__der__finanzierung__der__sozia len__sicherungssysteme.pdf

Bundesregierung der Bundesrepublik Deutschland (1955): Versicherungstechnische Bilanzen für die Rentenversicherung der Arbeiter und die Rentenversicherung der Angestellten. Im Bundesgebiet und im Land Berlin für den 1. Juli 1954, in: Bundesarbeitsblatt (Beiheft), Nr. 6, 1955.

Bundesregierung der Bundesrepublik Deutschland (1960): Sozialbericht 1960, in: Bundesarbeitsblatt, Nr. 19, 1960, S. 609–621.

Bundesregierung der Bundesrepublik Deutschland (1961): Sozialbericht 1961, in: Bundesarbeitsblatt, Nr. 20, 1961, S. 685–700.

Bundesregierung der Bundesrepublik Deutschland (1963): Sozialbericht 1963, in: Bundesarbeitsblatt, Nr. 20, 1963, S. 637–671.

Bundesregierung der Bundesrepublik Deutschland (1964): Sozialbericht 1964, in: Bundesarbeitsblatt, Nr. 21, 1964, S. 685–720.

Bundesregierung der Bundesrepublik Deutschland (1965a): Die versicherungstechnischen Bilanzen der Rentenversicherung der Arbeiter und Angestellten für den 1. Januar 1961 und den 1. Januar 1963, in: Bundesarbeitsblatt, Nr. 11, 1965, S. 377–507.

Bundesregierung der Bundesrepublik Deutschland (1965b): Sozialbericht 1965, in: Bundesarbeitsblatt, Nr. 22, 1965, S. 865–904.

Bundesregierung der Bundesrepublik Deutschland (1966): Sozialbericht 1966, in: Bundesarbeitsblatt, Nr. 21, 1966, S. 593–651.

Bundesregierung der Bundesrepublik Deutschland (1967): Sozialbericht 1967, in: Bundesarbeitsblatt, Nr. 21, 1967, S. 537–598.

Bundesregierung der Bundesrepublik Deutschland (2007): Rentenversicherungsbericht 2007.

Bundesregierung der Bundesrepublik Deutschland (2008): Lebenslagen in Deutschland, URL: http://www.bmas.de/coremedia/generator/26742/property=pdf/dritter__armuts__und __reichtumsbericht.pdf

Bundesrepublik Deutschland - Finanzagentur GmbH (2009): Tilgungen des Bundes und der in die Bundesschuld integrierten Sondervermögen. Stand: 01.11.2009, URL: http://www.bundesfinanzagentur.de/fileadmin/Material_ Deutsche_Finanzagentur/ PDF/Tilgungen_und_Zinszahlungen/ 2009_deutsch/tilgungen_11_dt.pdf

Bürfent, Peter (2000): Rentenreformen in Lateinamerika (Wirtschaftspolitische Forschungsarbeiten der Universität zu Köln, Band 34), Marburg.

Burgdörfer, Friedrich (1935): Volk ohne Jugend. Geburtenschwund und Überalterung des deutschen Volkskörpers. Ein Problem der Volkswirtschaft, der Sozialpolitik, der nationalen Zukunft, Heidelberg.

Burkhardt, Wilfried (1985): Drei-Generationen-Solidarität in der gesetzlichen Rentenversicherung als zwingende Notwendigkeit (Sozialpolitische Schriften, Band 54), Berlin.

Butz, Wolfgang (1985): Gesetzliche Rentenversicherung. E. stochast. Projektion; mit 12 Tabellen (Abhandlungen zu den wirtschaftlichen Staatswissenschaften, Band 25), Göttingen.

c.k. (1967): Schuldbuchforderungen und kein Ende?, in: Sozialer Fortschritt, Nr. 2, 1967, S. 29.

Casmir, Bernd (1990): Staatliche Rentenversicherungssysteme im internationalen Vergleich. Eine Studie über die Systeme in Grossbritannien den Niederlanden der Schweiz den Vereinigten Staaten von Amerika Österreich und der Bundesrepublik Deutschland, 2. Auflage (Europäische Hochschulschriften / 5, Band 985), Frankfurt am Main [u.a.].

CDU/CSU (2009): Wir haben die Kraft - Gemeinsam für unser Land. Regierungsprogramm 2009-2013.

Creutz, Helmut (2004): Das Geld-Syndrom. Wege zu einer krisenfreien Wirtschaftsordnung, Aachen.

Deutsche Bundesbank (2003): Monatsbericht September 2003.

Deutsche Bundesbank (2009a): Umlaufsrenditen nach Wertpapierarten (Monats- und Tageswerte). Umlaufsrenditen festverzinslicher Wertpapiere inländischer Emittenten, URL: http://www.bundesbank.de/statistik/statistik_zeitreihen.php?lang=de& open=&func=row&tr=WU0017

Deutsche Bundesbank (2009b): Zeitreihe OU0191: Einlagen und aufgenommene Kredite von Nichtbanken, URL: http://www.bundesbank.de/statistik/statistik_zeitrei hen.php?lang=de&open=banken&func=row&tr=OU0191

Deutsche Bundesbank (2009c): Zinserträge der Kreditinstitute, URL: http://www.bundesbank.de/download/statistik/bankenstatistik/guv_tab3.pdf

Deutsche Rentenversicherung: Forschungsportal der Deutschen Rentenversicherung, URL:http://forschung.deutsche-rentenversicherung.de/ForschPortalWeb/contentAc tion.do?statzrID=C857998DA6A13684C1256A390043F842&chstatzr_Finanzen= WebPagesIIOP98&open&viewName=statzr_Finanzen#WebPagesIIOP98

Deutsche Rentenversicherung (2008): Position der Deutschen Rentenversicherung Bund zum Beitrag „Riester-Rente" in der ARD-Sendung „Monitor", URL: http://www.deutsche-rentenversicherung.de/nn_23882/DRV/de/Homepage/monitor _bericht_10_1_08.html_nnn=true

Deutsche Rentenversicherung (2009a), URL: http://forschung.deutsche-rentenversicherung.de/ForschPortalWeb/contentAction.do?statzrID=C857998DA6 A13684C1256A390043F842&chstatzr_Finanzen=WebPagesIIOP98&open&view Name=statzr_Finanzen#WebPagesIIOP98

Deutsche Rentenversicherung (2009b): Rentenausgaben nach Rentenartengruppen. RV insgesamt - Anteile, URL: http://forschung.deutsche-rentenversicherung.de/Forsch PortalWeb/contentAction.do?statzrID=235B2EAF38D510DBC1256A390043F7B7 &chstatzr_Finanzen=WebPagesIIOP158&open&viewName=statzr_Finanzen#WebP agesIIOP158

Deutsche Rentenversicherung (2009c): Versicherte. Pflichtversichertenstruktur am 31.12., Männer und Frauen, URL: http://forschung.deutsche-rentenversicherung.de/Forsch PortalWeb/contentAction.do?statzrID=831CBB0438E64CF7C1256AB90024336C &chstatzr_Versicherte=WebPagesIIOP23&open&viewName=statzr_Versicherte# WebPagesIIOP23

Deutscher Bundesrat (1975): Gutachten des Sozialbeirats zu den Anpassungen der Renten aus der gesetzlichen Rentenversicherung zum 1. Juli 1976 und der Geldleistungen aus der Unfallversicherung zum 1. Januar 1977 sowie zu den Vorausberechnungen der Bundesregierung über die Entwicklung der Finanzlage der Rentenversicherung bis 1989, Bundestagsdrucksachen, Drs. 672/75.

Deutscher Bundesrat (2005): Verordnung zur Bestimmung der Rentenwerte in der gesetzlichen Rentenversicherung und in der Alterssicherung der Landwirte zum 1. Juli 2005(Rentenwertbestimmungsverordnung 2005). RWBestV 2005, Bundesrats-drucksachen, Drs. 242/05.

Deutscher Bundesrat (2007): Entwurf eines Gesetzes zur Anpassung der Regelaltersgren-ze an die demografische Entwicklung und zur Stärkung der Finanzierungsgrundla-gen der gesetzlichen Rentenversicherung (RV-Altersgrenzenanpassungsgesetz), Bundesratsdrucksachen, Drs. 2/07.

Deutscher Bundesrat (2007): Verordnung zur Bestimmung der Rentenwerte in der gesetzlichen Rentenversicherung und in der Alterssicherung der Landwirte zum 1. Juli 2007 (Rentenwertbestimmungsverordnung 2007). RWBestV 2007, Bundesrats-drucksachen, Drs. 280/07.

Deutscher Bundesrat (2009): Gesetz zur Beschleunigung des Wirtschaftswachstums (Wachstumsbeschleunigungsgesetz), Bundesratsdrucksachen, Drs. 865/09.

Deutscher Bundesrat (2009): Verordnung zur Bestimmung der Rentenwerte in der gesetzlichen Rentenversicherung und in der Alterssicherung der Landwirte zum 1.

Juli 2009 (Rentenwertbestimmungsverordnung 2009). RWBestV 2009, Bundesrats-drucksachen, Drs. 380/09.

Deutscher Bundestag (1956): Entwurf eines Gesetzes zur Neuregelung des Rechts der Rentenversicherung der Arbeiter und der Angestellten. Rentenversicherungsgesetz - RtVG, Bundestagsdrucksachen, Drs. 2437.

Deutscher Bundestag (1957): Gesetz zur Neuregelung des Rechts der Rentenversicherung der Angestellten v. 26.02.1957, Bundesgesetzblatt, Teil I, 1957, Nr. 4, S. 88.

Deutscher Bundestag (1957): Gesetz zur Neuregelung des Rechts der Rentenversicherung der Arbeiter v. 26.02.1957, Bundesgesetzblatt, Teil I, 1957, Nr. 4, S. 45.

Deutscher Bundestag (1958): Sozialbericht 1958, Bundestagsdrucksachen, Drs. 4/568.

Deutscher Bundestag (1959): Sozialbericht 1959, Bundestagsdrucksachen, Drs. 1255.

Deutscher Bundestag (1962): Sozialbericht 1962, Bundestagsdrucksachen, Drs. 4/641.

Deutscher Bundestag (1962): Stenographischer Bericht, Bundestagsdrucksachen, Plenar-protokoll.

Deutscher Bundestag (1962): Versicherungstechnische Bilanzen für die Rentenversiche-rung der Arbeiter und die Rentenversicherung der Angestellten für den 1. Januar 1959, Bundestagsdrucksachen, Drs. 4/640.

Deutscher Bundestag (1969): Gesetz zur Änderung von Vorschriften der gesetzlichen Rentenversicherungen und über die Zwölfte Anpassung der Renten aus den gesetzli-chen Rentenversicherungen sowie über die Anpassung der Geldleistungen aus der gesetzlichen Unfallversicherung (Drittes Rentenversicherungs-Änderungsgesetz) v. 28.07.1969, Bundesgesetzblatt, Teil I, 1969, Nr. 67, S. 956.

Deutscher Bundestag (1972): Stenographischer Bericht, 198. Sitzung, Bundestagsdruck-sachen, Plenarpr. 6/198.

Deutscher Bundestag (1973): Bericht der Bundesregierung über die gesetzlichen Renten-versicherungen, insbesondere über deren Finanzlage in den künftigen 15 Kalender-jahren, gemäß §§ 1273 und 579 der Reichsversicherungsordnung, § 50 des Ange-stelltenversicherungsgesetzes und § 71 des Reichsknappschaftsgesetzes (Rentenan-passungsbericht 1974) und Gutachten des Sozialbeirats, Bundestagsdrucksachen, Drs. 7/1176.

Deutscher Bundestag (1973): Gesetz zur Änderung von Vorschriften der gesetzlichen Rentenversicherungen (Viertes Rentenversicherungs-Änderungsgesetz) v. 30.03.1973, Bundesgesetzblatt, Teil I, 1973, Nr. 25, S. 257.

Deutscher Bundestag (1974): Bericht der Bundesregierung über Auswirkungen des Rentenreformgesetzes vom 16. Oktober 1972, Bundestagsdrucksachen, Drs. 7/2046.

Deutscher Bundestag (1975): Stenographischer Bericht, 141. Sitzung, Bundestagsdruck-sachen, Plenarpr. 7/141.

Deutscher Bundestag (1975): Stenographischer Bericht, 225. Sitzung, Bundestagsdruck-sachen, Plenarpr. 7/225.

Deutscher Bundestag (1977): Gesetz zur Zwanzigsten Rentenanpassung und zur Verbes-serung der Finanzgrundlagen der gesetzlichen Rentenversicherung (Zwanzigstes Rentenanpassungsgesetz) v. 27.06.1977, Bundesgesetzblatt, Teil I, 1977, Nr. 39, S. 1040.

Deutscher Bundestag (1977): Jahresgutachten 1977/78 des Sachverständigenrates zur Begutachtung der gesamtwirtschaftlichen Entwicklung, Bundestagsdrucksachen, Drs. 8/1221.

Deutscher Bundestag (1978): Einundzwanzigstes Gesetz über die Anpassung der Renten aus der gesetzlichen Rentenversicherung sowie über die Anpassung der Geldleistungen aus der gesetzlichen Unfallversicherung und der Altersgelder in der Altershilfe für Landwirte (Einundzwanzigstes Rentenanpassungsgesetz) v. 31.07.1978, Bundesgesetzblatt, Teil I, 1978, Nr. 42, S. 1089.

Deutscher Bundestag (1982): Gesetz zur Wiederbelebung der Wirtschaft und Beschäftigung und zur Entlastung des Bundeshaushalts v. 20.12.1982, Bundesgesetzblatt, Teil I, 1982, Nr. 54, S. 1857.

Deutscher Bundestag (1982): Stenographischer Bericht, 121. Sitzung, Bundestagsdrucksachen, Plenarpr. 9/121.

Deutscher Bundestag (1982): Stenographischer Bericht, 123. Sitzung, Bundestagsdrucksachen, Plenarpr. 9/123.

Deutscher Bundestag (1983): Gesetz über Maßnahmen zur Entlastung der öffentlichen Haushalte und zur Stabilisierung der Finanzentwicklung in der Rentenversicherung sowie über die Verlängerung der Investitionshilfeabgabe v. 22.12.1983, Bundesgesetzblatt, Teil I, 1983, Nr. 53, S. 1532.

Deutscher Bundestag (1983): Gutachten des Sozialbeirats zu den Anpassungen der Renten aus der gesetzlichen Rentenversicherung zum 1. Juli 1984 sowie zu den Vorausberechnungen der Bundesregierung über die Entwicklung der Finanzlage der Rentenversicherung bis 1997, Bundestagsdrucksachen, Drs. 10/560.

Deutscher Bundestag (1983): Jahresgutachten 1983/84 des Sachverständigenrates zur Begutachtung der gesamtwirtschaftlichen Entwicklung, Bundestagsdrucksachen, Drs. 10/669.

Deutscher Bundestag (1983): Sozialbericht 1983, Bundestagsdrucksachen, Drs. 10/842.

Deutscher Bundestag (1983): Stenographischer Bericht, 4. Sitzung, Bundestagsdrucksachen, Plenarpr. 10/4.

Deutscher Bundestag (1984): Entwurf eines Gesetzes zur Reform der gesetzlichen Rentenversicherung. RRG 1985, Bundestagsdrucksachen, Drs. 10/2608.

Deutscher Bundestag (1986): Gutachten des Sozialbeirats über eine Strukturreform zur längerfristigen finanziellen Konsolidierung und systematischen Fortentwicklung der gesetzlichen Rentenversicherung im Rahmen der gesamten Alterssicherung, Bundestagsdrucksachen, Drs. 10/5532.

Deutscher Bundestag (1986): Sozialbericht 1986, Bundestagsdrucksachen, Drs. 10/5810.

Deutscher Bundestag (1989): Stenographischer Bericht, 174. Sitzung, Bundestagsdrucksachen, Plenarpr. 11/174.

Deutscher Bundestag (1990): Gutachten des Sozialbeirats zur Anpassung der Renten der gesetzlichen Rentenversicherung und zu den Vorausberechnungen der Bundesregierung über die Entwicklung der Finanzlage der gesetzlichen Rentenversicherung, Bundestagsdrucksachen, Drs. 11/8504.

Deutscher Bundestag (1990): Sozialbericht 1990, Bundestagsdrucksachen, Drs. 11/7527.

Deutscher Bundestag (1991): Gesetz zur Änderung der Beitragssätze in der gesetzlichen Rentenversicherung und bei der Bundesanstalt für Arbeit v. 22.03.1991, Bundesgesetzblatt, Teil I, Nr. 20, S. 790.

Deutscher Bundestag (1991): Gesetz zur Herstellung der Rechtseinheit in der gesetzlichen Renten- und Unfallversicherung (Renten-Überleitungsgesetz) v. 25.07.1991, Bundesgesetzblatt, Teil I, 1991, Nr. 46, S. 1606.

Deutscher Bundestag (1991a): Gutachten des Sozialbeirats zu den Vorausberechnungen der Bundesregierung über die Finanzlage der gesetzlichen Rentenversicherung und zu den Rentenanpassungen, Bundestagsdrucksachen, Drs. 12/1841.

Deutscher Bundestag (1991b): Gutachten des Sozialbeirats zu den Vorausberechnungen der Bundesregierung über die Finanzlage der gesetzlichen Rentenversicherung und zu den Rentenanpassungen Zugeleitet mit, Bundestagsdrucksachen, Drs. 12/1841.

Deutscher Bundestag (1992): Gutachten des Sozialbeirats zum Rentenversicherungsbericht 1992 und Stellungnahme des Sozialbeirats zu einigen Grundsatzfragen des Zusammenhangs zwischen dem Aufziehen von Kindern und der Alterssicherung, Bundestagsdrucksachen, Drs. 12/3111.

Deutscher Bundestag (1993): Gutachten des Sozialbeirats zum Rentenversicherungsbericht 1993, Bundestagsdrucksachen, Drs. 12/5470.

Deutscher Bundestag (1994): Gutachten des Sozialbeirats zum Rentenversicherungsbericht 1994, Bundestagsdrucksachen, Drs. 12/8309.

Deutscher Bundestag (1995): Gesetz zur Änderung des Sechsten Buches Sozialgesetzbuch und anderer Gesetze v. 15.12.1995, Bundesgesetzblatt, Teil I, 1995, Nr. 66, S. 1824.

Deutscher Bundestag (1995): Unterrichtung durch die Bundesregierung - Materialien zur Deutschen Einheit und zum Aufbau in den neuen Bundesländern, Bundestagsdrucksachen, Drs. 13/2280.

Deutscher Bundestag (1996): Gesetz zur Förderung eines gleitenden Übergangs in den Ruhestand v. 23.07.1996, Bundesgesetzblatt, Teil I, 1996, Nr. 38, S. 1078.

Deutscher Bundestag (1996): Gesetz zur Umsetzung des Programms für mehr Wachstum und Beschäftigung in den Bereichen der Rentenversicherung und Arbeitsförderung (Wachstums- und Beschäftigungsförderungsgesetz) v. 25.09.1996, Bundesgesetzblatt, Teil I, 1996, Nr. 48, S. 1461.

Deutscher Bundestag (1996): Zweites Gesetz zur Änderung des Sechsten Buches Sozialgesetzbuch (Zweites SGB VI-Änderungsgesetz) v. 02.05.1996, Bundesgesetzblatt, Teil I, 1996, Nr. 24, S. 659.

Deutscher Bundestag (1997): Entwurf eines Gesetzes zur Reform der gesetzlichen Rentenversicherung (Rentenreformgesetz 1999 - RRG 1999), Bundestagsdrucksachen, Drs. 13/8011.

Deutscher Bundestag (1997): Gesetz zur Reform der gesetzlichen Rentenversicherung (Rentenreformgesetz 1999) v. 16.12.1997, Bundesgesetzblatt, Teil I, 1997, Nr. 85, S. 2998.

Deutscher Bundestag (1998): Gesetz zu Korrekturen in der Sozialversicherung und zur Sicherung der Arbeitnehmerrechte v. 19.12.1998, Bundesgesetzblatt, Teil I, 1998, Nr. 85, S. 3843.

Deutscher Bundestag (1998): Stenographischer Bericht, 227. Sitzung, Bundestagsdruck-sachen, Plenarpr. 13/227.

Deutscher Bundestag (1998): Stenographischer Bericht, 3. Sitzung, Bundestagsdrucksa-chen, Plenarpr. 14/3.

Deutscher Bundestag (1999): Gesetz zur Sanierung des Bundeshaushalts (Haushaltssanie-rungsgesetz) v. 22.12.1999, Bundesgesetzblatt, Teil I, 1999, Nr. 58, S. 2534.

Deutscher Bundestag (2000): Entwurf eines Gesetzes zur Reform der gesetzlichen Rentenversicherung und zur Förderung eines kapitalgedeckten Altersvorsorgever-mögens (Altersvermögensgesetz - AVmG), Bundestagsdrucksachen, Drs. 14/4595.

Deutscher Bundestag (2000): Gesetz zur Reform der Renten wegen verminderter Er-werbsfähigkeit v. 20.12.2000, Bundesgesetzblatt, Teil I, 2000, Nr. 57, S. 1827.

Deutscher Bundestag (2001): Beschlussempfehlung und Bericht des Ausschusses für Arbeit und Sozialordnung (11. Ausschuss), Bundestagsdrucksachen, Drs. 14/7598.

Deutscher Bundestag (2001): Entwurf eines Gesetzes zur Bestimmung der Schwankungs-reserve in der Rentenversicherung der Arbeiter und der Angestellten, Bundestags-drucksachen, Drs. 14/7284.

Deutscher Bundestag (2001): Entwurf eines Gesetzes zur Reform der gesetzlichen Rentenversicherung und zur Förderung eines kapitalgedeckten Altersvorsorgever-mögens (Altersvermögensgesetz - AVmG), Bundestagsdrucksachen, Drs. 14/5146.

Deutscher Bundestag (2001): Gesetz zur Bestimmung der Schwankungsreserve in der Rentenversicherung der Arbeiter und der Angestellten v. 20.12.2001, Bundesgesetz-blatt, Teil I, 2001, Nr. 75, S. 4010.

Deutscher Bundestag (2001): Gesetz zur Ergänzung des Gesetzes zur Reform der gesetz-lichen Rentenversicherung und zur Förderung eines kapitalgedeckten Altersvorsor-gevermögens (Altersvermögensergänzungsgesetz) v. 21.03.2001, Bundesgesetzblatt, Teil I, 2001, Nr. 13, S. 403.

Deutscher Bundestag (2001): Gesetz zur Reform der gesetzlichen Rentenversicherung und zur Förderung eines kapitalgedeckten Altersvorsorgevermögens (Altersvermö-gensgesetz) v. 26.06.2001, Bundesgesetzblatt, Teil I, 2001, Nr. 31, S. 1310.

Deutscher Bundestag (2001): Gutachten des Sozialbeirats zum Rentenversicherungsbe-richt 2001, Bundestagsdrucksachen, Drs. 14/7639.

Deutscher Bundestag (2002): Gesetz zur Sicherung der Beitragssätze in der gesetzlichen Krankenversicherung und in der gesetzlichen Rentenversicherung (Beitragssatzsi-cherungsgesetz) v. 23.12.2002, Bundesgesetzblatt, Teil I, 2002, Nr. 87, S. 4637.

Deutscher Bundestag (2002): Nationaler Strategiebericht Alterssicherung, Bundestags-drucksachen, Drs. 14/9503.

Deutscher Bundestag (2002): Schlussbericht der Enquête-Kommission „Demographischer Wandel – Herausforderungen unserer älter werdenden Gesellschaft an den Einzelnen und die Politik", Bundestagsdrucksachen, Drs. 14/8800.

Deutscher Bundestag (2003): Drittes Gesetz zur Änderung des Sechsten Buches Sozialge-setzbuch und anderer Gesetze v. 27.12.2003, Bundesgesetzblatt, Teil I, 2003, Nr. 67, S. 3019.

Deutscher Bundestag (2003): Entwurf eines Dritten Gesetzes zur Änderung des Sechsten Buches Sozialgesetzbuch und anderer Gesetze, Bundestagsdrucksachen, Drs. 15/1831.

Deutscher Bundestag (2003): Entwurf eines Gesetzes zur Sicherung der nachhaltigen Finanzierungsgrundlagen der gesetzlichen Rentenversicherung (RV-Nachhaltigkeitsgesetz), Bundestagsdrucksachen, Drs. 15/2149.

Deutscher Bundestag (2003): Haushaltsbegleitgesetz 2004 v. 29.12.2003, Bundesgesetzblatt, Teil I, 2003, Nr. 68, S. 3076.

Deutscher Bundestag (2003): Stenographischer Bericht, 32. Sitzung, Bundestagsdrucksachen, Plenarpr. 15/32.

Deutscher Bundestag (2003): Zweites Gesetz zur Änderung des Sechsten Buches Sozialgesetzbuch und anderer Gesetze v. 27.12.2003, Bundesgesetzblatt, Teil I, 2003, Nr. 67, S. 3013.

Deutscher Bundestag (2004): Gesetz zur Neuordnung der einkommensteuerrechtlichen Behandlung von Altersvorsorgeaufwendungen und Altersbezügen (Alterseinkünftegesetz) v. 05.07.2004, Bundesgesetzblatt, Teil I, 2004, Nr. 33, S. 1427.

Deutscher Bundestag (2004): Gesetz zur Sicherung der nachhaltigen Finanzierungsgrundlagen der gesetzlichen Rentenversicherung (RV-Nachhaltigkeitsgesetz) v. 21.07.2004, Bundesgesetzblatt, Teil I, 2004, Nr. 38, S. 1791.

Deutscher Bundestag (2005): Antwort der Bundesregierung auf die Kleine Anfrage der Abgeordneten Dagmar Wöhrl, Karl-Josef Laumann, Veronika Bellmann, weiterer Abgeordneter und der Fraktion der CDU/CSU, Bundestagsdrucksachen, Drs. 15/5212.

Deutscher Bundestag (2006): Gesetz über die Weitergeltung der aktuellen Rentenwerte ab 1. Juli 2006 v. 15.06.2006, Bundesgesetzblatt, Teil I, 2006, Nr. 27, S. 1304.

Deutscher Bundestag (2007): Gesetz zur Anpassung der Regelaltersgrenze an die demografische Entwicklung und zur Stärkung der Finanzierungsgrundlagen der gesetzlichen Rentenversicherung (RV-Altersgrenzenanpassungsgesetz) v. 20.04.2007, Bundesgesetzblatt, Teil I, 2007, Nr. 16, S. 554.

Deutscher Bundestag (2008): Entwurf eines Gesetzes zur Rentenanpassung 2008, Bundestagsdrucksachen, Drs. 16/8744.

Deutscher Bundestag (2008): Gesetz zur Rentenanpassung 2008 v. 26.06.2008, Bundesgesetzblatt, Teil I, 2008, Nr. 26, S. 1076.

Deutscher Gewerkschaftsbund (DGB) (2008): Verteilungsbericht des DGB für das Jahr 2008. Aufschwung stützen – Wirtschaftswachstum durch Tariflohnerhöhungen sowie durch Stärkung des privaten Konsum absichern!, URL: http://www.dgb.de/themen/themen_a_z/abisz_doks/v/verteilungsbericht_2008.pdf

Deutscher Reichstag (1888): Entwurf eines Gesetzes, betreffend die Alters- und Invaliditätsversicherung, Stenographische Berichte über die Verhandlungen des Reichstages, 7. Legislaturperiode, IV. Session 1888/89, Aktenstück 10.

Deutscher Rentenversicherung Bund (2007): Rentenversicherung in Zeitreihen, Frankfurt a. M..

Deutsches Institut für Altersvorsorge (1999): Gesetzliche Alterssicherung. Reformerfahrungen im Ausland. Ein systematischer Vergleich aus sechs Ländern, Köln.

Interview mit Prof. Dr. Kurt Biedenkopf. Ausgestrahlt am 01.02.1997, Deutschlandfunk, online verfügbar unter: http://www.uni-giessen.de/~g41007/biedenk2.html (16.12.2009).

Die „Zweite Aktualisierung" der Bilanzen (1967), in: Arbeit und Sozialpolitik, Nr. 2, 1967, S. 57-56.

Die Grünen (2009): Bundestagswahlprogramm 2009 BÜNDNIS 90/DIE GRÜNEN, URL: http://www.gruene-partei.de/cms/files/dokbin/295/295495.wahlprogramm_komplett _2009.pdf

Die Linke (2009): Konsequent sozial. Für Demokratie und Frieden. Bundestagswahlprogramm 2009, URL: http://die-linke.de /fileadmin/download/wahlen/pdf/485516 _LinkePV_LWP_BTW09.pdf

Die verschleppte Sanierung (1976), in: Arbeit und Sozialpolitik, Nr. 3, 1976, S. 87.

Duisberg, Claus J. (2005): Das deutsche Jahr: Einblicke in die Wiedervereinigung 1989/1990, Michigan.

Dürkop, Harald (1993): Alterssicherung in der EG. Eine kritische Bestandsaufnahme der Alterssicherungssysteme für Arbeitnehmer in der Europäischen Gemeinschaft (Europäische Hochschulschriften / 5, 1374), Frankfurt am Main [u.a.].

Ebert, Thomas (2001): Rentenreform 2001. Sozialverträgliche Modernisierung?, in: Sozialer Fortschritt, Nr. 8, 2001, S. 182–187.

Ehrentraut, Oliver (2006): Alterung und Altersvorsorge. Das deutsche Drei-Säulen-System der Alterssicherung vor dem Hintergrund des demografischen Wandels (Sozialökonomische Schriften, Band 29), Frankfurt am Main [u.a.].

Eißel, Dieter (2006): Verteilungspolitik im Zeichen des Neoliberalismus, in: Ruhl, Kathrin (Hg.): Demokratisches Regieren und politische Kultur. Post-staatlich post-parlamentarisch post-patriarchal? (Politik Gemeinschaft und Gesellschaft in einer globalisierten Welt, Band 4), Münster, S. 253–274.

Elsholz, Konrad (1958): Zur Problematik der Rentenanpassung, in: Arbeit und Sozialpolitik, Nr. 11, 1958, S. 317–322.

Elsholz, Konrad (1966): Die finanzielle Sicherung der Rentenversicherung, in: Arbeit und Sozialpolitik, Nr. 10, 1966, S. 263–270.

Entschließung des Sozialbeirats (1982), in: Bundesarbeitsblatt, Nr. 12, 1982, S. 11.

Epoch Times Europe: Verluste von 2 Billionen Dollar: Finanzkrise breitet sich auf US-Rentenfonds aus, URL: http://www.epochtimes.de/articles/2008/10/21/355968.html

Etzemüller, Thomas (2007): Ein ewigwährender Untergang. Der apokalyptische Bevölkerungsdiskurs im 20. Jahrhundert, Bielefeld.

EU-Info.Deutschland (2009): Deutschland hat schwächste Reallohn-Entwicklung in der EU, URL: http://www.eu-info.de/deutsche-europapolitik/Umfragen-Statistiken-Deutschland/reallohn/

Europäische Kommission (2005): Special Eurobarometer No. 215.

Evers, Adalbert / Heinze, Rolf G. (2008a): Sozialpolitik. Ökonomisierung und Entgrenzung, Wiesbaden.

Evers, Adalbert / Heinze, Rolf G. (2008b): Sozialpolitik: Gefahren der Ökonomisierung und Chancen der Entgrenzung, in: Evers, Adalbert; Heinze, Rolf G. (Hg.): Sozialpolitik. Ökonomisierung und Entgrenzung, Wiesbaden, S. 9–27.

„Explosionen wird es nicht geben". WiWo-Interview mit Minister Arendt (1976), in: Der Volkswirt - Wirtschaftswoche, Nr. 3, 1976, S. 14.

Fasshauer, Stephan (2005): Die Folgen des demographischen Wandels für die gesetzliche Rentenversicherung, in: Kerschbaumer, Judith; Schroeder, Wolfgang (Hg.): Sozial-

staat und demographischer Wandel. Herausforderungen für Arbeitsmarkt und Sozialversicherung, Wiesbaden, S. 67–95.

FDP - Die Liberalen (1986): Wahlplattform zur Bundestagswahl 1987 der Freien Demokratischen Partei. „Zukunft durch Leistung", URL: http://www.freiheit.org/files/
288/1987_Wahlplattform_zur_Bundestagswahl.pdf

FDP - Die Liberalen (2009): Die Mitte stärken. Deutschlandprogramm 2009. Programm
der Freien Demokratischen Partei zur Bundestagswahl 2009, URL: http://w
ww.deutschlandprogramm.de/files/653/Deutschlandprogramm09_Endfassung.PDF

Fiebich, Kurz (1952): Verlängerung des Arbeitsalters? Ein Diskussionsbeitrag, in: Soziale
Sicherheit, Nr. 9, 1952, S. 275–276.

Fischer, Kurt (1966): Die Bewältigung des Rentenberges. Ein Vorschlag zur gerechteren
Verteilung der Lasten, in: Arbeit und Sozialpolitik, Nr. 11, 1966, S. 291–293.

Franke, Heinz (1980): Rentenpolitik - erneut Wahlkampfthema, in: Arbeit und Sozialpolitik, Nr. 4, 1980, S. 115.

Rentenkrise. Und wie wir sie meistern können (1997) (Kleine Handbibliothek, Band 21),
Bad Homburg.

Frazer, Hugh / Marlier, Eric (2008): "Feeding in" and "feeding out": The extent of
synergies between growth and jobs policies and social inclusion policies across the
EU.

Frerich, Johannes / Frey, Martin (1993): Sozialpolitik in der Bundesrepublik Deutschland
bis zur Herstellung der Deutschen Einheit, München [u.a.].

Frevel, Bernhard (2004): Herausforderung demografischer Wandel, Wiesbaden.

Frick, Joachim R. / Grabka, Markus M. (2008): Niedrigere Arbeitslosigkeit sorgt für
weniger Armutsrisiko und Ungleichheit, in: DIW-Wochenbericht, Nr. 38, 2008, S.
556.

Frick, Joachim R. / Grabka, Markus M. (2009): Gestiegene Vermögensungleichheit in
Deutschland, in: DIW-Wochenbericht, Nr. 4, 2009, S. 54–67.

Friedrichs, Karl-Heinz (1956): Lohnpolitik und Rentenanpassung, in: Sozialer Fortschritt,
Nr. 11/12, 1956, S. 228–230.

Gabler-Wirtschaftslexikon, 13. Auflage.

Gassert, G. (1956a): Auflösung des Widerstandes?, in: Arbeit und Sozialpolitik, Nr. 7,
1956, S. 208–213.

Gassert, G. (1956b): Ein Blick auch auf die andere Seite, in: Arbeit und Sozialpolitik, Nr.
4, 1956, S. 102–109.

Gassert, G. (1956c): Neuordnung der Rentenversicherung, in: Arbeit und Sozialpolitik,
Nr. 3, 1956, S. 68–72.

Gassert, G. (1957): Die neue Rentenversicherung - Und wie weiter?, in: Arbeit und
Sozialpolitik, Nr. 2, 1957, S. 41–45.

gd. (1957): Zur Beurteilung der Ausschuß-Beschlüsse, in: Sozialer Fortschritt, Nr. 1,
1957, S. 12–14.

Gemeinschaft zum Schutz der deutschen Sparer (1957): Die Rentenreform 1956/57. Eine
Zusammenfassung kritischer Stimmen, Köln.

Georgii, Harald (1997): Ersetzung der Arbeitgeberbeiträge zur Sozialversicherung durch
eine Wertschöpfungsabgabe? Ausarbeitung des Wissenschaftlichen Dienstes des
Deutschen Bundestages.

Geyer, Martin H. (2008a): Rahmenbedingungen: Unsicherheit als Normalität, in: Bundesministerium für Arbeit und Soziales und Bundesarchiv (Hg.): 1974-1982. Bundesrepublik Deutschland. Neue Herausforderungen, wachsende Unsicherheiten (Geschichte der Sozialpolitik in Deutschland seit 1945, Band 6), Baden-Baden, S. 1–109.

Geyer, Martin H. (2008b): Sozialpolitische Denk- und Handlungsfelder: Der Umgang mit Sicherheit und Unsicherheit, in: Bundesministerium für Arbeit und Soziales und Bundesarchiv (Hg.): 1974-1982. Bundesrepublik Deutschland. Neue Herausforderungen, wachsende Unsicherheiten (Geschichte der Sozialpolitik in Deutschland seit 1945, Band 6), Baden-Baden, S. 112–231.

Goerdeler, Carl D.: Argentinien: Die Renten sind verspielt, in: Die Presse.com v. 23.11.2008, online verfügbar unter: http://diepresse.com/home/wirtschaft/internati onal/432579/index.do

H.M. (1961): Vor der vierten Rentenanpassung, in: Arbeit und Sozialpolitik, Nr. 9, 1961, S. 261.

Habermann, Christian (2008): Rentenpolitik bei Lohnunsicherheit und myopischen Präferenzen. Eine dynamische Gleichgewichtsanalyse (Schriftenreihe volkswirtschaftliche Forschungsergebnisse, Band 129), Hamburg.

Haerendel, Ulrike (2001): Die Anfänge der gesetzlichen Rentenversicherung in Deutschland. Die Invaliditäts- und Altersversicherung von 1889 im Spannungsfeld von Reichsverwaltung Bundesrat und Parlament (Speyerer Forschungsberichte), Speyer.

Hankel, Wilhelm / Zweig, Gerhard (1956a): Das Sparen und die dynamische Sozialrente, in: Sozialer Fortschritt, Nr. 4, 1956, S. 71–74.

Hankel, Wilhelm / Zweig, Gerhard (1956b): Soziale Sicherung in der Marktwirtschaft. Über die Abwegigkeit neoromantischer Tendenzen bei der Sozialreform, in: Sozialer Fortschritt, Nr. 1, 1956, S. 4–8.

Hebeler, Timo (2001): Generationengerechtigkeit als verfassungsrechtliches Gebot in der sozialen Rentenversicherung (Arbeits- und Sozialrecht), Baden-Baden.

Hedtkamp, G. (1964): Die Rücklagenbildung und -auflösung in der Rentenversicherung als ökonomisches Problem, in: Arbeit und Sozialpolitik, Nr. 6, 1964, S. 179–182.

Hegelich, Simon (2006): Reformkorridore des deutschen Rentensystems, Wiesbaden.

Heibutzki, Lars (2005): Die Grundrente. Szenario und quantitative Auswirkungen eines Systemwechsels (Europäische Hochschulschriften / 5, 3159), Frankfurt am Main [u.a.].

Heine, Wolfgang (1990): Entwicklungslinien der 100jährigen Geschichte der gesetzlichen Rentenversicherung: Die Rentenreform 1992, in: Ruland, Franz; Verband Deutscher Rentenversicherungsträger (VDR) (Hg.): Handbuch der gesetzlichen Rentenversicherung. Festschrift aus Anlass des 100jährigen Bestehens der gesetzlichen Rentenversicherung, S. 141–170.

Heinemann, Rebecca (2004): Familie zwischen Tradition und Emanzipation. Katholische und sozialdemokratische Familienkonzeptionen in der Weimarer Republik (Schriftenreihe der Stiftung Reichspräsident-Friedrich-Ebert-Gedenkstätte, Band 11), München.

Helberger, Christof (1986): Arbeitslosigkeit als finanzielles Problem des sozialen Sicherungssystems, in: Sozialer Fortschritt, Nr. 1-2, 1986, S. 13–21.

Heller, Mathias (2009): Thema des Tages: Schon Blüm sagte: „Die Rente ist sicher", URL: http://www.bz-berlin.de/archiv/schon-bluem-sagte-die-rente-ist-sicher-article 449090.html

Hensen, Hartmut (1956): Jahresfazit einer Sozialdebatte, in: Sozialer Fortschritt, Nr. 11/12, 1956, S. 251–253.

Hensen, Hartmut (1972): Flexible Altersgrenze. Arendts Gegenrechnung, in: Der Volkswirt - Wirtschaftswoche, Nr. 24, 1972, S. 15–16.

Hensen, Hartmut (1977): Zur Geschichte der Rentenfinanzen, in: Bartholomäi, Reinhart (Hg.): Sozialpolitik nach 1945. Geschichte und Analysen ; [Ernst Schellenberg zum 70. Geburtstag], Bonn-Bad Godesberg, S. 137–149.

Hermann, Christopher (1990): Entwicklungslinien der 100jährigen Geschichte der gesetzlichen Rentenversicherung: Die Zeit von 1957-1991, in: Ruland, Franz (Hg.): Handbuch der gesetzlichen Rentenversicherung. Festschrift aus Anlass des 100jährigen Bestehens der gesetzlichen Rentenversicherung (Schriftenreihe des Verbandes Deutscher Rentenversicherungsträger), Neuwied, S. 105–139.

Herz, Wilfried: Alles auf Wachstum, in: Die Zeit, Ausgabe 41/2005, online verfügbar unter: http://www.zeit.de/2005/41/Alles_auf_Wachstum

Heubeck, Georg (1957): Zu den Grundlagen der Rentenreform in der Bundesrepublik Deutschland, in: Blätter der DGVFM, Nr. 3, 1957, S. 353–365.

Heubeck, Georg (1980): „Die Maschinensteuer" - eine neue Heilquelle, in: Arbeit und Sozialpolitik, Nr. 2, 1980, S. 54–56.

Hilzenbecher, Manfred (1985): Die Richtigstellung des Drei-Generationenvertrages in der gesetzlichen Rentenversicherung durch eine Beitragsstaffelung nach der Kinderzahl, in: Sozialer Fortschritt, Nr. 12, 1985, S. 281–288.

Hinze, Jörg / Kirchesch, Kai (1999): Zusammenhang zwischen Gewinnen und Investitionen gelockert, in: Wirtschaftsdienst, Nr. 11, 1999, S. 677–682.

HM (1966): Generationenvertrag auf Widerruf, in: Arbeit und Sozialpolitik, Nr. 11, 1966, S. 289–291.

Hockerts, Hans Günter (1977): Sozialpolitische Reformbestrebungen in der frühen Bundesrepublik. Zur Sozialreform-Diskussion und Rentengesetzgebung 1953-1957, in: Vierteljahreshefte für Zeitgeschichte, Nr. 3, 1977, S. 341–372.

Hockerts, Hans Günter (1980): Sozialpolitische Entscheidungen im Nachkriegsdeutschland. Alliierte und deutsche Sozialversicherungspolitik 1945 bis 1957 (Forschungen und Quellen zur Zeitgeschichte, Band 1), Stuttgart.

Hockerts, Hans Günter (2006): Rahmenbedingungen: Das Profil der Reformära, in: Bundesministerium für Arbeit und Soziales und Bundesarchiv (Hg.), 1966-1974. Bundesrepublik Deutschland. Eine Zeit vielfältigen Aufbruchs (Geschichte der Sozialpolitik in Deutschland seit 1945, Band 5), Baden-Baden, S. 3–155.

Hoernigk, R. (1965): „Gastarbeiter" und Rentenversicherung, in: Arbeit und Sozialpolitik, Nr. 7, 1965, S. 215–218.

Huster, Ernst-Ulrich (2008a): Handbuch Armut und Soziale Ausgrenzung, Wiesbaden.

Huster, Ernst-Ulrich (2008b): Von der mittelalterlichen Armenfürsorge zu den Anfängen der Sozialstaatlichkeit, in: Huster, Ernst-Ulrich (Hg.), Handbuch Armut und Soziale Ausgrenzung, Wiesbaden, S. 243–262.

Jäger, Norbert (1991): Die Umstellung der gesetzlichen Rentenversicherung auf ein partiell kapitalgedecktes Finanzierungsverfahren. Eine Simulationsanalyse (Europäische Hochschulschriften / 5), Frankfurt am Main [u.a.].

Jagob, Jochen Gunnar (2004): Das Äquivalenzprinzip in der Alterssicherung (Sozialökonomische Schriften, Band 26), Frankfurt am Main [u.a.].

Jantz, Kurt (1959): Die Rentenreform als sozialpolitische Leistung, in: Die Mitarbeit, Nr. 8, 1959, S. 408–412.

Jantz, Kurt (1977): Die Rentendynamik 1957 als Vorbild im Sozialleistungsrecht, in: Bartholomäi, Reinhart (Hg.): Sozialpolitik nach 1945. Geschichte und Analysen, [Ernst Schellenberg zum 70. Geburtstag], Bonn-Bad Godesberg, S. 109–124.

Jess, Heinrich (1999): Privatisierung der Alterssicherung. Hintergründe und Ergebnisse eines ökonomischen Experiments (Volkswirtschaftliche Forschung und Entwicklung, Band 92), München.

Kaempfe, Jutta (2005): Die Systemfunktionen privater Altersvorsorge im Gesamtsystem sozialer Alterssicherung. Grossbritannien, Deutschland und die Schweiz im Rechtsvergleich (Schriften zum deutschen und europäischen Sozialrecht, Band 8), Baden-Baden.

Kahn, Ernst (1930): Der internationale Geburtenstreik. Umfang, Ursachen, Wirkungen, Gegenmaßnahmen?, Frankfurt a. M..

Kaiser, H. (1956): Der geeignete Maßstab für die Rentenanpassung. Kritische Betrachtungen zu dem Gutachten von Prof. Dr. Jecht, in: Arbeit und Sozialpolitik, Nr. 8, 1956, S. 245–247.

Kaldybajewa, Kalamkas (15.12.2009): Daten der RV zur Beitragsdichte. Telefonisch.

Kerschbaumer, Judith / Schroeder, Wolfgang (2005): Sozialstaat und demographischer Wandel. Herausforderungen für Arbeitsmarkt und Sozialversicherung, Wiesbaden.

Kinkel, Lutz (2008): Riester-Rente: Heiße Debatte um „Monitor"-Beitrag, URL: http://www.stern.de/wirtschaft/geld/riester-rente-heisse-debatte-um-monitor-beitrag-607640.html

Kleist, Bettina von (2006): Wenn der Wecker nicht mehr klingelt. Partner im Ruhestand, Berlin.

Köhrer, Helmuth (1956): Wird das Sozialprodukt immer ausreichen? Aspekte zur Entwicklung von Sozialprodukt, Investitionsquote und Staatseinfluß, in: Arbeit und Sozialpolitik, Nr. 3, 1956, S. 73–76.

Kolb, Rudolf (1989): Rentenreformgesetz 1992: Konzeptionen und Probleme, in: Deutsche Rentenversicherung, Nr. 6-7, 1989, S. 344–352.

Kommission „Soziale Sicherheit" (2003): Bericht der Kommission „Soziale Sicherheit" zur Reform der sozialen Sicherungssysteme. Unter Mitarbeit von Roman Herzog (Vorsitzender), URL: http://www.sozialpolitik-aktuell.de/tl_files/sozialpolitik-aktuell/_Politikfelder/Sozialstaat/Dokumente/herzogkommission.pdf

Krieger, Björn Harald (2007): Die Notwendigkeit einer Stärkung der privaten Altersvorsorge in der BRD (Schriftenreihe Wirtschaftspolitik in Forschung und Praxis, Band 33), Hamburg.

Kruse, Niels (2008): Bevölkerungsschwund: Verwelkende Landschaften, URL: http://www.stern.de/wirtschaft/news/maerkte/bevoelkerungsschwund-verwelkende-landschaften-635568.html

Kühlmann, Felix (2004): Beschränkung des staatlichen Gestaltungsspielraums in der Rentenversicherung durch das europäische Kartellrecht?, Marburg.

Leitner, Sigrid (2008): Ökonomische Funktionalität der Familienpolitik oder familienpolitische Funktionalisierung der Ökonomie?, in: Evers, Adalbert; Heinze, Rolf G. (Hg.): Sozialpolitik. Ökonomisierung und Entgrenzung, Wiesbaden, S. 67–82.

Lepinski, Franz (1952): Die Reform der Rentenversicherung, in: Soziale Sicherheit, Nr. 12, 1952, S. 369–370.

Lesca, Heinrich (1959): Gesetzgeberische Maßnahmen zur Sicherung der Finanzlage in den Rentenversicherungen, in: Arbeit und Sozialpolitik, Nr. 11, 1959, S. 314–318.

Lueg, Thomas / Ruprecht, Wilhelm / Wolgast, Michael (2003): Altersvorsorge und demographischer Wandel: Kein Vorteil für das Kapitaldeckungsverfahren?, in: GDV Volkswirtschaft, Nr. 1, 2003

Luzius, H. P. (1956): Der fundamentale Fehler in den Berechnungen zum Rentenversicherungsgesetz, in: Arbeit und Sozialpolitik, Nr. 9, 1956, S. 273–277.

Mackensen, Rainer (2004): Bevölkerungslehre und Bevölkerungspolitik im „Dritten Reich", Opladen.

Maddison, Angus (2003): The world economy. Historical statistics (Development Centre studies), Paris.

Maier, Jörg: Unternehmensgründungen - Erfolgsfaktor für die Entwicklung von Regionen?, URL: http://www.leaderplus.de/index.cfm/00018D047B0512FBAE196521C0A8D816

Maier, Kurt (1988): Die Rente im Jahr 2000. Ziele und Vorstellungen einer Strukturreform der gesetzlichen Rentenversicherung im Blickwinkel der demographischen Entwicklung, in: Zeitschrift für Sozialreform, Nr. 7, 1988, S. 385–423.

Marquardt, Marko (1999): Theoretische Analyse der Rentenversicherung, Bonn.

Meadows, Dennis L. (1972): Die Grenzen des Wachstums. Bericht des Club of Rome zur Lage der Menschheit, Stuttgart.

Meadows, Donella H. / Meadows, Dennis L. / Randers, Jørgen (1993): Die neuen Grenzen des Wachstums. Die Lage der Menschheit: Bedrohung und Zukunftschancen, 6. Auflage, Stuttgart.

Meenzen, H. (1965): Perspektiven der Rentendynamik. Aus den neuen versicherungsrechnischen Bilanzen, in: Arbeit und Sozialpolitik, Nr. 4, 1965, S. 112–113.

Mehring, Johannes (1956): Versicherungstechnische Fehler im Regierungsentwurf zur Neuregelung des Rechts der sozialen Rentenversicherung. BT-Drucksache 2437, in: Arbeit und Sozialpolitik, Nr. 9, 1956, S. 277–281.

Mehring, Johannes (1958): Zur Finanzlage der gesetzlichen Rentenversicherung, in: Arbeit und Sozialpolitik, Nr. 12, 1958, S. 349–352.

Mehring, Johannes (1959): Die Rentenreform vor der Reform, in: Arbeit und Sozialpolitik, Nr. 12, 1959, S. 346–349.

Mehring, Johannes / Röper, Gerhard (1955): Die zukünftige Entwicklung der Bevölkerung im Bundesgebiet, in: Versicherungswirtschaft, Nr. 20, 1955

Mehring, Johannes / Röper, Gerhard (1956): Was kosten Soziale Rentenversicherungs-Einrichtungen?, in: Arbeit und Sozialpolitik, Nr. 1, 1956, S. 1–6.

Micheel, Frank (2005): Die demographische Entwicklung in Deutschland und ihre Implikationen für Wirtschaft und Soziales, in: Kerschbaumer, Judith; Schroeder,

Wolfgang (Hg.), Sozialstaat und demographischer Wandel. Herausforderungen für Arbeitsmarkt und Sozialversicherung, Wiesbaden.

Mit welchen Rezepten. Interview mit Angela Merkel, in: Focus v. 17.08.09, Ausgabe 34.

Molitor, Bruno (1980a): Die „Maschinensteuer" - ein trojanisches Pferd, in: Arbeit und Sozialpolitik, Nr. 6-7, 1980, S. 236–241.

Molitor, Bruno (1980b): Rentenformel in der Diskussion, in: Arbeit und Sozialpolitik, Nr. 2, 1980, S. 50–53.

Muhr, Gerd (1972): Noch zahlreiche Reformen in der Alterssicherung notwendig, in: Sozialer Fortschritt, Nr. 1, 1972, S. 11–16.

Müller, Heinz (1988): Die Rentenreform 1957 und heute - zugleich ein Beitrag zur Notwendigkeit langfristiger Entscheidungen in der Sozialpolitik, in: Sozialer Fortschritt, Nr. 7, 1988, S. 147–157.

N.N. (1959): Mißverstandene Rentenautomatik, in: Arbeit und Sozialpolitik, Nr. 10, 1959, S. 281.

Nguyen, Tristan (2000): Alterssicherung, gesamtwirtschaftliche Kapitalbildung und demographischer Wandel, Göttingen.

Öchsner, Thomas: Renten stagnieren lange Zeit, in: Süddeutsche Zeitung v. 11.11.2009, S. 1.

OECD (2009a): Pensions at a Glance 2009. Retirement-Income Systems in OECD Countries. Country-specific highlights: Germany, URL: http://www.oecd.org/data oecd/39/20/43126017.pdf

OECD (2009b): Pensions at a Glance 2009. Retirement-Income Systems in OECD Countries, Paris.

OECD (2009c): Pensions at a Glance 2009. Retirement-Income Systems in OECD Countries. Country-specific highlights: United States, URL: http://www.oecd.org/da taoecd/31/8/43547254.pdf

Oehler, Andreas (2009): Alles „Riester"? Die Umsetzung der Förderidee in der Praxis.

Orda, Karl-Heinz (1977): Im Vorfeld der Rentenreform, in: Bartholomäi, Reinhart (Hg.), Sozialpolitik nach 1945. Geschichte und Analysen, [Ernst Schellenberg zum 70. Geburtstag], Bonn-Bad Godesberg, S. 95–107.

Palik, Ruth (1997): Rentenpolitik ein Dauerthema? Das Rentenreformgesetz 1999, in: Soziale Sicherheit, Nr. 11, 1997, S. 373–378.

Pehl, Günter (1992): Versicherte einseitig mit Einheitskosten belastet. VDR informiert über Lage der Rentenkassen, in: Soziale Sicherheit, Nr. 12, 1992, S. 357–358.

Penkert, Annette (1998): Arbeit oder Rente? Die alternde Bevölkerung als sozialpolitische Herausforderung für die Weimarer Republik, Göttingen.

Pfeiffer, Ulrich / Braun, Reiner (2003): Private Lebensökonomie und staatlicher Einfluss. Neue Strategien zur Vermögensbildung, Köln.

Pieroth, Bodo / Schlink, Bernhard (2004): Grundrechte, 20. Auflage (Schwerpunkte, Band 14), Heidelberg.

Pièrre, Jean (1963): Konjunkturelle und soziale Gedanken zur Rentenanpassung, in: Sozialer Fortschritt, Nr. 11, 1963, S. 243–245.

Poelchau, Daniel (2007): Altersvorsorge im internationalen Vergleich. Eine Analyse der Rentenreformen in reifen Wohlfahrtsstaaten 1990 - 2000 (Policy-Forschung und vergleichende Regierungslehre, Band 5), Münster Westf. [u.a.].

Postbank (2009): Postbank Studie zur Altersvorsorge in Deutschland, URL: http://www. postbank.de/postbank/pr_dossier_altersvorsorge.html

Pragal, Peter / Szent-Ivanyi, Timot: Rentenbeiträge steigen doch, in: Berliner Zeitung v. 8.10.2003, S. 1, online verfügbar unter: http://www.berlinonline.de/berliner-zeitung/archiv/.bin/dump.fcgi/2003/1008/seite1/0026/index.html

pressetext.europa (2009): Schluss mit Schuldenmachen auf Kosten der nächsten Generation -, URL: http://pressetext.de/news/090914009/schluss-mit-schuldenmachen-auf-kosten-der-naechsten-generation/

Rehbach, Hans-Georg (1962): Versicherungstechnische Bilanzen ohne Sensationen, aber mit bedenklichen Aspekten, in: Sozialer Fortschritt, Nr. 7, 1962, S. 154–156.

Rehfeld, Uwe / Grütz, Jens (2000): 10 Jahre Deutsche Einheit. Ein empirischer Blick auf die neuen Bundesländer, in: Deutsche Rentenversicherung, Nr. 8, 2000, S. 546–564.

Reimann, Axel (2007): Anmerkungen zum RV-Altersgrenzenanpassungsgesetz, in: Deutsche Rentenversicherung, Nr. 4-5, 2007, S. 181–196.

Renten steigen bis 1980 um 90 vH. Angestelltenversicherung informiert über die Vorteile der Rentendynamik (1972), in: Arbeit und Sozialpolitik, Nr. 12, 1972, S. 407–408.

Rentenversicherung braucht klare Perspektiven (1979), in: Sozialer Fortschritt, Nr. 7-8, 1979, S. 177–178.

Riedmüller, Barbara / Willert, Michaela (2009): Aktuelle Vorschläge für eine Mindestsicherung im Alter.

Rieker, Karlheinrich (1956): Die Kosten der Rentenreform, in: Arbeit und Sozialpolitik, Nr. 11, 1956, S. 361–363.

Rieker, Karlheinrich (1957): Die finanziellen Auswirkungen der Rentenreform, in: Arbeit und Sozialpolitik, Nr. 9, 1957, S. 252–253.

Ritter, Gerhard A. (2007a): Rahmenbedingungen der innerdeutschen Einigung, in: Bundesministerium für Arbeit und Soziales und Bundesarchiv (Hg.): 1989-1994. Bundesrepublik Deutschland. Sozialpolitik im Zeichen der Vereinigung (Geschichte der Sozialpolitik in Deutschland seit 1945, Band 11), Baden-Baden, S. 1–106.

Ritter, Gerhard A. (2007b): Sozialpolitische Denk- und Handlungsfelder im Einigungsprozess, in: Bundesministerium für Arbeit und Soziales und Bundesarchiv (Hg.): 1989-1994. Bundesrepublik Deutschland. Sozialpolitik im Zeichen der Vereinigung (Geschichte der Sozialpolitik in Deutschland seit 1945, Band 11), Baden-Baden, S. 107–339.

Rothgang, Heinz / Preuss, Maike (2008): Ökonomisierung der Sozialpolitik? Neue Begründungsmuster sozialstaatlicher Tätigkeit in der Gesundheits- und Familienpolitik, in: Evers, Adalbert; Heinze, Rolf G. (Hg.): Sozialpolitik. Ökonomisierung und Entgrenzung, Wiesbaden, S. 31–48.

rp-online.de (2000): Merz: Demographische Belastung verteilen: Union zu Rentengesprächen bereit, URL: http://www.rp-online.de/politik/Union-zu-Rentengespraechen-bereit_aid_254883.html

Ruhl, Kathrin (2006): Demokratisches Regieren und politische Kultur. Post-staatlich post-parlamentarisch post-patriarchal? (Politik Gemeinschaft und Gesellschaft in einer globalisierten Welt, Band 4), Münster.

Ruland, Franz (1989): Das Rentenrecht - Neuregelungen durch das Rentenreformgesetz 1992, in: Deutsche Rentenversicherung, Nr. 6-7, 1989, S. 353–392.

Ruland, Franz (1990): Handbuch der gesetzlichen Rentenversicherung. Festschrift aus
    Anlass des 100jährigen Bestehens der gesetzlichen Rentenversicherung (Schriften-
    reihe des Verbandes Deutscher Rentenversicherungsträger), Neuwied.

Ruland, Franz (1995): Handlungs- und Änderungsbedarf in der gesetzlichen Rentenversi-
    cherung, in: Versicherungswirtschaft, Nr. 2, 1995, S. 124–131.

Ruland, Franz / Verband Deutscher Rentenversicherungsträger (VDR) (1990): Handbuch
    der gesetzlichen Rentenversicherung. Festschrift aus Anlass des 100jährigen Beste-
    hens der gesetzlichen Rentenversicherung.

Rürup, Bert (1999): Wohlfahrtsstaatliche Politik in der globalisierten Informationsgesell-
    schaft, URL: http://www.fes.de/fulltext/stabsabteilung/00500005.htm

Rüstow, Alexander (1956a): Das Problem der Rentenreform. Vorträge und Diskussion auf
    der sechsten Arbeitstagung Soziale Marktwirtschaft am 26. Juni 1956 in Bad Go-
    desberg (Tagungsprotokoll, Band 6), Ludwigsburg.

Rüstow, Hans-Joachim (1956b): Ist eine Dynamisierung von Sozialrenten volkswirt-
    schaftlich zu verantworten?, in: Rüstow, Alexander (Hg.): Das Problem der Renten-
    reform. Vorträge und Diskussion auf der sechsten Arbeitstagung Soziale Marktwirt-
    schaft am 26. Juni 1956 in Bad Godesberg (Tagungsprotokoll, Band 6), Ludwigs-
    burg, S. 45–56.

S.F. (1956): 1956 - Jahr der neuen Alterssicherung, in: Sozialer Fortschritt, Nr. 1, 1956, S.
    1–3.

Sachs, Michael (1999): Grundgesetz. Kommentar, 2. Auflage, München.

Sachs, Wolfgang (1964): Das Schicksal der staatlichen Rentenversicherung, in: Arbeit
    und Sozialpolitik, Nr. 6, 1964, S. 176–178.

Sachs, Wolfgang (1967a): Bürokratie und Altersversorgung. Erfahrungen und Erkenntnis-
    se eines Versicherungsmathematikers, in: Arbeit und Sozialpolitik, Nr. 3, 1967, S.
    98–99.

Sachs, Wolfgang (1967b): Das Ende der Expansion. Was wird aus der Rentenversiche-
    rung?, in: Arbeit und Sozialpolitik, Nr. 6, 1967, S. 184–191.

Sachverständigenrat zur Begutachtung der gesamtwirtschaftlichen Entwicklung (2009):
    Die Zukunft nicht aufs Spiel setzen. Jahresgutachten 2009/10. November 2009.

Schäfer, Claus (2004): Die Lohnquote - ein ambivalenter Indikator für soziale Gerechtig-
    keit und ökonomische Effizienz, in: Sozialer Fortschritt, Nr. 2, 2004, S. 45–52.

Schäfer, Claus (2008): Anhaltende Verteilungsdramatik. WSI-Verteilungsbericht 2008,
    in: WSI-Mitteilungen, Nr. 11+12, 2008, S. 587–596.

Schaier, Aare (2006): Die „Riester-Rente": Anspruch und Potential. Eine Analyse der
    Leistungsfähigkeit auf Basis der gesetzgeberischen Ziele, Hamburg [u.a.].

Schewe, Dieter (1957): Die Sozialreform nach der Reform der Rentenversicherung.
    Entwicklungslinien für die künftige Sozialpolitik, in: Sozialer Fortschritt, Nr. 2,
    1957, S. 33–39.

Schewe, Dieter (1983): Das politische Risiko der Rentenversicherung und der Rentner, in:
    Sozialer Fortschritt, Nr. 1, 1983, S. 2–6.

Schirrmacher, Frank (2004): Das Methusalem-Komplott, 35. Auflage, München.

Schlomann, Heinrich (1992): Vermögensverteilung und private Altersvorsorge, Frank-
    furt/Main [u.a.].

Schmähl, Winfried (1971): Die Illussion einer „sozialpolitischen Wunderwaffe". Ein Diskussionsbeitrag zu aktuellen Überlegungen in der gesetzlichen Rentenversicherng, in: Sozialer Fortschritt, Nr. 7, 1971, S. 158–159.

Schmähl, Winfried (2004): Ein „Nachhaltigkeitsgesetz" für die Rentenversicherung - Anspruch und Wirklichkeit, in: Wirtschaftsdienst, Nr. 4, 2004, S. 210–218.

Schmähl, Winfried (2005): Sicherung bei Alter, Invalidität und für Hinterbliebene, in: Bundesministerium für Arbeit und Soziales und Bundesarchiv (Hg.): 1982-1989. Bundesrepublik Deutschland. Finanzielle Konsolidierung und institutionelle Reform (Geschichte der Sozialpolitik in Deutschland seit 1945, Band 7), Baden-Baden, S. 315–388.

Schmähl, Winfried (2006): Sicherung bei Alter, Invalidität und für Hinterbliebene, in: Bundesministerium für Arbeit und Soziales und Bundesarchiv (Hg.): 1966-1974. Bundesrepublik Deutschland. Eine Zeit vielfältigen Aufbruchs (Geschichte der Sozialpolitik in Deutschland seit 1945, Band 5), Baden-Baden, S. 410–481.

Schmähl, Winfried (2007a): Sicherung bei Alter, Invalidität und für Hinterbliebene, in: Bundesministerium für Arbeit und Soziales und Bundesarchiv (Hg.): 1957-1966. Bundesrepublik Deutschland. Sozialpolitik im Zeichen des erreichten Wohlstandes (Geschichte der Sozialpolitik in Deutschland seit 1945, Band 4), Baden-Baden, S. 298–372.

Schmähl, Winfried (2007b): Sicherung bei Alter, Invalidität und für Hinterbliebene, in: Bundesministerium für Arbeit und Soziales und Bundesarchiv (Hg.): 1989-1994. Bundesrepublik Deutschland. Sozialpolitik im Zeichen der Vereinigung (Geschichte der Sozialpolitik in Deutschland seit 1945, Band 11), Baden-Baden, S. 541–648.

Schmähl, Winfried (2008): Sicherung bei Alter, Invalidität und für Hinterbliebene, in: Bundesministerium für Arbeit und Soziales und Bundesarchiv (Hg.): 1974-1982. Bundesrepublik Deutschland. Neue Herausforderungen, wachsende Unsicherheiten (Geschichte der Sozialpolitik in Deutschland seit 1945, Band 6), Baden-Baden, S. 393–514.

Schmid, Cornelia (2001): Ansätze für einen effizienzorientierten Umbau des deutschen Alterssicherungssystems, Würzburg.

Schmidt, Manfred G. (2004): Sozialpolitik der DDR (Sozialpolitik und Sozialstaat, Band 4), Wiesbaden.

Schmidt, Manfred G. (2005a): Gesamtbetrachtung, in: Bundesministerium für Arbeit und Soziales und Bundesarchiv (Hg.): 1982-1989. Bundesrepublik Deutschland. Finanzielle Konsolidierung und institutionelle Reform (Geschichte der Sozialpolitik in Deutschland seit 1945, Band 7), Baden-Baden, S. 749–811.

Schmidt, Manfred G. (2005b): Sozialpolitik in Deutschland. Historische Entwicklung und internationaler Vergleich, 3. Auflage (Grundwissen Politik, Band 2), Wiesbaden.

Schmidt, Manfred G. (2005c): Sozialpolitische Denk- und Handlungsfelder, in: Bundesministerium für Arbeit und Soziales und Bundesarchiv (Hg.): 1982-1989. Bundesrepublik Deutschland. Finanzielle Konsolidierung und institutionelle Reform (Geschichte der Sozialpolitik in Deutschland seit 1945, Band 7), Baden-Baden.

Schniewind, Hans J. (1989): Gesetzliche Rentenversicherung und Konsum. Eine Untersuchung zur Situation in der Bundesrepublik Deutschland (Schriftenreihe des Instituts für Allgemeine Wirtschaftsforschung der Albert-Ludwigs-Universität Freiburg i. Br, Band 33), Freiburg im Breisgau.

Schöbe, Waldemar (1955): Neue Sterbetafeln für die Rentenversicherung, in: Versicherungswirtschaft, Nr. 17, 1955, S. 446.

Schreiber, Folker (1972): Das falsche Wort von den „vorenthaltenen Renten", in: Sozialer Fortschritt, Nr. 6, 1972, S. 129–134.

Schreiber, Wilfrid (1955): Existenzsicherheit in der industriellen Gesellschaft. Herausgegeben von Bund Katholischer Unternehmer e.V.

Schreiber, Wilfrid (1956): Ein verklausuliertes Ja zur dynamischen Rente. Bemerkungen zur jüngsten Denkschrift der Bundesvereinigung der Deutschen Arbeitgeber-Verbände, in: Sozialer Fortschritt, Nr. 4, 1956, S. 75–77.

Schreiber, Wilfrid (1963): Reform der Rentenreform. Abkehr von der Staatsfinanzierung, in: Die politische Meinung, Nr. 82, 1963, S. 39–48.

Schroeder, Wolfgang / Kerschbaumer, Judith (2005): Demographischer Wandel ist gestaltbar: Kein Mythos und kein Drama, in: Kerschbaumer, Judith; Schroeder, Wolfgang (Hg.): Sozialstaat und demographischer Wandel. Herausforderungen für Arbeitsmarkt und Sozialversicherung, Wiesbaden, S. 9–20.

Schulmeister, Stephan (1995): Zinssatz, Wachstumsrate und Staatsverschuldung, in: WIFO-Monatsberichte, Nr. 3, 1995, S. 165–180.

Senf, Bernd (2007): Die blinden Flecken der Ökonomie. Wirtschaftstheorien in der Krise. Ein Aufklärungsbuch, 4. Auflage, Kiel.

Sozialbeirat (2004): Gutachten des Sozialbeirats zum Rentenversicherungsbericht 2004, URL: http://sozialbeirat.de/dokumente/Sozb0038Gutachten2004.pdf

Sozialbeirat kritisiert Rentengarantie, in: Weser-Kurier v. 24.8.2009, online verfügbar unter: http://www.weser-kurier.de/Artikel/Bremen/Politik/25520/Sozialbeirat+kritisiert+Rentengarantie.html

Sozialpolitische Umschau. 1967 Milliarden-Defizit in den gesetzlichen Rentenversicherungen (1967a), in: Sozialer Fortschritt, Nr. 4, 1967, S. 92.

Sozialpolitische Umschau. Arbeiterrentenversicherung mußte Vermögensanlagen vorzeitig auflösen (1967b), in: Sozialer Fortschritt, Nr. 10, 1967, S. 237–238.

Sozialpolitische Umschau. Rentenversicherungen endlich wieder mit großem Überschuß (1971), in: Sozialer Fortschritt, Nr. 1, 1971, S. 22–23.

Sozialpolitische Umschau. Kaufkraftzuwachs bei Rentnern höher als bei Arbeitnehmern (1974), in: Sozialer Fortschritt, Nr. 4, 1974, S. 95.

Sozialpolitische Umschau. Beitragsausfälle in der RV durch Arbeitslosigkeit (1975a), in: Sozialer Fortschritt, Nr. 5-6, 1975, S. 139.

Sozialpolitische Umschau. Bisher 86.000 Selbständige als Pflichtversicherte auf Antrag (1975b), in: Sozialer Fortschritt, Nr. 12, 1975, S. 287.

Sozialpolitische Umschau. RV-Träger zur finanziellen Konsolidierung ihrer Einrichtungen (1977), in: Sozialer Fortschritt, Nr. 6, 1977, S. 141–142.

SPD (2009): Sozial und Demokratisch. Anpacken. Für Deutschland. Das Regierungsprogramm der SPD.

Spiegelhalter, Franz (1956): Ist die Indexrente die richtige Form der Sozialen Sicherung?, in: Sozialer Fortschritt, Nr. 10, 1956, S. 206–207.

Spiegel-Online (2008): Die wichtigsten Wegmarken des Dax, URL: http://www.spiegel.de/wirtschaft/0,1518,563227,00.html

Statistisches Bundesamt (2000): Statistisches Taschenbuch 2000, Wiesbaden.

Statistisches Bundesamt (2002): Statistisches Jahrbuch 2002 für die Bundesrepublik Deutschland, Stuttgart.

Statistisches Bundesamt (2003): Statistisches Jahrbuch 2003 für die Bundesrepublik Deutschland, Wiesbaden.

Statistisches Bundesamt (2004): Statistisches Jahrbuch 2004 für die Bundesrepublik Deutschland, Wiesbaden.

Statistisches Bundesamt (2005): Statistisches Taschenbuch 2005, Wiesbaden.

Statistisches Bundesamt (2006a): 11. Koordinierte Bevölkerungsvorausberechnung. Annahme und Ergebnisse, Wiesbaden.

Statistisches Bundesamt (2006b): Generationensterbetafeln für Deutschland, URL: https://www-ec.destatis.de/csp/shop/sfg/bpm.html.cms.cBroker.cls?cmspath=struktur,Warenkorb.csp&action=basketadd&id=1018268

Statistisches Bundesamt (2006c): Neue Modellrechnung zur Lebenserwartung für Geburtsjahrgänge. Pressemitteilung Nr.167 vom 13.04.2006, URL: http://www.destatis.de/jetspeed/portal/cms/Sites/destatis/Internet/DE/Presse/pm/2006/04/PD06__167__12621,templateId=renderPrint.psml

Statistisches Bundesamt (2007): Statistisches Taschenbuch 2007, Wiesbaden.

Statistisches Bundesamt (2008a): Bevölkerung. Daten, Fakten, Trends zum demographischen Wandel in Deutschland, URL: http://www.bib-demographie.de/cln_090/nn_750446/SharedDocs/Publikationen/DE/Download/Broschueren/bev3__2008.html

Statistisches Bundesamt (2008b): Statistisches Taschenbuch 2008, Wiesbaden.

Statistisches Bundesamt (2009a): Empfänger von Grundsicherung im Alter und bei Erwerbsminderung: Deutschland, Stichtag, Nationalität, Altersgruppen, Geschlecht, URL: https://www-genesis.destatis.de/genesis/online/online;jsessionid=766707CDB2ABE369C6FC292CC00E090E.tcggen2?operation=previous&levelindex=2&levelid=1261386219162&step=2

Statistisches Bundesamt (2009b): Konten der Volkswirtschaftlichen Gesamtrechnung. Konten B.2/3n Nettobetriebsüberschuss / Selbständigeneinkommen, D.1 Arbeitnehmerentgelt, D.4 Vermögenseinkommen. 1980-2008, Wiesbaden.

Statistisches Bundesamt (2009c): Laufenden Wirtschaftsrechnung 2007. Einkommen und Einnahmen sowie Ausgaben privater Haushalte 2007 nach Gebietsständen. Glied.-Nr : D1 2.7 V.

Statistisches Bundesamt (2009d): Statistisches Taschenbuch 2009, Wiesbaden.

Statistisches Bundesamt (2008e): Statistisches Jahrbuch für die Bundesrepublik Deutschland 2009, Wiesbaden.

Steinmeier, Frank-Walter (2009): Die Arbeit von Morgen.

Stenographische Berichte über die Verhandlungen des Reichstages.

Stern, Carola / Kocka, Jürgen (1998): Wendepunkte deutscher Geschichte 1848-1990, 7. Auflage, Frankfurt am Main.

Stolleis, Michael (1989): Die Rentenreform 1992 - Bilanz einer 40jährigen Rentenpolitik, in: Deutsche Rentenversicherung, Nr. 6-7, 1989, S. 333–343.

Stolleis, Michael (2001): Historische Grundlagen der Sozialpolitik in Deutschland bis 1945, in: Bundesministerium für Arbeit und Soziales und Bundesarchiv (Hg.): Grundlagen der Sozialpolitik (Geschichte der Sozialpolitik in Deutschland seit 1945, Band 1), Baden-Baden, S. 199–332.

Stolleis, Michael (2003): Geschichte des Sozialrechts in Deutschland. Ein Grundriß, Stuttgart.

Streiflichter. Rentenanpassungsbericht 1979 und Gutachten des Sozialbeirats (1979), in: Sozialer Fortschritt, Nr. 6, 1979, S. 125-125.

Streinz, Rudolf (1999): Art. 59, in: Sachs, Michael (Hg.): Grundgesetz. Kommentar, 2. Auflage, München, S. 1250–1271.

Sudhoff, Birgit (1995): Alterssicherung, demographischer Wandel und intergenerationelle Gerechtigkeit. Eine theoretische Untersuchung, Hamburg.

Süß, Winfried (2006): Sozialpolitische Denk- und Handlungsfelder in der Reformära, in: Bundesministerium für Arbeit und Soziales und Bundesarchiv (Hg.): 1966-1974. Bundesrepublik Deutschland. Eine Zeit vielfältigen Aufbruchs (Geschichte der Sozialpolitik in Deutschland seit 1945, Band 5), Baden-Baden, S. 159–221.

T., R. (1956): Der „Grundentwurf für eine Neuregelung des Rechts der Rentenversicherung der Arbeiter und der Angestellten", in: Arbeit und Sozialpolitik, Nr. 6, 1956, S. 187–188.

t.z. (1956): Die große Hoffnung des 20. Jahrhunderts, in: Sozialer Fortschritt, Nr. 9, 1956, S. 177–178.

Tennstedt, Florian (1997): Peitsche und Zuckerbrot oder ein Reich mit Zuckerbrot? Der Deutsche Weg zum Wohlfahrtsstaat 1871-1881, in: Zeitschrift für Sozialreform, 1997, S. 88–101.

Thalheim, Karl C. / Mackenroth, Gerhard / Albrecht, Gerhard (1952): Die Berliner Wirtschaft zwischen Ost und West (Schriften des Vereins für Socialpolitik), Berlin.

Velladics, Katalin (2004): Generationenvertrag und demographischer Wandel. Konsequenzen des aktiven Alterns für den Arbeitsmarkt am Beispiel Deutschlands und Ungarns, Wiesbaden.

ver.di – Vereinte Dienstleistungsgewerkschaft e.V. (2008): Gewinnquote am Volkseinkommen auf historischem Höchststand, Anteil der Arbeitseinkommen sinkt weiter, URL: http://besondere-dienste.hessen.verdi.de/service_fuer_aktive/aktuelles/03_12 _08_-_gewinnquote_am_volkseinkommen_auf_historischem_hoechststand_anteil_ der_arbeitseinkommen_sinkt_weiter

Verband Deutscher Rentenversicherungsträger (1997): Rentenversicherung in Zeitreihen, 4. Auflage, Frankfurt a. M..

Verband Deutscher Rentenversicherungsträger (VDR) (1967): Die Rentenversicherung zur mittelfristigen Finanzplanung. Auszug einer Stellungnahme des VDR zur Finanzlage der gesetzlichen Rentenversicherungen, in: Sozialer Fortschritt, Nr. 10, 1967, S. 227–229.

Verband Deutscher Rentenversicherungsträger (VDR) (1997): Rentenversicherung in Zahlen, 4. Auflage, Frankfurt a. M..

Verband Deutscher Rentenversicherungsträger (VDR) (2004): Stellungnahme anlässlich der öffentlichen Anhörung vor dem Ausschuss für Gesundheit und Soziale Sicherung des Deutsches Bundestages am 11. Februar 2004 zum Entwurf eines „Gesetzes

zur Sicherung der nachhaltigen Finanzierungsgrundlagen der gesetzlichen Rentenversicherung (RV-Nachhaltigkeitsgesetz)", URL: http://www.deutsche-
rentenversicherung.de/nn_5820/DRV/de/Inhalt/Presse/Nachrichten__Stellungnahme
n/Stellungnahmen/20040211__RV__Nachhaltigkeitsgesetz__Anlagen,templateId=r
aw,property=publicationFile.pdf/20040211_RV_Nachhaltigkeitsgesetz_Anlagen

Vöpel, Henning / Uehlecke, Jens (2009): Wissen schafft Wachstum.

Wagener, Andreas (2001): Rentenrisiko und private Vorsorge. Anmerkungen zur Rentenreform 2001, in: Sozialer Fortschritt, Nr. 8, 2001, S. 188–192.

Wagnitz, Lothar (1957): Das Experiment: Der Sprung ins Ungewisse, in: Arbeit und
Sozialpolitik, Nr. 1, 1957.

Wagnitz, Lothar (1958): Was kostet die Reform der Rentenversicherung?, in: Arbeit und
Sozialpolitik, Nr. 12, 1958, S. 352–354.

Wagnitz, Lothar (1960a): Die Entwicklung der Rentenversicherung von 1957-1960, in:
Arbeit und Sozialpolitik, Nr. 10, 1960, S. 293–296.

Wagnitz, Lothar (1960b): Die Neuregelung der Rentenversicherung von 1957 im Urteil
der Öffentlichkeit, in: Arbeit und Sozialpolitik, Nr. 11, 1960, S. 324–328.

Wallrabenstein, Astrid (2007): Versicherung im Sozialstaat. Habilitationsschrift. Manu-
skript vorgelegt dem Fachbereich Rechtswissenschaft der Justus-Liebig-Universität
Gießen im Herbst 2007, Gießen.

Wehlau, Diana (2009): Lobbyismus und Rentenreform. Der Einfluss der Finanzdienstleistungsbranche auf die Teil-Privatisierung der Alterssicherung, Wiesbaden.

„Weniger Kinder, weniger Wachstum". Interview mit Renate Schmidt, in: mobil, Nr. 10,
2003, S. 52–54.

wharton.universia.net (2009): The Fall of Pension Funds in Chile: A Lesson from the
Downturn, URL: http://www.wharton.universia.net/index.cfm?fa=viewArticle&id=
1671&language=english

Wieting, Axel (1999): Gesetzliche Alterssicherungssysteme in Transformation am
Beispiel Australiens, Rußlands und Deutschlands (Versicherungswissenschaft in
Hannover), Karlsruhe.

Wildt, Michael (2008): Geschichte des Nationalsozialismus (UTB, Band 2914 : Geschichte), Göttingen.

Winkler, Heinrich August (1998): 1866 und 1878: Der Liberalismus in der Krise, in:
Stern, Carola; Kocka, Jürgen (Hg.): Wendepunkte deutscher Geschichte 1848-1990,
7. Auflage, Frankfurt am Main, S. 43–70.

Witte, Klaus (1980): Bismarcks Sozialversicherungen und die Entwicklung eines marxis-
tischen Reformverständnisses in der deutschen Sozialdemokratie (Pahl-Rugenstein
Hochschulschriften, Band 45), Köln.

Wolf, Ferdinand (1972): Flexible Altersgrenze oder Rentenniveau - Was hat Vorrang?, in:
Sozialer Fortschritt, Nr. 7-8, 1972, S. 168–172.

Wolf, Julius (1912): Der Geburtenrückgang: Die Rationalisierung des Sexuallebens in
unserer Zeit, Jena.

www.sozialbeirat.de (2009): Sozialbeirat - Mitglieder Sozialbeirat, URL: http://www.
sozialbeirat.de/mitgliederalle.html

Zeitschrift für das gesamte Kreditwesen (1967): Das Dilemma des „Sozialkapitals", in:
Zeitschrift für das gesamte Kreditwesen, Nr. 4, 1967, S. 5–6.

Neu im Programm
Politikwissenschaft

Gerhard Bäcker / Gerhard Naegele /
Reinhard Bispinck / Klaus Hofemann /
Jennifer Neubauer

Sozialpolitik und soziale Lage in Deutschland

Band 1: Grundlagen, Arbeit, Einkommen
und Finanzierung
5., durchges. Aufl. 2010. 622 S. Geb.
EUR 34,95
ISBN 978-3-531-17477-8

Band 2: Gesundheit, Familie, Alter
und Soziale Dienste
5., durchges. Aufl. 2010. 616 S. Geb.
EUR 34,95
ISBN 978-3-531-17478-5

Das zweibändige Hand- und Lehrbuch
bietet einen breiten empirischen Überblick
über die Arbeits- und Lebensverhältnisse
in Deutschland und die zentralen sozialen
Problemlagen. Im Mittelpunkt der Darstellung stehen Arbeitsmarkt, Arbeitslosigkeit
und Arbeitsbedingungen, Einkommensverteilung und Armut, Krankheit und Pflege-
bedürftigkeit sowie die Lebenslagen von
Familien und von älteren Menschen.
Das Buch gibt nicht nur den aktuellen Stand
der Gesetzeslage wieder, sondern greift
auch in die gegenwärtige theoretische und
politische Diskussion um die Zukunft des
Sozialstaates in Deutschland ein. Es wen-
det sich an Studierende und Lehrende an
Hochschulen, Schulen, Bildungseinrichtun-
gen sowie an Experten in Verwaltungen,
Verbänden und Gewerkschaften.

Erhältlich im Buchhandel oder beim Verlag.
Änderungen vorbehalten. Stand: Juli 2010.

Schmidt, Manfred G.

Demokratietheorien

Eine Einführung
5. Aufl. 2010. 571 S. Br. EUR 19,95
ISBN 978-3-531-17310-8

Dieses Buch führt in klassische und mo-
derne Demokratietheorien ein. Es schlägt
einen Bogen von der Staatsformenlehre
des Aristoteles bis zu den Demokratietheorien der Gegenwart und erörtert
dabei auch den neuesten Stand der international vergleichenden Demokratiefor-
schung. Der Band stellt zudem die wichtigsten Demokratietypen und die leis-
tungsfähigsten Demokratiemessungen
vor. Ferner erkundet er die Funktionsvor-
aussetzungen der Demokratie, klärt die
Bedingungen für erfolgreiche und erfolg-
lose Demokratisierungsvorgänge und
geht der Frage nach, ob die Europäische
Union an einem strukturellen Demokratie-
defizit laboriert. Überdies handelt das
Werk sowohl von den Stärken der Demokratie wie auch von ihren Schwächen.
Außerdem prüft es die Leistungskraft der
Demokratie im Vergleich mit Nichtdemo-
kratien. Auf diesen Grundlagen wird
abschließend die Zukunft der Demokratie
prognostiziert. Das vorliegende Werk ist
die fünfte – mittlerweile mehrfach erweiterte – Auflage des erstmals 1995 erschienenen Buches.

www.vs-verlag.de

VS VERLAG

Abraham-Lincoln-Straße 46
65189 Wiesbaden
Tel. 0611.7878 - 722
Fax 0611.7878 - 400

Neu im Programm Politikwissenschaft

Andreas Kost /
Hans-Georg Wehling (Hrsg.)

Kommunalpolitik in den deutschen Ländern

Eine Einführung
2., akt. u. überarb. Aufl. 2010. 413 S. Br.
EUR 34,95
ISBN 978-3-531-17007-7

Dieser Band behandelt systematisch die Kommunalpolitik und -verfassung in allen deutschen Bundesländern. Neben den Einzeldarstellungen zu den Ländern werden auch allgemeine Aspekte wie kommunale Finanzen in Deutschland, Formen direkter Demokratie und die Kommunalpolitik im politischen System der Bundesrepublik Deutschland behandelt. Damit ist der Band ein unentbehrliches Hilfsmittel für Studium, Beruf und politische Bildung.

Hans-Joachim Lauth (Hrsg.)

Vergleichende Regierungslehre

Eine Einführung
3., akt. u. erw. Aufl. 2010. 437 S. Br.
EUR 29,95
ISBN 978-3-531-17309-2

Dieser Band gibt einen umfassenden Überblick über die methodischen und theoretischen Grundlagen der Subdisziplin und erläutert die zentralen Begriffe und Konzepte. In 16 Beiträgen werden hierbei nicht nur die klassischen Ansätze behandelt, sondern gleichfalls neuere

innovative Konzeptionen vorgestellt, die den aktuellen Forschungsstand repräsentieren. Darüber hinaus informiert der Band über gegenwärtige Diskussionen, Probleme und Kontroversen und skizziert Perspektiven der politikwissenschaftlichen Komparatistik.

Wolfgang Schroeder /
Bernhard Weßels (Hrsg.)

Handbuch Arbeitgeber- und Wirtschaftsverbände in Deutschland

2010. 552 S. Geb. EUR 59,95
ISBN 978-3-531-14195-4

Arbeitgeber- und Wirtschaftsverbände organisieren kollektives Handeln von wirtschaftlichen Konkurrenten, indem sie versuchen, gemeinsame Interessen gegenüber dem Staat, den Gewerkschaften und der Wirtschaft selbst zu artikulieren, zu repräsentieren und durchzusetzen. Dieses Handbuch stellt Geschichte, Funktionen, Strukturen und Perspektiven der Arbeitgeber- und Wirtschaftsverbände in den Mittelpunkt. Hierbei werden die Reaktionen dieser Verbände auf die veränderten Umweltbedingungen aufgezeigt sowie der Frage nachgegangen, inwieweit zu konstatierende Veränderungsprozesse bei den Arbeitgeber- und Wirtschaftsverbänden zu einer weitgehenden Transformation des deutschen Modells insgesamt beitragen.

Erhältlich im Buchhandel oder beim Verlag.
Änderungen vorbehalten. Stand: Juli 2010.

www.vs-verlag.de

VS VERLAG

Abraham-Lincoln-Straße 46
65189 Wiesbaden
Tel. 0611.7878-722
Fax 0611.7878-400